INDIEN – alle Herrlichkeit auf Erden oder ein Schock, der in die Glieder fährt?

Kein anderes Land der Welt birgt so viele Widersprüche in sich, und nirgendwo sind die Kontraste so stark. Jahrtausendealte Ketten schmieden den Subkontinent an seine Vergangenheit, doch an seinem Himmel ziehen Düsenflugzeuge dahin. In Bombay steht ein Atomreaktor.

Niemand kann sich der Faszination entziehen, die das Land ausstrahlt, aber es ist schwer, seine Lebensbedingungen von Europa aus richtig einzuschätzen. Wer Indien kennenlernen will, muß hinfahren. Er muß hinfahren und auch die Literatur über den Subkontinent eingehend studieren. Dr. Max Mohl hat sich dieser Mühe unterzogen. Und da er es versteht, seine Erlebnisse packend und mitreißend zu schildern, kam wieder ein großartiger Reisebericht zustande:

ein Buch voller Überraschungen, ein Buch, das unser Indienbild etwas korrigiert und manches Tabu preisgibt.

Der Verfasser nennt die Dinge beim Namen. Er tut das mit Absicht. Er weiß: mit Beweihräucherungen ist niemandem gedient, weder einem notleidenden Land wie Indien noch der selbstgefälligen Welt des Westens. Vieles, was sich anfangs wie Kritik anhört, erweist sich bei genauerem Zusehen als eine Lanze für Indien. In den ersten Kapiteln des Buches werden wir mit den Sitten und Gebräuchen der Hindus vertraut gemacht – mit einer Welt voll ranziger Riten. Aber wir sehen auch, was dahintersteht; wir erkennen das großartige Konzept, das uns die alten Schriften überliefert haben. In Benares wird uns deutlich, was ein Hindu unter einem »rechten Leben« versteht und weshalb er Yoga und allerlei anderes praktiziert. Seine »Sex-Besessenheit« entpuppt sich als religiöse Pflicht und seine meditative Versenkung als Gegenstück zur Dynamik des Westens.

Ost und West, die großen Pole – in Indien stehen sie sich spannungsgeladen gegenüber. Das Tauziehen zwischen den Machtblöcken, den Wirtschaftssystemen, den Ideologien beherrscht die Szene. Mit dieser Polarität werden wir im zweiten Teil des Buches konfrontiert. Der Wohlstandsbürger aus der Bundesrepublik, aus dem Land, wo es keine kommunistische Partei, keine Rassenhändel und keine Religionskriege mehr gibt, wo man manche Gefahren nicht mehr sieht bzw. »geflissentlich und mit erschreckendem Erfolge die Illusion vom Gegenteil verbreitet« (Röpke), muß manchen Schock hinnehmen. Es wird ihm deutlich, in welchem Reichtum wir schwimmen und in wieviel Selbstgefälligkeit. Und unsere Dogmen? In Indien nehmen sie sich anders aus. Der Westen baut auf die Marktwirtschaft und auf die Demokratie, er predigt die Freiheit des Individiums und zahlt Entwicklungshilfe. Alles ist bestens – nur die Felle, die schwimmen ihm davon.

Woran liegt das?

Auf diese Frage gibt es tausend Antworten. Einige davon wurden dem Verfasser von seinen indischen Freunden gegeben. Er gibt sie unverblümt wieder, ohne sich unbedingt mit ihnen zu identifizieren.

(Klappentext der Erstausgabe im C. Bertelsmann Verlag)

Max Mohl · ... einmal Indien und zurück, bitte

Max Mohl
1927 in Besigheim/Neckar geboren, promovierte 1953 in Tübingen zum Dr. rer. pol.
Nach leitender Tätigkeit in der Industrie widmete er sich privaten Studien in Oxford. »Zwischendurch« bereiste er Afrika, Ostasien und – »immer wieder« – Indien.
Der Erfolg seiner Bücher »Einmal Afrika und zurück, bitte« und »Ghandis gefährliches Erbe« veranlaßte Mohl, sich dem neuen Metier zu verschreiben. Er machte Reisen bis in die hintersten Winkel der Mongolei, durchquerte mehrfach China (1967, während der Kulturrevolution!) und erkundete schließlich – zusammen mit seiner Frau, die in Heidelberg Russisch lehrt – die Welt der ›Kameraden‹.
»Toi, toi, toi, Towarischtsch« ging 1968 in Druck. »Im Banne Buddhas« folgte 1969. Mohl war um diese Zeit in Japan: Die großen Firmen des Landes hatten ihn eingeladen, die Hintergründe des japanischen Wirtschaftswunders auszuleuchten. Auf seine Weise!
»Made in Japan« erschien zur Weltausstellung in Osaka: »... ein packender Text und 160 Seiten brillante Fotos.«
Die deutsche Industrie reagierte schnell. Ihr Image litt unter den düsteren Prognosen eines Servan-Schreiber. Dr. Mohl recherchierte, dann rückte er einiges gerade: »Nur die Lumpe sind bescheiden, Brave freuen sich der Tat!« Unter diesem Goethe-Zitat ging »Made in Germany« in alle Welt.
Trommeln dröhnten. Bwana Mohl mußte nach Afrika. Wieder einmal. Es fasziniert ihn, noch heute, an alten und oftmals blutigen Ritualen teilnehmen zu können: mal bei den Makonde am Rovuma, mal bei den Senufo an der Elfenbeinküste.
Mohls Liebe zu Afrika, viele Reisen dorthin, seine ethnologischen Interessen und nicht zuletzt seine Kunden in aller Welt (bis hin zu den großen Auktionshäusern in London und New York) ermöglichten ihm den Bau eines privaten Museums für afrikanische Kunst.

»Am liebsten servierte ich Ihnen das ganze Buch von A–Z«, resümierte Hans Reimann, Nestor der deutschen Literaturkritik, in der 15. Literazzia, *»weil es so grandios ist!«*

»Würdig eines Preises!« *(Welt u. Wort, München)*

»Dieses Buch – man liest es in einem Zuge – führt wie kaum ein bisheriges Reisebuch mitten in die unhaltbar gewordenen Zustände des indischen Subkontinents von heute.« *(Zeitschrift für Geopolitik)*

»Der neue Typ des leicht lesbaren und dennoch fundierten Reiseberichts.« *(Welt am Sonntag)*

Max Mohl

einmal Indien und zurück bitte

Für Mohini und meine indischen Freunde

»einmal Indien und zurück, bitte« ist 1966 im C. Bertelsmann Verlag unter dem Titel »Gandhis gefährliches Erbe« erschienen.
Nachdruck durch den Autor: im Format verkleinert, im Text unverändert.
Fotos: Staatl. Indisches Verkehrsbüro (11), Dr. Max Mohl (17)
Printed in Germany 1986 –
Umschlaggestaltung: Friedrich Fischer, Augsburg
Druck: Presse-Druck- und Verlags-GmbH Augsburg
Verlag: Dr. Max Mohl, Postf. 103925, 6900 Heidelberg
ISBN 3-925761-20-9 – Bestellnummer: 20

Inhalt

Sahib werden ist nicht schwer ...

»Bitte anschnallen und das Rauchen einstellen; wir landen in zehn Minuten in Kalkutta.«

Die sonore Stimme des Flugkapitäns rüttelt die Passagiere aus ihrer Lethargie. Die Erfahrenen, Vielgereisten greifen nach den Gurten, lassen das Sicherheitsschloß einschnappen und lesen weiter. Die Neulinge und die Kinder an Bord werden unruhig: »Wo sind die Riemen?« – »Wohin mit der Zeitung?« – »Stewardeß, wo ist der Notausgang?«

Die Hostessen haben alle Hände voll zu tun: Den Kindern drücken sie Tüten in die Hand, die weiblichen Passagiere erhalten Kölnisch Wasser und die Herren der Schöpfung ein freundliches, aufmunterndes Lächeln. Der Sikh neben mir – sicher kein Neuling – läßt sich die Schuhe zubinden und den Sicherheitsgurt enger schnallen, dann rückt er seinen Turban zurecht und ergibt sich in sein Schicksal.

Noch einmal kommt die Stimme des Flugkapitäns aus dem Lautsprecher. Der Kommodore erläutert, daß wir eine Gewitterfront überflogen haben und deshalb etwas steiler als gewöhnlich zur Landung ansetzen müssen. Er wünscht den Passagieren, die die Maschine auf dem Dum-Dum-Airport verlassen werden, eine angenehme Weiterreise und *good luck*, dann drückt er die Nase der riesigen Boeing nach unten, er läßt sie ins Bodenlose, in die schwarze Nacht stürzen, zweitausend, fünftausend, achttausend Meter tiefer. Die Passagiere klammern sich an ihren Lehnen fest. Sie starren mit verkrampften Gesichtern durch die Fenster. Draußen wetterleuchtet es. Die Eisluft des Himalaya kämpft gegen die warmen Winde des Golfs von Bengalen. Flammen zucken über das Firmament. Die Schwingen unseres riesigen Vogels reflektieren blitzendes Licht, dann tauchen sie wieder ins Dunkel. Die Asiaten machen gleichmütige Gesichter. Sie meditieren.

Aber jetzt, da die Landeklappen ausgefahren werden, da die Geschwindigkeit um achthundert Kilometer heruntergedrosselt und das Flugzeug von Luftwirbeln nur so durchgeschüttelt wird, da sich die Schwingen sichtbar biegen und die gewaltigen Düsenmotoren Feuer speien, da werden auch sie – der Brahmane, der Bikkhu und der Kaufmann aus Osaka – zu Geschöpfen der Zivilisation, zu Menschen, die sich der Technik anvertrauten und sich ihr ausgeliefert fühlen: »Großer Rama, verehrter Buddha, barmherziger Shiva, mach, daß die Nieten halten!«

Lichter blitzen auf. Die Millionenstadt am Ganges liegt unter uns. Wir fallen nicht mehr, wir gleiten. Wir huschen über die Mündungsarme des Flusses, wir donnern über Dächer und Baumsilhouetten und plumpsen schließlich mit leichtem Stoß auf die Landebahn. Das wäre geschafft. Die Mienen entspannen sich. Wir haben wieder festen Boden unter den Füßen.

Die Maschine rollt aus. Die Stewardessen öffnen die Türen und postieren sich an der Gangway. Jeder Fluggast bekommt noch einen Händedruck, eine Verbeugung oder ein Abschiedslächeln mit auf den Weg. Der Inder vor mir ist noch immer in Schweiß gebadet: »*Good-bye,* Miß, und allerherzlichsten Dank für die beiden Flüge.«

»Für zwei, Sir? Waren Sie ...«

»Ja, Fräulein, es waren zwei Flüge: mein erster und mein letzter!«

Am Ende der Gangway lächeln uns exotische Gesichter entgegen. Dunkle, grazile Geschöpfe in märchenhaften Saris heißen uns willkommen. Wir werden in Busse und durch Hallen, durch Schalter und Kontrollen komplimentiert. Insbesondere durch Kontrollen. Der indische Zoll ist berühmt. Mehr als das: Er ist berüchtigt. Er ist hinter Gold und Uhren, hinter Haschisch und Devisen her, und wehe dem Passagier, der keinen vertrauenerweckenden Eindruck macht – der steht eine Minute später im Hemd.

Ich habe Glück. Der Beamte, der mich kontrolliert, nimmt sich nur meiner Kamera und meiner Brieftasche an. Fabriknummer und die gesamte Barschaft werden notiert. Man will vermeiden, daß die Touristen unter die Schwarzhändler gehen. Das liegt keineswegs so abseits, wie sich das ein wohlsaturierter Bürger aus einem Land mit beliebig konvertierbarer Währung vorstellt. In Indien herrscht Devisenzwangswirtschaft. Der amerikanische Dollar und das englische Pfund haben Seltenheitswert. Ihre Schwarzmarktkurse machen jeden regulären Umtausch zu einem Akt der Nächstenliebe. Leise weinend nimmt man von seinem guten Geld Abschied. Wer sich die Tränen nicht schnellstens aus den Augen wischt oder sich – wie es einem Junggesellen wohl passieren kann – von hauchdünnen Saris ablenken läßt, fährt besonders schlecht: Er bekommt nur die Hälfte dessen heraus, was ihm zusteht, zum Beispiel für vierzig US-Dollar nur dreiundneunzig Rupien. Das macht munter und beflügelt auch mittelmäßige Kopfrechner. Ich fordere die fehlende Hälfte und marschiere – nun hellwach – zum nächsten Schalter.

Hier studiert der Immigration-Officer die Pässe. Dem Engländer, der gerade an der Reihe ist, gibt er seine Personalpapiere umgehend zurück: »*You are a British subject, sir, no formalities!*« Der Brite nickt selbstgefällig, steckt seinen Paß ein und geht weiter.

Der Beamte greift nach dem Ausweis meines Vordermannes: »*And you are a subject of the United States?*«

»Subject? Subject, hell! Mir gehört ein Teil der Vereinigten Staaten!« protestiert der Amerikaner.
Ich passiere kommentarlos und ohne in den Verdacht zu kommen, ein *subject*, ein Untertan, zu sein.
Es ist sieben Uhr abends. Die Sonne ist schon seit einer Stunde untergegangen, aber die Hitze ist noch martialisch: zweiunddreißig Grad. Die Luftfeuchtigkeit liegt bei hundert Prozent. Das ist kein Klima mehr, das ist Gewächshausatmosphäre. Alles fließt und tropft und klebt. Die Amerikanerinnen lösen sich auf: Puder wird zu Kleister, Schminke zur Schmiere und Wimperntusche zum Verhängnis: Die verklebten Augen nehmen nicht wahr, wie die Geldwechsler mit großen und kleinen Scheinen, mit Münzen und Travellerschecks jonglieren.
Eine Stewardeß der Lufthansa nimmt sich meiner an. Sie gibt mir einige Tips und hängt sich ans Telefon, um mir ein Zimmer zu besorgen. Das ist nicht so einfach, wie es sich anhört. Kalkutta hat zwar sechs Millionen Einwohner, aber für Europäer nur wenige Hotels. Und die meisten davon sind, wie sich jetzt herausstellt, auf Wochen im vorhinein ausgebucht. Zum Glück ist meine Stewardeß ortskundig und sehr findig. Sie bringt mich zwar nicht im ›Great Eastern‹ und auch nicht im ›Grand Hotel‹ unter, aber meine Residenz liegt nicht weit davon und in unmittelbarer Nähe des Chowringhee, der Hauptgeschäftsstraße Kalkuttas.
Der Flughafenbus ist von einem Dutzend Händlern umlagert. Ringe, Stoffe und Andenken werden durchs Fenster offeriert. Schwarze Hände mit zerknautschten Waren strecken sich uns entgegen, beschwörende Blicke fordern ein Bakschisch. Nach mehrmonatiger Asienreise – ich habe Japan, Hongkong, Malaya und Hinterindien besucht – bin ich gegen dergleichen gefeit, aber ein paar Amerikanerinnen kommen in arge Not. Man sieht ihnen ihr Mitgefühl an, und überdies sind sie in christlicher Mission unterwegs. Im Augenblick kann man ihnen nur einen profanen Rat geben: *»Feel for others – in your pocket.«*
Der Bus fährt an. Die *hawker* (Straßenhändler) springen von den Trittbrettern, sie fallen von den Fenstern, sie sinken zurück in die Nacht, in die alles verschluckende Nacht der Millionenstadt Kalkutta. Wir fahren durch *shanties*, Biwakplätze und Flüchtlingslager, durch die Elendsquartiere der Aussätzigen und die armseligen Viertel der Parias. Die Straßen werden zu Basaren, die Trottoirs zu Übernachtungsheimen und der Verkehr zu einem Tohuwabohu. Im Schrittempo drängen wir uns durch Ochsengespanne, Rikschas und zappelnde Fußgänger. Alles Hupen nützt nichts. Jeder Laut verliert sich in brodelndem Lärm.
An ein Abblenden ist nicht zu denken. Grell leuchtet unser Scheinwerfer in

weiße, aufgerissene Pupillen, er huscht über ausgemergelte Leiber, zerrt Abgründe des Elends aus dem Dunkel der Nacht. Knochendürre Kühe suchen nach einem Blatt, einem Halm, einem weggeworfenen Stück Papier. Zahllose Feuerstellen illuminieren Torbogen und zerfallende Häuserfassaden. Kalkuttas Bürger bereiten sich ihr Nachtmahl. Rauchschwaden nehmen die Sicht und den Atem. Überall quirlt und brodelt es. Sechshunderttausend Menschen kampieren im Freien. Die Stadt ist ein Inferno, ein Magma aus Leibern und Lärm, eine Hölle voll zappelnden Fleisches.
Vereinzelt flammen Lichtreklamen auf. Wir nähern uns dem Stadtkern. Die Häuser werden höher, Straßenbahnen zwängen sich zwischen Gespannen und Taxis hindurch, oszillierendes Neonlicht zittert über Blechdächern und Bambusverschlägen. Die im ›Great Eastern‹ untergekommenen Gäste – die Versierten mit Voranmeldung – werden von turbantragenden, rot livrierten Lakaien aus dem Wagen komplimentiert und zur Empfangshalle geleitet. Die ganze Pracht des Orients tut sich auf: Kristall-Lüster und Diademe, Saris und Heerscharen von Bediensteten.
Auch in meinem bescheidenen Hotel – einige Häuserblocks weiter – stehen für jedes Gepäckstück wenigstens drei Boys bereit. Selbst den Stadtplan nimmt man mir aus der Hand. Er wird mir nachgetragen: auf ausgestreckten Armen und nach oben gekehrten Handflächen. Ich kann ein Schmunzeln nicht unterdrücken und fühle mich wie Lord Byron: Der soll, als er eines Morgens aus dem Bett stieg, entdeckt haben, daß er berühmt war. Ich steige aus einem Bus und stelle mit Vergnügen fest, daß ich ein *pukka sahib*, ein großer Herr, bin.

... Sahib sein dagegen sehr!

Meine Vorstellung von einem Sahib muß – wenn ich einer bin – ein wenig korrigiert werden. Es fehlt einiges an mir, was den guten Herrn Baedeker vor fünfzig Jahren noch aus der Fassung gebracht hätte. Es fehlt mir zum Beispiel der Tropenhelm. Ein Sahib ohne Tropenhelm – wo gibt's denn so was? Herr Baedeker empfiehlt [1], den unumgänglichen *sola topi* in einem guten deutschen Geschäft zu kaufen oder auf »der Durchreise in Port Said, wobei man die Unbequemlichkeit der Mitnahme bis dorthin vermeidet. Gute englische Korkhelme werden mit 16 bis 18 Shilling, sogenannte *pithhats* (Markhelme) mit 12 bis 14 Shilling bezahlt.«
Das habe ich verpaßt. Und noch etwas fällt mir voll Beklemmung ein: ›Wer Gesellschaften mitmachen will, kann den Frack nicht entbehren. Der Gehrock kommt nur für Empfänge beim Vizekönig, den Gouverneuren usw. in Frage.

Besuche kann man in jedem Anzug machen, abgesehen vom weißen, der auf dem indischen Festland nur bei Subalternbeamten und beim Militär als Uniform üblich, zur Reise wegen des Eisenbahnschmutzes auch unpraktisch ist... Unter keinen Umständen ist eine wollene Leibbinde zu vergessen, die man auch im Bett nötig hat.‹

Na, der Vizekönig wird mich entschuldigen, und zur Not komme ich auch ohne die Leibbinde aus, aber was mache ich, wenn ich ›in direkte Berührung mit Eingeborenen‹ komme. Das ist – so meint Herr Baedeker – möglichst zu vermeiden. Man sorge auch ›für regelmäßigen Stuhlgang und genügenden Schlaf. Magenstörungen dürfen nicht vernachlässigt werden. Gegen Durchfall hilft meist ein kräftiges Abführmittel; versagt es, so ziehe man den Arzt zu Rate und erschwere ihm die Behandlung nicht durch eigenmächtiges Opiumnehmen... In Cholerazeiten genieße man Getränke nur aus frisch entkorkten Flaschen und nehme selbst zum Zahnreinigen Sodawasser.‹

Auch ein Diener ist unentbehrlich. *Do it yourself* ist kein Motto für einen Sahib. Ich schau' mich um und bin's zufrieden: Ich habe nicht nur *einen*, ich habe fünf dienstbare Geister. Der eine staubt die Möbel ab, der zweite deckt das Bett auf, der dritte serviert eisgekühltes Wasser, der vierte zerdrückt heimlich eine Kakerlake, und der fünfte baut sich zum ersten Trinkgeldempfang auf. Seine Kollegen schließen sich an; sie stehen plötzlich in Reih und Glied.

Fünf erwartungsvolle Augenpaare mustern mich. Es ist unverkennbar: Nun bin ich an der Reihe. Das macht mir nicht gerade Kopfzerbrechen, aber was erwarten die Burschen eigentlich von mir: ein paar Pfennige oder den Einstand? Ich angle nach dem Portemonnaie und drücke einem der schwarzen Gesellen eine Münze in die Hand. Die vier anderen recken die Hälse. Sie schauen nach, wieviel es ist – des Grußes wegen. Anscheinend sind sie es zufrieden. Sie heben die Hände zur Stirn, verbeugen sich tief und ziehen auf leisen Sohlen ab. Und ich gebe mich nun keinen Illusionen mehr hin: Sahib werden ist nicht schwer, Sahib sein dagegen...

Nach einem erfrischenden Bad und erfolgreicher Jagd auf einige *cockroaches* (Kakerlaken), die sich zu weit aus den Ritzen hervorwagten, begibt sich der Sahib zum Dinner. Wieder steht eine Schwadron dienstbarer Geister bereit. Der eine bringt die Consommé, der nächste eine Fischpastete, der dritte das Entremets und so weiter. Nur zu! So viele Inder, wie nötig wären, um mich beim Essen aus der Fassung zu bringen, gibt es in ganz Kalkutta nicht.

Der Wirt ist Engländer (zumindest war sein Vater einer). Er leistet mir mit der Whiskyflasche Gesellschaft und gibt mir einige Tips. Er versichert mir, daß von den Moskitos nichts zu befürchten sei, daß die Fußböden täglich desinfiziert würden und daß die Ratten nur dann ins Zimmer kommen,

wenn die Mückengitter oder die Türen nicht geschlossen sind. Das ist tröstlich. Auch das Wasser ist kein Problem. Man muß nur wissen, wie man es zu nehmen hat:
»Zuerst filtern wir es.«
»Yeah.«
»Dann kochen wir es.«
»Yes.«
»Dann schütten wir Chemikalien hinein.«
»Hmm.«
»Und dann trinken wir Bier!«
Da es auch hier überall krabbelt, kann ich es mir nicht verkneifen, einige *cockroaches* demonstrativ ins Jenseits zu befördern. Den Wirt läßt das kalt. *»They are difficult to catch«*, meint er anerkennend, und dann versichert er mir, daß die *cockroaches* in Indien zu den Haustieren gehören. Man findet sie in der Küche, in der Speisekammer, in den Zügen, in den Restaurants, auf den Schuttplätzen, in den Schlachthäusern, in Wäschereien und Bäckereien, in Gullys und Waschbecken, kurz: überall, wo es *warm, moist, dark and dirty* ist. Und in Indien ist es überall warm, feucht, dunkel und schmutzig.
Ich weiß um die Fixigkeit dieser Insekten, um ihre Fähigkeit, wieselflink davonzurennen, kann mir aber eine kritische Bemerkung doch nicht verkneifen. Das lockt den Wirt aus seiner Reserve. Er geht zu einem Regal, greift ein Buch heraus und liest mir schmunzelnd vor:
»Die Cockroach (Kakerlake) ist ein geradflügeliges Insekt, das zu der Gruppe der Orthoptera gehört... Es gibt vier Arten davon: die gelbbraune deutsche Kakerlake (Blatella germanica) oder Kroton-Wanze, die amerikanische Kakerlake (Periplaneta americana), die australische Kakerlake (Blatta australasiae) und die orientalische Kakerlake (Blatta orientalis), die man auch Küchenschabe nennt[2].« Dann ist noch von den *habits*, den schlechten Manieren der Cockroaches, die Rede und von ihren *stink glands*, ihren Stinkdrüsen. Aber so genau will ich es nicht wissen. War ohnehin schon zu neugierig.
Als nächstes erläutert mir der Wirt die Beinkleidung seines Dienstpersonals. Da ist zunächst einmal das *languti*, ein Tuch, das die Unterwäsche ersetzt. Darüber wird das *dhoti* getragen, ein Lendentuch von zwei bis zweieinhalb Meter Länge. Seine Handhabung ist denkbar einfach. Es wird mit beiden Händen am oberen Rand angefaßt und von rückwärts um die Taille gelegt. Die beiden Stoffenden werden vorne verknotet, die Zipfel zwischen den Beinen nach rückwärts gezogen und dort unter die Hüftschnur bzw. den eng anliegenden Bund geschoben. Das Ganze ergibt eine Pluderhose mit leger

herabhängenden Stoffteilen und mehr oder weniger unbedeckten Beinen. Das *dhoti* ist die indische Nationaltracht und äußerst häßlich, aber seit Gandhis Zeiten auch im Ausland salonfähig.
Die dienstbaren Geister Indiens haben noch viele Charakteristika aufzuweisen, aber die sind, außer dem *sapho,* dem Turban, nicht so ins Auge springend. Man kommt erst mit der Zeit, so peu à peu, dahinter. Meinem Tischnachbarn imponiert besonders die Schnelligkeit dieser Leute: »Sie bringen Ihnen alles *ek dam,* das heißt sofort. Was sofort bedeutet, werden Sie bald herausfinden. Auch in Indien gilt das Wort: *Time is money!*«
Der Abend ist warm und voll Unruhe, voll Betriebsamkeit. Stimmen und Verkehrsgeräusche dringen von der Straße her in den palmenbestandenen Garten des Hotels. Zikaden zirpen, Fledermäuse huschen durch die Zweige. Hin und wieder brüllt eine Kuh. Es ist fast zehn Uhr, aber ich bin noch nicht müde. Ich verspüre Lust, die Stadt noch ein wenig zu erkunden. Warum nicht? Der weltberühmte Chowringhee ist gleich um die Ecke. Die strahlenden Auslagen dieser Prachtstraße, ihre Eleganz, ihre Boulevard-Cafés, der Duft der großen, weiten Welt – das ist genau das, wonach mir der Sinn steht. Voll Erwartung mache ich mich auf den Weg.
Dieser Weg ist nicht weit, aber er ist mit Hindernissen gepflastert, mit Menschen, die sich zur Ruhe niedergelegt haben, die sich in Lumpen wickelten und zu kleinen, unansehnlichen Stoffbündeln zusammenkauerten. Über manche kann man hinwegsteigen, andere – Familienpakete – müssen umgangen werden. Auf Treppenabsätzen und Bordsteinen hocken stumme Gestalten; manche rauchen, manche starren nur ins Leere. Hin und wieder reckt sich eine Hand aus den Lumpen hervor: »Bakschisch, Sahib, Bakschisch!«
An den Straßenecken gibt es Getränke-, Buch- und Zeitschriftenstände. Hier geht es etwas lebhafter zu. Kein Passant bleibt unangesprochen. Die Händler hängen sich an ihn, laufen zwanzig Meter neben ihm her und reden mit beschwörenden Worten auf ihn ein. Die Rikschafahrer sind wie von Sinnen. Ein halbes Dutzend drängt sich um mich; sie rufen mir ihre Preise zu, sie unterbieten sich, bis nur noch Pfennige bleiben, aber keiner läßt sich abschütteln. Sie trotten nebenher, sie warten auf ihre Chance, sie zittern vor Glück, sobald ich nur eine Sekunde stehenbleibe.
»Ja, Sahib« – »Bitte einsteigen, Sir.« – »Ganz billig!«
Ich hoffe, daß die Wegelagerer zurückbleiben, sowie ich die Hauptstraße erreicht habe. Der Lichterglanz der Promenade ist kein Milieu für Bettler. Schnellen Schrittes gehe ich weiter – zum Boulevard, zum Herzstück der Stadt, zur Promenadenstraße Kalkuttas. Und da ist sie auch schon. Sie dehnt sich zur Linken und zur Rechten, sie nimmt mich auf, sie verschluckt mich, sie ist endlos – endlos wie ein dunkles Loch. Ich war auf alles gefaßt, nur auf

das nicht. Ratlos schaue ich mich um, vergewissere mich. Es ist schwer zu begreifen. Die Arkaden sind dunkel und lichtlos, in den Ecken und Tornischen hocken Hausierer und lichtscheues Gesindel. Wie die Ratten kommen sie aus ihren Löchern hervor:
»Sahib, was du möchten? Ein Mädchen, eine Inderin?«
»Sehr billig, *very exciting*!«
»Sahib, *money-change*. Ein Dollar sechs Rupien, sechszwanzig, Sir!«
»You want a virgin?«
Sie überschreien sich, sie zupfen mich am Ärmel, sie halten mir Bilder, Bücher und Kataloge entgegen. Sie blinzeln vielversprechend, und sie versprechen alles. Sie versprechen ihre eigenen Töchter. Entsetzt eile ich weiter. Aber es gibt kein Entrinnen. Die Burschen hängen wie Kletten, man kann sie nicht abschütteln, man kann sie nicht einmal beleidigen. Ich fahre sie an, ich behandle sie wie Luft, ich tue alles, um sie loszuwerden. Nur langsam begreifen sie. Nur widerwillig kriechen sie in ihre dunklen Höhlen zurück. Ich schaue nicht mehr nach rechts und nicht mehr nach links. Ich bin kein Tourist mehr, kein interessierter Beobachter, ich bin nur noch einer dieser überheblichen Europäer, einer jener Leute, die keinen Blick übrig haben für all die Not, die am Wege kauert.
Im Hotel quittiert man mein Erlebnis mit Gelächter. Dann rät man mir, mehr auf Distanz zu halten.
»Wenn Sie auch nur *einen* anhören, auch nur ein bißchen Interesse für deren Tun und Treiben zeigen, sind Sie verloren. Sie können sich des Ansturms nicht mehr erwehren!«
Ich bestelle einen Whisky und noch einen und gestehe es mir schließlich ein: Sahib werden ist nicht schwer, Sahib sein dagegen sehr!

Frühmorgens, wenn die Krähen krächzen

Um sechs Uhr klopft es an die Tür. Der Boy bringt das *chota hazri,* das Sonnenaufgangsfrühstück: schwarzen Tee mit farb- und geschmacklosen Albertkeksen. Das ist gute, englische Tradition und hat sich tausendfach bewährt. Der Tee ist ausgezeichnet. Ich nehme ihn zum Zähneputzen und zur Säuberung meines Taschenmessers. Mit den Keksen lassen sich die Eidechsen anlocken, die auf dem Mückengitter des Fensters kleben. Der Zucker bedarf keiner Gebrauchsanweisung. Der Boy brachte die Ameisen, die sich über den braunen Kleb hermachen, gleich mit. Und damit sich die Tierchen nicht den Magen verderben, fischte er ihnen (diskret natürlich!) die Mäusedreckchen mit spitzen Fingern aus dem Menü.

Der Morgen dämmert erst, aber unter meinem Fenster regt sich schon allerlei Leben. Die Arbeiter einer Baustelle sind unter Wellpappe und Bretterstapeln hervorgekrochen und jetzt damit beschäftigt, sich zu waschen und das Frühstück zu bereiten. Sie kochen Tee und rösten Bananen in alten Blechkanistern. Auf dem Baugerüst sitzen zwei Geier. Zahllose Raben flattern umher. Sie krächzen und balgen sich um die Abfälle der Nacht. Sie sind die Lerchen Kalkuttas, die einzigen, die morgens jubilieren.

Mein Zimmernachbar, ein pensionierter Kolonialoffizier, leistet mir zum Frühstück Gesellschaft. Wie ich geschlafen habe, will er wissen. Ich kratze mir meine Moskitostiche und denke an sein lautes Schnarchen: »Nicht so gut wie Sie, Sir!«

»Hoho«, lacht er, »Sie sind die Moskitos nicht gewohnt. Mich stören die Biester nicht im geringsten.«

»Wie machen Sie das?«

»Nichts einfacher als das«, brummt er. »Die erste Hälfte der Nacht bin ich zu voll, um den Quälgeistern irgendwelche Beachtung zu schenken, und in der zweiten Hälfte sind es die Moskitos, die zu voll sind, um mich zu belästigen.«

»Und tagsüber?«

»Da haben die Moskitos keinen Ausgang!«

Aber auf seine Malaria-Prophylaxe möchte der Major trotzdem nicht verzichten. Er kippt – schon vor dem Frühstück – zwei Whiskys hinter die Binde.

Beim Nachtisch – jeder von uns bekommt ein großes Stück Wassermelone – gibt er mir Anfangsunterricht in Hindu-Hygiene. Er zeigt auf einige *dhoti*-bekleidete Gentlemen, die sich unweit unserer Terrasse um einen Wasserhydranten drängen.

»Das Zähneputzen«, so erläutert der alte Herr, »ist hierzulande eine Wissenschaft.«

»Ja?«

»Es ist Teil einer langwierigen rituellen Prozedur. Geben Sie acht. Die beiden, die da drüben soeben den Hibiskusstrauch plündern, die wollen kein Grünzeug für die Blumenvase, die wollen frische Zahnbürsten. Die Zweigenden werden zerbissen, dann hocken sich die Leute nieder und fummeln mit dem pinselförmigen Ende im Mund herum. Die Fasern werden mit Wasser herausgespült. Das hört sich sehr hygienisch an, ist es aber nicht. Die Zähne werden nämlich nur an bestimmten Tagen geputzt. An anderen Tagen zieht ein frommer Hindu die Karies und die Gerüche vor. Solche Tage sind der sechste, der achte, der neunte, der elfte, der vierzehnte und der letzte Tag eines Mondumlaufs. Außerdem ist zu beachten, wie die Sterne stehen und ob sich die Geburtstage der Ahnen jähren. Der Urgroßvater nimmt Zahnfleischbluten an bestimmten Tagen übel. Auch die Wünsche der Götter sind zu berücksichtigen: Die Zahnbürste eines Brahmanen muß dreißig Zentimeter lang sein, die eines Kshatriyas siebenundzwanzig Zentimeter, die eines Vaishyas fünfundzwanzig Zentimeter und die eines Shudras zweiundzwanzig Zentimeter.«

Ich mache anscheinend ein verdutztes Gesicht. Der Major schmunzelt:

»Wer sein Gebiß auch an den ›Sperrtagen‹ pflegen möchte, der kann sich mit Gras und Blättern helfen. Die Götter übersehen das Grünzeug. Aber auch hier gibt es Grenzen. Am elften Tag des Mondumlaufs, dem *ekadasi*, dürfen nur Mango-, Juvi- oder Nereblätter verwendet werden.«

»Was macht der Kuli dort drüben. Massiert der sich?«

Ein Blick genügt, und der Major weiß Bescheid:

»Nein, der Mann ölt sich ein. Das ist eine weitverbreitete Sitte. Aber nur mittwochs und samstags ist es den Göttern genehm. Sich an anderen Tagen einzuölen kann schlimme Folgen haben: wer sich sonntags einfettet, holt sich eine Menge Beschwerden auf den Hals, wer montags glänzt, ist nicht mehr attraktiv, dienstags verkürzt das Öl das Leben, und freitags wird jeder, der einer Speckschwarte gleicht, von Schulden überwältigt.«

Ich bin auch überwältigt. Von der Fabulierkunst meines Indienexperten. Doch die Zweifel, die ich laut werden lasse, können ihn nicht irritieren. Er lächelt nur vielsagend: »Natürlich kann man für eine Stadt wie Kalkutta keine festen Regeln aufstellen. Die Gebräuche verwischen sich hier. Oft werden sie völlig abgelegt, rationalisiert. Aber vieles, unendlich vieles ist auch hier und heute noch gang und gäbe. Gehen Sie mal zu den Badeplätzen am Ganges oder – noch besser – zum Kalitempel am gleichnamigen Ghat. Dort gibt man Ihnen Anfangsunterricht im Hinduismus. Aber gehen Sie nicht zu nahe, wenn die Opferziegen geköpft werden – das Blut spritzt meterweit.«

Daß ich es nun eilig habe, daß ich mir das nicht entgehen lassen möchte, ist verständlich. Ich hänge Kamera und Minifon um und mache mich auf den Weg.

Es ist schon halb neun, und die Sonne hebt sich aus dem Dunst. Ein strahlender Tag steigt herauf, ein Tag voll Kraft und Mut und Schaffensfreude. Ein Tag, an dem man gar nicht anders kann, als in die Hände spucken. So denkt der Schwabe, der Häuslebauer. Die Inder sind da wesentlich gesetzter. Was tun sie um halb neun Uhr morgens? Sie schlafen. Sie liegen in Lumpen auf den Gehsteigen und lassen sich von der Sonne wärmen.

Ungläubig gehe ich die Chowringhee-Straße entlang. Alle Läden sind geschlossen. Selbst die Hawker, die gestern abend die Arkaden bevölkerten, sind noch nicht munter. Sie schnarchen. Und sie lassen sich durch nichts stö-

ren. Nicht durch die Lastwagen, die die Straße entlangrumpeln, nicht durch das Gekrächze der Raben und erst recht nicht durch die Kühe, die mit schlenkernden, kraftlosen Gliedern über den Bürgersteig trotten.
Die ganze Szenerie ist so unwirklich, so gespenstisch, so hoffnungslos apathisch, daß mein Gute-Laune-Barometer um einige Grade fällt. Ich habe das Bedürfnis, meinen Unmut hinwegzudiskutieren, und so stapfe ich zum ›Grandhotel‹ und rufe Raj, einen Studienfreund aus England, an. Der lädt mich zum Frühstück ein und schickt ein Taxi. Das Stimmungsbarometer steigt wieder.
Raj ist Architekt. Er ist selbständig und lebt, wie er es von England her gewohnt ist. Er bringt es sogar fertig, stundenlang auf einem Stuhl zu sitzen, aber die Beine zieht er des öfteren hoch. Im Schneidersitz zu hocken ist für ihn nicht so anstrengend, wie die Glieder hängen zu lassen oder auszustrekken.
Sowie die Begrüßung vorüber und das Woher und Wohin erläutert ist, tröstet er mich ein wenig: »Indien mußt du nehmen, wie es ist. Hier gelten andere Maße. Hier hat man Zeit, unendlich viel Zeit. Und deine Illusionen – die wirst du los. Die meisten Touristen kommen mit ganz falschen Vorstellungen nach Indien. Sie haben Geschichten gelesen von märchenhaftem Reichtum, von großen Banketten und feenhaften Palästen. Das gibt es natürlich. Aber kein Tourist wird damit in Berührung kommen. Ist auch egal, denn diese Facette des indischen Lebens ist die unwirklichste, die unglaubwürdigste. Indien ist anders.
Indien ist staubig und schmutzig und abergläubisch, Indien ist das Land der leeren Näpfe und der fetten Schieber, das Land der Leprakranken und der Hungersnöte, das Land der religiösen Eiferer und der schläfrigen Unwirklichkeit. Der Fremde, der zu uns kommt, hat von all diesen Dingen schon gehört, aber er hat keine konkrete Vorstellung. Wenn er dann vor einem Aussätzigen steht, dem der Speichel die letzten Atemzüge erstickt, wenn er mit ansehen muß, wie sich der Sterbende in einen dunklen Winkel verkriecht, wie er verhungert, wie er leise wimmernd buchstäblich eingeht, dann ist das ein Schock, der so in die Knochen fährt, daß manches Schöne – die blühenden Bougainvilleae, das Blau des Himmels, die Farbenpracht des Basars – daneben verblaßt.«
Raj starrt eine Weile zum Fenster hinaus, dann fährt er fort:
»Die Armut des Landes, die Not seiner Menschen sind so deprimierend, daß man sich des öfteren einer tiefen Niedergeschlagenheit nicht erwehren kann. Mitunter packt mich auch ein ohnmächtiger Zorn, ein Haß auf alles Bestehende, ein Haß auf die Regierung, ein Haß auf unsere Religion, ein Haß auf meine Mitbürger, die sich so lethargisch in ihr Schicksal ergeben. Ich

möchte fliehen, und mitunter tue ich es auch. Ich wähle den kürzesten Weg. *And the shortest way out of Calcutta is notoriously a bottle of Gordon's gin...*«

Wir verabreden, wann wir uns wieder treffen wollen, dann geht Raj zur Arbeit und ich auf Entdeckungsfahrt, auf eine Expedition quer durch Kalkutta.

Eine Rikscha nimmt mich auf, ein fahrbarer Schüttelrost. Der Sitz ist wachstuchüberzogen und klebrig, die Federung ist gleich Null. Es bleibt den Bandscheiben überlassen, die Stöße des Katzenkopfpflasters aufzufangen. Die beiden Räder haben Heuwagenformat; sie sind mit Hartgummi beschlagen und lassen kein Schlagloch aus. Mein Kuli klingelt wie ein Irrer. Ich höre mir das ein Weilchen an, dann lasse ich den Burschen anhalten:

»Hör mal zu, mein Freund: Du hast eine wunderschöne Klingel, aber wenn man sie nicht hört, ist sie am schönsten. Hast du das kapiert?«

Der Kuli schüttelt den Kopf. Das ist indisch und heißt ›ja!‹. Zufrieden setze ich mich zurück. »*All right*, fahr zu!«

Das halbnackte Sehnenbündel stemmt sich wieder in die Griffe und rennt los – es rennt und läßt die Klingel schrillen. Unermüdlich zuckt sein Daumen. Das gehört zum Beruf, zur Fertigkeit eines Rikschafahrers. Das ist vollautomatisch und nicht abzustellen. Es ist sowenig abstellbar wie der Lärm der übrigen Fahrzeuge, die die Stadt nun mit Leben und Betriebsamkeit füllen. Es hupt und klingelt und schreit. Selbst die Kühe brüllen mit.

Der Verkehr ist beängstigend. Jeder hilft sich, wie er kann. Es wird links überholt, es wird rechts überholt. Man drängelt, man schubst, man holt sich Beulen. Vorfahrt gibt es nur für Kühe. Findige Autofahrer machen sich das zunutze. Sie hupen nicht, sie muuuhen. Sie haben Hörner, die Tierlaute von sich geben. Der Effekt ist verblüffend: der Verkehrslärm klingt nicht nach Autos und Technik, er klingt nach Schlachthof. Es wird zwar niemand abgestochen, aber daß die Inder sanfte Seelen sind, darf man nach einer Stunde Fahrt durch Kalkutta ruhig anzweifeln.

Um einer Gehirnerschütterung vorzubeugen, gehe ich wieder ein Stück zu Fuß. Das ist eine höchst unappetitliche Angelegenheit. Die Straße ist mit Rotz und Schleim bedeckt, mit Kuhfladen und nackten Kindern. Das Pflaster ist rot – vom Blut der Schwindsüchtigen, vom Saft der Betelnuß.

Pan, das rote Elixier, ist die Leidenschaft der Inder, ihr Hobby, ihr Vergnügen. An jeder Ecke sitzt ein Händler, der die grünen Blätter und eine Vielzahl von Gewürzen feilhält. Supari, Kardamom, Muskatnuß, Nelken, Kalk und Cashu werden kunstvoll und ganz nach Wunsch des Kunden gemixt. Kenner wissen um die feinsten Nuancen, und sie achten auf die kleinsten Details. Kalk ist nicht gleich Kalk. Gutes Pan muß mit pulverisierten See-

schneckengehäusen angerührt werden oder mit bestimmten Arten von Muschelstaub. Vor renommierten Pan-Geschäften steht man Schlange. Andächtig verfolgt man, wie die Blätter gerollt und die Pülverchen gemixt werden. Alles ist dem Fingerspitzengefühl des Händlers überlassen, den gleichen Fingerspitzen, mit denen er sich alle paar Minuten die Nase schneuzt.
Die Sonne steht schon fast im Zenit, aber viele der schlafenden Menschenbündel sind noch immer zusammengerollt. Man steigt über sie hinweg; sie sind unproblematisch: sie sind entweder krank oder tot, oder sie haben nur die Mittagspause vorverlegt. Wen geht das etwas an? Nun ja, im schlimmsten Falle die Polizei. Die kommt hin und wieder und schaut nach, warum sich die Geier so zielstrebig einer Verkehrsinsel nähern. Das läßt – bei einigem Scharfsinn – Schlüsse zu. Unter wenigstens einem der Lumpenbündel wird eine Leiche liegen. Man kann sich nun die Mühe machen und selber nachsehen, man kann aber auch abwarten, wo sich die Geier niederlassen. Letzteres ist die einfachere und oftmals üblichere Methode.
Über die Krankenpflege in den Slums hat mir der Major schon einiges erzählt. Jetzt kann ich die Probe aufs Exempel machen. Er hatte nicht zuviel behauptet: Man legt die Ärmsten ins Freie, damit sie das Haus nicht verunreinigen. Und die Krankenpflege der Angehörigen richtet oft mehr Schaden als Gutes an: Man verbirgt die Krankheit, man lebt in einer Welt der Götzen und Geister, der Riten und Tabus. Man kennt keine Isolierung von Kranken [3], und man weiß nicht, was eine Infektion ist. Nur die Epidemien, die lernt man kennen. Blitzschnell breiten sie sich aus, raffen zig Tausende über Nacht dahin. Man stirbt, und damit ist die Sache erledigt.
Nur sechs Prozent der städtischen Wasserversorgung Indiens stehen unter sanitärer Kontrolle. In den Slums ist die Kontrolle gleich Null. Cholera, Typhus, Blattern und die Ruhr grassieren. Die durchschnittliche Lebenserwartung, die heute in Indien bei vierzig Jahren liegt, wird in den Elendsvierteln der Städte nicht erreicht. Abfälle und Exkremente verpesten Wasser und Luft, sie fordern einen fürchterlichen Tribut, aber gegen das Leben kommen sie nicht an.
Welcherart die Krankenbehandlung ist, habe ich aus dem Buch eines Inders erfahren [4]:
›Bei Erkältungen ißt man rohen Kohl. Gegen Brustschmerzen gebraucht man Waschblau, das in Wasser aufgelöst und auf der Brust des Kranken verrieben wird...
Die indischen Kurpfuscher (nicht zu verwechseln mit der Volksmedizin) benutzen zum Teil recht merkwürdige Mittel: Tigertatzen, Fuchsköpfe, Affenschädel, Haare und Gebisse von Bären, Eidechsen- und Schlangenhäute...

In einem Lande, in dem alle Lebensäußerungen von der Religion beeinflußt werden, sind selbstverständlich religiöse Amulette zum Schutze gegen Krankheiten oder zu deren Heilung sehr beliebt. Weit verbreitet sind Amulette, die Papierstreifen mit heiligen Sprüchen enthalten ...
Diese Amulette werden am Hals oder am Oberarm getragen. Sie werden auch als innere Medizin gebraucht: Man legt das Papier ins Wasser, bis sich die Tinte im Wasser gelöst hat, und nimmt dann das Papier aus der Flüssigkeit. Das Wasser wird als heilkräftiges Getränk angewandt. Das Papier darf übrigens nicht verbrannt werden, da doch heilige Worte auf ihm gestanden haben; es wird in einen Ziehbrunnen geworfen, der nicht mehr benützt wird.‹
Damit man sich bei der Krankenpflege keinen unnützen Mühen unterzieht, befragt man zuvor das Orakel, das Lebensrad. Man streut Gerstenkörner zwischen die Speichen und holt einen Hahn herbei. Pickt der Gockel zuerst die Körner der linken Seite, dann ist dem Kranken nicht mehr zu helfen. Man stellt einen Krug Wasser neben ihn und überläßt ihn seinem Schicksal. Pickt der Hahn die Körner zur Rechten, hat der Patient noch Chancen. Es lohnt sich noch, Samariterdienste zu leisten. Am besten geschieht das mit Kuhdung, mit Umschlägen aus Mist. Kuhdung ist das Reinste, das Edelste, was die Erde zu bieten hat.

Die Kuh, das nationale Heiligtum

Es gibt in Indien 203,6 Millionen Kühe und Büffel [5]. Das ist mehr, als irgendein anderes Land aufzuweisen hat, und annähernd ein Drittel des Weltrindviehbestandes. Glückliches Indien! Deine Kinder müssen wohlgenährt und rund, deine Bauern gut bei Kasse sein. Ja, sie könnten es sein, wenn ... und dieses Wenn ist ein Skandal, ein Anachronismus, eine Farce auf die ganze Sippe des Homo sapiens [6]. Wenn die Kühe nicht heilig wären, wenn sie geschlachtet werden dürften, wenn sie Milch geben würden, wenn ihr Leder verarbeitet würde – welcher Reichtum! Aber was finden wir statt dessen? Artikel 48, Teil IV der indischen Verfassung spricht sich gegen das Töten bzw. Schlachten altersschwacher oder unökonomischer Kühe aus, und die Gesetzgebung der Länder geht oft noch weiter: Das Schlachten von Kühen ist praktisch im ganzen Land, das Schlachten von anderen Rindvieharten in mehr als der Hälfte des Landes verboten [7].
Auch der Milchertrag der Tiere ist ein Hohn auf Forschung und Viehzucht. Über vierundneunzig Prozent der indischen Milchkühe, das heißt der landwirtschaftlich genutzten Kühe (die streunenden Tiere müssen ausgenommen

werden), liefern weniger als einen Liter Milch pro Tag (etwa ein Vierzigstel dessen, was in den westlichen Ländern erwirtschaftet wird). Der Hunger des Volkes ist nicht so wichtig wie seine religiösen Empfindungen. Nicht das Volk melkt die Kühe, die Kühe melken das Volk. Das liebe Vieh frißt den Bauern die Weide und den Städtern den Park und die Blumen ab. Die Gegenwerte, die es liefert, sind nicht mit Gold aufzuwiegen – sie sind ideeller Natur.

Das Problem ist schlecht zu packen. Aber amerikanische Veterinäre haben der Regierung jetzt einen Plan gegen die weitere Vermehrung des hehren Rindviehs unterbreitet: Sie wollen den Tieren empfängnisverhütende Mittel verabreichen. Das ist die einzige Methode, die sich mit den religiösen Vorstellungen der Hindus vereinbaren läßt. Auch sonst werden Versuche unternommen, dem Problem Herr zu werden. Eine führende Zeitung meldete, daß Kuhkolonien geplant sind. Man will Leistungskühe züchten, den Bauern preiswerte Kälber liefern und täglich – von mehreren hundert Kühen – ›nahezu 45 Kilogramm Käse‹ produzieren.

Es gibt aber auch Kuhkolonien, die nichts anderes als Altersheime sind. Diese Kuhhospitäler heißen *gauschalas* und sind der Stolz der Nation. Private Spenden und Regierungsgelder werden hier nutzbringend investiert: zirka zehn Prozent der Tiere geben noch etwas Milch. Leitmotiv der *gauschalas:* Die Kühe sollen sich glücklich fühlen. Sie können tun und lassen, was sie wollen, und dürfen sich auch beliebig fortpflanzen. Sie haben ein Recht auf Mutterschaft. Mehr als das: Sie sind das Symbol der Mütterlichkeit, der Kristallisationspunkt des Mutterkultes.

Der Mutterkult ist ein Wesenszug der Asiaten. In Indien ist er am stärksten ausgeprägt. Hier, wo der Hunger am größten ist, schätzt man das Nährende, das Kraft- und Lebenspendende am meisten. Das zeigt sich in vielerlei Symptomen: die jeweils älteste Frau in der Sippe führt oftmals ein strenges Regiment. Sie hält Kinder, Enkel und Urenkel am Bändel. Die Verehrung, die man ihr entgegenbringt, ist vergleichbar mit dem Kult, den man mit der ›Göttin der Barmherzigkeit‹ treibt, mit *Kuan-yin* in China, mit *K(w)annon* in Japan und mit der ›Mutter Ganga‹, dem heiligsten aller Ströme.

›Diese Muttersucht ist abgründiger als das, was mit dem tiefenpsychologischen »Mutterkomplex« umschrieben wird. In ihr und durch sie spricht sich die fast bedingungslose Hinwendung nicht nur des Inders, sondern vieler asiatischer Völker zum weiblichen, mütterlichen Pol der Welt aus, zu dessen numinosem, das heißt zu dessen heiligem Hintergrund. So gesehen ist die Mutter nur die indische Erscheinungsform der weiblichen und letztlich gottheitlichen Weltkomponente. Diese Hinwendung Asiens zu diesem Weltpol hält unserer bisherigen abendländischen Betonung des männlich-väterlichen Weltpoles die Waage[8].‹

Alles an einer Kuh ist heilig: ihre Existenz, ihre Milch, ihr Speichel, ihr Urin, ihr Mist. Besonders ihr Mist. Er wird von eifrigen Händen zusammengetragen, zu Fladen geformt und zum Trocknen ausgelegt. Die göttlichen Exkremente werden als Medizin, als Desinfektionsmittel und als Brennstoff verwendet. Was die ausgemergelten Felder Indiens dringend als Dünger brauchen könnten, wird – in unvorstellbaren Mengen – unter Kochtöpfen verpulvert. Von Dr. Homi Bhabha, Indiens führendem Atomwissenschaftler, soll der Ausspruch stammen, daß die gesamte potentielle Wasserkraft indischer Flüsse, bis zum letzten ausgenützt, nur ein Siebtel der Energie liefern würde, die man in Indien mit Hilfe von brennendem Kuhmist erzeugt. Er hat berechnet, ›daß in Indien von einem Gesamtbedarf an Primär-Energie von 1 308 Mrd. kWh – Wärme, Kraft und Licht zusammengerechnet – nicht weniger als 1 000 Mrd. kWh, das heißt etwa 75 v. H., durch die Verbrennung von Kuhfladen gedeckt werden‹.
Die 300 Millionen Tonnen Dung, die Indien jährlich verheizt, entsprechen zirka 35 Millionen Tonnen Kohle, und ihr Düngewert errechnet sich wie folgt: 0,3 Prozent Stickstoff und 0,15 Prozent phosphorhaltiges Pentoxyd ergeben bei 300 Millionen Tonnen Mist 900 000 Tonnen Stickstoff und 450 000 Tonnen phosphorhaltiges Pentoxyd. Das entspricht 4 500 000 Tonnen Ammoniumsulfat und 2 250 000 Tonnen phosphathaltiger Düngemittel[9]. Auch zum Häuserbauen wird das edle Material verwendet. Nicht überall gibt es Steine, aber überall gibt es Dreck und Mist. Gut gemixt ergibt das einen idealen Mörtel: er ist *moth-proof*, mottensicher, tötet bestimmte Bakterien und hat genügend Elastizität, um die wackligen vier Wände zusammenzuhalten.
Zum Großreinemachen gibt es in den indischen Dörfern nur einen Markenartikel: Kuhmist. Er ist konkurrenzlos und marktbeherrschend. Die Gebrauchsanweisung ist einfach: Man löse etwas Mist in einem Eimer, tauche einen Lappen in die Flüssigkeit und scheuere damit Haus, Hof und Küche. Insbesondere die Küche. Die Küche ist – falls man eine hat und nicht im Freien abkocht – die am meisten gefährdete Stelle: Schon der Blick eines Unberührbaren, eines Parias, genügt, um alles Geschirr, zumindest alles irdene, hoffnungslos zu verunreinigen. Zerschmettern und zerschmeißen ist das einzige, womit man der *pollution*, der Verunreinigung, Herr werden kann. Auch der Fußboden und alles, was mit dem Staub eines Unreinen (auch eines Ausländers) beschmutzt werden kann, bedarf ständig ritueller Waschungen. Wie gut, daß es dazu Kuhmist gibt.
Ein anderes, sehr geschätztes Produkt der Kuh ist die Butter. Man läßt sie aus und nennt das Butterschmalz dann *ghee*. Ghee ist nicht nur nahrhaft, es ist eine feine Sache schlechthin: Man haut es in die Pfanne, man stopft es in

die Lampen, man wirft es auf Fruchtbarkeitssymbole, und man gießt es dem toten Großvater übers Gesicht. Man tut alles, was den Dank der Götter sichert, aber nichts, was den Kindern zu Kraft und Kalorien verhelfen könnte. Butter aufs Brötchen ist in Indien bis dato noch unbekannt.
Das soll nicht heißen, daß ein gläubiger Hindu den Nährwert der Kuh nicht zu schätzen weiß. Ganz im Gegenteil: Es gibt fünf Produkte des heiligen Rindviehs, die ein orthodoxer Gläubiger täglich zu sich nehmen sollte. Zwei davon sind Mangelware: Milch und Butter. Die übrigen Grundnahrungsmittel sind unbewirtschaftet. Es sind das Speichel, Urin und Dung. Der Verzehr sollte natürlich in der richtigen Dosierung erfolgen. Oftmals genügt schon das bloße Berühren. Fortschrittliche Hindus kommen ihren Verpflichtungen auf hygienisch einwandfreie Weise nach: Sie kaufen sich kleine Pillen, die die fünf Ingredienzen enthalten, und entledigen sich aller Verpflichtungen mit einem einzigen Schlucken.
Auch zur Aufbesserung der Finanzen sind die heiligen Kühe recht brauchbar. Es gibt genügend Schlauberger, die ein streunendes Tier an den Strick nehmen und durch die Straßen führen. Zuvor haben sie etwas Gras gerupft, das sie in einem Körbchen bei sich tragen. Sie tun den Stadtmenschen damit einen großen Gefallen. Der braune Sahib, der um halb zehn Uhr zur Arbeit fährt, radelt oder geht, wird die Gelegenheit nützen. Er kauft eine Handvoll Gras, füttert das Tier, klatscht ihm mal liebevoll auf die dürren Rippen und hat damit seine Pflicht getan. Die Götter werden ihm bei seinem Broterwerb beistehen.
Problematisch werden die Kühe, wenn sie alt und gebrechlich sind. Sie siechen dahin und verrecken schließlich erbärmlich. Niemand verhilft ihnen zu einem Gnadentod. *Gohatya*, das Töten einer Kuh, ist eine so große Sünde wie das Töten eines Brahmanen *(brahmahatya)*. Lebendes darf sterben, aber nicht getötet werden. Mitleid und Mitgefühl spielen überhaupt keine Rolle. Man ist unempfindlich gegen das Leid der Tiere, unempfindlich gegen das Leid der Menschen. Leid ist selbst verschuldet. Es ist die Folge der eigenen Taten in einer früheren Existenz.
Im Augenblick stehe ich vor einem schwierigen Fall: eine Kuh ist in der Nacht verendet. Sie liegt auf der Fahrbahn. Nicht in der Mitte, aber doch so, daß sie den Verkehr behindert. Ein Polizist sorgt für die Umleitung. Ich schaue mir das ein Weilchen an, dann kann ich nicht mehr an mich halten:
»Warum ziehen Sie die Kuh nicht auf die Seite?«
Der Polizist legt den Kopf schief und hebt bedauernd die Achseln: »Ich habe niemanden dafür!«
Ich schaue mich um. Dutzendweise lungern junge Inder herum, lauter Arbeitslose, aber keiner fühlt sich angesprochen, keiner will zupacken. Sie

gehören alle viel zu vornehmen Kasten an. Nur Parias, Unberührbare, können einen Kadaver anfassen.
Ein Vermessungsingenieur weißer Hautfarbe, der mit einem Landrover vorbeikommt, nimmt sich schließlich der Sache an. Er stoppt, windet einen Strick um die abstehenden Hinterbeine und schleppt das tote Tier zu einem Rondell, einer Grünfläche mit bronzenem Viktoria-Denkmal. Hier bindet er den Kadaver los und läßt ihn liegen. Drei Meter weiter liegt eine andere Kuh: Sie kalbt gerade.

Hoffnungsvolle Jugend

Zum Mittagessen treffe ich Raj im Hotel. Ich erzähle ihm von meinen morgendlichen Erlebnissen und von einer Episode, die mich soeben ziemlich verdroß: Zwei junge, etwa fünfundzwanzigjährige Inder traten auf mich zu, hielten mir ein Abzeichen, eine kleine Flagge, hin und forderten einen Obolus. Ich gab ihnen eine Rupie[10] und wollte weitergehen. Da wurden die jungen Leute frech:
»Was, nur eine Rupie ist Ihnen das wert! *Don't you like that flag?*«
Nun, was sollte mir die indische Flagge im Zweizentimeterformat wert sein? Bestimmt keinen größeren Schein. Aber das erwartete man von mir. Die Burschen hielten mir eine Liste hin; sie wollten meinen Namen eintragen und einen runden Betrag kassieren: *»Ten rupees, sir!«*
Die Methode und das anmaßende Benehmen der Sammler ärgerten mich. Als sie versuchten, das Fähnchen an mein Revers zu stecken, um auf diese Weise zehn Rupien zu erpressen, klopfte ich ihnen auf die Finger. Da inszenierten die Burschen ein Gezeter, als hätte ich die ganze indische Nation beleidigt. Und wie immer, wenn es etwas zu sehen gibt, waren im Nu zahllose Gaffer versammelt. Es schimpfte aus hundert Kehlen. Ich schob die Leute aus dem Weg und ging weiter.
An der nächsten Straßenkreuzung wiederholte sich das Ganze. Fünf Mann kamen diesmal an und wollten wissen, ob ich die indische Fahne liebe oder nicht liebe. Wieder sammelten sich die Gaffer. Für einen Augenblick hatte ich das Gefühl, daß jetzt Vorsicht am Platze ist. Die wollten unter Zeugen eine Majestätsbeleidigung hören. Aber dann platzte mir der Kragen, und was die Burschen zu hören bekamen, war ein Donnerwetter, wie es ihre sanften Seelen nicht verkraften konnten. Sie wurden kleinlaut und gaben mir den Weg frei.
Raj schmunzelt: »Du hast schon Fortschritte gemacht. Die aufdringlichen Gesellen zurechtweisen war das einzige, was du tun konntest. Aber es wird

die Zeit kommen – und sie ist nicht mehr fern –, da diese jungen Leute nicht länger kurzgehalten werden können. Rebellen wachsen heran. Rebellen wider die Weißen, extreme Nationalisten, streitlustige Spartakisten.«
»Was sind die Ursachen?«
Es gibt deren viele. Da ist zunächst einmal die Arbeitslosigkeit. Sie wird ständig größer. Im Laufe des dritten Fünfjahresplanes wird mit einem Zuwachs von vierzehn Millionen Arbeitsfähigen gerechnet. Der zusätzliche Bedarf an Arbeitsplätzen bis 1966 beläuft sich auf einundzwanzig bis vierundzwanzig Millionen[11]. Aber das sind nur statistische Zahlen, und sehr überschlägige dazu. Es gibt zahllose Bauern auf Miniaturfarmen und sonstige Pseudobeschäftigte, die in keiner Arbeitslosenstatistik erscheinen. Sind sie deswegen zufrieden? Sie sind es sowenig wie die Leute in ›Amt und Würden‹. Und das hat seine Gründe. Ein Regierungsbericht vom Januar 1963 zählt sie auf, er verrät, wovon die Menschen hierzulande leben müssen:
Auf die Ärmsten, auf ein Zehntel des Vierhundertachtzig-Millionen-Volkes, entfallen weniger als zweieinhalb Prozent des Sozialproduktes. In absoluten Zahlen: sieben Rupien pro Kopf und Monat. Die nächsten zehn Prozent haben zehn Rupien zur Verfügung und die daran anschließende Gruppe nicht ganz zwölf Rupien. Mit anderen Worten: Dreißig Prozent der Bevölkerung müssen im Monat mit zehn DM oder weniger auskommen. Aber es gibt auch Krösusse, Leute, die fünfzehn, achtzehn und zweiundzwanzig Rupien pro Monat zur Verfügung haben. Und damit sind schon sechzig Prozent der Bevölkerung eingestuft. Der Rest liegt nicht viel höher, nur die letzten zehn Prozent schwimmen im Fett: Sie verfügen über ein Drittel des Volkseinkommens (›The Statesman‹, 29. Januar 1963). Und der Trend ist eindeutig: Die Diskrepanz zwischen reich und arm wird zusehends größer. ›Indian independence, for so long the promise of the poor, has become instead the reward of the rich. – Die Unabhängigkeit Indiens, von der sich die Armen so viel versprachen, wurde zur Pfründe der Reichen[12].‹
»Ist es ein Wunder, daß die Gesichter immer mürrischer werden und die Hände sich zu Fäusten ballen?«
Raj kann sein Temperament nur schlecht zügeln. Man merkt ihm an, daß auch er zu den Unzufriedenen gehört. Es fehlt ihm nicht an materieller Sicherheit, aber da er nicht – wie mancher der oberen Zehntausend – mit stupidem Händlergeist geschlagen ist, hat er sich noch ein Gefühl für Recht und Unrecht und ein Gespür für die Not des Landes bewahrt. Er kramt in seinen Taschen, holt einen Zettel hervor und reicht ihn mir über den Tisch:
»Hier, das ist es, wovon die Leute träumen. Mit Flugblättern dieser Art wird im ganzen Lande – zumindest in Bengalen – die Unzufriedenheit geschürt.«
Ich schaue mir den Zettel genauer an. Er ist sehr unansehnlich und offensicht-

lich mit primitivem Handwerkszeug hergestellt: Die Zeilen sind alles andere als geradlinig, und die Buchstaben tanzen mitunter etwas aus der Reihe. Ansonsten – dem Inhalt nach – ist alles ›auf Vordermann‹. ›Die sechzehn Garantien der Volkskommunen‹ lautet die Überschrift. Dann kommt die Aufzählung:

Erste Garantie: Nahrung. – Jedes Mitglied der Kommune wird von ihr gratis ernährt.

Zweite Garantie: Kleidung. – Jedes Mitglied der Kommune erhält 35 Rupien für den Bedarf an Kleidung oder wahlweise Stoff und Zutaten.

Dritte Garantie: Unterkunft. – Die Kommune ist Eigentümer der Häuser. Sie hält die Häuser in gutem Zustand und stellt sie den Mitgliedern kostenlos zur Verfügung.

Vierte Garantie: Beförderung. – Jedes Mitglied der Kommune wird kostenlos zum Arbeitsplatz und zurück befördert.

Fünfte Garantie: Mutterschutz. – Werdende Mütter werden 45 Tage vor der Niederkunft beurlaubt. Die Kosten für die ärztliche Betreuung trägt die Kommune.

Sechste Garantie: Krankenurlaub. – Die Kommune garantiert kostenfreie ärztliche Hilfe und Genesungsurlaub.

Siebente Garantie: Altersfürsorge. – Alte und arbeitsunfähige Mitglieder werden von der Kommune versorgt. Sie brauchen nicht mehr zu arbeiten.

Achte Garantie: kostenlose Beerdigung bzw. Verbrennung.

Neunte Garantie: kostenlose Erziehung der Kinder.

Zehnte Garantie: kostenlose Ernährung und Kleidung der Kinder ...

Und so geht es weiter bis zur Position 16. Von Freizeit ist die Rede und von Heiratszuwendungen, von zwölf kostenfreien Haarschnitten im Jahr und zwanzig Wannenbädern, von freier Beleuchtung der Wohnung und kostenloser Heizung [13].

»Wo gibt es das alles?«

»In unserem Nachbarland China. Aber das wird nicht klar herausgestellt. Was auf diesem Zettel versprochen wird, ist eines der potemkinschen Dörfer, die unsere KP allen Unzufriedenen in Aussicht stellt. Und mancher läßt sich ködern!«

»Hier!« Raj zeigt auf die Schlagzeilen einer Zeitung. »Lies es selbst.«

Ich werfe einen Blick auf das Blatt. »*Communist Plot To Overthrow Bengal Govt.*«, heißt es da (Kommunistische Verschwörung zum Sturz der Regierung in Bengalen). In dicken Lettern steht es geschrieben und als Schlagzeile auf Seite eins [14]. Mir ist nicht ganz wohl bei dieser Ankündigung; es ist erst einige Monate her, daß ich in Afrika unter allerlei Rebellen geriet. Aber Raj lacht nur. »*Take it easy*, das ist hier unser täglich Brot; bis jetzt hat sich

noch keiner daran verschluckt. Die KP ist unter Kontrolle.« Er macht eine wegwerfende Handbewegung und gibt dann einen kurzen Lagebericht.
Bengalen, so meint er, ist schon immer der Nährboden für umstürzlerische Umtriebe gewesen. Die Leute hier sind gebildeter als in anderen Teilen Indiens, sie haben mehr Schulen, sie können Pamphlete lesen, sie wissen, was Rußland erreicht hat und was Mao verspricht. Bengalen ist – neben Kerala – der Staat mit den meisten Kommunisten. Glaube und Religion, die Stützen der staatlichen Ordnung in Indien, verlieren sich hier. Kalkutta ist ein riesiger Schmelztiegel, ein Spannungsfeld, ein Konglomerat voller Zündstoff.
Die Jugend Bengalens wird immer herausfordernder. Eine Welle der Auflehnung überschwemmt das Land. Man ist nicht mehr fügsam, man fordert. Die Arbeiter streiken, die Studenten sind respektlos, die Frauen verlangen Gleichberechtigung. Wer glaubt, daß Indien gegen Versprechungen aus dem Osten gefeit ist, der sollte sich mal in Kalkutta umsehen, besser noch: umhören.
Asien ist im Aufbruch. Die Jugend glüht vor feindseligem Stolz. Man sympathisiert offen mit Nordvietnam. Man weiß, was die Kommunisten dort geleistet haben. Nordvietnam, so zählt mir Raj auf, baut heute Waggons und Lokomotiven, Schleppkähne und Dieselpumpen, es exportiert Kohle, Zement, Zinn und Papier. Es hat eine kleine, aber moderne Fischereiflotte, es hat sich von der DDR Glasfabriken (Haiphong) und von den Polen Düngemittelfabriken liefern lassen. 1955 gab es ganze sechzehn Fabriken im Lande, heute sind es achthundert. Die Leute sind immer noch arm, aber es ist eine kontrollierte Armut, eine Armut, die nicht zu vergleichen ist mit dem Chaos in Indien.
Raj holt Luft. Und ich staune ein wenig. Mein Freund ist in England erzogen worden und sicherlich mit manchem kapitalistischen Vorurteil infiziert, aber das hindert ihn nicht, beiden Seiten seine Aufmerksamkeit zu schenken und auch einmal den Kommunisten Anerkennung zu zollen. Er hat – wie viele Asiaten – das sichere Gespür, daß sich etwas tut auf dieser Welt. Gewiß: Noch werden überall heilige Texte rezitiert, noch beugen sich Millionen Rükken fünfmal täglich zum Gebet, noch hallen die Basiliken von Psalmen wider, noch gibt es Armut und Analphabetentum und die Anarchie der Besitzenden; aber sind das nicht schon Rudimente, Überbleibsel aus einer alten, allmählich verschwindenden Welt?
Ich frage ihn, wie es möglich ist, daß er einen solchen Überblick über das Weltgeschehen hat, vor allen Dingen, wo er sein Wissen über die Fortschritte in den sozialistischen Ländern her hat. Er lächelt: »Das ist bei uns kein Problem. Bekommen wir frei Haus geliefert. Die Indo-Sowjetische Kulturgesellschaft sorgt dafür. Außerdem gibt es zahllose Plakate, Industrieausstel-

lungen, russische Theatervorführungen und ähnliches. In den Buchläden sind die russischen Bücher (in englisch, hindi, urdu usw.) die billigsten, und ein guter Teil unserer Zeitungen ist mit Artikeln bestückt, die die Russen kostenlos zur Verfügung stellen.
In diesen Artikeln ist nicht nur von Politik die Rede. Das wäre zu auffällig, zu aufdringlich. Es wird über Wissenschaft und Technik, über Land und Leute, über das Schulwesen und die Sozialfürsorge im heutigen Rußland berichtet. Und das ganze Informationsmaterial wird gratis zur Verfügung gestellt. Ist es da ein Wunder, wenn Artikel über die USA, über Frankreich, über Westdeutschland relativ selten sind? Sie sind – wenn sie überhaupt geschrieben werden – für die Redaktionen zu teuer und können deshalb mit den russischen nicht konkurrieren. Im übrigen sind die Leute aus dem Ostblock dreimal so schlau wie die aus dem Westen. Sie sprechen unsere Dialekte, sie sind nicht überheblich, und sie trinken – mangels Wodka – selbst mit Limonade Brüderschaft. ›Bengali, Russi, Bhai, Bhai – Bengalen und Russen sind Brüder‹, lautet einer ihrer Trinksprüche.«
Wir kommen auf das Erziehungswesen zu sprechen. Rajs Miene verfinstert sich: »Schau dir unsere Universitäten an[15]: Da wird Schaum geschlagen. Kalkutta hat 110 000 Studenten und einen Titelausstoß von zigtausend jährlich. Trotzdem fehlt die Elite. Wer in Oxford durchfiel und ›B. A., Oxon (failed)‹ an seine Tür nagelt, hat unseren Doctores noch einiges voraus.«
Auch um die Disziplin an den Schulen und Universitäten ist es schlecht bestellt. Und anstatt durchzugreifen, gibt man ständig nach. Wenn die Kommilitonen mit der Begründung streiken, das Examen sei zu schwer, dann haben die Schulbehörden nichts Besseres zu tun, als sich demokratisch der Mehrheit zu beugen. Ein *headmaster*, der sein Volk in geistiger Zucht halten wollte, wurde – vor zwei Jahren war es – von seinen Zöglingen kurzerhand verprügelt.
Die Folgen dieser Massenproduktion sind offenkundig: Es herrscht ein großer Mangel an qualifizierten Arbeitskräften, andererseits gibt es viele arbeitslose Akademiker[16]. Auf ein Inserat, in dem mehr als dreihundert Rupien offeriert werden, melden sich tausend Bewerber. Einer wird eingestellt, die übrigen orientieren sich nach links – sie werden eine latente Gefahr.
Die Gefahr, in der ich mich im Augenblick befinde, ist nicht weniger dräuend: das Essen wurde aufgetragen – auf indisch. Ein Schüsselchen Reis steht vor mir und allerlei Grünzeug. Auch Gewürze fehlen nicht. Raj wünscht mir einen guten Appetit, taucht seine Finger in ein Wasserglas und fängt zu schaufeln an. Mit den Fingern! Ein Seitenblick von ihm verrät, daß er meine Verlegenheit genießt. Er revanchiert sich jetzt dafür, daß ich ihn in London einmal Fisch mit dem Obstmesser essen ließ, ohne piep zu sagen.

»He, Raj, gibt's hier wirklich keine Bestecke?«
»Natürlich gibt es die, aber du willst doch die Sitten des Landes kennenlernen. *Get started!*«
Was bleibt mir übrig? Ich fahre mit der Rechten in den Reis und mit der Linken in die Würze. Raj fällt vor Schreck fast vom Stuhl, zumindest fällt ihm ein kunstvoll gedrehtes Reiskügelchen aus der Hand.
»Bist du von Sinnen...?«
Arglos schaue ich ihn an. »*What's wrong?*«
Ein unsagbar mitleidiger Blick trifft mich, dann kommt die Erläuterung:
»Nimm um Himmels willen deine linke Hand vom Tisch. Schieb sie ein, steck sie weg, mach damit, was du willst, nur das Essen darf sie nicht berühren.«
Verdutzt schaue ich auf meine Linke. Sie ist nicht schmutziger als meine rechte Hand, ein bißchen Currystaub hängt daran, aber das ist alles...
Raj erläutert: »Die linke Hand ist prinzipiell und immer und auf jeden Fall unrein. Man nimmt sie nie und nimmer zum Essen.«
Na schön, dann eben nicht. Ich mixe mein Menü mit der Rechten und fange zu jonglieren an. Vergeblich. Der Reis entwischt mir wie Quecksilber. Ich schiele zu Raj 'rüber. Dem geht es gut. Er wickelt kunstvoll Lauch und Bohnen und anderes Grünzeug um die spröde weiße Masse und stopft seinen Mund mit einer Nahrungskugel nach der anderen. Spielend leert er seinen Teller. Ich kämpfe noch, als er schon längst bei den Bananen angelangt ist.
Das Essen war nicht schlecht, aber ein bißchen zu scharf. Die Mundhöhle ist fast wund, vom Magen geht eine Hitzewelle aus, und auch später – so versichert mir Raj – wird der Curry noch wie Feuer brennen.
»Bei einer indischen Mahlzeit ist alles wohldosiert. Es gibt Speisen, die gelten als *hot*, und andere rangieren unter *cooling*. Beides aufeinander abzustimmen, die Wirkung der heißen Gänge mit leisen, salz- und gewürzarmen abzuschwächen ist die Kunst der indischen Hausfrau, das Geheimnis der indischen Küche. Als *hot* gelten alle Gewürze, aber auch Kaffee, Mango- und einige andere Früchte, als *cooling* gelten Tee – gleichgültig, ob heiß oder kalt serviert – und Bananen und Fruchtsoßen.
Generell läßt sich sagen, daß das Essen in Indien heute nicht mehr das ist, was es einmal war. Sogar die ›Times of India‹ prangert das an. Ein Mr. Krishnan verfaßte einige *strong thoughts on dinner*:
»...Was man heute in Hotels bekommt, schmeckt wie synthetisches Sägemehl, das mit Essenzen durchsetzt und – des Aromas wegen – stark gewürzt oder mit Saccharin gesüßt wurde, wobei qualitativ nicht einmal der Terpentingeschmack authentischen Sägemehls erreicht wird. Ich ziehe vor, was ich zu Hause bekomme: Es ist zwar dasselbe polymorphe Sägemehl, aber ich

kann zumindest darauf bestehen, daß es nicht versalzen ist, und darauf, daß der klebrige Mischmasch, der sich Reis nennt, ohne gelöschten Kalk gekocht wird. Oder ist es ungelöschter Kalk, was sie heutzutage in den Hotels verwenden [17]?«

Wer mit den Verhältnissen etwas vertraut ist, nimmt diesen Qualitätsschwund als unvermeidlich hin. Schließlich herrscht zur Zeit wieder einmal eine Hungersnot in Bengalen. Gegen *family identity cards* kann man pro Woche 1,20 Kilo Reis, 1,20 Kilo Weizen oder Weizenprodukte und 300 Gramm Zucker kaufen. Kinder bekommen die Hälfte [18].

Mädchen, Medizinmänner und Mönche

Es ist später geworden, als vorgesehen war. Raj drängt zum Aufbruch. Aber bevor er sich verabschiedet, rückt er mit einem verblüffenden Angebot heraus: er fragt mich, ob er mir seine Schwester als *guide*, als Führer, durch das Viktoria-Memorial vorschlagen dürfe. Er habe das heute morgen schon arrangiert.

Für einen Augenblick bin ich sprachlos. Ich weiß nicht viel von Indien, aber daß die Frauen hier wie Schätze gehütet werden, daß man die scheuen, grazilen Geschöpfe von allem Kontakt mit der Außenwelt abschirmt, das ist auch mir bekannt. Raj schmunzelt: »Parvati kommt natürlich nicht allein. Sie ist in Begleitung einer Freundin. Sie geht also – genaugenommen – nicht mit dir aus. Du bist nur als Anstandswauwau engagiert. Im übrigen bist du heute abend bei meinem Vater eingeladen, und damit bist du für die Familie kein Fremder mehr.«

Was soll ich sagen? Ich kann dem netten Kerl nur einen freundschaftlichen Rippenstoß geben und dann der Dinge harren, die da kommen werden. Und sie kommen. Ein Wagen mit Chauffeur fährt vor, und zwei goldbraune Prinzessinnen entsteigen ihm. Sie tragen grüne und rote Saris aus wundervoller, golddurchwirkter Seide. Das pechschwarze Haar ist zu strengen Knoten gebunden, an den Füßchen glitzern rubinbelegte Sandaletten. Zierliche Händchen heben sich zum Gruß: »Namaste!«

Nach einer kurzen, äußerst liebenswürdigen Vorstellung läßt mich Raj mit den Damen allein. Der chauffeurgelenkte Wagen nimmt ihn mit. Meine erste Regung ist, nach einem Taxi Ausschau zu halten; so zierliche Wesen kann man schließlich nicht zu Fuß gehen lassen, aber Parvati und Mohini bestehen darauf, daß wir erst ein Stück die Chowringhee Road entlanggehen und dann über den Maidan spazieren. Sie möchten mir möglichst viel zeigen. Ich bin einverstanden, aber im stillen davon überzeugt, daß es mir nicht gelin-

Wir sind auf dem Weg nach Sarnath, wo Buddha seine erste Predigt hielt, wo er das ›Rad der Lehre‹ in Bewegung setzte. Sarnath ist ein Vorort von Benares, nur vier bis fünf Kilometer entfernt. Buddhas erste Predigt fand unter einem Feigenbaum statt, und seine ersten Anhänger haben sehr naturverbunden gelebt: unter Dächern aus Laub und Bambuszweigen. Nichts ist davon geblieben. Ashoka, König von Magadha, ein glühender Verfechter der buddhistischen Lehre, hat der heiligen Stätte später zu Glanz und Monumenten verholfen. Noch heute sind die Reste einer Stupa aus jener Zeit zu sehen und die Überbleibsel einer Säule, die früher einmal das Löwen-Kapitell, das heutige Wappen Indiens, trug. *(S. 127)*

Ein Hindu unterscheidet sich von einem Nichthindu dadurch, daß er von Hindueltern geboren wurde. Er bleibt so lange Hindu – mag er glauben, was er will –, als er sich den überlieferten sozialen und religiösen Gepflogenheiten des Landes anpaßt. Die Geburt, die Abstammung, das Sicheinfügen in eine bestimmte Gesellschaftsgruppe ist das, was einen Inder zum Hindu macht. Nicht sein Glaubensbekenntnis ist entscheidend, sondern seine Kastenzugehörigkeit. (S. 39)

gen wird, noch irgendwo anders hinzusehen als in diese märchenhaften Mädchengesichter.
Parvati ist die Schwester von Raj. Sie ist etwa zwanzig Jahre alt und ein klein wenig gesetzter als ihre Freundin. Mohini ist nur zu Besuch in Kalkutta. Sie wird in wenigen Tagen nach Delhi zurückfliegen. Beide Damen studieren Medizin und wollen demnächst Europa besuchen. Ich bin sozusagen das Versuchskaninchen für europäische Umgangsformen, für den ›European way of life‹. Lächelnd gestehen sie es mir. Dann erzählen sie mir von ihrem Beruf und von Charaka, dem berühmten indischen Arzt. Sie scherzen über ihre Kollegen, die Ayurveda-Jünger, die noch heute Blinddarmentzündungen mit Magie und Zaubersprüchen angehen [19].
Ich verstehe nicht viel von Medizin und flüchte deshalb in Bereiche, die mir etwas vertrauter sind:
»Hat nicht auch Gandhi noch allerlei Vorurteile gehabt?«
»Und ob. Der gute Gandhiji war nicht gerade ein Wegbereiter für die Wissenschaft, und vier Fünftel seiner Landsleute verlassen sich noch heute lieber auf Gebete und Zaubersprüche. Bei den Hebammen gehören die *mantrams*, die Beschwörungen, nach wie vor zum Handwerkszeug. Nie im Leben – so glauben die einfachen Leute – ist ein Mensch so gefährdet wie im Augenblick der Geburt. Mutter und Kind sind anfällig für Behexungen und für den bösen Blick der Nachbarin; ungünstige Sternkonstellationen können das ganze Leben ruinieren. Dagegen helfen nur *mantrams*. Die Hebammen wissen das und halten tausend Zaubersprüche bereit. Nicht ohne Grund nennt man sie bisweilen *mantradaris*.
Die moderne Medizin konnte in Indien erst vor kurzem Fuß fassen. Es gab zu viele Tabus. Die Ärzte hatten keine Möglichkeit, sich anatomische Kenntnisse anzueignen; ein Leichnam galt als unrein und durfte nicht berührt werden. Es ist vorgekommen, daß indische Ärzte – wenn es für Gerichtsgutachten oder dergleichen notwendig war – das Sezieren einer Leiche nicht selbst vornahmen, sondern Parias dafür engagierten. In einem Fall – er wurde durch die Presse etwas aufgebauscht – hat der Arzt vom Fenster aus, das heißt durch Zuruf, das Messer seines Famulus dirigiert. Andererseits muß man aber anerkennen, daß unsere älteren Kollegen auch ihre guten Seiten hatten: Sie sahen den Menschen immer als Ganzes; sie wollten – wie Paracelsus – Teilerkrankungen und Symptome nie isoliert betrachtet wissen.«
Ich zeige auf eine Gruppe junger Männer, die einen Alten mit einer kräftigen Massage verarzten. »Was fehlt ihm?«
Meine Expertinnen lächeln. »Das ist ein *sadhu*, ein Heiliger, dem fehlt nichts, er läßt sich nur von seinen Jüngern einölen; dann wird er aufbrechen und sein abendliches Bad im Ganges nehmen.«

Zwanzig Schritte weiter sitzt ein anderer Sadhu, ein Mann mit langen, ungekämmten Haaren und viel Asche im Gesicht. Er sitzt nicht zu seinem Vergnügen hier. Er zelebriert. Er dient Shiva und seinem Seelenheil. Die nötigen Requisiten hat er mitgebracht: einen zirka fünfzig Zentimeter großen Yoni-Lingam-Opferstein und einen Nandi-Stier en miniature. Den Götzenstier behängt er mit Blumen, den Steinphallus beschmiert er mit Ghee und roter Farbe. Parvati reicht ihm eine Blüte. Er legt sie auf das Fruchtbarkeitssymbol und stiert wieder ins Leere. Sooft eine Münze in seinen Schoß fällt, greift er mit müder Handbewegung über sich: er betätigt eine kleine Glocke, die dort im Efeu hängt. Das Geläut soll die Götter wecken. Es könnte ja sein, daß sie sonst nicht merken, was auf Erden für sie getan wird. Dankbar und seiner Sache sicher geht der Spender weiter.

Ich bin ein bißchen unsicher geworden. Es gibt so vieles, was einen – in weiblicher Begleitung – ein wenig in Verlegenheit bringen kann. Aber die beiden Inderinnen geben sich völlig gelöst. Sie ahnen nicht einmal, welche Skrupel mich plagen. Sie gehen ungeniert an Bettlern vorbei, die sich an den privatesten Körperstellen lausen, sie lassen sich nicht durch stillende Mütter irritieren, und aufdringliche Straßenjungen halten sie mit einem einzigen Blick auf Distanz. Sie erklären mir, was die weißen und roten Ornamente im Gesicht eines Wanderpredigers bedeuten und auf welche Weise man Kinder verstümmelt, um einen maximalen Bettelertrag zu erzielen.

Auf einem von Kühen, Tauben und Kindern belagerten Ruinengrundstück schauen wir eine Weile einem Töpfer zu, einem ›Hindu God-Maker at work‹. Der fast nackte Mann – im Profil hat er noch weniger an – modelliert Fruchtbarkeitsgötter. Er formt sie aus Lehm und Dreck und brennt sie in einem kleinen Ofen. Sein Geschäft blüht. Die Ware geht weg wie – nein, nicht wie warme Wecken: sie geht weg wie warme Götter.

Der Nachbar des Töpfers hat einen kleinen Holzschemel vor sich und darauf zwei Blumentöpfe mit farnartigem Gewächs. Er besprenkelt die Pflanzen mit Wasser und verbeugt sich immer wieder davor. Wir schauen uns das Kraut etwas genauer an. Viel zu sehen ist nicht. Nur ein paar Blattläuse und einige Wassertropfen auf staubigem Grün. Es wäre interessant zu wissen, ob der Alte die Pflanze oder das bißchen Feuchtigkeit oder gar die Blattläuse anbetet. Auch Parvati und Mohini sind dieses Mal ratlos.

Aber beim nächsten Gewerbetreibenden wissen sie Bescheid. Ein alter Brahmane mit grauem Bart und weißem Lendentuch hat einige Fasern vor sich liegen. Er greift immer wieder ein Büschel davon heraus und zwirbelt sie. Das ist nicht zum Zeitvertreib, es ist – genaugenommen – auch keine Arbeit, es ist ein sakraler Akt: Der Alte fertigt Brahmanenschnüre, die heiligen Stricke, die er und seinesgleichen über der linken Schulter tragen.

Das *yajnopaveeta,* wie es in sanskrit heißt, symbolisiert Körper, Rede und Geist, es symbolisiert die Kontrolle über diese menschlichen Attribute. Wenn junge Brahmanen in das Stadium des Lernens eintreten, wird ihnen die Schnur verliehen. Die Zeremonie hierfür heißt *upanayana* – Einführung in das Wissen.

Mehr zu fragen wage ich nicht. Zumindest von Parvati weiß ich, daß sie einem Brahmanengeschlecht angehört. Törichte Fragen könnten sie verletzen. Aber ich nehme mir vor, Raj bei der erstbesten Gelegenheit auszuquetschen. Die Mythologie und die Gebräuche der Hindus sind eine Studie wert.

Wir sind etwas vom geplanten Weg abgekommen. Bewußt, wie die Damen versichern. Das Denkmal der Königin Viktoria läuft uns nicht davon. Und den beiden macht es mehr Freude, wenn sie mir Indien, so wie es leibt und lebt, zeigen können. Der kalte Marmor des Memorials ist nichts als Fassade, prunkvoller Kitsch.

Als nächstes bleiben wir vor einem zahnlückigen Harlekin stehen, der ein Kalb angepflockt hat und den Passanten den Schwanz des Tieres hinhält.

»Was soll das?«

Mohini lächelt geheimnisvoll: »Er will Ihnen die Zukunft deuten. Sie brauchen nur den Schwanz des Kälbchens anzufassen und dem Alten Ihr Geburtsdatum zu nennen: Er errechnet dann Ihr Horoskop, und die magischen Kräfte, die aus dem Schwanz des Tieres auf Sie überströmen, helfen ihm bei der Auslegung der Konstellation.«

»Mohini, du kannst doch nicht ...«

Parvati moniert, aber ich mache mir nichts daraus, meinen Geburtstag zu verraten. Nur den Schwanz des Kälbchens fasse ich nicht an. Wer weiß, wer da heute schon alles dran gezogen hat. Ich möchte nicht mit bazillenstarrenden Händen spazierengehen. Der Astrologe kommt trotzdem zurecht. Er versichert mir – so scheint es – Vielversprechendes. Die Mädchen amüsieren sich königlich. Ich kann den Alten leider nicht verstehen, und meine beiden Dolmetscherinnen sind nicht ganz ehrlich. Sie mogeln ein wenig. Sie unterschlagen irgend etwas. Mohini wird sogar ein wenig verlegen ...

Parvati lenkt ein: »Alles Unsinn. Den Astrologen gehört das Handwerk gelegt. Sie verdummen das Volk und richten großen Schaden an.«

»Ach«, meine ich, »so ein bißchen Jux gehört auf jeden Jahrmarkt!«

Die Mädchen lächeln: »Sie Ahnungsloser! Was die Astrologen in Indien treiben, das ist kein Jux mehr, das ist Volksverdummung. Die letzte großangelegte Aktion unserer Sterndeuter hat vierhundertfünfzig Millionen aus dem Gleichgewicht gebracht. Am 3. Februar 1962 war es. Ein unheilverkündendes Planeten-Rendezvous im Sternbild des Steinbocks (astronomisch berechnet) beziehungsweise im Zeichen des Wassermanns (nach dem astrologischen Einmaleins) hat eine Panik ausgelöst. Die Leute vergruben ihren Schmuck und ihr Geld, sie schlossen ihre Geschäfte, sie kampierten in Zelten, sie opferten Schiffsladungen voll Reis und Ghee und Farbe. Die Bergleute gingen nicht unter Tag, und die Eisenbahnen waren fast leer. Größtes Unheil war dem Land angesagt worden. Jedermann war verzagt. Nehru wurde – unter anderem von einem Minister aus Uttar Pradesh – beschworen, zur kritischen Zeit keine Wahlrede zu halten. Nur ein Fiasko, ein Ruin der Partei könnte die Folge sein. Ganz Indien zitterte. Der Subkontinent war nicht mehr von Männern und zivilisierten Menschen bewohnt, nur noch von schicksalsergebenen *natives* (Eingeborenen)... Und das ist erst drei Jahre her!«

In der Nähe der Badeghats wird die Szenerie jetzt zusehends belebter. Stoffhändler und Sterbende, Faulenzer, Vagabunden und bettelnde Mütter; Augen, die wie blind ins Leere starren, und Babys, die strampelnd noch ein Tröpfchen Milch suchen. Leprakranke mit abgefaulten Gliedmaßen, halbverhungerte Irre und immer wieder Kinder, Kinder, Kinder. Kleine zittrige Händchen strecken sich uns entgegen. Die piepsenden Stimmchen wecken mich aus der Starre. Die Not ist hier so grauenhaft, so nervtötend, daß das Gehirn streikt. Es weigert sich, das Geschaute aufzunehmen. Auch meine Begleiterinnen sind still geworden, ihre Augen größer.

»Schluß für heute! Feierabend!« Ich sträube mich, noch weiterzugehen. Die Mädchen sind einverstanden. Auch ihnen wird die Szenerie zu gespenstisch. Sie gehören beide wohlhabenden Familien an; sie leben umsorgt und behütet unter ihres Vaters Dach. Die Slums sind ihnen so fremd wie mir. Beide sind etwas deprimiert. Mohini schaut ganz ratlos drein: »One of the strangest things about life is that the poor, who need money the most, are the very ones that never have it.«

Die Kinderhändchen, die sich uns entgegenstrecken, die ein Bakschisch haben wollen, verhelfen einem Süßwarenhändler zu vorzeitigem Ladenschluß. Ich kaufe ihm – für lumpige zehn Rupien – seinen ganzen Vorrat ab. Mögen sich die Kinder einmal im Himmel wähnen, einmal richtig den Magen verderben. Allesamt dürfen sie in die Glasvitrinen fassen. Die meisten wagen nur ein Bonbon herauszunehmen. Sie können es nicht fassen. Das kommt in jedem *kalpa*[20], in jedem Weltzeitalter, nur einmal vor. Der Sahib hat den Verstand verloren, er muß ein Heiliger sein. Die ersten fangen schon an, mich anzubeten. Jetzt wird's Zeit zur Flucht. Ich winke eine Motorradrikscha herbei und entführe meine Studentinnen zum Viktoria-Memorial und nach Hause.

Die Religion der hunderttausend Götter

Im Hause Dr. Sarans geht es sehr enthaltsam zu. Es gibt keinen Alkohol, keinen Tabak, kein profanes Wort. Der alte Herr ist ein Pandit, ein Lehrer, ein eifriger Verfechter seiner Religion. Raj, obwohl fünfunddreißig Jahre alt, hat zu Hause nichts zu melden. Er setzt sich erst, wenn er von seinem Vater dazu aufgefordert wird, und seine prowestlichen Ansichten behält er für sich.

Mir zuliebe macht der Hausherr einige Zugeständnisse. Wir hocken nicht auf Teppichen oder kleinen Schemeln, wie es Landessitte ist, wir haben Sessel zur Verfügung. In ihren Polstern verdauen wir das Nachtessen und die Strapazen des Tages. To eat is human, to digest divine!

Doktor Saran hat sich bereit erklärt, mir religiösen Anfangsunterricht zu geben. Er hält das für unerläßlich. »Indien zu bereisen, ohne eine ins Detail gehende Kenntnis seiner Religion zu haben, ist witzlos. Das gleiche gilt fürs Bücherschreiben. Ein Buch über Indien, das nicht religionsbezogen ist, geht völlig am Thema vorbei; es ist alles, nur kein Buch über Indien.«

Zunächst amüsieren sich die Herren ein wenig über meine Vorkenntnisse. Einige Vierzeiler in sanskrit[21], auf die ich so stolz war und die mich manch feierabendlichen Schweißtropfen kosteten, korrigieren sie lächelnd. Sanskrit hat eine Menge phonetischer Fallgruben. Ich fiel bei jeder Zeile wenigstens zweimal 'rein.

Die Veden, so wird mir erklärt, sind schön und gut, aber zum Verständnis des Hinduismus können sie anfangs nur wenig beitragen. Das Glaubensgefüge der Hindus ist so komplex, so vielgestaltig, daß man – will man sich nicht im Uferlosen verlieren – an einer Komprimierung nicht vorbeikommt. Die Veden sind die Krönung und das Fundament des Hinduglaubens, aber für jeden Lernenden, der nicht im Detail steckenbleiben will, denkbar ungeeignet.

Was versteht man unter Hinduismus? Fangen wir beim Wort an, bei seinem etymologischen Ursprung. Der Begriff *hindu* ist aus dem Sanskritwort *sindhu* abgeleitet. Sindhu, das ist der große Fluß, den die Griechen als *indos* bezeichneten. Aber das ist lange her. Schon die Perser haben – in den Inschriften des Dareios Hystaspes – den großen Strom mit dem heutigen Namen bezeichnet. Die Bewohner des Indosufers wurden zu *indern,* und schließlich umfaßte der Begriff alle Bewohner des Landes. Die mohammedanischen Eroberer des indischen Subkontinents differenzierten: Sie bezeichneten alle Inder, die sich nicht zum Islam oder zu der Lehre des Zarathustra bekannten, als Hindus.

»Was ist ein Hindu? Das ist schwer zu sagen. Der Begriff hat tausend Facetten. Oftmals werden selbst die Ureinwohner Indiens, die Leute, die vor der arischen Invasion das Land bewohnten, als Hindus bezeichnet. Heute gebraucht man das Wort in erster Linie im religiösen Sinne. Sarvapalli Radhakrishnan, unser verehrter Präsident, geht dem Problem tiefschürfend auf den Grund.« Dr. Saran greift ein Buch aus dem Regal hinter sich, blättert ein wenig und liest vor:

»Hinduismus zu definieren ist nicht ohne Schwierigkeiten möglich. Vielen erscheint er als Name ohne Inhalt. Ist er ein Museum von Glaubensvorstellungen, ein Gemisch von Riten oder einfach eine geographische Bestimmung? Sein Inhalt – wenn es einen solchen überhaupt gibt – hat sich von Zeitalter zu Zeitalter, von Gemeinschaft zu Gemeinschaft geändert. Die Leichtigkeit, mit der er das Brauchtum und die Ideen der Völker, mit denen er in Berührung kam, fortwährend in sich aufgenommen hat, ist ebenso beachtlich wie die Schwierigkeit, die sich auftut, wenn wir einen gemeinsamen Nenner für seine mannigfachen Formen finden wollen. Wenn es jedoch kein einigendes geistiges Band für seine verschiedenen Ausdrucksformen gibt, durch das die verschiedenen Epochen seiner Geschichte zu einer organischen Ganzheit verwoben werden, so ist es unmöglich, die Errungenschaften des Hinduismus zu erklären. Es hat sich allgemein die Auffassung durchgesetzt, daß abgesehen von den blinden Mächten der Natur nichts sich in dieser Welt bewegt, was nicht griechischen Ursprungs ist. Dies ist aber unrichtig. Die halbe Welt bewegt sich in geistigen Bahnen, die der Hinduismus vorangeschritten ist. China und Japan, Tibet und Thailand, Burma und Ceylon betrachten Indien als ihre geistige Heimat. Seine Kultur ist nicht kurzlebig gewesen, vielmehr reichen die geschichtlichen Überlieferungen über viertausend Jahre zurück ...

Die Stellung der Hindus zum Problem der Religionen ist interessant. Während sich die Glaubensbekenntnisse durch festgelegte intellektuelle Vorstellungen voneinander unterscheiden, setzt sich der Hinduismus keine solchen Begrenzungen. Der Verstand wird der Intuition, das Dogma der Erfahrung, der äußere Ausdruck der inneren Verwirklichung untergeordnet. Religion bedeutet nicht die Annahme intellektueller Abstraktionen oder die Vornahme von Zeremonien, sondern eine Art des Lebens, der Erfahrung, der Erkenntnis des Wesens der Wirklichkeit *(darśana)* oder Erfahrung der Wirklichkeit *(anubhava)*. Diese Erfahrung ist kein gefühlvolles Erlebnis oder eine subjektive Begeisterung, sondern die Antwort der ganzen Persönlichkeit, des entfalteten Selbst auf die zentrale Wirklichkeit [22].«

Der Pandit schlägt das Buch zu. Ich muß ihn etwas entgeistert angesehen haben; er lächelt und gesteht, daß auch andere Leute Schwierigkeiten haben, das zu verstehen.

»Vor einigen Jahren«, so berichtet er, »machte eine indische Tageszeitung eine Umfrage bei führenden Persönlichkeiten, die allesamt Hindus waren.

›Bitte, sagen Sie uns‹, so baten die Reporter, ›welches sind die Elemente des Hinduismus?‹ Das Ergebnis bestätigte die Vermutung: Jeder der gelehrten Herren war anderer Ansicht. Man fand kein allgemeingültiges Element. Mehr als das: Man einigte sich darauf, daß das Wesen des Hinduismus darin besteht, kein allgemeingültiges Element zu haben.
Schließlich rang man sich zu folgender Definition durch: Ein Hindu unterscheidet sich von einem Nichthindu dadurch, daß er von Hindueltern geboren wurde. Er bleibt so lange Hindu – mag er glauben, was er will –, als er sich den überlieferten sozialen und religiösen Gepflogenheiten des Landes anpaßt. Die Geburt, die Abstammung, das Sicheinfügen in eine bestimmte Gesellschaftsgruppe ist das, was einen Inder zum Hindu macht. Nicht sein Glaubensbekenntnis ist entscheidend, sondern seine Kastenzugehörigkeit.«
Dr. Saran überlegt. Er weiß, daß die Sitten und Gebräuche, die er als die Säulen seiner Religion herausstellt, auch ihre Achillesferse sind. Die Zerfallserscheinungen des Kastenwesens sind jedermann bekannt. Die althergebrachten Ordnungen werden durch die Industrialisierung und durch Gesetze, die das Land in demokratische Lebensformen zwingen, zerstört. Eine neue Gesellschaft ist im Werden, die Religion muß sich anpassen. Das kann gut gehen, das kann aber auch das Ende jahrtausendealter Bigotterie bedeuten.
»Vorläufig«, so meint mein Lektor, »spricht man von einer Renaissance, von einem neuen Erwachen.«
»Nach einem jahrhundertelangen Winterschlaf befinden wir uns heute in einem schöpferischen Frühling des Hinduismus. Wir schauen unseren alten Glauben mit neuen Augen. Wir fühlen, daß sich unsere Gesellschaft in einem Zustand unsicheren Gleichgewichtes befindet. Es gibt viel Morsches und Totes, das abgetan werden muß. Die Führer der Hindus – Denker und Praktiker – sind davon überzeugt, daß die heutige Zeit keine Preisgabe der Grundgedanken des Hinduismus erfordert, sondern vielmehr ihre Wiederherstellung bei besonderer Berücksichtigung der Notwendigkeiten einer komplexeren und beweglicheren Gesellschaftsordnung. Ein solcher Versuch bedeutet nicht mehr und nicht weniger als die Wiederholung eines Prozesses, der im Verlauf der Geschichte des Hinduismus schon wiederholt stattgefunden hat. Und dieses Werk der Wiederherstellung hat schon begonnen [23].«
»Soviel zum Hinduismus als Ganzem. Nun wollen wir einen Blick auf seine *cardinal beliefs*, auf seine wichtigsten Glaubenssätze, werfen. Da ist zunächst einmal das Ja zu einer allgegenwärtigen, allwissenden, allmächtigen Gottheit, die den Irdischen in vielen Varianten gegenübertritt. *Brahman* ist die höchste aller Formen; sie ist absolut. *Ishvara*, das der persönlichen Kommunikation dient, steht ein gutes Stück darunter. Die Möglichkeiten des Zwiegesprächs zwischen Gott und den Menschen sind unbegrenzt. Jeder

darf nach seiner Fasson selig werden. Aber eines gilt für alle Gläubigen: Die Körperlichkeit des Menschen ist zweitrangig. Das Menschengeschlecht ist geistiger Natur. Es steht über dem Körperlichen und hat teil am Göttlichen. *Atman*, die ewigwährende Weltseele, ist das Heim aller Erdenbürger. Das Universum wird als eine Kreation oder Manifestation Gottes angesehen. Die Menschen, die Krone der Schöpfung, müssen sich ihrer Gotteskindschaft auf ihrer Reise durch die Welt immer bewußt bleiben [24].«

»Der Glaube an ein moralisches Kausalgesetz *(karma)* ist ein anderer Wesenszug des Hinduismus. Dieses Gesetz reguliert den Zyklus der Geburten und Wiedergeburten eines Individuums. Nur durch harte Disziplin, durch nüchternes Wissen gewinnt man die Fähigkeit, aus diesem Zyklus auszubrechen, um schließlich in den Genuß ewigen Friedens und ewiger Glückseligkeit *(moksha)* zu kommen. Dieses Ziel kann nur erreicht werden, wenn die religiösen Pflichten wahrgenommen werden, das nötige Training *(sadhana)* betrieben wird.«

Unser väterlicher Freund ist im Begriff, noch tiefer in die Theorie einzusteigen, aber ich kann nicht umhin, ihn ein wenig zu bremsen: »Lieber Herr Saran, das hört sich ja alles recht vernünftig an, aber soviel ich bis jetzt beobachten konnte, haben die Hindus doch einen ganzen Himmel voller Götter, und ihr ›religiöses Training‹ ist mitunter recht naturverbunden.«

Er lächelt und nickt mir zu: »Stimmt! Wir haben dreiunddreißig *crores*, Gottheiten. Ein *crore* hat hundert *lacs*, und ein *lac* entspricht der Zahl hunderttausend. Umgerechnet ergeben dreiunddreißig *crores* also die stattliche Zahl von dreihundertdreißig Millionen Gottheiten. In der Praxis ist das nicht ganz so vielgestaltig: Die dreiunddreißig *crores* gruppieren sich in Erde und Himmel und deren einunddreißig Abkömmlinge:

12 Adityas = zwölf Formen der Sonne,
11 Rudras = elf Formen von Shiva und
8 Vasus = acht Formen des Wohlstandsgottes.

Aber das ist nur ein Aspekt des Pantheons. Gott wird auch als *trimurti*, als Trinität, gesehen:

als Brahma, der Schöpfer,
als Vishnu, der Erhalter, und
als Shiva, der Zerstörer.

Daneben gibt es eine Menge verdienter Persönlichkeiten, die glorifiziert und zu Inkarnationen Gottes (meist Shivas) wurden. Das sind die *avataras*. Wörtlich übersetzt: die zur Erde Herniedergestiegenen. Die wichtigsten von ihnen sind:

Matsya, die Inkarnation Gottes in Form eines Fisches. Er rettete Manu, den Stammvater der Menschheit, aus der Sintflut;

Kachhapa, die Inkarnation Gottes in Form einer Schildkröte. Diese Echse legte sich unter den Berg Mandara, als Götter und Dämonen mit dem Gebirge den Milchozean zu Schaum schlugen, um den Unsterblichkeitstrank zu gewinnen;
Varaha, die Inkarnation Gottes in Form eines Ebers. Dieser Eber hat sich um die Erde sehr verdient gemacht. Er holte sie – als sie von einem Dämon in die Tiefe gestürzt worden war – kurzerhand wieder hoch;
Nrisinha, die Inkarnation Gottes in Form eines Löwen. Es galt, einen gläubigen Vishnu-Verehrer zu retten;
Vamana, die Inkarnation Gottes in Form eines Zwerges. Dieser Zwerg überlistete den Dämon Bali, der die drei Welten beherrschte. Er bat Bali um so viel Land, wie er mit drei Schritten umschreiten könne. Dann wurde er riesengroß und durchquerte Himmel, Erde und Unterwelt;
Parashurama, die Inkarnation Gottes in Form des Helden Rama, der mit seinem Beil die übermütige Kriegerkaste vernichtete;
Rama, die im Ramayana glorifizierte Inkarnation Gottes. Ramas Heldentaten sind noch heute in aller Munde;
Balarama, die Inkarnation Gottes in Form eines pflügenden Mannes;
Krishna, die Inkarnation Gottes in Form eines Mannes, der mit den Problemen des Lebens ringt[25];
Buddha, der vollkommene Mensch, der allen irdischen Besitz aufgibt.
Eine Inkarnation Vishnus steht noch aus: Kalki! Kalki wird alle Übeltäter hinwegfegen und die Welt erneuern[26].«
Der Pandit lächelt entschuldigend: »Es läßt sich nicht leugnen: An Göttern ist kein Mangel. Obwohl wir Hindus an die Existenz nur eines einzigen Gottes glauben, akzeptieren wir doch eine Vielzahl von untergeordneten Gottheiten. Aber das macht nichts. Dieses Pantheon repräsentiert nur die vielen Aspekte, die zahllosen Facetten Gottes. Es ist ›for the convenience and use of the common man – zum Vorteil und Nutzen des Mannes auf der Straße‹, die Gottheiten sind Symbole und Medien, keine Götzen, keine Anbetungsobjekte!«
»So sagen die Gelehrten, die unserer Religion auf die Beine helfen möchten«, raunt Raj mir zu, »aber in Wirklichkeit ist unser Götzendienst noch dreimal schlimmer, als man nach alldem vermutet, denn zu den himmlischen Heerscharen kommen – in den unteren Regionen des Hinduglaubens – noch zahllose Dämonen, Kobolde und böse Geister, die man fürchtet und verabscheut und mit viel religiösem Klimbim *at bay,* das heißt auf Distanz, hält.«

Eine Welt voll ranziger Riten

Am nächsten Morgen, noch bevor die Sonne aufgeht, holt mich Raj zu einer ersten Exkursion in die hehre Welt hinduistischer Bräuche ab. Wir fahren zu einem Mündungsarm des Ganges, der mitten durch Kalkutta fließt. Die Stadt schläft noch, aber am Flußufer kriecht und krabbelt es aus Decken und Fässern, aus schäbigen Blechbaracken und dunklen Lehmhütten. Die Gläubigen rüsten sich zum morgendlichen Bad. Über dem Fluß liegt dichter Nebel. Er wallt über die Ufer und brodelt über vorbeitreibenden Tierleichen, er schluckt das Gekrächze der Raben und das kraftlose Muhen der Kühe. Auch das Liedchen nimmt er mit, das eine junge Mutter mit letzter Kraft in den Morgen haucht. Das winzige Bündel, das sie dem Fluß flehend entgegenhält, ist ihr Kind, ihr sterbendes Baby.

Die Gläubigen rüsten sich für das Bad und für das Frühstück unter freiem Himmel. Der Hunger dominiert. Getrocknete Kuhfladen werden von Lattenverschlägen und bröckeligen Mauern gelöst. Manche sind noch zu feucht, um Feuer zu fangen. Alles Pusten und Blasen hilft nichts. Nur ein bißchen Rauch steigt auf. Der Mist ist überfordert. Er hat an der Hauswand als Glücksamulett, als Versicherungsschildchen gegen Durchfall, Brechreiz, Hautjucken und Kindbettfieber seine Schuldigkeit getan, und jetzt soll er auch noch brennen...

An einer Feuerstelle nicht weit von uns beugen sich drei *sadhus* über einen undefinierbaren Sud. Der Kessel muß irgend etwas Besonderes enthalten. Vielleicht haben sie einen Ziegenkopf ergattert, die Reste eines Opfertieres, dessen Blut für *Kali* geflossen ist, für die Göttin, die Kalkutta ihren Namen gab[27].

Kali schwimmt jeden Morgen in Blut. Schon im *mahabharata* (IV. VII) ist von ihrer alles verschlingenden Gefräßigkeit die Rede. Sie hat – so heißt es dort – ›Freude an Wein, Fleisch- und Tieropfern‹. Auch Menschenblut weiß sie zu schätzen, und ihr Appetit hielt sich über Jahrtausende. Gaudavaho (um 700 n. Chr.) berichtet davon. Ansonsten kann man über dieses Thema mit nüchterner Gelehrsamkeit referieren, wie es Radhakrishnan tut, oder glutvoll und realistisch wie Tibor Mende.

Ersteres nimmt sich so aus: »Es ist klar, daß Kali in ihren verschiedenen Gestalten eine nichtarische Gottheit ist, allmählich jedoch wurde sie mit der höchsten Gottheit gleichgesetzt. Dies bezeugt die folgende Anrufung Kalis: ›Du, Göttin, die du glückverheißend die Sorgen derer beseitigst, die sich dir zuwenden, wirst nicht durch Sprache, Geist und Verstand erkannt. Niemand vermag dich mit Worten angemessen zu preisen. O Göttin, die du Brahman als deine persönliche Gestalt hast, du Mutter des Weltalls, wieder-

holt grüßen wir dich, die du voller Erbarmen bist. Das Werk der Schöpfung, der Erhaltung und der Zerstörung ist nur ein Wellenschlag deiner spaßigen Vergnügungen. Du vermagst das All in einem Augenblick zu erschaffen. Heil sei dir, du allmächtige Gottheit! Obwohl du keine Eigenschaften und keine Gestalt hast, obwohl du außerhalb des objektiven Seins stehst, obwohl du jenseits des Bereiches der Sinne bist, obwohl du eines und alles ohne ein Gleiches, alles durchdringend bist, nimmst du doch Gestalt an, mit Eigenschaften versehen, zum Heile deiner Gläubigen, denen du das höchste Gut verleihst. Wir grüßen dich, Göttin, in der sich die drei Bedingungen des Seins offenbaren [28].«
Und nun – zum Vergleich – die andere Version: »In einer mondlosen Nacht, der dunkelsten im Monat, versammeln sich die Anbeter der Kali zum großen Opferfest. Die Kali hat die Gestalt eines unbekleideten, ganz schwarzen Weibes, mit vier Armen; an ihrem Hals hängt ein Kranz von Totenköpfen – die Schädel der von ihr erschlagenen Riesen –; aus dem aufgerissenen Mund hängt ihr die blutige Zunge heraus, und sie tanzt auf der Leiche ihres Gatten. Um der Göttin zu gefallen, muß man ihr in diesen Schauernächten Hunderte von Ziegen und Hammeln und manchmal auch etliche Büffel opfern. Die Schädel der Opfertiere, die man mit einem Hieb enthaupten muß, werden dem furchtbaren Götzen vor die Füße gelegt, während eine Öllampe die blutigen Fleischteile beleuchtet, die dann gekocht und unter den Gläubigen verteilt werden. Musikanten, die den untersten Kasten angehören, begleiten die grausige Zeremonie mit makabren Klängen.

In dem widerlichen, schmutzstarrenden Kali-Tempel in Kalkutta überkommt einen ein Gefühl der Beschämung und des Ekels vor einer solchen Entwürdigung der geistigen Bestrebungen des Menschen. Der Schmutz, der Blutgeruch, die kleinen, blutbefleckten Guillotinen, auf denen die Tiere enthauptet werden, die halbverhungerten Hunde, die das Blut auflecken, das alles ist von einer unbeschreiblichen und empörenden Perversität.

Ich war Zeuge, wie entsetzte kleine Mädchen, die Opfer einer vorzeitigen Heirat, von betenden Brahmanen vor das grausige Götzenbild geschleppt wurden, um von der Göttin das Geschenk eines Kindes zu erflehen, womöglich eines Knaben. Sie waren nicht mehr als zehn Jahre, sahen zart und schwächlich aus und waren ganz verschreckt in Gegenwart der mörderischen Gottheit. Diese armen Würmer werden dann hinter das Hauptgebäude geschleppt, wo der ›Baum der Fruchtbarkeit‹ steht; sie hängen an die Zweige eine Haarsträhne und beten um die Gunst, einen Sohn zu gebären. Dann gehen sie zu dem offenen Wasserbecken auf dem Hof und trinken das schmutzige Wasser, das von dem Götzenbild abläuft, denn die Gläubigen begießen das Idol ständig mit Weihwasser, das sie vorher aus den Schlammfluten eines Nebenflusses des Ganges geschöpft haben [29].«

An diesem Nebenfluß, an dieser stinkenden Kloake stehen wir nun. Und wieder bröckelt ein Stück Illusion ab. Ich ahne, was man unter Hinduismus versteht, unter Wahn und Wirklichkeit. Raj tut ein übriges, um auch in Details Klarheit zu schaffen:
»Die Köpfe der enthaupteten Ziegen behalten in der Regel die *pujari*, die Opferpriester. Und diese Kopfjagd ist gar nicht so unrentabel. Der Kali-Tempel wird von einer Brahmanenfamilie in Erbpacht verwaltet. Die Familie, die ein Monopol auf alle kultischen Angelegenheiten hat, lebt nicht schlecht davon: Sie hat große Ländereien erworben, sie knöpft den Fremden das Trinkgeld ab, sie verkauft Andenken, Erd- und Betelnüsse, und sie sorgt dafür, daß diese schillernde Religion nichts von ihrer Attraktion einbüßt. ›All religions are founded on the fear of the many and the cleverness of the few. – Alle Religionen basieren auf der Furcht vieler und der Schläue einiger weniger!‹ Es ist der ehrenwerten Sippe gleichgültig, ob die Pilger an einen persönlichen Gott glauben oder ob sie ihn leugnen, ob sie die Götter für eine fromme Erfindung oder für die letzte Wahrheit halten. Sie wollen ihren Obolus, alles andere ist Nebensache.«
Neben diesem Monopolunternehmen treiben noch zahllose Sadhus am Fluß ihr Unwesen. Das Köpfen lassen sie in der Regel sein, aber *pujas*, religiöse Opferhandlungen, nehmen auch sie vor: Sie opfern Pflanzen und Räucherwerk, Farbe und ranzige Butter. Und sie üben sich in *mantrams*, den Beschwörungen, denn das zahlt sich aus:

Devadhînam jagat sarvam,
Mantradhinam ta dêvata
Tan mantram brahmanadhînam
Brahmana mama dêvata.

Das Universum ist in der Gewalt der Götter,
die Götter beugen sich den Mantrams,
über die Mantrams verfügen die Brahmanen,
ergo: die Brahmanen sind unsere Götter!

Vor einem verkrüppelten Baum tanzt ein Mädchen in ekstatischer Entrücktheit. Sie hat ein Glöckchen am Fuß und eines in der Hand. Sie beschwört ihren Gott, sie will Antwort von ihm, er soll ihr helfen. Vielleicht bittet sie ihn auch nur um Hilfe für ihre Schwester, das Häufchen Elend, das neben ihr liegt, das zehn oder zwölf Jahre alt ist und das vielleicht – weil geschlechtskrank – aus dem Etablissement verstoßen wurde. Für zweihundert Rupien wurde es von seinem Vater verkauft. Mädchen sind unnütze Esser.

In der Nähe der Devadasis baut ein alter Opa, der so schmal ist, daß zwei Drittel seiner Haut pure Verschwendung sind, sein Orakel auf: Er pflockt eine Kuh an und säubert ihren Schwanz, dann entzündet er Räucherstäbchen und wartet auf den ersten Kunden. Er kennt vermutlich ein paar Verschen aus den alten Schriften, und diese Zeilen müssen zu allem herhalten. Auch zum Hellsehen. Der Alte wird auf seine innere Stimme lauschen und dann seinem Klienten verraten, daß ihm der Schnaufer bestimmt nicht ausgeht, solange er noch atmen kann.
Zu unserer Linken tapsen einige verlumpte Gestalten herum. Wie Mondsüchtige, wie Berauschte stolpern sie umher. Ziellos, mit rudernden Armen.
»Vermutlich Bhangis!« meint Raj.
Bhang ist ein Narkotikum, das aus Hanf gewonnen wird. Wie Haschisch führt es zu tranceartigen Zuständen, zu Bewußtseinsstörungen. Pseudo-Yogis wollen damit der Entrückung teilhaftig werden, die das Endziel aller religiösen Bestrebungen ist. Sie betrügen sich nicht nur, diese Leute, sie ruinieren sich.
Im übrigen: Rauschgiftschmuggel ist im Ganges-Delta en vogue. Und man arbeitet heute mit mehr Geschick als noch vor ein paar Jahren. Die Opiumpfeife ist außer Mode gekommen, man bevorzugt Heroin, das geruchlos und damit weniger verräterisch ist. Man kann es auch leichter verbergen und – in Form von selbstgedrehten Zigaretten *(bidis)* – leichter einnehmen. Auch seine Wirkung ist intensiver: Der Trancezustand hält länger an, die Halluzination ist tiefer und lustbetonter.
»Wo kommt das Zeug her? Wer produziert es?«
»Es wird von Fahrensleuten, Matrosen und Berufshändlern an Land geschmuggelt. Es kommt auf Dschunken, Fischerbooten und Frachtern. In den Bergen Nordburmas, in Thailand und Kambodscha wird die Mohnpflanze in kleinen Plantagen gezogen und die Ernte von Händlern aufgekauft. Oftmals ist es die einzige Einnahmequelle der hinterindischen Gebirgsbauern, der Meos und Shans und wie die Stämme sonst noch heißen mögen.
Das Rohopium, ein dickflüssiger, brauner Saft, wird auf Mulis und klapprigen Fahrzeugen zur Küste transportiert und dort zu Morphium und Heroin verarbeitet. Über Hongkong und Singapur geht es in alle Welt, über den Golf von Bengalen kommt es nach Indien.«
»Und was bedeuten die leeren Flaschen hier? Betrinken sich die Leute auch?«
»Ja, schon, aber das hat seine Grenzen. In vielen Provinzen Indiens besteht absolute Prohibition, und wo es Alkohol zu kaufen gibt, ist er so teuer, daß der Mann von der Straße nicht herankommt. Aber man weiß sich natürlich zu helfen. Man braut seinen Sorgenbrecher selbst, man fabriziert den

›Genuine Old Highland King Victoria VI Scotch. Made in Calcutta. Not a drop sold until it's 24 hours old‹.«
Der Nebel überm Fluß wird dichter. Er überspült die *ghats* und nimmt uns die Sicht. Um diese Jahreszeit ist die Sonne in den ersten Morgenstunden oftmals machtlos. Raj, der nicht mehr ganz sattelfeste Brahmane, weiß leider keine *mantrams*, keine Zaubersprüche, die da helfen könnten. Aber er übersetzt mir, was ein fast nackter Asket soeben über den Fluß in den weißen, brodelnden Nebel hineinruft:

Asato ma sad gamaya
tamaso ma jyotir gamaya
mrityor m'amritam.

Vom Nichtseienden
führe mich zum Seienden,
aus Finsternis zum Licht,
vom Tode zum Todlosen!

Um uns aufzuwärmen, fahren wir zum ›Great Eastern Hotel‹. Bei einem heißen Zitronenwasser erklärt mir mein Freund die religiösen Praktiken seiner Landsleute:
»Da ist zunächst einmal das Gebet. Es gibt zwei Arten davon: Man kann um Frieden, Glück und Erleuchtung bitten, man kann die Götter aber auch um irdischen Besitz, um Ruhm und Wohlstand angehen. Das populärste Gebet hat sich über Jahrtausende unverändert erhalten, von der Zeit der Veden bis ins Zeitalter des Atoms. Es ist das *gāyatri:*

Ich meditiere über den erhabensten Gott der Schöpfung,
möge er unsere Fähigkeiten fördern!

Das Opfer hat ebenfalls seinen festen Platz in der religiösen Praxis der Hindus. Fünf Tributleistungen sind vorgeschrieben. Die tägliche Routine beginnt mit dem *brahma-yajna*, dem Studium der alten Schriften. In strenger Selbstkritik muß überprüft werden, ob man das Überlieferte noch beherrscht. Man ist verpflichtet, es an die nächste Generation weiterzugeben.
Das *deva-yajna* beinhaltet die Opferung von materiellen Gütern. Man schenkt den Göttern Blumen, Nahrung und so weiter und bringt damit die materielle und die geistige Komponente des Universums miteinander in Einklang.
Das dritte Opfer des Tages, das *pitri-yajna*, gehört den Ahnen. Man erweist

ihnen seine Reverenz, indem man dafür sorgt, daß der Stammbaum nicht abreißt.
Das vierte Opfer, *atithi-yajna,* wird den Geistlichen, den Seelsorgern, dargebracht, das heißt den Brahmanen und den *gurus,* den Asketen. Diese Schicht der Gesellschaft geht nicht selbst dem Broterwerb nach, sie ist auf die Opfer der anderen angewiesen.
Das fünfte Opfer, *bhuta-yajna,* ist der Tribut, den man allen Lebewesen schuldet, in erster Linie jenen, die Not leiden, die krank sind, die sich nicht selbst helfen können. Das *bhuta-yajna* ist die praktische Sozialpolitik der Hindugesellschaft.«
Raj, der ein wenig ins Dozieren geriet, wird von einigen Amerikanern unterbrochen, die soeben mit dem Flugzeug ankamen und sich nun mit der ihnen eigenen Bescheidenheit lautstark im Lounge und in den angrenzenden Räumen breitmachen. Auch die andern Gäste schauen auf. Nachschub aus Amerika ist immer etwas Erbauliches. Und es gibt niemanden, der nicht seine Witze darüber macht. Raj weiß den neuesten:
»›Bakha‹, sagte der Manager des Hotels zum Kellner, ›warum hat der Herr von Tisch Nummer sieben so fluchtartig das Lokal verlassen?‹
Der Kellner zuckte die Achseln: ›*I don't know.* Der Herr kam, setzte sich und fragte nach Würstchen. Ich sagte ihm, daß die Würstchen alle sind, daß er aber – wenn er sich ein paar Minuten gedulden wolle – frische bekommen könne. Der Koch werde sich unverzüglich an die Zubereitung machen.‹
›Na und?‹ erkundigte sich der Manager.
›Ich ging in die Küche, Sir, und dabei trat ich – im Flur ist es sehr dunkel – Ihrem Hund versehentlich auf den Schwanz. Der heulte und wimmerte. Da stand der Ami auf und verließ fluchtartig das Lokal.‹«
Die neuangekommenen Gäste haben sich ihres Gepäcks, ihrer Mäntel und sonstiger Utensilien entledigt; sie lassen sich zum ersten Drink nieder. Ein Riese mit breitkrempigem Texashut haut sich an unserem Nachbartisch in einen Sessel. Er lacht seinen Tischnachbarn, einen älteren Herrn aus Hongkong, fröhlich an, legt ihm die Hand auf die Schulter und erkundigt sich mit jovialem Kaugummi-Akzent:
»What ›nese‹ are you – Javanese, Japanese, Chinese?«
Er komme aus China, antwortet unser Nachbar. Dann lächelt er und fragt zurück: »And what ›kee‹ are you – monkey, donkey, or Yankee?«
Raj schmunzelt und wendet sich wieder mir zu: »Wo sind wir stehengeblieben? Bei den fünf *yajnas.* Nun, damit ist erst ein Teil der Pflichten erklärt, die jedem rechtgläubigen Hindu abverlangt werden. Es gibt noch andere, die ebenso wichtig sind, zum Beispiel die *samskaras.* Das Ziel der Samskara-Riten ist, den Menschen zu läutern, ihn von der Geburt bis zum Tod, ja noch

darüber hinaus auf eine höhere, kultiviertere Daseinsstufe zu stellen. Vor der Geburt sorgen Samskaras dafür, daß der Embryo mit gesundem Körper heranwächst. Man reguliert seine zukünftige Geistesverfassung durch Einflußnahme auf die geistige Konstitution der Mutter.
Die Geburtszeremonien, *jata-karma*, sorgen dafür, daß der neue Erdenbürger zu vollem Bewußtsein heranwächst, daß er sich über die Pflichten seines Menschseins klar wird.
Das *upanayana*-Sakrament kommt der Freisprechung des Jugendlichen gleich. Er wird ein selbständiges, schon mit allerlei Rechten und Pflichten ausgestattetes Glied der Gesellschaft. Der Jugendliche geht jetzt zur Schule, er lernt allerlei Zaubersprüche und trägt die heilige Schnur *(yajnopaveeta)*.
Es folgen das Heiratssakrament *(vivaha)*, das einem frommen Hindu gar viele Pflichten auferlegt, und schließlich das Sterbesakrament *(antyashti)*, das einer Absolution gleichkommt. Was an Unreinem bleibt, wird vom reinigenden, alles läuternden Feuer vertilgt.«

Der Adel und die Alltagsmenschen

Ein junger Inder, der mich heute früh durch den Jain-Tempel führte, brachte mich in arge Verlegenheit: Er fragte, welcher Kaste ich angehöre. Ich kratzte mich hinterm Ohr und dachte nach. Welcher Kaste gehöre ich an? Zum Brahmanen fehlt mir die Weisheit, zum Kshatriya mangelt es am Stammbaum, an der ruhmreichen und kriegerischen Chronik (›Sieben auf einen Streich‹, ist das einzige, was verzeichnet steht!). Was bleibt? Vaishya, Shudra, Paria? Letzteres wäre gar nicht so abwegig …
»Volkswirt«, sagte ich, »Bürodoktor!« Der Junge dachte nach und blickte mich dann etwas mitleidig an. Es kann nicht weit her sein mit mir, von dieser Kaste hat er noch nie etwas gehört.
Mir kam bei dieser Gelegenheit zum Bewußtsein, daß ich am Kastenwesen nicht vorbeikomme. Ich spreche mit Raj darüber. Er stellt mir einige Bücher zur Verfügung, die sich des Problems annehmen:
»Casta«, so heißt es da, »ist ein portugiesisches Wort. Es bedeutet Zucht, Rasse, große Menge. Die Indo-Arier des vedischen Zeitalters, die das Kastenwesen einführten, gingen jedoch mehr von der Farbe aus. *Varna* = Farbe, ist das indische Wort für Kaste.
Varna ist das erste und wichtigste Kastenzeichen. Je heller die Haut, desto höher die Kaste. Die Arier (Sanskrit *ārya*; altpersisch *ariya* = Herren), die im zwölften Jahrhundert vor Christus in Indien einwanderten, sorgten dafür, daß ihr Rassemerkmal zum Standeszeichen wurde.

Generell gibt es vier Kasten: die Brahmanen = Priester,
die Kshatriyas = Krieger,
die Vaishyas = Handwerker, Kaufleute,
die Shudras = Bauern und Arbeiter.

Jede Kaste hat ihre gesellschaftliche Aufgabe und Zweckbestimmung, ihren eigenen Kodex, ihre eigene Tradition. Sie ist eine enge Verbindung eines bestimmten überkommenen und eigenständigen Aufbaus mit gewissen Gepflogenheiten hinsichtlich der Nahrung und der Ehe. Jede Gruppe besitzt die Freiheit, ihre eigenen Ziele ohne Einmischung anderer zu verfolgen. Die Aufgaben der verschiedenen Kasten wurden für das Wohlergehen des Ganzen als von gleicher Bedeutung angesehen. Die Weisheit des Lehrers, die Tapferkeit des Kriegers, die Aufrichtigkeit des Kaufmanns und die Geduld des Arbeiters tragen allesamt zum gesellschaftlichen Fortschritt bei. Jede Kaste hat ihre eigene Vollkommenheit [30].«

Auf der höchsten Sprosse der sozialen Leiter stehen die *Brahmanen*, die Priester und Gelehrten. Ihre Aufgabe ist es, die geistigen und religiösen Ideale zu entwickeln und zu verbreiten. »Es ist klar, daß die Brahmanen in ihrem eigenen Interesse darauf bedacht sein mußten, immer neue Riten zu ersinnen, um eine Gelegenheit zu haben, ihre Dienste auszuüben. Indem sie das ganze Leben eines Hindu von seinem ersten bis zu seinem letzten Atemzug, ja sogar darüber hinaus in ein dichtes Netz von religiösen Pflichten einspannen, sicherten sie sich gleicherweise ihren Broterwerb wie die Macht über die Gemüter, die zur Erhaltung desselben unerläßlich war. So sind die Brahmanen zweifellos in hohem Maße dafür verantwortlich zu machen, daß Indien in vielfacher Hinsicht heute eines der rückständigsten Länder der Welt ist und daß in ihm die verschiedensten Formen rituellen Aberglaubens in einer Weise grassieren, von der wir uns schwer eine Vorstellung machen. Andererseits darf aber auch nicht übersehen werden, daß die Brahmanen es sind, welche die indische Kultur geschaffen und bis heute erhalten haben. Sie waren von jeher die geistigen Führer des Volkes, ihnen verdankt es den größten Teil seiner Literatur, seiner Dichtkunst und seiner Wissenschaft. Ihnen gebührt das Verdienst dafür, daß sich das indische Geistesleben in ungebrochenem Strom der Entwicklung bis zur Gegenwart als eine lebendige Kraftquelle der Nation erhalten hat... Das dunkle Gefühl hierfür ist bei allen Indern lebendig, und die Achtung vor den Brahmanen ist so letzten Endes ein Ausdruck für die hohe Wertschätzung des Geistigen, welches die wahre Größe eines Volkes ausmacht [31].«

Die *Kshatriyas*, die Kaste der Krieger und politischen Führer, nehmen sich des Staates an. Sie üben Gewalt aus. »Solange die menschliche Natur so ist, wie sie ist, solange die Gesellschaft noch nicht auf dem Gipfel der Entwick-

lung angelangt ist, bedürfen wir der Übung der Gewalt. Solange in der Gesellschaft Personen leben, die sich Frieden und Ordnung widersetzen, braucht sie eine Kontrolle für diese gegen sie selbst gerichteten Elemente [32].«
Courage und Furchtlosigkeit sind die wesentlichsten Eigenschaften der Kshatriyas. Die ganze Kaste wird hoch geschätzt. Nur einem Kshatriya ist es vergönnt, vorzeitig aus dem Rad des Lebens auszubrechen. Wenn er im Kampf ehrenhaft fiel, ist seine Seele erlöst, von Wiedergeburten frei. Sie hat die Entwicklungsstufe des Brahmanen übersprungen. Die *apsaras*, die Tänzerinnen des Himmels, warten auf die Helden der Walstatt. Der Sex-Appeal dieser Mädchen ist so groß, daß sich die meisten Kshatriyas schon längst in himmlische Regionen abgesetzt haben. Die Kaste ist seit Jahrhunderten ausgestorben. Nur deshalb – so heißt es heute – war es möglich, daß die Moslems Indien eroberten.
Die Gruppen und Grüppchen, die sich immer noch als Kshatriyas einstufen, haben sich in diese Kaste hineingemogelt, die *rajas* und *maharajas* [33] und die Rajputen ausgenommen. Die *rajputen* (sprich Radschputen!), ein im Norden Indiens ansässiger Stamm, halten sich für blaublütige Kshatriyas: sie stammen von den in den Epen erwähnten Mond- und Sonnendynastien ab. Die sechsunddreißig Klans der Rajputen sind allesamt Kinder der Sonne und damit königlichen Geblüts. Der Rana von Mewar, das Oberhaupt des Sisodia-Klans, ist eine königliche Hoheit und Oberpriester des Gottes Shiva. Wenn die Anthropologen und Ethnologen heute behaupten, daß die königlichen Hoheiten von den Gurjara, den Huna und anderen zentralasiatischen Völkerschaften abstammen und im fünften oder sechsten Jahrhundert barfuß über die Berge der Nordwestgrenze geklettert sind, dann kann das nur eine üble Verleumdung sein.
Die *Vaishyas* entstammen den Schenkeln Brahmas; sie sind den Priestern und Kriegern, die dem Kopf und den Armen der Gottheit entsprungen sind, untergeordnet. Ihre Pflicht ist es, den Wohlstand des Landes zu mehren. Auch von dieser Kaste behaupten die Brahmanen, daß sie ausgestorben sei. Es gibt jedoch noch viele Gemeinschaften und Zünfte, die sich der Vaishya-Kaste zurechnen. Mitunter sind es Shudras, die sich – vermöge ihres Vermögens – kurzerhand höher einstuften. Die Leute von Marwar und die Banias verdienen besondere Erwähnung. Wo immer in Indien mit Geld und Gut gehandelt wird, sind diese Händler, diese genialen Kaufleute mit von der Partie. Sie sind tüchtig und strebsam, aber ihren Kastenpflichten kommen sie heute nicht mehr nach:
»Von der Kaufmannskaste der Vaishya wurde die Unterdrückung der Habgier und die Erkenntnis der moralischen Verantwortung des Wohlstandes erwartet. Der Besitz wurde als ein Mittel zum Dienen angesehen. In den

großen Zeiten des Hinduismus betrachtete der Reiche seinen Reichtum als ihm von der Gesellschaft anvertrautes Gut und sorgte für die Erziehung, ärztliche Betreuung, Wasserversorgung und Zerstreuung des Volkes [34].«

Die *Shudras* sind den Füßen des göttlichen Urwesens entsprungen und sind neben den Brahmanen die Kaste, die im Indien von heute am meisten ins Gewicht fällt. Die Shudras sind zahlreicher als alle anderen Kasten zusammengenommen. Ihr Status ist jedoch – in der Theorie und in der Praxis – denkbar niedrig. Der Hindu-Kodex hat kaum noch Gültigkeit für sie. Die Sitten und Gebräuche der drei Arier-Kasten würden die Shudras überfordern. Ihr Leben ist formloser, unkomplizierter; ihre Traditionen sind regional und bodenständig, ihr Brauchtum ist vielfach barbarisch.

Dienst für die höheren Kasten, insbesondere für die Brahmanen, ist eines Shudras erste Bürgerpflicht. Wissen ist ihm verwehrt. Hat er trotzdem die Veden gelesen, wurde ihm – vor kurzem noch – die Zunge herausgeschnitten. Und hat er bei Vedenrezitationen heimlich zugehört, wurden ihm die Ohren mit flüssigem Blei ausgegossen. Sollte er gar so verwegen gewesen sein, einen Brahmanen zu attackieren, büßte er das am Galgen. Umgekehrt war man weniger rigoros:

»Wenn ein Brahmane einen Shudra tötet, dann ist dieses Verbrechen dem Töten ›einer Katze, eines Chasha-Vogels, eines Frosches, eines Hundes, einer Eidechse, einer Eule oder einer Krähe‹ gleichzusetzen [35].«

So bedeutsam die vier Hauptkasten für das Verständnis des indischen Lebens auch sind, im Grunde genommen sind sie nur theoretischer Natur. Soziologisch wichtiger sind die zahllosen Unterkasten, in die sich die Gesellschaft mit der Zeit aufgesplittert hat [36]. Ein Brahmane ist nicht einfach ein Brahmane. Fragt man einen nach seiner Kaste, dann wird er antworten, daß er ein Iyer, ein Ayyangar oder ein Angehöriger der sonstigen zahllosen Sekten ist. Schon die heiligen Schriften sorgten für eine gewisse Gliederung: Es gibt Brahmanen der Yajur-Veda, der Sama-Veda, der Rig-Veda und der Atharva-Veda [37].

Insgesamt gliedern sich die vier Hauptkasten der Hindus in vier- bis sechstausend Unterkasten. Zieht man auch die kleineren Gruppenbildungen in Betracht, dann geht die Gliederung ins uferlose. Und der Kasten werden eher mehr als weniger: Kaum war das Kraftfahrzeug erfunden, da gab es eine Kaste für Chauffeure; als die Engländer die erste Druckereimaschine lieferten, bildete sich eine Subkaste für Setzer heraus. Schließlich führte der Kasten-Spleen zu scharfsinnigen Differenzierungen: Chauffeur ist nicht gleich Chauffeur: Es gibt Ford- und Chevrolet- und Mercedes-Chauffeure. Und der Töpfer, der eine große Scheibe benutzt, ist davon überzeugt, daß der Mann mit der kleinen Scheibe ihm zum Verhängnis werden kann. Nur durch strikt eingehaltene Distanz läßt sich eine ›Verunreinigung‹ vermeiden. Im graphischen Gewerbe ist Setzer nicht gleich Setzer. Schließlich gibt es Setzmaschinen für Linotype und für Monotype. Das sind zwei grundverschiedene Systeme, und sie erfordern deshalb zwei grundverschiedene Kasten, deren Ehrenkodex vorschreibt, nur unter sich zu heiraten, eigene Götter zu haben und so weiter.

Die neue indische Verfassung, die das Kastenwesen abschaffte, hat mit einer uralten Tradition gebrochen. Nicht jedermann ist davon überzeugt, daß es der Nation bekommt. Oftmals spielen Überlegungen eine Rolle, die dem demokratischen Westen zwar nicht fremd sind, aber die man dort nicht so offen ausspricht. S. Radhakrishnan, Präsident und einer der führenden Köpfe des Landes, äußert sich wie folgt:

»Hier wäre viel zu sagen zugunsten des Kastensystems, das eine organische Auffassung von der Gesellschaft vertritt und an die Stelle des wirtschaftlichen Erfolgs und Nutzens ein Lebensgesetz stellt, das die Interessen und Wünsche des einzelnen überragt. Der Dienst am Nächsten ist religiöses Gesetz. Dies leugnen bedeutet Unglauben.

Demokratie ist keine Standardisierung aller bis zur Ausrottung jeglicher Besonderheit. Wir können unsere Seelen nicht in eine Uniform zwängen. Das würde einer Diktatur gleichkommen.«

Und an anderer Stelle: »Die Hindudenker ermutigen nicht zu einer wahllosen rassischen Vermischung. Die Hinduschriften achten die Gesetze der verschiedenen Gemeinschaften über die Nahrung und über die Ehe. Die sogenannten niederen Kasten haben ihre eigenen Tabus und Sitten, Gesetze und Vorstellungen, die sie sich im Lauf der Geschichte geschaffen haben. Jedes Glied einer Gemeinschaft tritt in den Besitz des als Vermächtnis überkommenen Erbes. Es ist das Gesetz der festen Bräuche, das eine Gemeinschaft von ihren Nachbarn unterscheidet. Kaste ist in Wirklichkeit Brauchtum...

Die Demokraten sind davon überzeugt, daß es nicht das blaue Blut oder vererbte Merkmale sind, die für die Überlegenheit der höheren Klassen verantwortlich zeichnen. Die Hinduauffassung hat jedoch die Unterstützung der griechischen Philosophie und der modernen Wissenschaft. Die Griechen glaubten an eine Vererbung und entwickelten eine Theorie der Rassenaufbesserung durch Ausmerzung der Schwachen und Vermehrung der Starken. Schon im sechsten Jahrhundert vor Christus schrieb der griechische Dichter Theognis von Megara: ›Bei Böcken, Eseln und Hengsten sehen wir auf die gute Abkunft, und man glaubt, daß Gutes aus Gutem kommt, und dennoch macht es einem guten Mann nichts aus, die schlechte Tochter eines schlechten Ahnen zu heiraten... Man wundere sich nicht, wenn das Erbgut unseres Volkes befleckt wird, denn das Gute vermählt sich mit dem Geringen.‹ Wir

alle kennen Platos Anschauungen von der biologischen Auswahl als der besten Rassenentwicklung. Auch Aristoteles glaubte, der Staat solle die Vermehrung der Besten fördern ...
Ohne große rassische Verwirrungen zu stiften, erbrachte der Hinduismus eine allmähliche Rassenharmonie. Die Synthese der Kasten begann als eine gesellschaftliche Ordnung für die verschiedenen ethnischen Gemeinschaften [38].«
Daß das Kastenwesen dem Land viel Stabilität gab, daran besteht kein Zweifel. »Die indische Gesellschaft«, so schreibt K. M. Panikkar, »hat sich in den zurückliegenden tausend Jahren kaum verändert.«
Aber diese Zeit ist vorbei. Die Ereignisse überstürzen sich. Millionen, ganze Bevölkerungslawinen kommen in Bewegung. »Wenn die Kastenregeln einmal durchbrochen sind«, so äußerte sich Nehru Ende 1955, »bleibt nur noch die Anarchie übrig, es sei denn, es gelingt, etwas anderes an die Stelle zu setzen [39].«

Was der Bauer nicht kennt ...

Indien hat 558 000 Dörfer. Wir werden ihnen einen Besuch abstatten – einigen von ihnen. Rajs Vater hat mir die Adresse eines Regierungsbeamten gegeben, der alle paar Wochen zur Inspektion aufs Land fährt. Mulk – so heißt der Mann – ist zirka fünfundvierzig Jahre alt, von dunkler Hautfarbe, und seine stoische Ruhe ist durch nichts zu erschüttern. Seinen beruflichen Kummer nimmt er mit philosophischer Gelassenheit hin: »A reasonable amount of fleas is good for a dog; it keeps him from brooding over being a dog. – Ein gewisses Quantum Flöhe ist gut für einen Hund; es hält ihn davon ab, über sein Hundedasein nachzudenken.«
Wir starten bei Tagesanbruch. Der Dienstwagen ist ein alter Morris: verbeult, asthmatisch und voller Eigenheiten: Wenn Mulk die Scheinwerfer anstellt, brennt das Rücklicht, bremst er, fliegt die Motorhaube auf, und schaltet er in den dritten Gang, muß er den Schalthebel festhalten, da die Zahnräder sonst nicht parieren. Auf die Mechaniker seiner Garage läßt Mulk aber nichts kommen: Sie sind *ingenious* und *up to date*, und ihre Verkaufskünste übersteigen ihre technischen Fertigkeiten noch bei weitem. Wenn sie ihr Autozubehör anpreisen, dann tun sie das mit so viel aufdringlichem Charme, daß Mulk bis heute nicht weiß, ob sie ihn laufend reicher oder ständig ärmer machen.
»Gestern verkaufte mir einer einen ›magischen‹ Vergaser: ›Garantiert dreißig Prozent Benzinersparnis!‹ Ein anderer stellte die Düse ein: ›Spart fünf-

zig Prozent!‹ Und ein dritter verpaßte dem Wagen vier neue Zündkerzen: ›Dreißig Prozent Benzinersparnis!‹«

Ich kann nur anerkennend nicken: »Good for you!«

»Ja«, brummt Mulk, »ich war kaum zehn Kilometer gefahren – da floß der Tank über!«

Ich zweifle nicht daran. Das Fahrzeug riecht noch jetzt danach.

Wir rumpeln südwärts. Die ersten Dörfer sind noch ein Mischmasch aus Städtischem und Ländlichem. Man sieht, daß die Leute die Schuttplätze Kalkuttas geplündert haben: Die Dächer ihrer Hütten sind mit Blech gedeckt, die Zäune bestehen aus Draht und Metallspänen, und die Dorfbrunnen wurden mit ausrangierten Dampfkesseln kombiniert. Aber dann – nach zwei Stunden Fahrt – verlieren sich die letzten Spuren der Technik und der Zivilisation. Niedere Hütten aus Lehm, Kuhmist und Weidengeflecht säumen den staubigen Pfad. Auf den Dächern liegt Stroh und vertrocknetes Gras.

Mulk erzählt mir von den Schwierigkeiten, die die Regierung mit dem Landvolk hat. Die Bauern lassen sich aus ihrer Lethargie nicht aufrütteln. Sie leben wie im Mittelalter; Riten und Aberglauben bestimmen ihr Dasein, von Ackerbau und Viehzucht verstehen sie rein gar nichts. Die Regierung will dem ein Ende setzen. Sie hat große Pläne. 1952 wurde ein Community-Development-Programm gestartet. In fünfundfünfzig ausgewählten Projekten, von denen jedes ein Gebiet von zirka fünfhundert Quadratmeilen mit rund dreihundert Dörfern und zweihunderttausend Einwohnern umfaßte, sollten die Bauern mit den Grundzügen landwirtschaftlicher Selbsthilfe und Zusammenarbeit vertraut gemacht werden [40]. Delhi half mit Zuschüssen: Von 1952 bis 1956 wurden 462 Millionen Rupien und von 1956/57 bis 1960/61 1 889 Millionen Rupien für das Community-Development-Programm ausgegeben. Für die Zeitspanne von 1961 bis 1965 (dritter Fünfjahresplan) sind 2 940 Millionen Rupien vorgesehen.

Parallel zum C. D.-Programm läuft das ›Panchayat-Raj‹-System, eine kommunale Selbstverwaltung, die aus dem Dorfrat, Dorf-Panchayat – auf der untersten Ebene –, dem Unterbezirksrat *(panchayat samitis)*, der mit dem C. D.-Block koordiniert ist, und dem Bezirksrat *(zila parishad)* unter Leitung des Bezirksbeauftragten bzw. Steuereinnehmers besteht. Obwohl die indische Regierung dem Dorfrat und der Dorfversammlung *(gram sabha)* große Bedeutung beimißt und das ganze Unternehmen schon 1956 gestartet wurde, war erst zu Beginn der sechziger Jahre so etwas wie ein Anfang zu beobachten. Es genügt ja nicht, das Panchayat-Raj-System populär zu machen, es müssen auch geeignete Fachleute gefunden werden. Besonders an der Koordination zwischen dem C. D.-Programm und dem Panchayat-Raj-System hapert es [41].

Die Initiative und die Begeisterung der Bevölkerung, ohne die so weitgesteckte Ziele nicht zu erreichen sind, lassen am meisten zu wünschen übrig. Es ist nicht gelungen, die Dorfgemeinschaften mit neuem Leben, mit neuem Geist zu erfüllen (vgl. Balvantray-Report). Statt die Bauern zu großen Taten zu beflügeln, versank das ganze Unternehmen in Behördenroutine, im Leerlauf der Apparatur. Auch die 1961 vom Ministry of Community Development and Co-operation angeregten Dorfproduktionsräte[42] zeichnen sich bis dato noch nicht durch besonderen Elan aus.

Mulk steuert das nächste Dorf an. Eine kilometerlange Staubfahne verrät unser Kommen. Kinder eilen herbei, Hunde kläffen, Frauen verkriechen sich in elenden Hütten. Wir fahren zu einem Mitglied des Fünferrates *(panchayat)*. Der Gemeinderat und Yajaman – er ist zugleich Vorstand seiner Kaste – sitzt vor seiner Hütte. Er begrüßt uns feierlich und umständlich und inspiziert dann den Fond des Wagens. Mulk kann sich ein Lächeln nicht verkneifen: »Spar dir die Mühe, mein Alter, heute habe ich dir nichts mitgebracht. Ich bin gekommen, um mich nach euren Hühnern zu erkundigen.«

Betretenes Schweigen.

»Wie haben sich die weißen Leghorn angelassen. Ist es nicht großartig, wie diese Hühner Eier legen?«

Der Alte schweigt sich aus. Aber ein Dutzend Männer, die sich um unseren Wagen versammelt haben, geben allerlei Kommentare von sich. Mulk wird plötzlich hellhörig: »Was sagt ihr da. Ihr habt die Hühner nicht mehr. Was soll das heißen?«

Die Bauern krümmen sich etwas unter seinem Blick, dann kommt es stotternd: »Die Hühner brachten uns Unglück; alle weißen Vögel bringen Unglück...«

»Was soll der Unsinn!« braust Mulk auf. »Diese Hühner bringen kein Unglück; sie legen Eier, sogar sehr viel Eier. Wir haben es ausprobiert – auf staatlichen Versuchsfarmen. Wir haben von einer Henne mehr Eier bekommen als ihr von zwanzig. Ist das ein Unglück?«

»Weiße Vögel machen unsere Frauen krank, wir mußten sie opfern.«

»Wem habt ihr sie denn geopfert?«

»Hanuman!«

Mulk schaut hinüber zum Tempel des Affengottes. Die kleine Pagode steht in der Mitte des Dorfes und ist mit Blumen geschmückt, Glöckchen zieren ihre Balustrade. Wenn er könnte, würde Mulk das Ding jetzt in die Luft sprengen. Aber das ist eine bloße Vermutung. Mulk ist Inder. Er denkt wahrscheinlich anders. Der Respekt vor den Gottheiten sitzt ihm zu sehr in den Knochen. Zumindest weiß er, daß es Grenzen seiner Macht gibt. Er resigniert. Wir fahren weiter.

Im Schrittempo holpern wir durch das Dorf. Links und rechts des Weges – er ist ungepflastert und unsagbar staubig – stehen wacklige Bambushütten. Die Dächer sind mit Stroh gedeckt und etwas über die Hauswand vorgezogen, so daß sich schattige Lauben ergeben. In diesen Lauben hocken die Dorfbewohner: alte, ausgemergelte Frauen, Mütter mit Babys, Handwerker. Auch die Kühe fehlen nicht. Sie trotten mal hierhin, mal dahin; sie halten die Dorfgemeinschaft in Spannung: Sowie eine der Kühe den Schwanz hebt, stürzt der Nächststehende herbei und bemächtigt sich der göttlichen Gabe. Der Fladen wird liebevoll mit der Hand geformt und dann an die Wand der Hütte geklebt. Das bringt Glück und reicht als Heizmaterial für ein Mittagessen.

Ein Zebu-Gefährt kommt uns knarrend entgegen. Es ist sehr primitiv. Gleichmütig ziehen die Ochsen den zweirädrigen Karren. Der Kutscher springt vom Bock. Er traut unserem Benzinvehikel nicht. Dieses neumodische Zeug paßt nicht in sein Weltbild. Er ist unter Göttern und heiligen Bäumen groß geworden, er kennt zahllose Sagen und Legenden, aber von Autos war darin nie die Rede. Es ist Teufelszeug.

Am Dorfbrunnen halten wir an. Die *sakieh*, die Kuhpumpe, ist in voller Aktion. Ein Ochsengespann zieht ein zwanzig bis dreißig Meter langes Seil über ein Rad, das an einem Gerüst über dem Brunnenschacht angebracht ist. Am Ende des Seils kommt ein Eimer zum Vorschein. Er schlägt am Rand des Brunnens an und kippt seinen Inhalt in einen steinernen Behälter, einen moos- und tangüberzogenen Trog. Aus ihm entnimmt die Dorfgemeinschaft ihr Wasser. Der Trog liefert Wasser für Bad und Küche, für ›Waschmaschine‹ und ›Bidet‹. Hier ist das Zentrum des Dorfes, der Treffpunkt der Sippen.

Nicht weit vom Brunnen steht ein kleiner Tempel. Er ist Kali, der blutdürstigen Göttin, geweiht. Ein junger, kalk- und aschebeschmierter Brahmane sitzt davor. Die Schnur hängt lose über seine Schulter, sein Gesicht ist gleichgültig.

»Hallo, young chap, what are you doing?«

Ich steige aus und trete ein paar Schritte näher. Der Pujari hebt die Hände zum Gruß vor die Stirn und schweigt sich aus. ›Dumme Frage‹, wird er denken, ›ich habe mein Tagewerk getan. Siehst du die Blutspuren nicht?‹

Mulk erläutert mir die Installation des Tempels, die Köpf- und Abschneidvorrichtungen. Ich will durch eine Fensternische fotografieren, um einen besonders günstigen Blickwinkel zu nutzen, da raschelt es im Gras: Eine Schlange macht sich davon, eiligst, in silberglänzenden Serpentinen.

Die obere Hälfte des Dorfes, so erläutert mir Mulk, ist von Brahmanen bewohnt. Sie haben einen zweiten, etwas abseits liegenden Brunnen, und ihr Tagewerk ist Religion. Nach der morgendlichen Reinigungsprozedur versen-

ken sie sich in Gebet und Meditation. Zwischendurch werden die Götter gefüttert: Shiva und Wishnu, Durga und Ganesha...
»Und sonst?«
Mulk hört den kritischen Unterton aus der Frage heraus. Er lacht: »There is no pleasure in having nothing to do; the fun is in having lots to do and not doing it. – Es ist kein Vergnügen, nichts zu tun zu haben; der Spaß besteht darin, daß man eine Menge zu tun hat und es nicht tut.«
Am Dorfausgang streunen einige hundert heilige Kühe umher. Es ist nicht festzustellen, ob sie nur heilig oder auch nutzbar sind. Einige von ihnen werden sicherlich ab und zu vor den Pflug gespannt oder – nachdem sie gekalbt haben – gemolken. Aber das ist auch alles. Wenn sie alt und unbrauchbar sind, gibt ihnen der Bauer einen Klatsch auf die Hinterhand. Er gibt sie den Göttern anheim. Mag das liebe Vieh nun sehen, wo es bleibt. Es wird hungrig um das Dorf stromern, es wird sich die heißen Hufe im Dorftümpel (im Heim der Göttin Gangamma) kühlen, es wird von heiligen Mango- und Bananenhainen stibitzen und eines Morgens – von Geiern abgenagt – im Feld liegen. Irgendein Paria, so ein ganz räudiger, wird kommen und das heilige Fell für Schuhe und Riemen retten. Schande über ihn und seine Familie[43].
Die Felder sind ausgedorrt. Nur vereinzelt sehen wir Bauern, die mit ihren primitiven Wühlpflügen die Erde ritzen. Sie bereiten die Hirseaussaat vor. Vielleicht werfen sie auch nur Opferkörner in die Furchen. Bhumidevata, die Erdgöttin, oder Shakti, die geheimnisvolle, magische Kraft, werden es zu danken wissen. Shakti kann alles. Shakti läßt die Pflanzen reifen und die Menschen atmen, sie wohnt in jedem Stein und in jeder Erdkrume, sie ist das weibliche Gegenstück zu Shiva, sie ist die Fruchtbarkeit schlechthin, und eine gefräßige dazu. Sie fordert noch heute Menschenopfer. Und sie bekommt sie (s. Manndorff, a. a. O., Seite 91).
Ein Bach kreuzt unseren Weg. Wir holpern die Böschung hinunter und riskieren Kopf und Kragen auf einer roten Backsteinbrücke. Mulk ist seiner Sache sicher. Sein Schutzengel und Privatgott hat zigtausend Inkarnationen überlebt, da werden wir wohl diesen morschen Brückenbogen überstehen...
Wir schaffen es tatsächlich. Mulk steigt aus, pflückt eine Blume und steckt sie sich an den Turban bzw. in den Sapho oder wie immer er das Ding nennen mag. Unter einem großen Banyanbaum hockt er sich nieder. Er kaut an einem Grashalm und erzählt mir einiges über die Bäume seiner Heimat:
Unter einem Banyanbaum – in der Nähe von Allahabad – fand Rama mit seiner Gattin Sita und seinem Bruder Lakshman Zuflucht auf dem Weg in die Verbannung. Grund genug, den Baum heiligzusprechen.
Auch der Pipal, ein anderer Feigenbaum, genießt große Verehrung: Buddha

wurde unter einem Pipal erleuchtet. Buddha ist auch für einen Hindu eine respektvolle Persönlichkeit, er ist schließlich die neunte Inkarnation Wishnus.

Die indischen Pipalbäume sind das Gegenstück zur altgermanischen Dorflinde. Sie stehen in jeder Gemeinde, der Rat der Alten versammelt sich unter ihnen, die Kinder spielen um ihre zahllosen Mangroven (Luftwurzeln), und in den Legenden des Landes hat der Pipalbaum seinen festen Platz: Schon in den Bhagavatgita ist die Rede von ihm. Es heißt dort, daß er das Universum verkörpere, daß er das männliche Gegenstück zum *vata*, zum Banyanbaum, ist.

Die Bäume sind überhaupt eine höchst ehrenwerte Sippschaft. Der Betelnußbaum macht alles, was in seinem Schatten liegt, zu einem heiligen Bezirk. Man muß die Schuhe ausziehen, wenn man einen Betelnußhain betritt.

Auch die Palmen verdienen höchsten Respekt. Mulk zeigt mit dem Arm auf eine Gruppe von Kokospalmen. Ich sehe nichts Besonderes.

»Was ist damit?«

»Sehen Sie den Mann am Fuß der Palme?«

»Ja, da treibt einer Freiübungen.«

»Nicht ganz; es sieht zwar danach aus, aber der tut etwas anderes. Sehen Sie, was er mit der rechten Hand macht? Er bewegt sie von seiner Brust zu der Palme hin. Das ist eine sehr formelle Geste, eine Entschuldigung; sie ist hierzulande üblich, wenn man einem Höhergestellten ins Wort gefallen oder ihm sonst zu nahe getreten ist.«

»Na und?«

»Nun, ich schätze, daß sich unser Freund dafür entschuldigt, daß er den Baum jetzt erklimmen und einer Nuß berauben muß.«

Und so geschieht's. Unser Musterexemplar an indischer Wohlerzogenheit schnürt den Dhoti enger, krallt sich mit Händen und Zehen im Stamm fest und turnt nach oben.

Mulk entschuldigt sich für einen Augenblick und klettert in die andere Richtung. Er rutscht die Böschung hinab und balanciert auf einem schmalen Gesteinsbord zu einer Felsplatte. Auf der Rückwand dieser Platte ist etwas eingemeißelt. Ich greife zum Feldstecher und vergewissere mich: Es ist ein Ganesha-Relief. Der Gott der Güte, das elefantenköpfige Universalgenie, sitzt am Bach. Er räumt Hindernisse aus dem Weg und beschützt seine Gläubigen vor Harm und Unheil. Mulk fährt ihm einmal liebevoll über den Rüssel – was man sicher nicht als Anbetung auslegen kann. Aber wie er zurückkommt, fehlt die Blume in seinem Turban. Ich wundere mich jetzt nicht mehr, warum in Indien auch die ältesten Brücken noch so zuverlässig sind.

Im nächsten Dorf statten wir der Genossenschaft einen Besuch ab. Wir halten vor einem roten Backsteingebäude. Anklopfen ist nicht nötig. In der Tür und in den Fenstern hängen *kuskus-tatties*, Matten aus struppigem Stroh, die ein *bhisti*, ein kleiner Junge der Wasserträgerzunft, ständig mit brackigem Wasser bespritzt. Das kühlt und hält die Mücken fern.
Mulk will nur eine Kleinigkeit erledigen. Ich bleibe solange im Wagen und laß mich bestaunen: von Kindern und Greisen, von Männern und Frauen, von Dicken und Dünnen. Letztere sind in der Überzahl. Viele Kinder sind nackt. Einige Fünf- oder Sechsjährige rauchen *bidis*, selbstgedrehte Laubzigaretten. Niemand stößt sich daran. Die Männer tragen allesamt nur weiße Dhotis, dieses undefinierbare Beinkleid, das weder eine Hose noch ein Schurz noch ein Lendentuch ist. Es ist ein bißchen von allem, eine Spottkreation der Couture, das häßlichste Kleidungsstück der Welt.
Die Frauen tragen Saris. Nicht die golddurchwirkten, prächtigen Gewänder, die man auf der Bahnhofstraße in Zürich, auf der Regent Street und auch in Mombasa, Nairobi und Durban bewundern kann. Nein, hier ist der Sari ein ganz schlichtes Baumwollfähnchen, oft einfarbig, immer schmutzig. Er reicht auch nicht bis zu den Knöcheln. Die Frauen hier tragen ihn gerafft. Magere Knie und sehnige Waden schauen darunter hervor. Die schwieligen Füße sind mit Kuhmist und Staub paniert.
Die erbärmlichen Hütten, die hohlwangigen Dorfbewohner, der Schmutz und Dreck ringsum – es ist niederdrückend. Man fühlt sich ins Mittelalter versetzt, ins finsterste Mittelalter. Nirgendwo sind die Menschen noch so rückständig und primitiv. Ich stelle im geheimen einige Vergleiche an: Ich denke an die antennenbestückten Bretterverschläge der Japaner, die knapp hüfthohen Behausungen an der Kaimauer von Aberdeen (Hongkong), an die runden Hütten der Zulu und an die rechteckigen am Fuße des Kilimandscharo, ich weiß, wie schmutzig *uptown Manhattan* sein kann und daß in Polynesien, Singapur und Kairo auch nicht alles Gold ist, aber der Schmutz Indiens stellt alles in den Schatten. Jetzt erst weiß ich, was Armut ist, was Rückständigkeit bedeutet.
Nur die Kinder des Landes, diese engelhaften Geschöpfe mit den großen, vertrauensvollen Augen, mit den zaghaften Gesten, lassen das verkrampfte Herz wieder schneller schlagen. Sie haben eine bessere Zukunft verdient, diese Kleinen. Wer ihnen Gutes will, muß ihren Vätern die Hölle heiß machen [44].
Weiter geht die Fahrt. Mulk hat das Verdeck des Wagens abgenommen. Staub hin, Staub her, wir wollen etwas Luft. Er läßt den Motor gemächlich brummen und erzählt mir ein wenig vom indischen Landreformprogramm:
Die Reformpolitik für die Landwirtschaft Indiens ist nicht neu. Sie wurde

schon vor dem zweiten Weltkrieg durch verschiedene Gesetze der Kolonialmacht in die Wege geleitet. Heute gliedert sie sich in fünf Hauptpunkte:

1. die Beseitigung des Zwischenpächtersystems,
2. die Reform der Landpacht,
3. die Abschaffung des Großgrundbesitzes,
4. die Flurbereinigung,
5. die Schaffung landwirtschaftlicher Produktionsgenossenschaften [45].

Die Beseitigung des Zwischenpächtersystems wurde in allen Teilstaaten Indiens mit Nachdruck betrieben. Die Zamindars, Jagirdars, Inamdars und wie sie sonst noch hießen, diese drohnengleichen Steuereintreiber und Grundbesitzer, wurden enteignet und großzügig entschädigt; der Staat trat an ihre Stelle. Die Bauern mußten nun ihre Pacht – einen wesentlich geringeren Betrag als früher – an den Staat zahlen.

Bis 1960 war die Beseitigung des Zwischenpächtersystems weitgehend abgeschlossen. Nur in einigen isoliert gelegenen Landstrichen, auf kirchlichen Gütern und auf dem Grundbesitz von Wohlfahrtsinstitutionen blieb alles beim alten.

Der vorgesehene Entschädigungsaufwand von 6700 Millionen Rupien war kein unangemessener Preis für die Befreiung der Bauern aus der jahrhundertealten Zinsknechtschaft der Zamindari, und es ist zweifellos recht zweckmäßig, daß nunmehr rund zwanzig Millionen Pächter ein enges Verhältnis mit dem Staat, dem neuen Grundbesitzer, eingehen mußten, aber bei Licht besehen nimmt sich manches nicht so rosig aus, wie es auf den ersten Blick scheint: Die Produktionstechnik blieb die alte, es werden nach wie vor keine Überschüsse erzeugt, und die Bauern sind schon wieder dabei, Geld aufzunehmen. Und wo gehen sie mit ihren Kreditwünschen hin? Zu den Zamindari, die vom Staat viel Geld (bzw. Staatsanleihen) in die Hand gedrückt bekamen. Außerdem sind die Geldverleiher schon wieder aktive Bodenspekulanten: Sie sind im Begriff, sich erneut als Grundbesitzer zu etablieren. D. Thorner (›The Agrarian Prospect in India‹, Bombay 1959, S. 31) schreibt darüber: »Die Jagirdari (in Rajasthan) wurden als Zwischenpächter enteignet. Sie mußten aber leben, und so gab man ihnen die Möglichkeit, Bodeneigentum zu erwerben, damit sie Bauern würden. Als Eigentümer dieses Landes haben sie nun das Recht, ihr Land von Pächtern bewirtschaften zu lassen und damit wieder Zwischenpächter zu werden. Der Kreis ist so geschlossen, und Rajasthan steht wieder dort, wo es begonnen hatte ... Die Situation in Madhya Pradesh ist ganz ähnlich.« (A Zamindari will do almost anything for the poor, except get off their backs. – Ein Zamindari tut nahezu alles für die Armen, nur in ihrem Genick möchte er sitzen bleiben!)

Die Reform der Landpacht: Die staatliche Gesetzgebung begrenzte die Pacht auf ein Viertel bis ein Drittel des Bruttoertrages[46]. Diese Gesetze – die meisten traten spätestens 1961 in Kraft – hatten, wie in einem Bericht der Pachtreform-Kommission der Planungskommission festgestellt wird, oft nur platonischen Wert: Die Pachtverträge wurden weiterhin nach altem Brauch und zu unmöglichen Zinssätzen abgeschlossen. Die hoffnungslos verschuldeten Pächter sind finanziell so von den Verpächtern abhängig, daß ihnen gar nichts anderes übrigbleibt, als zu allem ja und amen zu sagen. (A money-lender serves you in the present tense, lends you in the conditional mood, keeps you in the subjunctive, and ruins you in the future! – Ein Geldverleiher dient dir in der Gegenwart, er leiht dir in der Bedingungsform, er hält dich im Konjunktiv, und er ruiniert dich in der Zukunft!)

Die Beseitigung des Großgrundbesitzes[47]: Auf dem Nagpur-Kongreß im Januar 1959 kam die Kongreßpartei zu der Einsicht, daß die Begrenzung des Grundbesitzes dem Lande förderlich sein könne. Es wurden – bis 1961 – entsprechende Gesetze erlassen. Danach hatte jede Bauernfamilie unter Berücksichtigung der Bodenqualität Anspruch auf 18 bis 216 Acres. In einigen Ländern, ›in denen der Einfluß der Vertreter der Grundbesitzinteressen in den Organen der Kongreßpartei sehr groß ist‹, fehlt es nicht an entsprechender Opposition, und oft ›steht die Festlegung der oberen Begrenzung des Grundbesitzes in den verschiedenen Ländern offensichtlich in keinem Verhältnis zur geforderten Landverteilung, zur Bevölkerungsdichte, zur Durchschnittsgröße landwirtschaftlicher Betriebe und zum Vorhanden- oder Nichtvorhandensein von kultivierbarem Brachland in den Ländern. So wird das Gesetz über die obere Begrenzung des Grundbesitzes als weiter nichts als ein harmloser Gesetzestext, der den Massen vorgehalten wird, bezeichnet. Soweit es sich überblicken läßt, ist die Wahrscheinlichkeit gering, daß überschüssiges Land abgetreten bzw. in nächster Zukunft an die landlose und landbedürftige Bevölkerung in nennenswertem Umfang neu verteilt wird[48].‹

Die Flurbereinigung: Bis 1961 wurden rund 40 Millionen Acres neu vermessen, bei rund 30 Millionen konnte die Arbeit abgeschlossen werden. Im dritten Fünfjahresplan sind weitere 31,3 Millionen Acres für die Flurbereinigung vorgesehen.

Die genossenschaftliche Landbewirtschaftung: Wie man der Landwirtschaft produktionstechnisch und durch eine Organisation von Einkauf und Absatz auf die Beine helfen könnte, darüber hat sich schon mancher den Kopf zerbrochen. Auch mancher große Geist. Nicht immer hat man das Problem mit der nötigen Nüchternheit angepackt. Gandhi hat sich in bloßen Schwärmereien ergangen, wenn er dem Land empfahl, zum Spinnrad zurückzukehren. Tagore sah die Dinge schon realistischer. Er schrieb:

»Ich muß ab und zu ein kleines Dorf besuchen. Von der Veranda aus sehe

ich, wie sich Feld an Feld reiht – meilenweit. Das Land wird von vielen Farmern kultiviert; manche besitzen zwei *bighas,* manche vier und manche sogar zehn. Das erste, was einem auffällt, ist, daß nur wenige der Bauern die für die Feldbestellung erforderliche Zahl an Ochsen besitzen; manche haben zuwenig Ochsen, andere zuviel... Viel tierische Kraft wird vergeudet, da die Richtung des Pfluges – der verzwickten Grenzen wegen – ständig gewechselt werden muß. Wenn die Bauern ihre schmalen Landstreifen nicht als selbständige Einheit betrachten, wenn alle Streifen, die aneinanderliegen, als eine Einheit angesehen würden, dann könnte die Feldbestellung mit weniger Pflugscharen und Ochsen bewältigt werden. Und wenn die Bauern nach der Ernte ihre Produkte gemeinsam einlagern und auf den Markt bringen würden, ließen sich auch da viel Energie und viele Kosten sparen [49].«
Tagores Appell blieb nicht ohne Resonanz. Die Genossenschaftsidee wurde aufgegriffen und in die Praxis umgesetzt. Man war sich einig: »It is by this system that our country can be rescued from its age-long poverty and stagnation. – Nur durch dieses System kann unser Land von jahrhundertelanger Armut und Stagnation befreit werden« (Tagore, S. 328). Aber mit der Zielsetzung allein war es nicht getan. »The best way out is always through!« – Das ist eine amerikanische Redewendung, keine indische. Im Lande der vielarmigen Götter wird zwar viel herumgefummelt, aber nur wenig hart angepackt: »Indians have been accused of talking too much and doing little. It is a just charge. – Die Inder wurden schon immer beschuldigt, daß sie zuviel reden und wenig tun. Dieser Vorwurf ist gerechtfertigt [50].«
Der Aufbau des Genossenschaftswesens ist zwar ein fester Bestandteil der offiziellen Politik der Kongreßpartei, und man hat seine Vorstellungen auch zu Papier gebracht [51]: Man versteht unter *co-operative farming* eine gemeinsame Bewirtschaftung zusammengelegter einzelner Grundstücke, wobei die Bauern ihre Eigentumsrechte behalten. Der erwirtschaftete Ertrag wird entsprechend dem eingebrachten Bodenanteil und der geleisteten Arbeit (auch der Arbeit von Besitzlosen) aufgeteilt (Resolution of Nagpur Convention of the Indian Congress Party, Nagpur 1959), aber von dieser Resolution bis zu einer funktionsfähigen Genossenschaft ist es ein weiter Weg. Er wird in erster Linie diskutiert, nicht gegangen. Auch wohlwollende Fachleute können des öfteren nur von »erstaunlich geringen Fortschritten« und davon sprechen, »daß der feste Wille der Regierung, unter keinen Umständen an dem Prinzip des Privateigentums zu rütteln, jede Enteignung ohne Entschädigung abzulehnen und die Idee der Zwangskollektivierung völlig außer Betracht zu lassen, von den indischen Bauern in keiner Weise honoriert worden ist... Die Freiheit ist in Asien für die Massen noch kein Wert an sich. Demokratie bedeutet gerade für die armen und elenden Bauern wenig oder nichts, weil

sie die Freiheit des Handelns nie gekannt und nie geübt hatten, weil Jahrhunderte der Ausbeutung sie verlernen ließen, auf die eigene Kraft zu bauen und auf Besserung zu hoffen [52].«
Mulk hält an. Eine Asphaltstraße kreuzt unseren Weg. Wir können sie für ein kurzes Stück benützen. Die prachtvollen *fair weather roads*, über die wir seit Stunden holperten, sind eine Tortur für die Bandscheiben. Auf der *tarmac road* werden die Erschütterungen des Wagens erträglicher.
Schneller fahren geht jedoch nicht. Radfahrer blockieren die Straße. Sie balancieren auf ihren schwarzen Stahlrössern wie Hochseilartisten. Auf manchem der Gefährte zappelt eine ganze Familie: Vater, Mutter und drei Sprößlinge. Sie hocken auf der Lenkstange, auf dem Gepäckträger und auf den Schutzblechen. Das Baby strampelt im Rucksack. Fünf unsterbliche Seelen auf dem Weg zur Großmutter. Vielleicht geht's auch nur zum Markt oder ins Kino der nächsten Stadt. Auf jeden Fall: Die Tour ist ein Ereignis. Man ist so fasziniert, so hingebungsvoll beschäftigt, daß Autos erst dann wahrgenommen werden, wenn sie in Stoßstangennähe sind. Erschrocken lenkt man sein Stahlroß zur Seite. Mal nach rechts, mal nach links – wie es die Götter eingeben. Überholt wird in der Mitte.
Mulk läßt sich nicht irritieren. Er lacht: »In Indien ist alles übervölkert – auch die Fahrräder!«
Nach halbstündiger Fahrt auf heißer Asphaltstraße wird das Land immer eintöniger, immer trockener.
»Warum gibt es so wenig Bäume hier?« will ich wissen.
Mulk schreckt aus seinem Schlummer hoch. Er hatte das Steuer offensichtlich seinem Schutzengel überlassen.
»Warum es hier so wenig Bäume gibt?«
Er zuckt die Schultern. Dann hellt sich seine Miene auf: »Die Engländer werden sie abgehauen haben!«
Ich gebe ihm einen Rippenstoß, damit er vollends wach wird: »Das weiß ich: Alles, was euch fehlt, haben die Engländer mitgenommen, aber was tut sich jetzt. Wird aufgeforstet?«
Mulk schiebt seine kräftige Unterlippe vor, neigt seinen Kopf abwägend zur Seite, kneift die Augen zusammen und denkt. Dann legt er los:
»Wir haben Planungskommissionen und wir haben großangelegte Aufklärungskampagnen gestartet [53]. Den Bauern wird klargemacht, daß sie den Boden nicht länger der Erosion preisgeben können, daß Terrassen angelegt und kahle Hügel bepflanzt werden müssen. Aber das ist alles nicht so einfach. Zu jedem Bäumchen gehört ein Gatter und ein Drahtgeflecht. Es gibt zu viele Vegetarier hier: Kühe und Geißen und hungrige Käfer. Die Chancen für junge Pflanzen sind gering.« Er zuckt mit den Achseln.

»Hat es früher mal mehr Wald gegeben, oder sind Kiplings Dschungelbücher freie Erfindung?«
»Nein, das sind sie nicht, aber sie geben ein falsches Bild. Es gibt Wald in Indien: am Himalaya und in einigen anderen Gebirgsgegenden; aber diese Gebiete liegen sehr abseits, und oft sind sie ohne Weg und Steg, so daß das Holz nicht abtransportiert werden kann. Also hält man sich an das, was greifbar ist[54].«
»Dieses schöne Prinzip hat wohl beim Bau der Eisenbahnen landauf, landab zu Kahlschlag geführt?«
»Ja! Verantwortungslose Profitmacher reisten von Dorf zu Dorf und verleiteten die Bauern, ihre ohnehin dünn gesäten Bäume zu fällen. Die Eisenbahn, die Möglichkeit, billig zu transportieren, hat das Land kahl und den Boden trocken gemacht.«
Wir müssen anhalten. Vor uns ist ein Ochsengespann in einer Furt steckengeblieben. Der Bauer schlägt wie ein Irrer auf seine Tiere ein. Die mageren Viecher zittern vor Anstrengung; sie verdrehen die Augen und krümmen die Rücken; bis zum Zerreißen sind die Muskeln gespannt – dann schaffen sie es. Die Räder drehen sich, der Wagen rollt auf festen Grund.
»Das hat nicht nach Ahimsa, nach Gewaltlosigkeit ausgesehen!« Mulk zuckt die Achseln: »Was soll der Bauer tun? Tiere, die nicht mehr mittun wollen, müssen wohl oder übel geschlagen werden.«
»Aber für einen Bauern ist die Kuh doch die Inkarnation alles Heiligen, alles Guten. Er vergleicht sie mit seiner Mutter. Wie kann er da so auf sie einschlagen?«
»Das waren soeben keine Kühe, das waren schwarze Wasserbüffel. Die sind nicht heilig.«
»Schön, aber was ist mit dem Bauern, der dort drüben pflügt, oder was ist mit dem verkrüppelten Tier, das sich vorhin auf seinen Beinstummeln den Bach entlangschleppte?«
»???«
»Nun?«
»Ihr Europäer seid ein wenig überspannt. Was kann ein Bauer dafür, wenn seine Kuh ein schlechtes Karma hat[55].«

Wenn es Nacht wird in Kalkutta

Gemächlich traben wir durch die Stadt. Mein Boy – er hat schon seit Tagen sein gesamtes Fuhrunternehmen (zwei Räder und zwei unermüdliche Beine) in meinen Dienst gestellt – läßt seine Klingel schrillen und windet sich zwi-

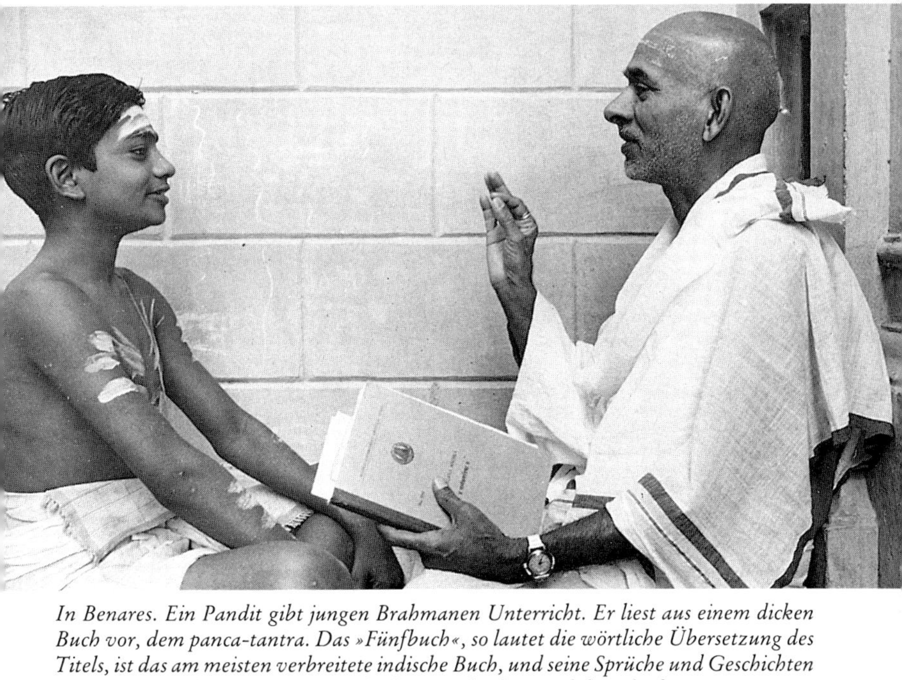

In Benares. Ein Pandit gibt jungen Brahmanen Unterricht. Er liest aus einem dicken Buch vor, dem panca-tantra. Das »Fünfbuch«, so lautet die wörtliche Übersetzung des Titels, ist das am meisten verbreitete indische Buch, und seine Sprüche und Geschichten sind auch ungebildeten Indern geläufig. Die fünf Kapitelüberschriften verraten, um was es im einzelnen geht: ›Krach unter Freunden‹, ›Wie man Freunde gewinnt!‹, ›Krieg und Frieden‹, ›Wie man Erworbenes verlieren kann‹ und ›Die Folgen unüberlegten Handelns‹. (S. 114)

Die Unabhängigkeit Indiens, von der sich die Armen so viel versprachen, wurde zur Pfründe der Reichen. Ist es ein Wunder, daß die Gesichter immer mürrischer werden und die Hände sich zu Fäusten ballen? *(S. 27)*

schen Kindern, Kühen und Kulis hindurch. Ich hocke etwas verkrampft auf meinem roten Wachstuchpolster und versuche, mich festzuhalten; eine unvorhergesehene Wendung könnte mich über Bord befördern. Und Unvorhergesehenes gibt es hier in Mengen: Rinder, die sich plötzlich bespringen, Kinder, die hinter Glaskugeln herrennen, Hunde, die an den Fahrzeugen hochkläffen und den Rikschakulis so lange um die Beine springen, bis sie einen Tritt weg haben. Hunde sind nicht heilig hier, bloß räudig.

Es ist vier Uhr nachmittags, und wir sind auf dem Weg zum Howrah Station, dem größten Bahnhof Kalkuttas. Er liegt auf der anderen Seite des Ganges. Wir müssen über die berühmte Howrah-Brücke, die über den Hoogly, einen breiten Mündungsarm des Ganges, führt. Die Brücke ist im neunzehnten Jahrhundert von den Engländern erbaut worden, zu einer Zeit, als schlanke Brückenkonstruktionen noch unbekannt waren. Berge von Stahl wurden aufgetürmt, um dem Monstrum Stabilität zu geben.

Unmittelbar hinter der Brücke, zur Linken, erstreckt sich ein roter Backsteinbau, riesig und häßlich: der Bahnhof. Er wäre eine Touristenattraktion, wenn es Touristen gäbe. Aber Weiße sind höchst selten hier. Sie reisen nicht mehr mit der Bahn, sie fliegen. Sie versäumen viel.

Kalkutta ist an jeder Ecke eine faszinierende Stadt. Sie ist immer aufregend und interessant, aber der Howrah-Bahnhof sprengt alle Maße, alle Vorstellungen, alle Erwartungen. Sechs Millionen wohnen in der Stadt, einige hunderttausend davon (und ebenso viele Pendler) strömen tagaus, tagein über die Bahnsteige. Das ergibt ein Gewimmel, wie es sich kein Europäer vorstellen kann. Ein Fußballstadion nach dem Schlußpfiff ist eine friedliche Promenade dagegen.

Gepäckträger gibt es zu Tausenden. Sie tragen alle rote Hemden, verwegene Turbane und nicht mehr ganz weiße Dhotis. Sie schleppen sich mit Blechkisten, Körben und Koffern ab, mit allem, was transportabel ist; auch mit Großmüttern und mit Bündeln von Babys.

Die Droschken und Kutschen vor dem Bahnhof sind genauso gebaut wie ihre Altvorderen vor zweihundert Jahren: vorne der Bock des Kutschers, in der Mitte die wohlverschlossene, sänftenähnliche Reisekabine. Die Farben dieser Gefährte sind grell und bunt. Auch die Taxis geben der Szene Kolorit: Sie haben allesamt gelbe Dächer.

Im Bahnhof, in den Hallen, kann man sitzen, liegen und stehen, ganz, wie es einem gefällt. Auf den Bahnsteigen kampieren ganze Familienklans: Sie kochen ab, füttern ihre Kinder, schlafen und debattieren. Eine Mutter singt mit leiser Stimme ein Wiegenliedchen. Aber man hört sie nicht, man hört nur die Lautsprecher, die Schreie der Kinder, das Rollen der Züge, das Dröhnen der Karren.

Ich halte Ausschau. Die Upper-Class-Schalter sind leicht zu finden. Hier, wo nur Karten erster und zweiter Klasse verkauft werden, gibt es kein Gedränge. Ich bin der einzige Kunde. Ich kann zwischen fünf oder sechs Schaltern wählen und entscheide mich für den ersten:
»Eine Fahrkarte zweiter Klasse von hier nach Bombay über Delhi bitte!«
Der Beamte schaut hoch, runzelt die Stirn und schickt mich mit einer Handbewegung zum nächsten Schalter.
Der Kollege von Schalter zwei ist auch nicht auf den Kopf gefallen: Er schickt mich unverzüglich zu Schalter drei. Hier sitzt einer, der mit Hilfe seiner Finger fleißig addiert. Er hat noch nicht bemerkt, daß ihm ein Malheur bevorsteht, ein Fahrgast mit ganz ausgefallenen Wünschen. Vergrämt schaut er hoch. »Von Kalkutta nach Bombay?« Es dauert eine Sekunde, bis er begreift, dann fährt ihm der Schrecken sichtlich in die Knochen. Von hier nach Bombay? Mamma mia, das sind ja Tausende von Kilometern, wer soll das rechnen können? Er starrt mich einige Augenblicke entgeistert an, dann kommt ihm die rettende Idee: »Sorry, sir, ich bin gerade an einer Abrechnung. Mein Kollege nebenan wird Sie bedienen.«
Ich gehe zu Schalter vier, dann zu Schalter fünf. Hier will man mich wieder zum ersten Schalter zurückschicken. Da platzt mir der Kragen. Ich fauche durch das Fensterchen, daß der Ärmste dahinter fast vom Stuhl fällt. Er kriecht in sich zusammen wie eine Schnecke, wenn's hagelt. Dann rutscht er vollends von seinem Schemel, geht rückwärts zur Tür und haucht – kaum noch vernehmbar: »Just a minute, sir, just a minute!«
Nach einigen Minuten öffnet sich die Tür zu den »Upper-Class-Headquarters«. Ich werde ins zentrale Büro komplimentiert. Man schiebt mir einen Stuhl unter und erkundigt sich, ob ich gerne einen Tee möchte. Ich lehne vorsichtshalber ab und bringe dann mein Anliegen vor. Der Bürovorsteher setzt sich in Positur, streicht mit dem Zeigefinger seinen gutgewichsten Schnurrbart und wendet sich schließlich – nach einem souveränen Blick über sein schäbiges Schaltervolk – mir und diesem schwierigen Fall zu.
Ich wiederhole mein Verschen und halte ihm außerdem ein vorsorglich bereitgehaltenes Zettelchen hin, auf dem die Zugnummern, die Abfahrtszeiten und alle Orte verzeichnet sind, die ich aufsuchen möchte. Der Beamte studiert den Zettel ausgiebig, dann dreht er ihn um. Er schaut nach, ob nicht hinten zufällig eine Erläuterung steht, dann studiert er ihn nochmals. Die Stirn legt sich in Falten, glättet sich wieder, und schließlich lächelt der Büro-Boß sogar: Für so eine Reise möchte ich doch sicher eine Reservation haben – die gibt es nur bei der Auskunft!
Ich mache mich auf die Suche. Der Bahnhof ist riesig, und es dauert einige Zeit, bis ich mich zurechtfinde, aber schließlich entdecke ich, was ich suche.

Ich stelle mich fügsam hinter ein Dutzend Wartender. Ein gerade vorbeikommender, gutgekleideter Inder zupft mich am Ärmel. Er raunt mir zu, daß die Leute, die da warten, nur Dienstboten seien, Hausboys, die für ihre Herren die Fahrkarten beziehungsweise Reservationen abholen. Hinter denen sich anzustellen sei eines Sahibs unwürdig. Er weist auf eine Tür. Ich marschiere hinein.

Der Auskunftsbeamte blättert in großen Listen. Dann kommt der lapidare Satz: »Sorry, sir, alle Reservationen sind vergeben. Nichts ist mehr frei.«

Ich erschrecke ein wenig. Wenn der Zug ausverkauft ist, dann kommt mein ganzer Reiseplan durcheinander.

»Gibt es wirklich keinen Platz mehr?«

»Doch, ich denke schon, nur die Reservationen sind alle vergeben.«

Mit diesem Bescheid schickt er mich an den Upper-Class-Fahrkartenschalter zurück.

Ich melde mich wieder bei meinem schwarzbärtigen Bürovorstand. Der schaut recht unglücklich drein. Vermutlich gab er sich der Hoffnung hin, daß ich es mir inzwischen anders überlegen oder doch wenigstens so lange aufgehalten werde, bis er Feierabend hat. Diese Hoffnung wurde zunichte. Er kratzt sich mit dem Bleistift hinterm Ohr, holt aus geplagter Brust einen abgrundtiefen Seufzer und stöhnt: »It's a special ticket. Got to be calculated!«

Dann macht sich die Mannschaft ans Werk. Befehle schwirren durch den Raum, Nachschlagewerke werden von Regalen geholt, Rücken beugen sich über endlose Zahlenreihen. Man sucht, man blättert, man ist *busy*.

Nach einem Weilchen meint der Boß, daß das Billett in der Form, wie ich es haben möchte, nicht ausgeschrieben werden kann. Ich könne eine Fahrkarte für die direkte Route nach Bombay haben (nicht über Delhi) oder eine Fahrkarte nach Benares. Die Anschlußkarte müßte ich dann dort lösen. Aus abrechnungstechnischen Gründen ließe sich das leider nicht anders machen.

Weit davon entfernt, die Geduld zu verlieren – ich bin nicht erst seit heute in Asien –, mache ich dem Herrn klar, daß ich nicht vorhabe, mehrere Billette zu kaufen. Eines für die ganze Fahrt genügt. Außerdem ist es wesentlich billiger, wenn ich eine Karte für die ganzen dreitausend Kilometer löse als mehrere Karten für die Teilstrecken. Nun, davon hat er auch schon gehört. Er sieht ein, daß er mich nicht auf die übliche Weise loswerden kann, und überlegt, was nun zu tun sei.

Eine kleine Konferenz wird einberufen. Sechs Beamte versammeln sich um einen Tisch, zünden sich Zigaretten an (zwei holen sich Tee) und debattieren. Schließlich ist man sich in einem Punkt einig: Mein Wunsch ist nicht unberechtigt.

Mit Elan geht man an die Lösung des Problems. Noch mehr Kursbücher werden herbeigeschleppt, und jeder fängt zu blättern an. Die Kilometerzahl nach Benares ist leicht zu finden, aber wie weit es von Benares nach Delhi ist, das steht nirgends.

»Schwierig, sehr schwierig! Ihr Fall ist so kompliziert, daß er nicht einmal im Kursbuch vermerkt ist.« Ich amüsiere mich ein Weilchen, dann rücke ich mit dem erlösenden Vorschlag heraus:

»Wenn Sie die Strecke von Kalkutta nach Delhi wissen und wenn Sie die Kilometerzahl bis Benares wissen, dann wissen Sie auch die Strecke von Benares nach Delhi. Ich weiß zwar nicht, warum Sie nach dieser Teilstrecke forschen, aber wenn Sie die Kilometerzahl unbedingt wissen wollen, dann würde ich vorschlagen, daß wir von den 1 441 Kilometern nach Delhi die 678 Kilometer abziehen, die es von hier nach Benares sind. Dann haben Sie, was Sie suchen.«

Das leuchtet ein, aber man ist betrübt, daß man es nicht schriftlich hat. »Es müßte eigentlich im Kursbuch stehen.« Ein bloßes Errechnen der Distanz ist nicht hieb- und stichfest. Der Bürovorsteher holt sich Rückendeckung: Er marschiert mit seinem Zahlengekritzel zum obersten Fahrkarten-Experten, ›einem studierten Mann‹. »Nur zwei Minuten!«

Nach siebenundzwanzig Minuten kommt er wieder. Man sieht's ihm an: Das Problem ist gelöst. Freudestrahlend schnalzt er mit den Fingern: »Sir, why don't you fly? – Warum fliegen Sie nicht. Mit dem Zug ist die Reise viel zu anstrengend für Sie.«

Für eine Sekunde bin ich sprachlos. Dann hole ich Luft, tief Luft, aber mein Opfer entfleucht. Ihm schwant nichts Gutes. Er flitzt zur Tür hinaus wie ein geölter Blitz mit Kugellager und Stromlinienform und hunderttausend PS. Ich schaue ihm durchs Fenster nach: Er ist schon am Ende des Bahnhofs, schwabbelnd und rund rudert er die Treppen hoch... Na ja, zumindest war er ein Kugelblitz.

Schon nach einem Weilchen kommt er wieder. Nun ist alles klar: Ich bekomme meine Fahrkarte ausgeschrieben und sogar ganz nach Wunsch. Das Büro ist eitel Freude. Der schweißüberströmte Vorsteher streckt mir zum Abschied die Hand hin: »Got to be calculated«, meint er entschuldigend. Ich bestätige ihm seine Mühe mit einigen anerkennenden Worten und nicke seinen Mitarbeitern zu. Der ganze Verein steht auf, hebt die Hände vor's Gesicht und verbeugt sich tief. Ich schaue auf die Uhr: Eine Stunde und vierzig Minuten sind während des Fahrkartenhandels verstrichen. Take it easy, that's India!

Den Heimweg mache ich zu Fuß. Die Rikscha wollte warten, aber der Boy hat wohl angenommen, daß ich längst zu einem anderen Ausgang herauskam und ihn verloren habe. Er hat sich davongemacht. Ist mir recht. Die Sonne ist bereits untergegangen, der Verkehrstrubel hat die Tagesspitze erreicht. *Rush-hour!* Ich weiß, was das in London, New York und Tokio heißt, was man in Johannesburg und Mailand darunter versteht, aber was sich jetzt hier tut, ist mir neu: Es ist unvorstellbar, es übersteigt das Fassungsvermögen, es läßt sich nicht beschreiben.

Die Stadt ist ein brodelnder Kessel geworden, ein infernalisches Gemisch aus Lärm, Gestank, Fahrzeugen, Kühen, Kulis. Es riecht nach Kuhmist und Urin, nach gerösteten Bananen, nach Curry und Fisch. Es riecht nach allem. Ätzender Rauch beißt in den Augen. Die ganze Stadt brennt. Auf hunderttausend kleinen Feuerstellen wird das Abendessen zubereitet: am Straßenrand, im Rinnstein, in Torbögen, auf Verkehrsinseln, unter Brückenpfeilern. Ich stolpere über Krüppel, rutsche auf Speichel und Betelsaft aus, hüpfe über Kinder und Kranke und boxe mich durch Hawker und Händler. An jedem Hydranten planschen dreißig oder fünfzig Personen: Sie reinigen sich, sie holen Wasser, sie halten Babywindeln unter.

An der westlichen Ecke des Bahnhofs sind einige Herbergen: das ›Howrah-Hotel‹, das ›Bihar-Hindu-Hotel‹ und mehrere Freiluftasyle mit nicht zu entziffernden Namen. Brennpunkte des Fremdenverkehrs, Räuberhöhlen, die den Spessart und die Abruzzen zu Idyllen degradieren. Aus allen Fenstern kommt Rauch: Die Leute kochen in den Zimmern, die Ratten sitzen hustend auf den Fenstersimsen [56].

Ich muß eine Schnaufpause einlegen. Eine abgestellte Rikscha ist das einzige Plätzchen, das sich zum Verweilen anbietet. Kaum sitze ich, will der Kuli losrennen. Ich drücke ihm eine Rupie in die Hand und mache ihm klar, daß ich nichts möchte, absolut nichts – nur zehn Minuten sitzen. Entgeistert guckt er mich an. Der Sahib spinnt. Es ist doch *rush-hour*, da zappeln die Beine automatisch, da kann man doch nicht stehen- oder sitzenbleiben, da muß man doch irgend etwas tun, da muß man feilschen, rufen, stehlen. Wer sich jetzt nicht 'ranhält, geht hungrig zu Bett.

Fasziniert betrachte ich das Gewimmel. Wenn ich's nicht sehen würde – ich würd's nicht glauben. Man traut seinen eigenen Augen nicht: Dort legt sich ein Alter gelassen zur Ruhe nieder; er drückt sich an die Mauer, er macht sich ganz winzig. Zwanzig Zentimeter über ihm – auf einem Absatz – huschen einige Ratten. Neben der Rikscha erbricht sich ein Kind, vor mir sitzt jemand im Rinnstein. Eine Kuh wendet mir ihr Maul zu. Sie hat Hunger, sie schnuppert an mir herum. Ich muß ihr einen Nasenstüber geben, um sie loszuwerden. Sie schüttelt den Kopf. Rotz fliegt mir auf die Hose. Der Kuli springt hilfsbereit hinzu. Er will mir mit einem Lappen behilflich sein. Ich verzichte. Es ist der Lappen, mit dem er alles und jegliches putzt.

Schließlich mache ich mich auf den Heimweg. Er dauert zwei Stunden. Es sind die anstrengendsten meines Lebens. Ich kämpfe mich durch Hawker und Händler, durch Gassen voller Geschirr und zahllose andere Basare, ich stapfe durch die gute Stube der Campingfreunde und durch das Asyl der Kranken, der Sterbenden, der fast Toten.
Wenn es Nacht wird in Kalkutta – lernt man das Grauen kennen.

Der Laie staunt, den Fachmann fesseln die Details

Eine Stunde vor Abfahrt der *Howrah Amritsar Mail* beziehe ich Posten auf dem Bahnsteig. Mein Gepäckkuli stolziert mit verschränkten Armen auf und ab. Er hat einen vornehmeren Koffer getragen als seine Kollegen – er platzt fast vor Stolz. Ich bin der einzige Europäer, der einzige Weiße unter einigen tausend Indern.
Der Bahnsteig ist mit Gepäck überhäuft. Männer, Frauen und Kinder erwarten sitzend, liegend und stehend den Zug. Die Leute, so scheint es, sind allesamt Umsiedler oder Gewerbetreibende, die ihr gesamtes Inventar mit sich herumschleppen. Mein Köfferchen nimmt sich geradezu lächerlich aus neben diesen Schrankkoffern, Bettpaketen und selbstgebastelten Feldküchen. Am meisten fällt die Fourage ins Auge, die Fourage und die phänomenalen Vorratsbehälter. Fast jeder Reisende hat drei bis vier übereinanderstehende Messing- und Aluminiumtöpfe dabei; auf jedem Gepäckstück thront ein Teekessel, ein monströser Behälter, der mehr Beulen als Rauminhalt hat. Mir schwant nichts Gutes. Außer den Obstbüchsen und einigen Keksen, die ich vorsorglich im Koffer verstaut habe, werde ich wohl nichts zu essen bekommen.
Um halb sechs Uhr, es dämmert schon, rollt der Zug heran. Er wird rückwärts in den Bahnhof geschoben; Kalkutta ist seine Ausgangsstation, aber die Abteile sind schon voll: Die Schlauberger, die Routinierten sind dem Zug bis ans Ende des Bahnsteigs entgegengegangen, sie sind aufgesprungen und haben Plätze reserviert. Nun winkt man der Verwandtschaft, die bei den Koffern ausharrte, triumphierend zu. Viele suchen Frau und Kind vergebens. Da die Fenster vergittert und nur sehr klein sind, ist es schwierig, sich gegenseitig ausfindig zu machen. Das clevere Familienoberhaupt hat vielleicht ganz vorne einen Platz reserviert, aber die Familie wartet am Ende des Bahnsteiges. Wie soll man sich finden? Nun, man läßt nichts unversucht: man ruft, man schreit, man läuft auf und ab, man schubst und boxt, man zappelt und zetert. Ich stehe und staune, der Bahnsteig brodelt.
Mein Boy war nicht ungeschickt. Ein Zweiter-Klasse-Wagen hält in unmit-

telbarer Nähe. Er ist noch leer. Zwanzig Zentimeter große Vorhängeschlösser versperren die Türen. Auch die benachbarte erste Klasse ist verschlossen. Wir müssen warten, bis ein Schaffner kommt und aufschließt. Kaum sind die Schlösser ab, beginnt der gleiche Kampf wie vor den anderen Abteilen: Das Faustrecht gilt, das Recht des Stärkeren. Ich betrachte mir das ein Weilchen, dann trete ich den Rückzug an. Alles, was recht ist. Soziologische Studien sind mir zwar immer eine Anstrengung wert, aber keinen Ringkampf mit verwegenen Sikhs, ölglänzenden Olivenhändlern und feisten Marktweibern. Ich pfeife meinen Boy zurück und heiße ihn den Koffer schultern.

Der Schaffner, bei dem ich für die erste Klasse nachlösen möchte, schickt mich zum Fahrkartenbüro, die Schalterbeamten schicken mich wieder zum Kondukteur. Anstandshalber kommt einer mit. Es entspinnt sich eine längere Debatte in einem heimischen, mir unverständlichen Dialekt. Dann habe ich es geschafft. Ich zahle zwanzig Rupien nach und werde in ein Abteil erster Klasse komplimentiert, in ein Zwei-Mann-Abteil. Bevor ich einsteige, schau ich mir den Wagen an und werfe einen Blick auf die Fahrgäste: Der Wunsch, ›unterm Volk zu sein‹, geht auch hier in Erfüllung. Es krabbelt und kraucht in allen Abteilen nach bester Landessitte. Man richtet sich häuslich ein. Die Sitze werden unverzüglich zu Liegen, das Abteil zum Boudoir.

Mein Reisegefährte hat das untere Bett und ansonsten das ganze Abteil belegt: Ein großes Bündel enthält sein Bettzeug, ein Blechkoffer mit Riesenschlössern seine Reiseutensilien. Seine Fressalien stapeln sich wenigstens achtzig Zentimeter hoch: Topf über Topf. Der will sicher nach Amritsar und zu Fuß über den Khyber-Paß. Aber das vermute ich nur. Auf meine Frage bestätigt er mir das erstere. Ja, er will nach Amritsar. Er will an einer Konferenz für Eisenbahner teilnehmen, er ist dienstlich unterwegs.

Fünf Minuten nach Abfahrt des Zuges ist mein Kompagnon schon völlig zu Hause. Er sitzt mit verschränkten Beinen zufrieden in seiner Koje und ölt sich ein. Ich überschlage seine Chancen: Heute ist Freitag, und der Mond ist im vierten oder fünften Tag; wenn der Zug nicht schnell fährt und meinen Freund in den Samstag hinüberrettet, werden ihn Schulden oder familiärer Kummer überwältigen. Aber diese Risiken hat er offensichtlich einkalkuliert. Er verrammelt die Tür und schärft mir ein, während der Nacht die Jalousien geschlossen zu halten und auf keinen Fall die Türen zu öffnen. Auch dem Schaffner nicht.

Im Augenblick habe ich anderen Kummer. Ich hocke auf meiner Koje und überlege, wie ich des Staubes Herr werde. Ich kann mich unmöglich auf diese dreckige Pritsche legen. Mein Bahnexperte wundert sich. Die Koje sei doch blitzsauber, meint er. »Warten Sie mal ab, bis wir die ersten hundert Kilometer hinter uns haben!«

Ich ergebe mich in mein Schicksal, krame einige Papiertaschentücher hervor und fange an, das Wachstuch blank zu fummeln.
Wir donnern in die Nacht, in die warme indische Winternacht. Flußaufwärts geht die Reise, den Himalaya zur Rechten. Das Bewußtsein, etwas Großartiges zu erleben, etwas, wovon andere Leute nur träumen, besänftigt das Gemüt etwas. Die Nerven entspannen sich. Ich habe allen Grund, zufrieden zu sein. Wohlig strecke ich mich aus. Durch die offenen Fenster streicht die warme Nachtluft ins Abteil. Es duftet nach Jasmin, nach Landwirtschaft und nach dem Haar- und Körperöl meines Reisegefährten.
Für ein Weilchen sind wir schweigsam, dann rücke ich mit einigen höflichen Fragen heraus. Ich möchte nicht, daß er mich für einen Snob hält. Aber das Gespräch hat kaum begonnen, da bereue ich es schon. Der Mann ist nicht mehr abzustellen. Und was noch schlimmer ist: er ist voller Propagandaphrasen. Er schimpft auf England, auf Pakistan und auf die Chinesen; am meisten jedoch auf England: »Wenn die Engländer nicht gewesen wären, wären wir heute schon viel weiter!«
Ich höre mir das ein Weilchen an, dann bremse ich ein wenig. Aber Mr. Mehta, so heißt mein Reisegefährte, ist nicht so leicht zu überzeugen. Er kramt eine neu aufgelegte Biographie Nehrus aus seinen Koffern [57] und liest mir vor, was die Engländer alles verbrochen haben:
»Sie verhinderten das Wachsen unserer Industrie, und damit verzögerten sie auch unser politisches Wachstum; sie konservierten den Feudalismus und alles, was sie sonst an Überholtem im Land finden konnten.«
Ein triumphierender Blick trifft mich. Mr. Mehta ist offensichtlich eine streitbare Natur und ein eifriger Verfechter vaterländischer Phrasen. Für Nehru geht er auf die Barrikaden. Ich lasse ihn ein Weilchen klettern und schimpfen und seine Fahne schwingen, dann lese ich ihm aus meiner Lektüre vor. Ich zitiere Gandhi:
»Die Industrialisierung ist im Begriff, so fürchte ich, ein Fluch für die Menschheit zu werden. Die Ausbeutung einer Nation durch die andere kann nicht für alle Zeit weitergehen. Industrialisierung hängt voll und ganz davon ab, ob man in der Lage ist, auszubeuten, ob einem fremde Märkte offenstehen, ob es an Konkurrenten fehlt... Tatsache ist, daß Indien, wenn es damit anfängt, andere Nationen auszubeuten – und das muß es zwangsläufig tun, wenn es sich industrialisiert –, ein Fluch für andere Nationen sein wird, eine drohende Gefahr für die Welt. Und warum sollte ich an eine Industrialisierung Indiens denken, um andere Nationen auszubeuten [58]?«
Darauf weiß Mr. Mehta zunächst keine Antwort. Er hat viel zuviel Respekt vor Gandhiji, um einen Kommentar zu wagen. Ich habe weniger Hemmungen, und mir fällt noch einiges ein, was in die gleiche Richtung geht. Ich be-

ginne mit Gandhis Verschrobenheiten, seinem Do-it-yourself-Fimmel und erinnere meinen Reisegefährten auch an die *self-sufficient* Gramdan-Dörfer und ähnliche Torheiten. Und um ihm vollends den Star zu stechen, lese ich ihm aus einem anderen Taschenbuch noch einige Absätze über jene Ultrakonservativen vor, die sich stolz Gandhianer nennen und grundsätzlich jeden technischen Fortschritt ablehnen. »Es ist«, so schreibt der Autor, »natürlich auch mir nicht gelungen, ihnen das geringste Verständnis für die unerläßliche Notwendigkeit zu entlocken, den Elendsmassen Indiens zu einem besseren Leben zu verhelfen. Sie meinen sogar, es sei richtiger, wenn Hunderttausende oder gar Millionen nach einer Naturkatastrophe Hungers sterben, als daß die Verhinderung solcher Katastrophen oder die Mittel zur Linderung ihrer Folgen einen gesellschaftlichen oder auch religiösen Wandel zur Voraussetzung hätten... Es fehlt nicht nur jeder Fortschrittsglaube – es fehlt auch jeder Fortschrittswille. Sie sind bewußt Feinde des Fortschritts [59].«

Mein Freund ist ein wenig verdutzt, aber er windet sich aus der Affäre: Er liest mir kurzerhand den nächsten Abschnitt aus Nehrus Buch vor:

»Eisenbahnen, Telegrafen, Telefone, Radios und dergleichen können kaum als Zeugen für die Freundlichkeit und das Wohlwollen der britischen Herrschaft angeführt werden. Sie waren willkommen und notwendig, und da die Briten diejenigen waren, die uns das zuerst brachten, sollten wir ihnen auch dankbar sein. Aber selbst diese Vorläufer der Industrialisierung kamen in erster Linie zu dem Zweck, die britische Herrschaft zu festigen.«

Wieder trifft mich ein frohlockender Blick. Die bösen Engländer, sie sind aufs neue überführt! Für eine Sekunde bin ich versucht, etwas weiter auszuholen und Mr. Mehta einen Vortrag über die Geschichte des Landes [60] und die Kolonialpolitik der Engländer zu halten. Es ließen sich auch bei letzterem Punkt gewichtige und entwaffnende Argumente ins Feld führen, selbst Albert Schweitzer ließe sich zitieren [61], aber was soll es? Ich möchte Mr. Mehta weder um seine Nachtruhe noch um seine Weltanschauung bringen, und so frage ich nur harmlos, welche indische Behörde sich wohl dieser zivilisatorischen Aufgaben angenommen hätte, wenn die Engländer nicht gewesen wären. Und dann – etwas bohrender: »Wieviel Kilometer Eisenbahnen haben Sie denn in den letzten zwanzig Jahren gebaut?«

Mr. Mehta übergeht die Frage. Er trumpft mit neuen Gesichtspunkten auf:

»The British conception of ruling India was the police conception of State. – Das britische Herrschaftskonzept war das eines Polizeistaates.«

»War es das wirklich? Hat man die Leute nicht vielmehr – und das wäre den Engländern zum Vorwurf zu machen – im großen und ganzen leben lassen, wie sie immer lebten?«

Aber Mr. Mehta läßt sich nicht irritieren. Er blättert und liest mir wie-

der vor. Von der teuren Verwaltung ist dieses Mal die Rede. Nehru läßt sich auf Seite 435 seines Buches darüber aus. Sehr überzeugend klingt es nicht, denn jedermann in Indien weiß, daß es heute viel mehr Beamte und einen weit größeren Bürokratismus gibt als je zuvor. Mein Patriot wird etwas nervös, aber er denkt nicht daran, die Flagge zu streichen. Er baut auf Nehru und zitiert hingebungsvoll antiquierte Parolen aus der Kolonialzeit: »India makes a terribly poor show to-day. – Indien macht ein trauriges Bild heutzutage. Wir lesen von großen Projekten zur Bekämpfung der Arbeitslosigkeit und von der Beseitigung der Mißstände in anderen Ländern; was ist mit unseren aber Millionen von Arbeitslosen und den weitverbreiteten und permanenten Mißständen? Wir lesen, daß anderswo Wohnbauprogramme durchgeführt werden; wo sind die Häuser für mehrere hundert Millionen unserer Landsleute, die in Lehmhütten hausen oder überhaupt kein Dach über dem Kopf haben?«
»Ja, Mr. Mehta, wo sind sie? Zwanzig Jahre nach der Unabhängigkeit und dreißig Jahre nachdem Nehru das geschrieben hat? Und die Show, die Indien heute macht, hat Ihr Präsident in diesen Tagen zur Sprache gebracht.«
Ich ziehe die ›Times of India‹ aus der Tasche und lese ihm die Schlagzeile auf Seite 1 vor: ›Things Are In Bad Shape In Country. – Es steht um vieles schlecht im Lande ...‹ Die Philippika, die dann folgt, ist nicht von schlechten Eltern. Radhakrishnan tut den Bauern und den Politikern gleichermaßen den Rost herunter, und er fragt seine Landsleute schließlich, wie sie es sich wohl erklären, daß die USA und die Sowjetunion, wo nur zehn beziehungsweise dreißig Prozent der Bevölkerung in der Landwirtschaft tätig sind, es fertigbringen, nicht nur genügend Nahrung zu produzieren, sondern auch noch zu exportieren, während in Indien, wo nahezu fünfundsiebzig Prozent der Bevölkerung in der Landwirtschaft arbeiten, nicht einmal das Existenzminimum gedeckt werden kann.
Der Finanzminister des Landes, T. T. Krishnamachari, wird nicht weniger deutlich. Er sagt schlicht und einfach: ›Law of Jungle Dominates Economic Front‹[62].
Mr. Mehta ist ziemlich kleinlaut geworden. Er läßt sich einiges über Gesetz und Recht erzählen[63] und über die Verwaltung, die die Engländer hinterließen. Von der Schulpolitik der Kolonialisten will mein stolzer Spanier jedoch nichts wissen. Er verweist auf die Gelehrten des Landes, auf seine uralte Religion und ähnliches. Er hat nicht unrecht, aber ich gebe ihm zu bedenken, was wohl Tagore bewogen hat, nicht nur die materielle, sondern auch die geistige Armut des Landes zu beklagen: »We are faced with two stupendous problems; one is our poverty of intellectual life; the other, the poverty of our material life[64].«

Schließlich kommt die Rede noch auf die staatsbildende Funktion der Engländer: »Die wollten uns immer auseinanderhalten«, meint Mr. Mehta. Er kramt sogar einen Brocken Latein hervor und präsentiert ihn mir mit pfiffigem Lächeln: »Divide et impera!«
So viel Gelehrsamkeit muß man respektieren. Ich nicke ihm anerkennend zu und verschlucke, was mir auf der Zunge liegt[65].
Die Diskussion hat uns hungrig gemacht. Mr. Mehta turnt – barfuß und in Unterhosen – aus seiner Koje und holt die Töpfe herbei. Penetrante Gerüche quellen unter den Deckeln hervor. Mein Vegetarier schnuppert verzückt. Er lädt mich ein, mitzuhalten, aber das ist sicher nur Formsache. Außerdem habe ich ihm vorsorglich erklärt, daß ich von Oliven Durchfall und von Curry – wenn er pur serviert wird – Schweißausbrüche bekomme. Was bleibt? Eine speckige Thermosflasche voll Tee und ein verbeultes Trinkgefäß. Ich hoffe, daß auch dieser Kelch an mir vorübergeht.
Mein Freund ahnt nichts von meinen Skrupeln; er läßt es sich schmecken. Man hört's. Dann bereitet er sich für die Nacht vor: Er stochert in seinem Gebiß herum, kratzt sich ausdauernd zwischen den Zehen, schiebt sich alle zwei Minuten eine Prise Schnupftabak in die Nase und produziert schließlich ein exhibitionistisches Nachtgebet; dann entschlummert er, rülpsend.
Bei mir ist es um den Schlaf schlecht bestellt. Im Nachbarabteil plärren kleine Kinder, alle entgegenkommenden Züge pfeifen uns einen langanhaltenden Gruß zu, und auf den Stationen ist der übliche indische Jahrmarktslärm. Um Mitternacht wird es kalt. Ich krame Pullover und Windjacke aus dem Gepäck und ziehe mir über, was immer greifbar ist. Es nützt nicht viel. Die Kälte dringt durch alle Ritzen. Ich liege und friere und tu dem Herrn Baedeker Abbitte: Was würde ich nicht alles darum geben, wenn ich jetzt seine wollene Altherrenwindel hätte.
Um sechs Uhr morgens laufe ich mich im Flur etwas warm. Das ist äußerst langweilig. Ich sehe nichts als Abteiltüren und einen staubigen Bahnkörper. Die Fenster sind zu tief und zu klein, um stehend hinausblicken zu können. Helf, was helfen mag. Ich öffne die Tür, setze mich aufs Trittbrett und betrachte mit baumelnden Beinen die Landschaft.
Die Dörfer sind von einschläfernder Gleichförmigkeit: Lehmhütten, primitive Stallungen, staubige, ungepflegte Wege. Die Bevölkerung ist mit der Morgentoilette beschäftigt. Sie sitzt auf den Feldern. Bei den ersten fünftausend Popos glaubte ich noch, daß die Ruhr oder eine sonstige Epidemie die Leute so früh ins Freie trieb, aber dann wird mir das Phänomen erklärt. Ein Pandit, ein gelehrter Brahmane mit weißem Käppi und Röhrchenhosen, setzt sich – nach einem Grußwort und einigen England-Reminiszenzen – zu mir und erteilt mir Anfangsunterricht in Hinduhygiene.

Ein gläubiger Hindu, so beginnt er, sollte seine ersten Gebete schon vor Sonnenaufgang verrichten. Dem Gott Wishnu gelten seine ersten Gedanken. Dann bittet er die übrigen Götter um Hilfe: »O Brahma, Shiva, Sonne, Mond, Mars und Jupiter, helft der Dämmerung auf den Weg!« Ist das geschehen, gibt man Vollzugsmeldung an Wishnu:

»O Gott, du großer und reiner Geist, Spender alles Lebens, Herrscher über das Universum, Gatte der Göttin Lakshmi, ich erhebe mich, wie Du befiehlst, und widme mich der Welt und ihren Affären.«

›*The affairs of this world*‹, die Geschäfte dieser Welt, sie beginnen – machen wir uns nichts vor – mit einem Geschäftchen. Mein Nachbar schmunzelt. Dann erzählt er mir von dem Ritual, das ein auf dem Land wohnender Brahmane ›*in answering the calls of nature*‹ zu befolgen hat[66]:

1. Er füllt am Brunnen seine Messingkanne mit Wasser und marschiert damit aufs Feld.
2. An einem geeigneten Plätzchen entledigt er sich seiner Sandalen und einiger anderer Utensilien; dann wählt er ›*a clear spot on level ground*‹.
3. Verboten – und seien sie noch so eben – sind Tempelhöfe, Hauptverkehrsstraßen, Fluß-, Teich- oder Quellufer; ein gepflügtes Feld, ein Banyan-Hain oder die heiligen Bezirke anderer Bäume.
4. Die heilige Schnur, *the triple cord,* ist unbedingt in Sicherheit zu bringen. Sie wird um das linke Ohr geschlungen. Das Lendentuch wird zur Kopfbedeckung.
5. Sodann: ...
6. Das Auge ist dabei im Zaum zu halten. Es darf während der Prozedur weder die Sonne noch den Mond, noch die Sterne ansehen. Auch Brahmanen, Tempel, Götterbilder oder heilige Bäume dürfen nicht durch profane Blicke entweiht werden.
7. Der Mund ist geschlossen zu halten. Jegliches Kauen muß unterbleiben.
8. Schnelligkeit ist geboten, aber nicht auf Kosten der Würde. Danach darf man auf keinen Fall zurückschauen; Hände und Füße sind umgehend zu waschen. Schließlich nimmt man den Eimer in die Rechte, etwas anderes in die Linke und eilt zum Fluß *to purify oneself from the great defilement.*
9. Bei der Wahl des hier benötigten Scheuermittels sind Termitenhügel, die Grube des Töpfers, Krematoriumsasche, Straßenstaub, Chlorkalk, Baumscheiben- und Wühlmauserde tunlichst zu meiden.

Das Wissen um die Kunst im einzelnen ist für einen Hindu von existentieller Bedeutung, für einen Europäer ist es *off limits.* Vermerkt sei nur noch, daß um diese Tageszeit alle Brahmanen, alle Hindus schlechthin, Linkshänder sind.

Mein *guru* hält ein und betrachtet sinnend die Szenerie. Sein fachkundiger

Kommentar brachte mir manches in Erinnerung, was ich irgendwo, irgendwann schon einmal gelesen hatte. Damals wunderte ich mich, wie sich der Autor dazu hergeben konnte, seitenweise in solche Details zu gehen. Ich hielt das Ganze für maßlos übertrieben. Jetzt muß ich ihm Abbitte tun. Seit heute weiß ich, daß *the call of nature* etwas Glorioses ist, daß er in die gleiche Kategorie wie ein Sonnenaufgang gehört und daß ein spezieller Gruß nicht in Jagsthausen, sondern in Indien erfunden wurde: Zu Dutzenden, zu Hunderten leuchten die Kehrseiten zu uns hoch.

Ich erzähle meinem Nachbarn von meinen Vorurteilen, von meiner naserümpfenden Reaktion, als ich zum ersten Male mit dieser indischen Gepflogenheit konfrontiert wurde. Er lächelt nur. Er kennt die Einstellung der Europäer; mit einer Handbewegung tut er sie ab, doch dann gesteht er mir, daß es um seine und seiner Landsleute Vorurteile nicht besser bestellt sei: Die Europäer gelten in Indien als ausgemachte Dreckspatzen!

Er sagt das so trocken, mit einer so nonchalanten Selbstverständlichkeit, daß mich die ruckartige Reaktion meines Zwerchfells fast aus dem Zug wirft. Das wird nicht besser, wie er in die Details geht:

Es ist eine ganz üble Angewohnheit der Europäer, Tag für Tag die gleiche Zahnbürste zu benützen;

es ist barbarisch, von Tellern zu essen, aus Gläsern zu trinken, die andere Leute schon benützt haben;

jedem zivilisierten Menschen stehen die Haare zu Berge, wenn er mit ansehen muß, wie die Nase in ein Tuch geschneuzt und das Tuch dann eingesteckt wird;

es ist unglaublich, daß manche Menschen in eine Badewanne steigen, wenn sie sich reinigen wollen (ein Inder wäscht sich unter fließendem Wasser oder im Fluß. Der Fluß ist immer frisch);

es soll in Europa auch Leute geben, die nur alle acht Tage baden, und viele Europäer scheuen sich nicht, statt Wasser Papier zu nehmen! Und wenn wir schon dabei sind: Es gibt Barbaren, die kennen nicht einmal den Unterschied zwischen *night soil* und einem harmlosen Wässerchen [67];

und was die Weißen mit der rechten Hand alles tun – das ist glattweg unvorstellbar. Die bringen es fertig und wischen sich die Augen damit;

auch die Schuhe ziehen sie nicht aus, wenn sie ins Haus gehen. Sie nehmen den Dreck, den Straßenstaub, sogar mit in die Küche.

Überhaupt: die Küche! Welche europäische Hausfrau weiß schon, daß sie rasch aufwischen muß, bevor sie das Essen zubereitet, und daß sie irdenes Geschirr sofort zerschmeißen muß, wenn es von Fremden benutzt wurde. Nie würde ein Brahmane einen *mleccha*, einen ausländischen Paria, in die Küche lassen.

Und die Eßmanieren dieser Leute aus dem Westen – katastrophal! Sie nehmen die Tasse an den Mund, und statt der Finger benutzen sie Löffel, an denen die Spucke hängenbleibt. Kein Mensch achtet auch darauf, ob das Wasser, das man trinkt, von Leuten der eigenen Kaste herbeigeschafft wurde...

Mein Nachbar blinzelt mir zu: »Sind wir quitt?« Wir sind es! Ich sehe die Gebräuche der *natives* – der westlichen und der östlichen – jetzt in einem anderen Licht. Ich begreife auch, warum sich – als ich die Strecke von Bombay nach Singapur fuhr – manche Inder an Bord mit einer ans Unglaubliche grenzenden Sturheit weigerten, die Kette zu ziehen. Die Leute nahmen an, daß *sweeper* an Bord sind, die diese profane Sache erledigen. Die Kette zu berühren hätte sie *polluted* [68]. Es kann auch sein, daß sie mit der ihnen eigenen Spitzfindigkeit verhindern wollten, durch die Spülung die See zu verunreinigen. Gandhi ist für diese Sünde seinerzeit – als er nach England reiste – vorübergehend exkommuniziert worden. Ein orthodoxer Hindu reist eben nicht über See, und wenn es gar nicht zu vermeiden ist, dann läßt er zumindest die Kette von anderen ziehen.

Vom rechten Leben

Gegen acht Uhr rollen wir mit kreischenden Bremsen in eine kleine Station. Ein martialisches Getümmel hebt an. Überall zappelt es: in den Waggons, auf den Bahnsteigen, an den Wasserstellen. Die große Dampflok ist von braunen Ameisen bedeckt: Eine Kette wurde gebildet, Wassereimer wandern von Hand zu Hand und werden – nun noch halb voll – mit lässigem Schwung in den Tank gekippt. Eine zweite Gruppe hockt auf dem Tender und dem benachbarten Kohlenberg. Der staubige Anthrazit wird mit bloßen Händen in Körbe gefaßt und auf den Köpfen mit viel Geschrei zum Tender balanciert. Weithin fliegt der schwarze Staub.

Verwegene Gestalten rennen den Zug entlang. Sie verkaufen farbenprächtige Getränke: rote, grüne und gelbe Limonade. Sie muß gut sein. Man sieht's an den Fliegen, die klumpenweise an jedem Becher hängen. In angeschlagenen, unsauberen Tassen wird Tee serviert.

Die Händler sind klein und schäbig, aber ihre Stimmen haben Bravour: Sie degradieren jeden Hauptwachtmeister der königlich-britischen Armee zu einer Nachtigall, zu einem lieblich flötenden Piepmatz. Ihre einschmeichelnden Offerten prallen auf das Trommelfell wie der Todesschrei einer Elefantenkuh. Und das alles wegen eines bißchen Limonade. Wirklich, dieser Verkaufselan wäre einer besseren Sache würdig.

Um die Wasserstellen drängen sich die Menschen zu Hunderten. Ich halte nach einem ›separierten‹ Hahn Ausschau. Aber den gibt es nicht mehr. Die Zeit, da fein säuberlich nach Europäern, Hindus, Moslems und Unberührbaren unterschieden wurde, ist vorbei. Nur ein Hahn ist noch besonders gekennzeichnet: der für Dienstboten. Parias hängen wie Trauben an ihm[69].

Resigniert beobachte ich das Getümmel. Es ist unmöglich, sich unter diese Menschenmenge zu drängen: Die Leute seifen sich ab, sie gurgeln und spukken, sie reinigen Kochtöpfe und Kinderpopos, sie waschen ihre Füße und mit artistischer Behendigkeit allerlei anderes. Niemand kommt auf die Idee, daß das Waschen etwas Privates sein könnte. Im Gegenteil. Man genießt den Trubel, er ist – wie zu Hause im Dorf – ein gesellschaftliches Ereignis, ein Medium menschlichen Kontaktes. Man scheuert und schubst, prustet und spuckt und hat unversehens einen neuen Sari oder ein frisches Lendentuch an.

Eine besonders markante Prozedur ist das Ausspülen des Mundes. Es gibt bestimmte Regeln dafür. Ein orthodoxer Hindu muß, wenn er einem ›kleinen Ruf der Natur‹ gefolgt ist, viermal gurgeln. War das Naturbedürfnis gewichtiger, ist achtmaliges Gurgeln vonnöten. Nach jeder Mahlzeit spült er zwölfmal, und wenn es mit der Enthaltsamkeit haperte, kommt er an sechzehnmaligem Gurgeln nicht vorbei. In letzterem Falle ist es von höchster Wichtigkeit, das Wasser nach links auszuspucken, denn wer es auf die andere Seite spuckt – sei es aus Nachlässigkeit oder einem x-beliebigen anderen Grund –, fährt unweigerlich zur Hölle.

Bei all diesen Riten und Prozeduren fragt man sich immer wieder: Wieviel ist davon noch tägliche Praxis, darf man verallgemeinern? Die Antwort kann nur vage ausfallen; die Grenzen sind fließend. Indien ist durch und durch religiös, mehr als jedes andere Land. Was bei uns als mittelalterlich, als Hexenwahn, als Aberglaube, als bigotter Unsinn schon vor Jahrhunderten ad acta gelegt wurde, das wurde hier über Jahrtausende hinweg ins Atomzeitalter gerettet. »Während andere Zivilisationen untergingen oder von den Veränderungen, die sich im Verlauf von mehr als fünftausend Jahren ergaben, aufgesogen wurden, funktioniert die indische Zivilisation, die zeitlich mit der von Ägypten und Babylon zusammenfällt, noch immer[70].«

Erziehung und Bildung kommen gegen die Überlieferung nicht an. Leute, die sechs oder acht Jahre in England verbrachten, legen die Brahmanenschnur um, bevor sie in Bombay an Land gehen. Anwälte und Ärzte vergessen alles, was sie jemals über Hygiene, über Cholera, über Typhus oder die Erregung öffentlichen Ärgernisses gehört haben, wenn sie an einem Bade-Ghat, einem noch so dreckigen Ufer des Ganges stehen. Sie sind dann keine Intellektuellen, keine Verstandesmenschen mehr, nur noch Hindus.

Die Maschine pfeift. Es geht weiter. Die Menschen hasten in die Waggons zurück. Wasser, Früchte und nasse Wäschebündel werden in die Abteile geschleppt. Man verkriecht sich wieder in häuslicher Behaglichkeit: in Decken, Kissen und Schlafsäcken. Es ist nicht zu glauben: Die Sonne steht schon hoch am Himmel, sie brennt aufs Dach und durch die staubverkrusteten Fenster, aber niemand kommt auf die Idee, die Betten wegzuräumen. Zumindest nicht in meinem Waggon und erst recht nicht Mr. Mehta. Er hockt in der Unterwäsche auf seinen Schlafutensilien und präpariert eine Mangofrucht.
»Warum kneten Sie das Ding so?« frage ich ihn. Er lächelt gönnerhaft und erklärt mir dann die Prozedur: Eine Mango kann man nach Europäerart essen. Man kann sie schälen, in Scheiben schneiden und sich dabei die Finger verschmutzen. Man kann es aber auch geschickt machen: auf indische Art. Man knetet die pfundschwere Kugel, bis sie inwendig nur noch aus Fruchtsaft und Fasern besteht. Dann löst man am Stengelansatz den Pfropfen, und siehe da – aus der Mango wurde eine Konservendose: Man kann sie (bei leichtem Druck) bis zum letzten Tropfen leertrinken. Und die Finger bleiben sauber dabei.
Da es mir in der Kabine zu eng ist und ich von meiner oberen Koje aus absolut nichts sehe, postiere ich mich wieder im Gang. Auf einem Kanister hockend starre ich durch eines der kleinen, vergitterten Fenster. Der alte Herr mit dem Cambridge-Akzent leistet mir Gesellschaft. Er zeigt auf ein Feld, das mit mehreren Vogelscheuchen bestückt ist:
»Diese Stangen und Stoffetzen, besonders aber die Knochen und Häute, die an den Gestellen befestigt sind, sind Amulette gegen den bösen Blick. Sie schützen das Feld gegen futterneidische Nachbarn. Das ist eine Methode. Eine andere Methode, sich gegen ›grüne Augen‹ zu schützen, ist noch einfacher: Man führt eine Arbeit nicht ganz zu Ende. Wer wird einen Mann schon um sein neues Haus beneiden, wenn an einer Dachecke deutlich wird, daß das Stroh nicht reichte, daß dem Ärmsten die Mittel ausgingen. Soll er sich seines begrenzten Besitzes erfreuen!«
An den Bahnübergängen jubeln uns Kinder zu. Kleine Racker, die unten nichts und oben nicht viel mehr anhaben. Ansonsten ist nicht viel zu sehen. Die Landschaft ist trostlos. Ganz anders, als sie in Jugendbüchern oftmals dargestellt wird. Wo sind sie, die feuchtheißen Dschungel voll zähnefletschender Tiger, die Elefanten und Maharajas, die grazilen Inderinnen mit den mandelförmigen Augen und den großen Rubinen? Von Kalkutta bis Amritsar, von Madras bis Allahabad gibt es nur dürres, ausgetrocknetes, ebenes Land.
In den Flußtälern wird vereinzelt Reis angebaut. Die Frauen, die die Pflanzen setzen, stehen bis zu den Knien im Wasser. Mit gekrümmten Rücken

drücken sie die Stengel in den Schlamm. Die Saris sind in merkwürdigen Verknotungen hochgebunden. Die Brust ist oft nur einseitig bedeckt. Stoffzipfel, die dem Wasser zu nahe kommen oder über die Hände fallen, werden mit einer müden Bewegung zurückgeschoben. Manche der Saris sind bunt, andere nur grau. Die Haare der Frauen sind schwarz und zottelig. Sie hängen herab, aber sie stören nicht – die Arbeiterinnen gehen rückwärts. In wenigen Augenblicken werden sie den Rand des fünfzig auf fünfzig Meter großen Quadrats erreicht haben, sie werden wenden und gottergeben die nächste Reihe beginnen.

Gottergeben! Das ist der Schlüssel zum Verständnis Indiens. Nirgendwo auf der Welt fügen sich die Menschen so widerspruchslos in ihr Schicksal, nirgendwo ist man so rückständig, nirgendwo so gleichgültig gegen äußere Not. Die Erlösung, die man sucht, liegt auf einer anderen Ebene, auf einer Ebene, die nicht mit technischen Hilfsmitteln erklommen werden kann. »Die Geschichte Indiens«, so hört man immer wieder, »gibt Zeugnis von einem leidenschaftlichen Suchen und Ringen. Aber nicht nach Geld und Gut geht das Streben. Der tugendhafte Lebensweg ist das Ziel aller Wünsche.«

Solches und ähnliches wird in westlichen Gymnasien gepredigt, und gleiches schützt man auch in Indien vor. Kein Geringerer als Nehru war es, der den Indern (und unseren schwärmerischen Studienräten) diesen Star etwas gestochen hat:

»Es ist ein Gemeinplatz, daß im modernen, industrialisierten Westen die äußere Entwicklung die innere überrundet hat, aber daraus folgt nicht, wie sich manche Leute im Osten anscheinend einbilden, daß wir, weil wir auf industriellem Gebiet im Rückstand sind und unsere äußere Entwicklung langsam war, dafür eine größere innere Entfaltung aufzuweisen haben. Das ist eine der Selbsttäuschungen, mit denen wir uns zu trösten suchen, mit denen wir unsere Minderwertigkeitskomplexe beseitigen wollen. Es mag sein, daß bestimmte Menschen über ihre Verhältnisse und ihre Umwelt hinauswachsen und größere innere Vollkommenheit erreichen, aber für das Gros der Menschen und Nationen ist ein gewisses Maß an äußerer Entwicklung notwendig, bevor eine innere Entfaltung möglich ist. Ein Mensch, der das Opfer ökonomischer Mißstände ist, den der Kampf ums tägliche Brot in seinen Bann schlägt, kann nur höchst selten ›inner consciousness of any high degree‹, einen ›inneren Bewußtseinszustand von höherer Art‹ erreichen. A class that is downtrodden and exploited can never progress inwardly. – Menschen, die mit Füßen getreten und ausgebeutet werden, können nicht verinnerlichen [71].«

Der tugendhafte Weg, der über rauhe Pfade zu den Sternen führt, er ist nicht übervölkert, aber es gibt ihn. Und da ein Pandit für solche Fragen zuständig ist, bitte ich meinen Lektor, mich mit der indischen Version ›vom rechten Leben‹ vertraut zu machen. Er schaut mich ein Weilchen sinnend an, dann blickt er hinaus auf das weite Land, und schließlich beginnt er zu sprechen, stockend erst, dann flüssiger:

»Vier Dinge sind es, die das Leben der Inder bestimmen:

Dharma, das ewige Weltgesetz,

Artha, das Streben nach Wohlstand und Geborgenheit,

Kama, das Streben nach Erfüllung legitimer Wünsche (insbesondere auf dem Gebiet der Liebe),

Moksha, die Erlösung, das Freiwerden von allen Bindungen.

Ein wohldurchdachtes Konzept, in vielen Schriften verankert, hilft dem gläubigen Hindu sowohl seine Verpflichtungen der Gesellschaft gegenüber zu erfüllen als auch für sein persönliches Leben gewisse Endstufen (Artha, Kama, Moksha) zu erreichen.

Zwei Ordnungsprinzipien, zwei Systeme sind es, die ihn zu diesem Ziel geleiten: Varna und Ashrama.

Das *Varna*-System geht davon aus, daß die Menschen und die menschlichen Rassen vielschichtig und oft recht unterschiedlich sind. Will man Spannungen vermeiden, will man Harmonie, dann muß jeder sozialen Gruppe ein bestimmter Platz in der Gesellschaft zugewiesen werden. Leistung und Veranlagung sind der Maßstab, die Abstammung das wichtigste Kriterium. Bei der Eingruppierung ging man von den Gegebenheiten des Lebens aus, von dem Umstand, daß manche Menschen philosophisch veranlagt und andere voll Tatendrang sind, bei einer dritten Gruppe überwiegt das Organisationstalent, und eine vierte zeichnet sich durch Fleiß und Gehorsam aus. So ergab sich – fast zwangsläufig – die Gliederung nach Brahmanen, Kshatriyas, Vaishyas und Shudras.

Das *Ashrama*-System, das zweite Ordnungsprinzip, besteht in einer Unterteilung des individuellen Lebens in vier Stufen. Auch hier paßt man sich den Gegebenheiten, den Gesetzmäßigkeiten des Lebens, an:

Die erste Stufe ist die eines Schülers *(brahmachari)*. Von einem Schüler erwartet man, daß er ein schlichtes Leben führt, daß er strebsam ist, daß er sich in Disziplin und verschiedenen Wissensgebieten übt. Seine Tätigkeit ist Vorbereitung fürs Leben.

Die zweite Stufe ist die eines Haushaltsvorstandes *(grihastha)*. Pflichten und Verantwortung kennzeichnen diesen Teil des Lebens. Ein Mann hat Pflichten seiner Familie und der Gesellschaft gegenüber, aber auch im Hinblick auf die unsichtbaren Mächte, die das Universum regieren. Heirat, Unterhalt eines eigenen Heims, Aufzucht von Kindern, und den Göttern Tribut leisten, das sind die Eckpfeiler dieses Lebensabschnittes.

In der dritten Stufe *(vanaprastha)* zieht man sich aus dem aktiven Leben etwas zurück. Man sinnt den Daseinsproblemen nach, man neigt zur Kontemplation. Das Leben wird *semiascetic,* etwas verneinend. Es schlägt aus der Lebensbejahung in die Lebensverneinung um.
Nach der vorbereitenden dritten Stufe mündet das Leben in die vierte Stufe, in das *Sanyasa*-Stadium ein, in die Stufe der abgeklärten Weisheit, der Wunschlosigkeit, der Entrückung. Allen Besitz hat man aufgegeben, auch das Heim. Der Sanyasi ist ein asketischer Wanderer, ein Heiliger. Nur wenige erreichen diese Endstufe; sie wird in Indien als die Krönung des menschlichen Lebens angesehen [72].«
Der Pandit schweigt. Er läßt mir Zeit, über das Gesagte nachzusinnen. Ich bin ihm dankbar dafür. Ich habe schon manches Buch über Indien gelesen, aber jetzt spüre ich zum erstenmal, welch großartiges Konzept dem Hinduismus zugrunde liegt. Ich finde mich plötzlich zurecht, ich sehe ein Ziel, ein System und nicht nur eine irritierende Zahl von Gottheiten.
Nach einigen Minuten bohre ich noch ein wenig. Ich bitte meinen Guru, mir einige Details zu erzählen. Der alte Herr schaut auf seine Armbanduhr. Er überschlägt die Zeit, die uns noch bis Benares bleibt. Vermutlich wundert er sich über meinen okzidentalen Spleen, in einer Stunde – und mehr bleibt uns nicht – das A und O des Hinduismus, der ältesten Religion der Welt, begreifen zu wollen. Ich beruhige ihn: »Nur Stichworte bitte, eine Skizze, an der ich weiterarbeiten kann.«
Er beginnt mit der zweiten Ashrama-Stufe (die erste ist relativ unproblematisch). Zunächst verweist er nochmals auf das, was er mir in aller Frühe schon erzählte (die religiösen Zeremonien, die unabdingbar zum Leben eines Grihastha gehören), dann geht er auf den Kern der zweiten Stufe ein: auf die Ehe, auf die Liebe im allgemeinen und auf ihre Perfektionierung im Kama Sutra, in den erotischen Tempelbildern und im Alltagsleben der Hindu.
In Indien, so erläutert er, weiß man schon seit Jahrtausenden, was den Europäern bis zu den Enthüllungen Freuds unbekannt war: Negierte Wünsche ergeben Verdrängungskomplexe; sie sind in ihren Auswirkungen oftmals verheerender als ungezügelte Wunscherfüllung. Für einen Hindu ist die Ehe und alles Sexuelle so selbstverständlich wie das Bedürfnis, zu essen, wie das Verlangen nach Luft und Bewegung.
Die Ehe gilt als heilig; selbst die Götter sind verheiratet. Junggesellen oder Jungfrauen betet man nicht an. Shiva ist das Ardhanariśvara, und seine Symbole – Lingam und Yoni – versinnbildlichen die Polarität, das oberste Weltgesetz. Männliches und Weibliches bedürfen der Ergänzung. Allein sind sie unvollständig. Erst das Zusammenklingen beider Komponenten führt zum Vollkommenen, zum Höchsten, zur Kama-Endstufe [73].

Aus dieser Perspektive muß man den Phalluskult, die Plastiken in Khajuraho und die zur letzten Perfektion tendierenden Liebeslehrbücher wie das Kama Sutra und das Ratirahasya betrachten und zu würdigen versuchen. »Die Ehe«, so sagt S. Radhakrishnan, »ist keine Konzession an die menschliche Schwachheit, sondern ein Mittel zum geistigen Wachstum. Sie ist vorgeschrieben um der Entfaltung der Persönlichkeit willen und zum Fortbestand des Ideals der Familie« (›Weltanschauung‹, S. 92).

In den Gesetzbüchern der Hindu, in den Epen, Smrtis und Dharma Sastras, werden acht verschiedene Arten von Ehen aufgeführt. Vier davon wurden noch bis vor kurzem anerkannt, während die anderen vier – die den Praktiken der Zeitgenossen Manus entsprachen – schon einige Zeit überholt sind. Dazu gehört die Paiśaca-Form, die auf Brautraub beruht, und die Raksasa-Ehe, bei der die Braut dem siegreichen Krieger als Beute zufiel. In der Asura-Ehe wird die Braut gekauft.

Das neue Ehegesetz, der *Hindu-Marriage Act* von 1955, gilt

a) für jede Person, die irgendeiner Form oder Abart der Hindureligion angehört (Virashaivas, Lingayats und Brahmo-, Prarthana- und Arya Samaj-Anhänger eingeschlossen);

b) für jede Person, die dem Glauben nach Buddhist, Jaina oder Sikh ist;

c) für jede andere Person, die im Gültigkeitsbereich dieses Gesetzes ansässig und ihrer Religion nach weder ein Mohammedaner noch ein Christ, noch ein Parse oder Jude ist[74].

Die Kaste – und das ist das wesentlichste an dem neuen Gesetz – ist kein Ehehindernis mehr. Die Vielweiberei wurde abgeschafft. Ein Heiratsverbot besteht nur noch für *idiots and lunatics*, für Irre und Schwachsinnige und für Mädchen unter fünfzehn und Burschen unter achtzehn Jahren. Witwen können wieder heiraten (das Gesetz über die Wiederverheiratung von Witwen aus dem Jahre 1856 ist im neuen Gesetz aufgegangen).

Es ist augenfällig, daß die neue Ehegesetzgebung westlichen Modellen angepaßt wurde. Das wird seine Folgen haben. Und nicht nur positive. Mit dem Wegfall der Kastenschranken wurde ein Eckstein aus dem Glaubensgefüge des Hinduismus herausgebrochen. Das Varna-System ist dahin, das Ashrama-Prinzip ist angeschlagen. Was sich daraus ergibt, ist abzuwarten. Auch bei optimistischer Einstellung muß damit gerechnet werden, daß sich der Hinduismus aushöhlen, daß er – wie alle Religionen unserer Zeit – Zerfallserscheinungen zeigen wird. Die sozialen Spannungen werden zunehmen, das ›Bollwerk gegen den Kommunismus‹ wird von Tag zu Tag anfälliger werden.

Soviel zum Grihastha-Stadium, zum aktivsten Abschnitt im Leben eines jeden Hindu.

In der dritten Lebensphase ist ein Mann alt genug, um die Verantwortung für die Familie auf jüngere Schultern zu legen. Nach Manu ist dieser Zeitpunkt erreicht, wenn die Haut faltig und das Haar grau wird und die ersten Enkel über den Hof springen. Nun ist es für einen Mann angebracht, sich zurückzuziehen und sich auf ein geistiges Leben vorzubereiten. »Um der Familie willen opfere das Persönliche, um der Gemeinschaft willen die Familie, um des Landes willen die Gemeinschaft, um der Seele willen die ganze Welt« (Sanskritspruch) [75].

Die letzte Wegstrecke, die des Sanyasi, muß man allein gehen. Frau und Kinder bleiben zurück. Auch aller Besitz. Man lebt nur noch von Almosen. Die Entscheidung, so zu leben, darf nicht in einem Anflug von Begeisterung, in religiöser Ekstase fallen, sie muß auf lange Sicht geplant und gewollt sein. Auch muß jeder Brahmane, der in das Endstadium der menschlichen Entwicklung eintreten möchte, zuvor ein Grihastha gewesen sein, er muß Kinder gezeugt und damit seine Schulden den Ahnen gegenüber abgetragen haben. Eine Erlösung gibt es nur für ein individuelles Leben. Das ›Übel‹ dadurch abzustellen, daß man keine Kinder in die Welt setzt, wird nie, zumindest nicht aus religiösen oder ethischen Gründen, erwogen. Der modernen Geburtenkontrolle liegen soziologische und ökonomische Überlegungen zugrunde.

Einiges zu den Pflichten eines Sanyasi:

Jeden Morgen – nach Erledigung der Reinigungszeremonien – muß der Sanyasi seinen Körper mit Asche beschmieren. Auch das Beschmieren der Stirne genügt;

nur einmal am Tag darf er essen;

das Kauen von Pan ist – da lust- und genußbetont – nicht mehr statthaft;

Frauen müssen gemieden werden. Schon das Anschauen eines weiblichen Wesens schadet der Seelenverfassung;

einmal im Monat müssen Kopf und Gesicht rasiert werden;

an den Füßen dürfen nur Holzsandalen getragen werden;

ein Sanyasi hat ein Recht auf Almosen. Er kann jederzeit darum bitten, aber es ist besser, wenn er die Almosen bekommt, ohne zu betteln. Dank ist fehl am Platze.

Seine Bleibe sollte der Sanyasi in der Nähe eines Flusses haben, das erleichtert ihm seine täglichen *ablutions*, das heißt seine rituellen Waschungen und Reinigungen [76].

Einziger Lebensinhalt des Sanyasi ist, »jenes Maß an Weißheit, jenen Vergeistigungsgrad zu erreichen, der ihn zu guter Letzt wieder mit der höchsten Gottheit *(supreme divinity)* vereinigt, von der wir durch unsere Leidenschaften und unsere materiellen Bindungen getrennt sind. Um das zu errei-

chen, muß er seine Sinne unter absoluter Kontrolle halten und jede Neigung zu Ärger, Neid, Gier, Sinnlichkeit – praktisch jeden unheiligen Impuls – unterdrücken, sonst trägt sein bußfertiges Leben keine Früchte.«
Die Meditations-Doktrin, die zum angestrebten Ziele führt, heißt *yoga*. Wer sie praktiziert, ist ein *yogi*.

Yoga macht jugendfrisch

Um neun Uhr zwanzig donnern wir über die eintausendundsiebzig Meter lange Dufferin Bridge, die von den Engländern 1887 erbaute Gangesbrücke von Koshi. Zwei Kilometer flußaufwärts, am Nordufer, liegt Benares, die heilige, die sechstausendjährige Stadt [77]. Ihre Pagoden und Tempel leuchten zu uns herüber. In den Bade-Ghats sind winzige Punkte zu erkennen: Pilger, die sich im Wasser tummeln, im Schoß der Mutter Ganga.
Wir haben – um besser sehen zu können – die Tür des Waggons geöffnet. Varanasi liegt schräg unter uns, im vollen Licht des Morgens. Mein Guru bemüht sich, mir die markantesten Punkte zu zeigen:
»Dort drüben, sehen Sie, das Tulsi-Ghat! Es hat seinen Namen vom Autor der berühmten Hindi-Version des Ramayana. Der schwarze Rauch kommt vom Smashan-Ghat; dieses Ghat wird nur gelegentlich zur Einäscherung benutzt. Wenn dort heute Feuer brennen, dann läßt das darauf schließen, daß man in den eigentlichen Verbrennungsghats im Rückstand ist.«
Ich strenge mich an, den kurzen Richtungsangaben, den Fingerzeigen zu folgen, aber es gelingt mir nur schlecht. Die Entfernung ist zu groß. Nur ein Eingeweihter findet sich auf diese Distanz zurecht. Ich lasse mir aber nichts anmerken, und der Pandit fährt fort:
»Das Kedar-Ghat wird von den Bengalis bevorzugt, und das Someswar-Ghat ist für die Kranken: Es ist gut für geschwollene Hände und Füße.
Sehen Sie den großen Pipal-Baum. Er steht am Chauki-Ghat. Zahllose Götter- und Schlangenbilder gibt es dort. In der benachbarten Kewal-Straße wird Durga, die vielarmige Göttin, verehrt. Nicht weit davon, am Südende des Dasaswamedh-Ghats, können Sie Sitala, der Pockengöttin, huldigen!«
Mir ist nicht nach Huldigungen zumute, aber von der Stadt bin ich genauso fasziniert wie all die anderen Reisenden. In einigen Nachbarabteilen sind die Leute schon in Ekstase geraten. Sie hängen an den Fenstern und brüllen: »Jai Jai Kashinath! – Heil dem Herrn von Benares!« Es sind Shiva-Anhänger, die darauf brennen, sich ihrer Gottheit zu Füßen zu werfen. Die Pilger, die uns umdrängen, lauschen dem Pandit und seinen Worten:
»Dort drüben, die goldenen Kuppeln, die gehören zum Vishwa-Nath-Tem-

pel. Schräg davor liegt das Jalsein-, das Verbrennungsghat. Sehen Sie den Rauch und die Feuer? Beim benachbarten Panchganga-Ghat treffen sich fünf Flüsse: Ganges, Jumna, Saraswati, Kirana und Dhutpapa. Sie treffen sich unterirdisch (und nur in der Legende).«

Das Auge unseres Pandits sucht und findet immer wieder Neues: »*Over there*, das Manikarnika-Ghat, das ist das heiligste der vierzig Ghats. Im November wird es von Hunderttausenden besucht. Die Pilger möchten die Fußspuren von Vishnu sehen. Er hat sie bei seinem letzten Besuch in einem Stein hinterlassen. Auf dem zweiten Treppenabsatz ist der Siddha Vinayak-, der Ganesha-Tempel. Ganeshji hat drei Augen, einen roten Leib und silberne Haare; zu seinen Füßen sitzt eine Ratte; sie ist das *vahana*, das Fahrzeug des Elefantenköpfigen.«

Der Zug rollt in weitem Bogen um die Altstadt. Nach zehn Minuten sind wir am Ziel, im Bahnhof von Benares. Kulis stürzen sich in die Waggons, um das Gepäck herauszuschleppen. Ich winke einen der Burschen heran, aber wie er meinen Koffer sieht, geht er rückwärts.

»Das Ding ist ihm nicht geheuer«, lacht Mr. Mehta, »er hat vermutlich noch nie einen Aluminiumkoffer gesehen; vielleicht verbietet ihm auch seine vornehme Kaste, für einen Ausländer, einen Mleccha, etwas zu tragen.«

Der nächste ist weniger zimperlich. Er reißt den Koffer in die Höhe, daß ich um den Henkel fürchte, aber dann balanciert er ihn auf seinem Turban sicher durch alle Fährnis. Mr. Mehta und der Pandit geben mir noch einige gute Ratschläge mit auf den Weg, dann bin ich allein, allein unter einigen tausend schubsenden, stoßenden und gepäckschleppenden Pilgern.

Ich koste die Situation aus. Es ist immer ein erhebendes Gefühl, auf einem fremden Bahnhof zu stehen und keine Bleibe zu haben. Schon in Deutschland, in Europa, ist die Zimmersuche nicht immer das angenehmste. Sie kostet Zeit und Nerven und einiges mehr. In Asien ist eine solche Situation geradezu faszinierend. Ein Nervenkitzel par excellence.

Da stehe ich nun: ein weißer Barbar unter zigtausend Bußfertigen, und überlege, was ich wohl am besten anstelle. Na, ich könnte mal durch die Sperre gehen. Ich krame meine Fahrkarte heraus und halte sie dem Beamten hin. Der studiert sie ausgiebig, und ich warte geduldig. Das ist nicht in jedermanns Sinne. Ich kriege einen Schubs, daß ich drei Meter zurücktorkle: Eine Kuh hat auf ihrem Vorfahrtsrecht bestanden. Wiederkäuend zwängt sie sich durch die Sperre. Die Reisenden machen ihr ehrfürchtig Platz.

Außerhalb der Sperre streikt mein Gepäckträger. Sein Bezirk ist hier zu Ende, nun will er seinen Obolus. Ich zahle ihn aus und halte mit der Linken meinen Koffer fest. Zwei Dutzend Rikschafahrer schlagen sich um ihn.

»Sahib, Hotel?«

»Only two rupees, sir!«
»I'm the best, quick, quick!«
Ich suche mir einen aus, dessen Englisch noch halbwegs verständlich ist, und klettere auf den Sitz seiner Karre. Der Koffer wird zu meinen Füßen verstaut, und ab geht es. Der Boy rennt wie ein Irrer. Das war nicht in meinem Sinne. Ich wollte erst mal meinen Hotelführer, ein zerflattertes Manuskript des Fremdenverkehrsvereins, studieren.
»Brrr!« rufe ich, »oha – langsam, langsam!« Es hilft nichts. Der Boy faßt das als Anfeuerung auf. Er haut ab, als säße ihm der Leibhaftige im Nakken. Erst das Wörtchen ›stop‹, mehrfach und aus Leibeskräften gebrüllt, bringt ihn zur Räson.
In meinem Verzeichnis sind zwei *western-style*-Hotels aufgeführt und ein Dutzend *indian styles*. Die Versuchung, letzteres einmal auszuprobieren, ist nach dem, was ich in Kalkutta gesehen habe, nicht sehr groß. Mr. Mehta hat ein übriges getan, um mich skeptisch werden zu lassen: »I've solved the mystery of what a hotel means when it advertises ›rooms one rupee and up‹«, verriet er mir.
»What is it?«
»I got one of the rupee-rooms and was up all night!«
Da ich schon viel von den DAK-Bungalows, den Regierungsrasthäusern aus der Kolonialzeit, gehört, aber noch keines kennengelernt habe, entscheide ich mich für diese Kategorie. Sie ist preiswert – zwei Rupien – aber das läßt in diesem Falle keine Schlüsse zu. Bei Kandy in Ceylon habe ich in einem ähnlichen Etablissement einmal für drei Rupien übernachtet und ein Doppelzimmer mit blendendweißem Bett, Bad, Toilette, eisgekühltem Trinkwasser und einem Gratisbündel Bananen mein eigen genannt.
Nach kurzer Erläuterung saust der Boy wieder los. Sein Schritt wird bald gemächlicher. Es geht bergauf. Ich habe Zeit, mich umzusehen. Wir sind in einem neueren Viertel. Das Gedränge ist nicht mehr selbstmörderisch, aber immer noch beängstigend. Einige Männer kommen uns im Laufschritt entgegen. Sie tragen eine Bambusbahre. Eine Leiche ist darauf festgeschnallt. Daß es eilt, ist unverkennbar; man riecht es geradezu.
Vor einer langgestreckten Mauer hockt ein Sadhu. Die Perfektion seines Schneidersitzes läßt nichts zu wünschen übrig. Der Heilige hat seine Beine so kunstvoll ineinander verschlungen, daß sich sein Dhoti erübrigt; er trägt es um den Kopf. Sein Kinn umkräuselt ein verfilzter Bart. Das aschebeschmierte Gesicht ist geisterhaft starr. Die verschmutzten Hände des Mannes greifen immer wieder in das kleine Feuerchen vor ihm, um etwas Kuhmist nachzulegen. Der Heilige kocht nicht – er fabriziert Asche für die häusliche Kosmetik.

Ein Stückchen oberhalb des Beauty Parlours sitzt ein Junge. Er hütet einen mit Lehmkügelchen gefüllten flachen Korb. Seine Kunden sind die Vaishnavas; sie brauchen den Lehm für ihre Kastenzeichen. Der kleine Händler sitzt recht unglücklich hinter seinem Dreck. Er hat Hunger, er ist spindeldürr. Auf offener Hand hält er den Pilgern seine Kügelchen entgegen. Ab und zu bläst er etwas Laub zur Seite, das von einem Baum hinter ihm auf seinen ›Laden‹ fällt. Damit die Schönheitstinkturen feucht bleiben und in der Hitze nicht zerfallen, besprengt er sie ab und zu mit etwas Wasser.

Wir nähern uns den Außenbezirken der Stadt. Auch hier geht es mittelalterlich zu: Auf runden, ochsenbetriebenen Steinplatten wird Getreide gemahlen, das Wasser wird aus tiefen Brunnen gehievt, auf heißen Ziegeln wird Brot gebacken, und am Ufer eines Baches hauen buntgekleidete Frauen ihre Wäsche auf die Steine. Der Dreck und die bösen Geister sollen herausspringen. Es ist eine gespenstische, eine unglaubwürdige Welt.

Der DAK-Bungalow präsentiert sich als ein freistehender Flachbau mit einigen leeren, stallähnlichen Gelassen. Das Bett der Kammer, die man mir offeriert, sieht recht ordentlich aus, auch ein Wasserhahn ist vorhanden, aber die Toilette besteht aus einem Holzkübel, einem nach Chlor stinkenden Bottich. Das ist mir – in Anbetracht der landesüblichen Seuchen – nun doch ein wenig zu riskant. Ich verzichte auf weitere landeskundliche Studien und steuere das ›Clark's Hotel‹ an, das komfortable Globetrotter-Asyl. Ein für die Touristen herausgeputzter Elefant stellt sich uns an der Pforte in den Weg. Er trompetet, er will ein Bakschisch, er ist der dickfelligste Erpresser in fünf Meilen Umkreis. Wir entrichten unseren Obolus, dann traben wir – laut klingelnd – vor das elegante Vestibül, vor die Liegestühle der Aperitifsüffelnden Hautevolee.

Mein Aufzug – unrasiert, übernächtigt, dreckverkrustet – wird unterschiedlich beurteilt: Die einen glauben, ich komme von einer *shikar* (Tigerjagd), die anderen halten mich für einen Altertumsforscher, der durch einige Ruinen gekrochen ist. Daß ich vom Bahnhof komme, daß ich die Eisenbahn benutzt haben könnte, auf die Idee kommt keiner.

Das Hotel ist erste Klasse: Zimmertelefon, Bad und WC sind selbstverständlich. Wünsche brauchen nicht geäußert zu werden: Die liest man dem Gast von den Augen ab. Die Boys sind aufmerksam und allgegenwärtig.

Ich bade und rasiere mich, kleide mich um und fühle mich wieder als Mensch. In einem bequemen Sessel, bei einem kühlen Bier, nimmt sich die Welt gleich ganz anders aus.

Zwei Amerikaner setzen sich an meinen Tisch, zwei Wohlorganisierte des Massentourismus. Sie haben, wie ihre Landsleute in aller Welt, keine Zeit. Gestern abend kamen sie an, heute früh wurden sie zu den Ghats gefahren,

und jetzt warten sie auf das Taxi zum Flugplatz. Es muß jeden Augenblick kommen. So steht's im Reiseführer, und der Reiseführer ist *very reliable.* Ich werfe einen Blick in das Buch:
»Indien«, so heißt es da, »liegt – von Amerika aus – ziemlich genau auf der anderen Seite der Welt. Und da es einen *special thrill*, eine besondere Faszination, auslöst, rund um die Erde zu reisen, ist es naheliegend, bei einem Trip nach Indien oder Ceylon den Globus vollends zu umrunden. Wenn du in Seattle oder in San Francisco zu Hause bist, dann kostet dich eine Retourreise nach Burma oder Indien *(as far as Karachi!)* genau Dollar 1 425,–; fliegst du nun von hier aus nach Westen weiter, dann kannst du – neben dem eigentlichen Reiseziel Südasien – auch den Nahen Osten *und* Europa (oder Nordafrika) für nicht mehr als vier zusätzliche Dollar bereisen!«
Der Verfasser des Buches hat schon Dutzende solcher Handbücher geschrieben und weiß, auf was seine Leser fliegen: »Magellan brauchte fast drei Jahre für seine Reise um die Welt. Jules Vernes Fahrplan – es ist ungefähr neunzig Jahre her – sah achtzig Tage vor. Die ersten Düsenmaschinen schafften es in drei Tagen und achtzehn Stunden, die Boeing 707 braucht nicht einmal vierzig Stunden Flugzeit. 1965, womöglich schon früher – wer weiß es? –, werden wir die Reise in einem Tag schaffen!«
Ganz Gewitzte überlegen sich schon heute, ob sie ost- oder westwärts fliegen sollen: »Es scheint mir vorteilhaft zu sein (der Verfasser zitiert eine Leserzuschrift), zuerst nach Europa zu fliegen, weil man sich auf dieser Route den *jet-stream flow* (eine starke Luftströmung in großer Höhe) nutzbar machen und damit eine kürzere Flugzeit für die ganze Reise herausholen kann. Des weiteren wird man – anstatt einen Tag zu verlieren – an der Internationalen Datumslinie einen Tag gewinnen. Richtet man es geschickt ein, startet man zu Hause an einem günstigen Datum, kann man sogar zwei Reisetage herausschinden. Und das alles allein dadurch, daß man ostwärts statt westwärts fliegt!«
Alas, they beat the clock! Und da mich die Herren Globetrotter jetzt ins Gespräch ziehen möchten, ist es an der Zeit, meine Zeit zu retten. Ich mache mich unter einem fadenscheinigen Vorwand davon. Mit Hilfe des Gästebuches, so hoffe ich, kann ich jemanden ausfindig machen, der nicht auf Reader's Digest eingeschworen ist. Ein Mann vom Fach, ein Indologe, wäre genau das, was mir zum Aperitif bekommen würde. So jemanden aufzuspüren ist in den Brennpunkten des Fremdenverkehrs kein schwieriges Unterfangen. Ein guter Prozentsatz der Gäste in Kharjuraho, Sarnath, Agra usw. sind Historiker, Sprachwissenschaftler, Ethnologen, Leute, die zeit ihres Lebens gespart haben, um einmal das Land ihrer Träume in Augenschein nehmen zu können. Oftmals wissen sie über die alten Schriften, die Tempel

und Kunstschätze besser Bescheid als die Einheimischen, die gelehrten Brahmanen oder die Wissenschaftler der Hindu-Universitäten.
Ich habe Glück. Ein Professor, ein Indologe aus Südafrika, ist erst vor einigen Tagen eingetroffen. Der Portier führt mich zu ihm. Mit einem »Goeden dag« und einer kleinen Entschuldigung stelle ich mich vor. Der alte Herr ist die Liebenswürdigkeit selbst. Er bittet mich, Platz zu nehmen, und fragt mich dann ein wenig aus. Wir plaudern über Südafrika, über seinen Landsmann Raymond Dart, den berühmten Anthropologen, und schließlich – nach einigen Seitenhieben auf die *rooinekke* (die sich noch immer nicht in dem gewünschten Maße zu der Apartheidspolitik Dr. Verwoerds bekannt haben) – rücke ich mit meiner Frage heraus: Ich bitte den Professor, mir zu verraten, was die Fachwissenschaft von Yoga hält.
Der alte Herr schmunzelt: »Sie haben die Yogis hier gesehen und daraufhin Zweifel an allem bekommen, was Sie bislang über das Thema gelesen oder gehört haben. Stimmt's?«
Ich gestehe ihm, daß ich eben erst angekommen, daß ich noch vorurteilslos bin. Damit kitzle ich seinen pädagogischen Ehrgeiz wach. Er lehnt sich zurück, faltet die Hände über der Brust, kurbelt seine Gedanken mit kreisenden Daumen an und beginnt:
Yoga ist die Lehre von der Beherrschung des Körpers und des Geistes. Sie ist die Lehre, mit deren Hilfe sich ein Sanyasi (ein Hindu in der vierten Lebensstufe) von dieser Welt löst, sich der Vollendung, dem Göttlichen, nähert. Das Wesen des Göttlichen liegt darin, daß es nicht an die Materie, an einen Körper oder einen Stoff gebunden ist. Es kann solche Bindungen eingehen, aber es wird dadurch nicht gefesselt.
Auch der menschliche Geist kann frei werden wie das Göttliche, aber nur, wenn der Mensch seinen Körper so beherrscht, daß dieser ihn zu keinerlei Handlungen mehr zwingen kann. Diese Kunst ist erlernbar; sie heißt Yoga und ist in Indien schon seit Jahrtausenden bekannt. Ein Deutscher namens P. Deussen war es, der die alten Yogatexte des Patanjali erstmals übersetzte und in seiner ›Allgemeinen Geschichte der Philosophie‹ 1908 veröffentlichte.
Das Wort *yoga* leitet sich aus der Sanskritwurzel *yui* ab. Analoges ist im Lateinischen *(kugum)*, im Griechischen *(zeugos)* und in dem deutschen Wort Joch zu finden. Befreiung aus dem Joch, das ist die Lehre vom Yoga [78].
Ein Mensch, der Erlösung sucht, muß sich darüber klarwerden, daß alles Körperliche für sein wahres, sein geistiges Ich etwas Fremdes ist. Er muß seinen Körper ansehen und sagen können: Das bin ich nicht, das gehört nicht zu mir. Er distanziert sich von seinem Körper, er kann seine körperlichen Funktionen unbeteiligt, sozusagen von außen, als Zuschauer, betrachten. Die Welt in all ihrer Körperlichkeit geht den Sanyasi in der Endphase seiner Bemü-

hungen nichts mehr an, er steht außerhalb von ihr, er ist jenseits von Schmerz und Leid, er hat das Irdische überwunden, sein Weg ist frei. Er bleibt immer reiner Geist, die Wiedergeburt erübrigt sich – er ist erlöst.

Acht Yogastufen führen zu diesem Ziel: Der praktische Yoga *(kriyā-yoga)* umfaßt die Stufen eins bis fünf[79], der königliche Yoga *(rāja-yoga)* die Stufen sechs bis acht.

Nach Patanjali gliedern sich die *angras*, die Yogastufen, wie folgt:

1. *Yama* (Zucht). In dieser Anfangsstufe lernt der Yogi die Vorbedingungen seines Studiums: Nichtschädigung, Wahrhaftigkeit, Nichtstehlen, Keuschheit und Besitzlosigkeit.

2. *Niyama* (Selbstzucht). Das Studium der Veden und die Rezitation von Sprüchen, verbunden mit Reinheit, Genügsamkeit und Askese bilden die Selbstzucht (vgl. Yogasutra II, 32). Das Ganze geht nicht ohne ein gewisses Körpertraining: es muß geübt werden, wie man Darm, Blutkreislauf, Brust, Magen, Mund, Rachen und Ohren reinigt. Diese Reinigungen, die ein richtiges Funktionieren des Körpers bezwecken sollen, sind Voraussetzungen für alle weiteren Exerzitien.

3. *Asana* (Sitzhaltung). Die Sitzhaltung, so heißt es im Yogasutra II, 46/47, soll fest und bequem sein; durch Lockerung der Spannung erhebt man sich zum Unendlichen. Die an Verrenkung grenzenden Sitzhaltungen werden erst im späteren Hatha-Yoga erwähnt. Danach unterscheidet man

a) den vollkommenen Sitz *(siddhasana)*: Der Yogi sitzt unbeweglich und konzentriert, er starrt auf seine Nasenwurzel, seine Beine sind verschränkt, mit den Fersen verschließt und verklemmt er nahe gelegene Körperöffnungen.

b) den Lotussitz *(padmasana)*; Der rechte Fuß wird auf den linken Schenkel gelegt und der linke Fuß auf den rechten Schenkel, dann ergreift der Yogi seine großen Zehen, legt das Kinn auf die Herzgegend und widmet sich dem Studium seiner Nasenspitze.

c) den heilvollen Sitz *(bhadrasana)*, der alle Krankheiten tilgt,

d) den Löwensitz *(simhasana)* und viele andere mehr.

4. *Prānāyāma* (Atemübungen). Hier geht es um das richtige Einatmen *(pūraka)*, das richtige Ausatmen *(recaka)* und das Anhalten des Atems *(kumbhaka)*.

5. *Pratyāhāra* (das Abstellen der Sinnesorgane). Bei dieser Übung konzentriert sich der Yogi darauf, die Sinne von den Sinnesobjekten zu lösen. Er starrt noch, aber er sieht nichts mehr, er atmet noch, aber er riecht nichts mehr usw. Die Sinne stellen ihre Tätigkeit ein. Der Yogi hat sich von der Außenwelt in eine ›innere Welt‹ zurückgezogen und damit die letzte Stufe des praktischen oder Kriyā-Yoga erreicht.

6. *Dhāranā* (die Fesselung). In dieser ersten Stufe des königlichen Yoga ist der Übende schon von allen Bindungen an die Außenwelt frei, er kann sich auf rein Geistiges konzentrieren. Hauptziel des Dhāranā ist ›die Bindung des Cittam (Bewußtsein) an einen Ort‹ (Deussen).
Der Yogi fixiert bestimmte Stellen seines Körpers, seine Nasenspitze, seinen Nabel, ›das Licht in seinem Kopf‹ usw. Er fesselt sein Bewußtsein an diese Stellen.
Die Fixierung des Bewußtseins auf äußere Gegenstände ist nicht dem klassischen, sondern dem späteren Hatha-Yoga zuzurechnen. Es geht dabei um die Beherrschung der Gedanken. Sie werden zusammengefaßt, gebündelt wie die Lichtstrahlen in einem Vergrößerungsglas: ›Die Konzentration auf das gewählte Objekt geht dann von selbst weiter... Wenn man sich entschlossen hat, in einer bestimmten Richtung zu gehen, so tun es die Beine von selbst; man muß nicht bei jedem Schritt an diesen Willensakt denken. Ein solcher Akt bleibt wirksam, bis ein anderer ihn ablöst [80].‹
7. *Dhyāna* (Meditation). Bei dieser Übung geht es um die geistige Durchdringung eines Gegenstandes. Das Objekt ergreift Besitz vom Bewußtsein des erkennenden Subjekts.
Eine Variation dieser Art der Meditation ist die Versenkung in die heilige, uralte Silbe *om* beziehungsweise die Auslieferung des Bewußtseins an sie. Diese Silbe, die sich durch ihr mystisches Gewicht und durch ihre völlige Unbestimmbarkeit auszeichnet, scheint sich am besten als Symbol für das Brahman zu eignen.
Im Hatha-Yoga geht es – wie immer bei dieser Art des Yoga – etwas drastischer zu: Dem Yogi wird empfohlen, sich die Ohren mit den Händen zuzuhalten, bis er ein Rauschen hört. Auf dieses Rauschen wird er sich nun konzentrieren. Der Ton wird heller und klarer – er klingt wie eine Glocke, dann wie eine Biene – er nimmt dem Geist die Unruhe, er gibt ihm Stetigkeit, starre Unbeweglichkeit.
8. *Samādhi* (Versenkung). Die Endstufe des königlichen Yoga hat viele Namen: Trance, meditative Absorption, Ausgewogenheit usw. Sie alle machen deutlich, daß der Yogi (im Anschluß an die siebte Stufe) schließlich ein Meditationsstadium erreicht hat, das nicht mehr zu intensivieren, nicht mehr zu vertiefen ist. Der Yogi ist am Ziel: »Von allen Zuständen befreit, von allen Gedanken verlassen, ist nun der Yogin gleich einem Toten, aber erlöst. Der Yogin, der Samādhi erreicht hat, wird vom Tode nicht verzehrt, vom Karma nicht gequält und von keinem anderen erreicht. Der Yogin, der Samādhi erreicht hat, kennt weder Geruch noch Geschmack, noch Farbe, noch Tastgefühl, noch Laut, noch sich selbst, noch einen anderen. Sein Geist schläft nicht, auch wacht er nicht, er ist von Erinnerung und Vergessen befreit... [81]«

»Und stirbt der Yogin in diesem Stadium, braucht er nicht einmal mehr verbrannt zu werden – man schmeißt ihn in den Fluß!«
Der Professor hält inne; er schmunzelt. Mit dem letzten Satz hat er dem Thema die Wendung gegeben, mit der sich westlich erzogene Menschen, die nicht ihre eigene Lebensart, ihre eigene Kultur verleugnen wollen, gerne aus dem Banne östlicher Denkart lösen: zurück zur Erde – und mit beiden Beinen zugleich. Mögen die Asiaten sich abkehren, mögen sie sich der Welt und ihren Aufgaben entziehen, wir können ihnen nicht bis zur letzten Konsequenz folgen. Unsere Ziele, unsere gottgewollten Pflichten liegen auf einer anderen Ebene; sie schreiben einen anderen Weg vor [82].

Die Faxen der Fakire

Nach dem Essen zieht sich der Professor zu einem Schläfchen zurück. Vorher schärft er mir noch ein: »Warten Sie auf mich. Ich werde einen Freund anrufen, einen Brahmanen, der zur Zeit an der hiesigen Hindu-Universität arbeitet. Wenn er es einrichten kann, gehen wir zusammen zum Fluß, um praktische Yogastudien zu treiben.«
Das ist verlockend. Und die Wartezeit kommt mir nicht ungelegen: Ich verbringe sie mit großer Hemden- und Sockenwäsche (nicht überall in Indien hat man ein so herrliches Bad mit fließendem Kalt- und Warmwasser); anschließend desinfiziere ich die Kehle mit Bier und Whisky. Ein Engländer leistet mir Gesellschaft. Er stellt sich als Mr. W. W. Dubb (sprich: Dabbeljudabbeljudabb) vor; Beruf: Tierbändiger. Er kam nach Indien, um Tiger zu fangen, Jungtiere, die sich noch abrichten lassen. Seine Zirkusnummer ist einmalig, ein Wunder der Dressur: »Schaf und Tiger tête-à-tête!«
»Unglaublich! Und wie funktioniert diese Zusammenarbeit im Käfig? Geht es immer gut?«
»Nun ja«, gesteht er mit unschuldigem Blick, »manchmal staubt's ein wenig, aber wir machen uns nichts daraus, wir kaufen dann eben ein neues Schaf.«
Mr. Dubb wohnt schon seit acht Tagen im Hotel. Ich vermute, daß er mit einer der globetrottenden Amerikanerinnen liiert ist. Um das herauszufinden, klopfe ich ein wenig auf den Busch, aber die Äußerungen, die er sich über die Hotelgäste entlocken läßt, sind alle sehr sarkastisch:
Mrs. Nichols tut er mit einem Satz ab: »Sie sieht aus, als ob ihre Seele den besseren Teil abbekommen hätte.«
Mrs. Miller findet er attraktiver: »Es läßt sich viel zu ihren Gunsten sagen, aber das andere ist interessanter.«
Auch die männlichen Hotelgäste bleiben nicht ungerupft. Mr. Dubb zeigt auf

einen feisten Vertreter des westdeutschen Wirtschaftswunders: »In einem bestimmten Alter kapselt sich der Verstand mancher Leute ab; sie leben dann von ihrem intellektuellen Fett!«

Die Amerikaner tut er allesamt mit einem Shaw-Zitat ab: »Ein hundertprozentiger Ami ist zu neunundneunzig Prozent ein Idiot«, und wer so arrogant auftritt wie der Privatdozent aus Maine, der kriegt das unverzüglich heimgezahlt: »Schauen Sie ihn sich an: Er kann seine Abstammung einwandfrei auf die *Boston Tea Party* zurückführen: Seine Ururgroßmutter war der letzte Sack, der über Bord geworfen wurde.«

Nur Mr. Zogg aus Salt Lake City imponiert dem Tierbändiger. Mr. Zogg ist ein Selfmademan; er schwimmt immer oben und steht anderen mit Rat und Tat zur Seite. Seine letzte Do-it-yourself-Publikation trug den Titel:›How to make your own Mink Coat – Wie man sich einen Nerzmantel schneidert‹.

»Klingt nicht schlecht!«

»Ja, und wissen Sie, wie die Arbeitsanleitung beginnt: ›First catch sixty-four minks. – Als erstes fange vierundsechzig Nerze!‹«

Kurz nach vier Uhr kommt der Professor anmarschiert.

»Let's go!« wir nehmen ein Taxi, packen vor der Hindu-Universität[83] unseren Begleiter, einen Mr. Chakla, in den Fond und sind nach zehn Minuten im Stadtkern, auf einer baumbestandenen Basarstraße. Das nächstgelegene Ghat ist nur fünfzig Meter entfernt, aber der Weg bis dahin ist eine Odyssee, eine Fahrt ins Abenteuer. Wahrsager, Handleser und Faulenzer, fette Nackte und magere Nackte, Yogi und Bananenverkäufer säumen den Weg. Buden und Stände blockieren die Straße. Heiligenbilder und Plastikspielzeuge, Haarpomade und Flaschen mit abgefülltem Gangeswasser werden als die Schlager der Saison offeriert. Verschwitzte Körper drängen sich um Volksredner und Lotteriezelte (Barabati-Ruffle; Government authorized Lottery). Zwischen den Buden und in den Rinnsteinen tummeln sich Ratten und Hunde. Pinkelnde Menschen hocken dazwischen (die Stadt hat 400 000 Einwohner und beherbergt zahllose Pilger, aber Toiletten gibt es keine – fast keine). Vor den Hauswänden leuchten grelle Kinoplakate. Es riecht nach Weihrauch, Betel und Urin. Hustende Kühe und bettelnde Kinder füllen jedes Vakuum. Unzählige Feuerstellen verräuchern die Luft. Es duftet aus tausend Kesselchen. Man schwatzt, man betet, man fuggert, man feilscht.

Mr. Chakla, unser Experte für landeskundliche Detailfragen, bleibt vor einer Feuerstelle stehen: »Thou shalt prepare the ›gram massala‹ by the sweat of the brow! – Im Schweiße deines Angesichts sollst du deine Mahlzeit bereiten!« Er zeigt auf eine junge Inderin, die sich mit allerlei Gewürzen abmüht. Stundenlang, so erläutert er, sind die Frauen vor jedem Essen mit Stampfen, Mahlen und Mischen beschäftigt. Die Ingredienzen einer *gram massala*-Soße – von Barbaren schlicht Currysoße genannt – sind eifersüchtig gehütetes Familiengeheimnis. Bei der Zubereitung geht es um ›the measured marriage of two rigidly distinct sets of mixed spices – um die richtige Mischung von grünen und getrockneten Gewürzen‹. Unter den grünen steht Chilli an erster Stelle, unter den trockenen sind Gelbwurz und Safran die wichtigsten. Sie geben der Soße die Farbe und das geschmackliche *tang*.

Die feinen Differenzierungen bei der Gram-Massala-Zubereitung können von unkultivierten Fremden nur geahnt, niemals ganz verstanden werden. Was wissen die Christen, die *pork guzzlers* (Schweinefleischfresser), die Moslem, *beef-eaters* (Rindfleischvertilger), oder die Parsen, die *chicken-chewers* (Geflügel-Fletscherer), schon von pflanzlicher Diät, von Pfeffer und Paprika. Man muß ein Hindu sein, um *chapatty-diet*, diesen köstlichsten Teil des Kama, verstehen und würdigen zu können.

Wir nähern uns dem Rande des Ghats. Auf der obersten Treppenstufe halten wir an: Der Ganges, der heiligste Fluß Indiens [84], strömt zu unseren Füßen dahin; nur dreißig oder fünfzig Meter entfernt. Er ist breit und träge und trotz des blauen Himmels schmutzigbraun. Auf dem gegenüberliegenden Ufer – fünfhundert bis tausend Meter entfernt – dehnt sich wüstenähnliches ödes Land. Kein Haus, kein Mensch ist zu sehen. Alles Leben ist auf das diesseitige Ufer konzentriert.

Die Zahl der Badenden ist nicht groß. Es ist nicht die richtige Tageszeit. Der Morgen eignet sich besser für Kneippkuren und Andachten. Aber auch die Gläubigen, die jetzt baden, stehen mit gefalteten Händen. Einige schöpfen mit großen Gefäßen Wasser und leeren es sich über den Kopf. Manche Frauen tauchen bis zum Scheitel unter. Ihre Saris schwimmen wie Farbkleckse, wie Seerosen auf dem Wasser: sie schwabbeln und quallen, leuchten und glitzern. Und wenn sich die Trägerinnen wieder aufrichten, bleibt nicht viel verborgen: hauchzart liegen die Stoffe über den runden Körpern.

Auf einer Plattform am Ufer sitzt eine Gruppe hellhäutiger Brahmanen. Sie tragen Brillen, sind gut rasiert, und der Speck, der über ihre Hüften schwappt, läßt ein geregeltes Einkommen vermuten. Die Oberkörper sind frei. Um die Nacken ranken sich rosenkranzähnliche Ketten. Auf den Stirnen leuchten Kastenzeichen: Asche in Zweier- und Dreierlinien. Das Statussymbol, die heilige Schnur, fehlt bei keinem der Herren. Auch an günstigen Auspizien fehlt es nicht: Wishnus heilige Wunschkuh lagert in unmittelbarer Nähe – *Kamadhenu*, die Allesgewährende, die auf Milch geeicht ist, aber für Frauen, Orden und Aktienmajoritäten in Anspruch genommen wird.

Mr. Chakla gibt den wissenschaftlichen Kommentar: Das Wasser des Ganges ist hier heiliger als anderswo. Es wäscht alle Sünden, auch den letzten irdischen Staub hinweg. Wer in den Mauern von Benares stirbt und hier ver-

Vor dem Bahnhof in Delhi fällt die Wahl schwer. Es gibt Taxis und Rikschas, Phut-Phut-Wallas und Tongas. Zirka 30 Fahrer reden auf mich ein. Da ich nicht feststellen kann, wer zu welchem Gefährt gehört, schiebe ich die Leute beiseite und klettere in eine der dreirädrigen Motorrad-Rikschas. Wie diese monströsen Vehikel zu ihrem Namen kamen, ist nicht schwer zu erraten: phut-phut ist Lautmalerei, und walla(h) ist ein indisches Wort; es heißt so viel wie ›alter Mann‹. (S. 153)

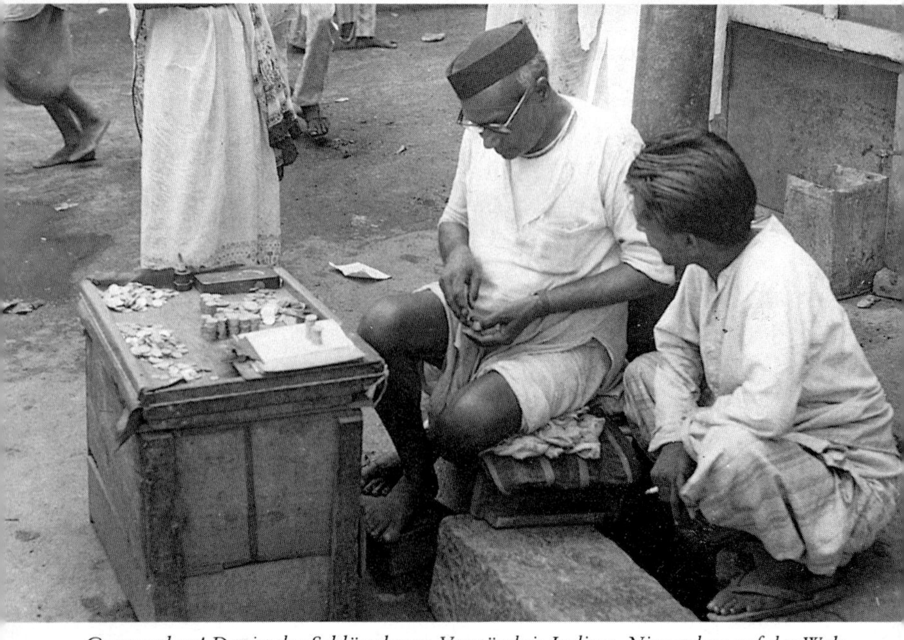

Gottergeben! Das ist der Schlüssel zum Verständnis Indiens. Nirgendwo auf der Welt fügen sich die Menschen so widerspruchslos in ihr Schicksal, nirgendwo ist man so rückständig, nirgendwo so gleichgültig gegen äußere Not. Die Erlösung, die man sucht, liegt auf einer anderen Ebene. »Die Geschichte Indiens«, so liest man immer wieder, »gibt Zeugnis von einem leidenschaftlichen Suchen und Ringen. Aber nicht nach Geld und Gut geht das Streben. Der tugendhafte Lebensweg ist das Ziel aller Wünsche.« (S. 81)

brannt wird, kann der Erlösung sicher sein, auch dann, wenn es ihm zu Lebzeiten nicht vergönnt war, das Absolute, das All-Eine zu erkennen.
Die vierzig Ghats und die Tempel (es sollen fünfzehnhundert sein) sind nach indischen Maßstäben und in Relation zum Alter der Stadt allesamt neu. Keine Kultstätte ist älter als dreihundert Jahre. Die mohammedanischen Invasoren ebneten das Alte ein.
Am Aufbau der heutigen Tempel und Treppen waren die Fürstlichkeiten des Landes, die Rajas und Maharajas, nicht unwesentlich beteiligt. Selbst der König von Nepal und die britischen Vizekönige griffen in die Tasche, um neue Heiligtümer zu erstellen oder die Dächer der alten zu vergolden.
Mein Blick geht immer wieder zum Fluß, zu der trägen Wassermasse, die seit Jahrtausenden die Menschen dieses Subkontinents in ihren Bann schlägt. Die heilige Mutter Ganga – sie ist widerlich schmutzig. Pflanzenteile, Holz und Asche schwimmen vorbei. Weiter draußen treibt etwas Kompaktes; zwei Geier sitzen darauf. Durch das Glas entpuppt sich die dunkle Masse als eine Kuh, als ein verfaulender Fleischberg. Auch menschliche Leichen sollen gelegentlich vorbeitreiben: grün, aufgequollen, angefressen.
Daß in Benares nicht ständig Seuchen wüten, grenzt ans Unglaubliche. Die Leute baden in dem Wasser, sie trinken es, sie putzen damit die Zähne, und sie tun alles, um es noch mehr zu verschmutzen.
»Halb so schlimm«, meint Mr. Chakla. »Der Fluß ist so groß und wasserreich, seine natürliche Reinigungskraft, seine Flora so stark, daß alle Verunreinigungen in kürzester Zeit absorbiert werden. Der Fluß ist immer neu, immer frisch. Für einen Hindu ist sein Wasser das beste der Welt. Es ist Jordan- und Vichy-Wasser in einem. Es ist reiner als ein gekochtes, sterilisiertes und luftdicht verschlossenes Destillat. Letzteres kann von einem Paria durch bloßes Tragen auf das entsetzlichste *polluted*, verunreinigt, werden, das Wasser des Ganges dagegen ist immer makellos sauber, kristallklar.«
Neben uns schleudert ein dunkelhäutiger Pilger einige Gefäße aus Messing und Kupfer in den Strom. Haben ihn seine Götter enttäuscht? Schmeißt er den Krempel hin, den Gottheiten vor die Füße, oder opfert er Hab und Gut, um ein besitzloser Asket zu werden? Wer weiß es, wer kümmert sich schon darum? Niemand interessiert sich für den Alten, aber die Opfergabe ist dem diensttuenden Ghat-Priester nicht entgangen. Er schickt einige Buben ins Wasser, die eifrig tauchen und den Hausrat wieder ans Tageslicht bringen. Mr. Chakla, der meinem Blick gefolgt ist, lacht: »Die Mühe lohnt sich! Morgen früh, wenn die Amis kommen, wird das Blech zu Höchstpreisen verkauft. *Antiques* nennt man es dann.«
Hinter uns kommt etwas Klirrendes die Treppen herab – ein Sadhu, in Ket-

ten gekleidet, tapst zum Wasser. Wirr fallen seine Haare auf den nackten Körper. Die Ketten, die er sich um den Hals schmieden ließ, reichen bis zu seinen Füßen; sie verdecken Brust und Scham. Das rostige Zeug muß wenigstens einen Zentner wiegen. Auch die Knöchel des Mannes sind mit Ketten umschmiedet. Er kann nur schlecht gehen, nur mit gespreizten Beinen. Sein Alteisen rutscht klirrend von Stufe zu Stufe.
Ich bin sprachlos. Mr. Chakla meint, daß es sich hier um eine der zahllosen Yoga-Verirrungen handelt: »Oft, sehr oft verlieren die Leute das eigentliche Ziel aus den Augen; sie geben sich Irrlehren hin, sie treiben Hokuspokus, sie werden Magier, Fakire, Spitzbuben. Sie haben nur noch Faxen und dummes Zeug im Kopf.«
Der Professor nickt zustimmend und zeigt zu einem spitzen, pagodenförmigen Tempelturm: »Der Mann, der dort drüben hockt, ist auch einer von ihnen. Er hat sich auf den berühmten indischen Seiltrick spezialisiert!«
»Und wie macht er das?«
»Sehr spannend. Er nimmt ein Seil und wirft es in die Luft. Senkrecht steigt es nach oben. Sein Ende verliert sich irgendwo im Blau des Himmels. Auf diesen Augenblick hat der Gehilfe des Fakirs, ein kleiner Junge, gewartet. Er klettert am Seil in die Höhe, bis er nicht mehr zu sehen ist. Nun greift der Fakir in den Gürtel, zieht ein schweres Messer heraus und schleudert es, am Seil entlang, nach oben. Ein gräßlicher Schrei ertönt aus der Luft, dann stürzen, einzeln und blutig, die Gliedmaßen des Jungen herab. Zuletzt der Kopf und das Messer. Gleichmütig greift der Fakir danach. Er steckt seinen Dolch in den Gürtel und verstaut die Gliedmaßen des Jungen in einem Sack. Die Zuschauer sind bleich vor Entsetzen. Der Fakir kostet das aus, einen Augenblick nur, dann spricht er einige Mantrams, und siehe da, aus dem geöffneten Sack entsteigt der so schrecklich zerfleischte Bub: gesund und lachend!«
»???«
»Das Ganze ist natürlich Bluff, Hypnose! Seit es Fotoapparate gibt, ist das große Geheimnis gelüftet.«
»Was war auf den Bildern zu sehen?«
»Gaffende Touristen und auch ein gestikulierender Fakir, aber kein senkrechtes Seil und erst recht kein kletternder Junge. Das Seil lag geringelt am Boden, und der Kleine hockte grinsend zu Füßen seines Meisters.«
Die Grenzen zwischen Betrug und Gaukelei auf der einen Seite und echtem Yogatum auf der anderen Seite sind fließend. Wer eine Schau produziert, wer auf Geld aus ist, ist immer ein Marktschreier. Die Stillen im Lande sind es, die sich der Meditation und dem Training ergeben.
»Dort drüben«, der Brahmane zeigt auf einen aufrecht sitzenden Yogi, »übt sich einer im ›Einziehen der Sinnesorgane‹.« Wir schauen uns den sonderba-

ren Heiligen etwas näher an. Unbeweglich sitzt er auf einem Nagelbrett. Weder die Nägel noch die Menschen um ihn, noch die Sonne, die ihm schräg ins Gesicht brennt, stören ihn. Das seltsamste ist, daß er sich an der exponierten Körperstelle keine Wunden holt. Jeder Ungeübte würde von diesen spitzen Nägeln zentimetertief durchbohrt werden.

Ich frage Mr. Chakla, wie er sich das erklärt. Er lächelt und flüchtet in das Shakespeare-Zitat von Himmel und Erde und der unzuverlässigen Schulweisheit. Der Professor weiß Konkreteres: Er berichtet von einem wissenschaftlichen Experiment, das in London mit Fakiren durchgeführt wurde. Man ließ einige Yogis vor einer Ärztekommission über glühende Kohlen laufen und untersuchte hinterher ihre Füße. Sie zeigten weder Blasen noch sonstige Verletzungen; auch später, nach einigen Stunden, war keine Veränderung der Haut festzustellen.

Die Sonne steht schon tief, aber sie brennt noch immer unerbittlich. Wir halten nach einem schattigen Plätzchen Ausschau. Wir müssen dazu ein wenig klettern, aber es lohnt sich. Von der hochgelegenen Mauernische ist das ganze Ghat zu übersehen. Wir haben einige hundert Menschen im Blickfeld (für indische Begriffe nur eine Handvoll) und einige Dutzend Kühe und räudige Hunde. Zunächst gilt unser Interesse zwei Sanyasi, die in dem Hof hinter uns private Exerzitien treiben. Sie üben sich in Selbstzucht *(niyama)*: Sie stoßen Wasser, das sie langsam, ›wie mit einem Krähenschnabel‹, getrunken haben, ›auf dem unteren Pfade‹ wieder aus. Muß Spaß machen; die beiden sind mit Enthusiasmus bei der Sache, aber Hofbräuhaus-Spezialisten können es besser.

Schräg unter uns liegt ein weißhaariger Greis. Es ist nicht auf Anhieb herauszufinden, ob er *shavasana*, die Totenlage, übt oder tatsächlich schon hinüber ist. Shavasana ist das Nachahmen eines toten Körpers. Man legt sich auf den Rücken und hält die Arme seitlich. Der ganze Körper entspannt sich. Natürlich nicht bloß so, sondern nach einem gewissen System. Man fängt mit den Zehen an, dann kommen die Beine, Rumpf und Arme dran und schließlich das Gesicht und die Kopfhaut.

»Diese Kunst beherrsche ich auch«, meint der Professor, »nur schnarche ich manchmal dabei!«

Weiter oben, vor einer kleinen Begrenzungsmauer, treibt einer Atemübungen (vierte Yogastufe). *Puraka* und *recaka* beherrscht er schon, nun übt er das Anhalten des Atems *(kumbhaka)*. Das Ganze sieht weniger nach Brust- als nach Bauchakrobatik aus.

»Das ist«, meint der Professor, »höchst symptomatisch! Der Bauch, nicht der Brustkorb ist es, dem alle Asiaten ihr Interesse zuwenden. Während es im Westen als schön gilt, einen gutentwickelten Thorax zu besitzen, träumt man in Asien von wohlgerundeten Bäuchen. Es kommt nicht von ungefähr, daß Buddha, Ganesha und tausend andere Gottheiten stets wundervolle Wänste haben. Durch die Betonung der Bauch- und Zwerchfellgegend wird zum Ausdruck gebracht, daß der Asiate der Mitte des Leibes, der Basis des Atems, große Bedeutung beimißt. Während wir uns gerne ›in die Brust werfen‹ und in athletischer Manier das Stehen und Laufen schätzen, bevorzugt der Asiate das Sitzen, die Ruhe, das Ausgeglichensein; während wir uns gerne aufplustern und in Atemlosigkeit steigern, strebt der Mensch des Ostens danach, seinen Atem zu beherrschen und in Gleichmut zu verharren [85].«

Neben dem ingeniösen Inhalierer hockt ein noch jugendlicher Asket. Er hat eine große Messingkanne vor sich stehen und trinkt und trinkt. Alle fünf Minuten erbricht er sich. Er übt die Magenreinigung (zweite Yogastufe) – ausdauernd und konsequent. Sowie der Krug leer und alles wieder ausgespuckt ist, wechselt er die Methode. Er greift in seinen Turban und holt etwas Weißes hervor.

»Aufgepaßt!«

Der Professor flüstert vor Aufregung: »Was der Bursche da bereithält, ist eine Binde, ein langes, schmales Tuch. Wenn nicht alles trügt, wird er das jetzt verschlucken!«

Der alte Herr hat recht. Der Yogi wickelt die Binde auf, steckt sich den Anfang in den Mund und fängt zu würgen an. Er schluckt und drückt, er würgt und kaut, aber nur langsam rutscht das Tuch. Es geht nicht ohne Pausen. Unser jugendlicher Gesundheitsfanatiker muß immer wieder warten, bis Speichel nachgeflossen ist; trocken rutscht das Zeug nicht. Die ganze Prozedur geht recht langsam vor sich. Das Tuch ist etwa fünf Meter lang und zehn Zentimeter breit.

Nicht weit von unserem Niyama-Experten sitzt ein fast schwarzes Männchen. Es übt eine geradezu idiotische Sitzhaltung. Seine Beine sind verschlungen, seine Augen verdreht. Er stiert ins Leere und meditiert. Der Professor hat seine Zweifel: »Bei vielen, die da sitzen, tut sich nichts – außer Sitzen.« Und nachdem er den Yogi eine Weile sinnend betrachtet hat, meint er kopfschüttelnd: »A man all wrapped up in himself makes a mighty small package!«

»Was die Leute hier so treiben«, erläutert Mr. Chakla, »ist fast ausschließlich Hatha-Yoga. Diese Yogaschule ist bei weitem nicht so alt wie das klassische Yoga. Die maßgeblichen Textbücher dazu wurden im zwölften Jahrhundert, lange nach den Yoga Sudras, verfaßt. Viel Überspanntes, Abwegiges ist mit Hatha-Yoga modern geworden. Man kennt im Hatha-Yoga zum Beispiel nicht weniger als vierundachtzig Körperstellungen. Einige dienen nur der Gymnastik, andere – wie die ›Frei-vom-Wind‹-Übungen – nur der Ver-

dauung: man beugt das Knie und zieht es mit beiden Händen zum Bauch; je kräftiger der Druck, desto ...«
Der Professor hat eine prägnante Formulierung dafür, aber dann wettert er mit gespielter Vehemenz gegen die Besessenheit der Hindu in puncto Magen- und Darmreinigung. Er zeigt auf den Bindenschlucker, der sein Tuch – er hatte es ganz unten – jetzt mit beiden Händen und geradezu genüßlich wieder ans Tageslicht zerrt.
Mr. Chakla lächelt nachsichtig: »Das sind ja alles nur Anfängerübungen.«
»Ja«, poltert der Professor, »ich weiß, aber die Fummelei der Experten ist noch viel abstoßender!«
Er meint das Dhouti- und das Basti-Verfahren. Dhouti spült das Unreine hinweg. Man trinkt und schluckt Luft und bekommt dadurch – so heißt es in der *gheranda samhita* – ›einen leuchtenden und strahlenden Leib‹. Im Extrem führt Dhouti zur Bahiskrita-Übung: Der Yogi steht bis zum Nabel im Wasser, zieht seinen Dickdarm hervor, wäscht ihn sorgfältig aus und schiebt ihn dann wieder zurück.
Das Gegenstück zu Dhouti ist Basti; man nennt es auch das Yoga-Klistier. Der Yogi hockt sich ins Wasser und zieht das reinigende Element durch das Rektrum ein. Experten können noch anderes: Sie können mit *vajroli mudra* jeden Urologen um die Sprache bringen.
Das ›Reinigen der Sicht‹ *(trataka)* erfolgt durch starres Betrachten eines kleinen Gegenstandes. Man darf dabei nicht zwinkern; es sollen Tränen kommen.
Nimmt man sich der Ohren an, dann ist von beiden Seiten so lange in ihnen zu wühlen, bis der ›innere Ton deutlich hörbar wird‹.
Das ›Reinigen der Schädelhöhle‹, das ›Lichten‹ *(kapalabhati)*, ist ebenfalls ein vielgeübtes Exerzitium. Der Erfolg bleibt meistens aus, auch dann, wenn man zu Zaubersprüchen, zu einem beschwörenden Mantram, greift:

> Parameshwaraya vidmahe paratattwaya dhimahi –
> Wir sind wach, o Gott und voll Verständnis;
> wir meditieren über die höchste Weisheit!

»Ich habe«, so gesteht der Professor, »auch schon ein wenig geübt. In der sechsten Yogastufe *(dharana*; Fesselung des Bewußtseins an einen bestimmten Körperteil) war der Erfolg verblüffend: I was contemplating my navel, as happy as can be, till, suddenly, I saw my navel contemplating me!«
Es dauert ein Weilchen, bis sich die Mienen wieder geglättet haben, dann bohre ich noch ein wenig: »Verraten Sie mir bitte mal, Herr Chakla, was hat all das« – ich zeige in die Runde – »mit Meditation und Versenkung zu tun?

Es ist Yogapraxis, schön und gut, aber doch irgendwie Hokuspokus. Ich habe mir unter einem Sanyasi, einem Menschen, der nach Erlösung strebt, etwas anderes vorgestellt.«

»Zugegeben! Alles, was Sie hier sehen, ist nicht sehr überzeugend. Aber das tut dem geistigen Fundament unseres Glaubens keinen Abbruch. Viel Überkommenes, in heutiger Sicht Törichtes wird praktiziert. Das ist in allen Religionen so. Auch in Ihren christlichen Kirchen wird viel Hokuspokus getrieben: Da gibt es Meßgewänder und Mysterien, Kerzen und Kasteiungen, Dogmen und Riten und tausend Dinge mehr, über die ein Hindu nur den Kopf schütteln kann. In allen Religionen ist man in Überlieferungen, in uralten Kodifizierungen befangen. So sehr, daß die nüchtern denkende Jugend oft einfach nicht mehr mitmacht. Wenn sich die Religionen nicht anpassen, werden sie ihren normativen Wert verlieren.«

»Wie steht's damit im Hinduismus – der ältesten aller Religionen?«

»Bei uns ist dieser Prozeß in vollem Gange. Es gibt eine Reihe sehr weitgehender Reformen; man faßt sie unter dem Begriff ›Neu-Hinduismus‹ zusammen. Als erster Reformator der neueren Zeit hat Raja Ram Mohan Roy (1772–1833) von sich reden gemacht. Er bekannte sich zum Monotheismus vedischer Prägung und zu den Morallehren der Evangelien. Die von ihm gegründete Gemeinschaft ›Brahmo Samaj‹ wurde nach seinem Tod von Devendranath Tagore, dem Vater des Dichters und Nobelpreisträgers, weitergeführt. Inzwischen ist die Gemeinschaft aber in religiöse Schwärmerei ausgeartet.

Anderen Bewegungen ging es nicht besser. Die Arya-Samaj, die als Counterpart, als Gegenstück zur Brahmo-Gemeinde gegründet wurden, zeigten sich betont europafeindlich. Ihr Gründer, Sarasvati, wollte ›zurück zu den Quellen‹. Er gab sich der Hoffnung hin, in den Veden das gesamte Menschheitswissen – vom Steinbeil bis zur Relativitätstheorie – ausgraben zu können. Das hatte auch bei phantasiereichster Auslegung der alten Schriften natürlich seine Grenzen.

Nachhaltigere Wirkung erzielte der Bengale Gadadhar Chatterjee. Diesen Namen werden Sie nicht kennen; der Reformator ist unter seinem Sanyasi-Namen ›Ramakrishna‹ bekannt. Er wurde als neuer Erlöser gefeiert und vielfach mit Christus verglichen. Seine Lehren wurden für seine Anhänger zum Evangelium.

Einer seiner Schüler, Swami Vivekanada, trug die Lehre des Meisters in die Welt. Er gründete die Ramakrishna-Mission und machte sich daran, humanitäre und ethische Aspekte in den Vordergrund zu rücken. Er verkündete eine neu-hinduistische Spiritualität und sorgte auf dem Weltparlament der Religionen in Chicago (1893) und in den Zentren der gebildeten Welt für allerlei Aufsehen. Er gab vor, die Krönung aller Religionen zu verkünden. Und er fand offene Ohren. Vom Christentum übernahm er, was ihm zweckmäßig erschien, und am Hinduismus verwarf er alles, was abergläubisch oder mittelalterlich war. Große Bedeutung maß er sozialen Reformen bei.

Zu erwähnen wäre auch noch Aurobindo. Dessen Lehre zielt nicht mehr darauf ab, der Welt den Rücken zu kehren. Aktive Teilnahme am Leben ist für ihn die Voraussetzung für eine ›göttliche Erfüllung des Lebens‹. Aurobindo zog sich nicht in die Einsamkeit zurück, er stellte sich den Problemen der Welt. Er schlug sein Ashram [86] in einer Großstadt, in Pondicherry, auf. Er bekämpfte die Auswüchse, die körperlichen Eskapaden des Hatha-Yoga und wandte sich mehr der geistigen Besinnung, der Meditation im europäischen Sinne zu. An die Stelle der vedischen Weltflucht setzte er ein Ja, ein Ja zur Welt und zur menschlichen Persönlichkeit.

Diese neue Auslegung der hinduistischen Lehre hat vielerorten Bewunderung und Faszination ausgelöst. Berühmte Namen können zitiert werden. Aldous Huxley empfiehlt die Yogalehre als Heilmittel für *the brave new world*, Toynbee, der große Historiker, und Radhakrishnan halten den Hinduismus für die Religion der Zukunft, und auch Albert Schweitzer bekennt, daß ein Mann wie Tagore eine vom Ideal wahrer Humanität beherrschte ethische Welt- und Lebensbejahung vertritt, zu der sich die edelsten Denker des Westens, ein Shaftesbury, ein Kant und ein Fichte bekannt haben.

Schweitzer weist immer wieder darauf hin, daß das europäische Denken den Menschen nicht genügend zur Innerlichkeit anhält [87]. Und für manches, was dem Westen fehlt, halten die Hindus den Schlüssel in der Hand. Schon Pascal sagte, daß die meisten Übel dieser Welt daraus resultieren, daß manche Leute es nicht fertigbringen, still auf einem Stuhl zu sitzen. ›All die großen Errungenschaften, die der Stolz des menschlichen Geschlechts sind, sind das Werk von Männern, die still saßen und über die elementarsten Dinge oder die Bewegung himmlischer Körper nachdachten. Die Nachdenklichen, die Müßiggänger, die Träumer sind es, die auf neue Pfade stoßen, während sie nach Sternen Ausschau halten; sie sind es, denen wir unseren Wohlstand und unser Glück zu verdanken haben.

Wenn die Religionen das Nachdenken mit einem besonderen Akzent versehen, so deshalb, weil sie damit deutlich machen wollen, daß es im menschlichen Leben bestimmte heilige Verpflichtungen gibt *(certain inmost sanctities)*, die nicht verlorengehen sollten. Das Ziel des Lebens besteht nicht allein darin, ein irdisches Utopia zu schaffen, sondern auch darin, eine höhere und intensivere Bewußtseinsform zu erreichen. Die Bilder von Shiva, Buddha und hundert anderen Heiligen illustrieren alle die gleiche Wahrheit, die Wahrheit, die auch schon von Plato und Aristoteles erkannt wurde: Das erhabenste Ziel der Menschen ist die Kontemplation, *the freedom and the peace of understanding* – die Freiheit und der Friede des Verstehens [88].‹«

Nach diesem Privatissimum ist es lange still in unserer Runde. Wir sitzen und schauen hinaus auf den Strom, auf die träge treibenden Wasser. Langsam geht die Sonne unter; sie versinkt im Fluß, im Schoß der Mutter Ganga. Was Wasser war, wird gleißendes Gold, und wie Purpur leuchtet der Äther. Auf dem Fluß treiben winzige Boote, zerbrechliche Schalen mit Menschen darin. Nur wenig bewirken die Ruder. Die Strömung – fürs Auge kaum sichtbar – sie lenkt, und sie trägt. Das Ufer, das andere, ist nicht zu erkennen.

Im Osten fallen die Schatten ein. Der Fluß verliert sich im Nebel, alle Farbe ist fort. Samten schiebt sich die Tropennacht über Türme und Zinnen. Wir sitzen und schweigen und schauen hinüber – zum Mahnmal der heiligen Stadt: zu den Feuern am Ufer des Ganges.

An heiligen Feuern

Um halb sechs Uhr morgens brandet Lärm ums Hotel. Taxis fahren vor, Türen schlagen, Stimmen kreischen: die amerikanischen Touristen begeben sich auf ihre *guided tour.* Sie lassen sich bis zum Gangesufer fahren, besteigen ein Boot und betrachten vom Wasser aus das Leben und Treiben am Fluß. Der Spaß kostet dreißig Rupien, man bekommt keine schmutzigen Schuhe dabei, und zum Frühstück ist man bestimmt wieder zurück.

Ich drehe mich noch einmal um: Die Ghats laufen mir nicht davon, und ein privater Ausflug ist wesentlich billiger: Er kostet – per Rikscha einschließlich Bootsfahrt – nur den zehnten Teil: ganze drei Rupien. Aber ganz so leicht, wie sich das anhört, fallen einem solche Kursgewinne nicht zu. Ich muß nach dem Frühstück erst mal zehn Minuten verhandeln, bis ich den Rikschapreis von zehn Rupien auf zwei reduziert habe. Zum Glück herrscht unter den Rikschafahrern große Konkurrenz; sie unterbieten sich hemmungslos. Im vorhinein großzügig zu sein ist fehl am Platze. Die Schlauberger haben später immer etwas in petto, was Preiserhöhungen rechtfertigt:

»Sahib, ich habe zum Fotografieren fünfmal angehalten!«

»Ich habe sieben Kinder zu Hause!«

»Ein Bakschisch für meine Großmutter, bitte!«

Mein Boy ist willig. Er trabt gemächlich zur Stadt und erläutert mir, was immer ich wissen möchte. Beim Bezahlen berücksichtige ich von vornherein seine Großtante, seine Cousinen, seine Freundinnen und auch den Nachwuchs, der noch in Adebars Teich schwimmt. Nun ist er die Ergebenheit selbst. Er erbietet sich, bis zur Rückfahrt zu warten.

»Das kann Stunden dauern; es kann Abend werden!« meine ich. Aber das kann ihn nicht erschüttern. Er will warten. Und damit ich ihm nicht durch die Lappen gehe, winkt er einen seiner Geschäftsfreunde, einen älteren Mann, herbei:

»Das ist mein Freund Amlan, der beste Fremdenführer von Benares.« Der Alte sagt nichts. Er macht nur diensteifrige Verbeugungen und feixt. Ich sträube mich dagegen, auf solche Weise verkuppelt zu werden, aber nach einigen Minuten gebe ich meinen Widerstand auf. Der Alte ist so drollig, er marschiert so anhänglich hinterher, daß ich ihn schließlich doch engagiere: für eine Rupie den ganzen Vormittag.

Beim Bummel durch die engen Basarstraßen ist mir der Rat meines Führers hoch willkommen. Er weiß, wo die Preise am niedrigsten und die Waren am schönsten sind. Er weiß, wo man Mengenrabatt bekommt, und welcher Händler gewohnheitsmäßig falsch herausgibt. Das Donnerwetter, das er vom Stapel läßt, wenn einer der Budenbesitzer zuviel fordert, spart mir manche Münze.

Die Versuchung, *en gros* einzukaufen, ist nur schlecht zu unterdrücken. Der Basar quillt über von Waren: Wunderbare Brokatstoffe werden angeboten und einmalig schöner Silberschmuck. Die Gold- und Silberschmiede von Benares sind Meister ihres Faches und ehrbare Meister dazu: Im Vergleich zu den Preisen in Kalkutta bekommt man hier manches geschenkt.

Viele der angebotenen Waren sind natürlich Kitsch. Da gibt es Heiligenbildchen, Götterkopien und Tempelreproduktionen in allen Größen, in allen Materialien, in allen Preislagen. Am besten gehen die Lingam/Yoni-Opfersteine aus schwarzem Marmor. Die herumlungernden Burschen versäumen nicht, den uneingeweihten Fremdling auf die Symbolik und den naturalistischen *background* aufmerksam zu machen: »Man and woman making love!« Von der Überwindung der Zweiheit in der Einheit, wie es die gelehrten Hindus formulieren, spricht keiner.

Das Feilschen in orientalischen Basaren ist immer eine amüsante Angelegenheit – hier in Benares ist es ein Vergnügen. Die Leute sind liebenswürdig und voll strahlenden Charmes. Besonders das in kleinen Ampullen und in Kupferbehältern abgepackte *ganga-jal* (Gangeswasser) wollen sie an den Mann bringen. Man sieht ihnen ihre Seelenkonflikte dabei an: Sie möchten dem armen Mleccha den Weg zum Heil nicht verbauen – wer kommt schon in den Himmel ohne ein Fläschchen Ganga-jal? –, andererseits haben sie aber auch gewisse Selbstkosten, die im Preis wieder hereinkommen sollten. Es ist nicht leicht, Heiliger und Kaufmann in einer Person zu sein.

Und Heilige sind sie alle. Sie können keiner Maus etwas zuleide tun. Auch keiner Ratte. Sprachlos sehe ich zu, wie eine dicke, feiste Ratte mit Wassergüssen aus Tassen und Bechern von Stand zu Stand bugsiert wird. Keiner kommt auf die Idee, das Tier zu töten, es mit einem Tritt ins Jenseits zu befördern. Ein Schälchen kalten Wassers löst das Problem in ausreichender Weise. Die Ratte zieht weiter. Mag der Nachbar sehen, wie er mit ihr fertig wird.

Sie sind liebenswürdig, die Leute, aber einfältig. Es ist ihnen nicht gegeben, ein Problem an der Wurzel zu packen. Sie halten es mit Gandhi, dem Apostel der Gewaltlosigkeit, und der wollte lieber sterben, als einer Ratte ein Leid antun. Was hat er sich wohl dabei gedacht, der Gute? Hat er gewußt, daß die Ratten den Typhus übertragen, daß man unzählige Menschen der Gefahr und oftmals dem Tode ausliefert, wenn man die Ratten schont?

Schwamm drüber! Ist alles Larifari! Ratten sind auch Lebewesen, und außerdem ist man nie ganz sicher, ob nicht gerade Ganesha auf einem der grauen Fellchen sitzt und durch die Lande reitet.

Am Ende einer kleinen, steilen Basarstraße liegt das Vishwa-Nath-Wunder, der goldene Tempel. Er wurde das letzte Mal 1669 von Aurangjeb, dem Mogulkaiser, zerstört. Aber der barbarische Moslem hat sich dann nicht lumpen lassen: Er baute auf dem Grundstück daneben eine wundervolle Moschee. Der heutige Tempel wurde 1785 von einer Maharani und die *music gallery* von Warren Hastings gestiftet. Ein Maharaja aus dem Punschab ließ das Dach des Tempels mit nahezu einer Tonne Gold verschönern.

Ich möchte mir das ›goldene Dacherl‹ etwas genauer ansehen, aber das ist leichter gesagt als getan. Die Gassen sind so schmal, daß sie den Blick nach oben nicht freigeben. Doch mein Führer weiß sich zu helfen. Wir stapfen an Tempelpriestern vorbei und durch enge Hausflure, wir tasten uns durch stockdunkle Treppenhäuser und rattenbevölkerte Dachkammern und stehen schließlich an einer lichtüberfluteten Balustrade, geblendet vom Gold der Tempelkuppeln. Tausendfach spiegelt sich die Sonne im gleißenden Metall. Dahinter leuchtet in strahlendem Weiß das Minarett der Moschee.

Unsere Aussichtsplatte ist keineswegs leer und verlassen: Ein paar Sadhus hocken in der Sonne, und ein Pujari, ein Tempelpriester, geht mich unverzüglich um einen Bakschisch an. Ich halte ihm eine Rupie hin. Er schüttelt den Kopf. Er will zwei haben. Nun ist die Reihe des Kopfschüttelns an mir: »No bargaining in the temple! – Im Tempel wird nicht gefeilscht!« Ich schiebe meine Rupie wieder ein. Das geht ihm nahe. Er rennt davon, holt einen Blumenkranz und hängt ihn mir um den Hals; dann begleitet er uns noch ein Stück. Schließlich erhält er seine Rupie, nun strahlt er zufrieden.

Mit dem Geld zu sparen – das lernt man in Benares! Die Stadt hat fünfzehnhundert Tempel und Tempelchen. Im Laufe eines Morgens kommt man an Hunderten und aber Hunderten vorbei, und überall strecken sich dem Touristen und dem Pilger bakschischheischende Hände entgegen. Das geht übers Kleingeld. Allzu große Gebefreudigkeit führt unweigerlich zur Pleite. Schon Professor von Glasenapp, der berühmte Indologe, stöhnte über die Tempel-Usancen von Benares:

»Das Leben, das sich in den Tempeln abspielt, ist wenig anziehend. Denn nirgends tritt die Habgier und der Merkantilismus der Brahmanen so stark hervor wie hier. So wie das Gangesbad nur dann erfolgreich ist, wenn der Fromme von einem unter einem Sonnenschirm am Ufer harrenden Priester betreut wird, der dafür seinen Obolus empfängt, so muß der Pilger auch in den Tempeln immer wieder seine Börse ziehen. Eine Wallfahrt nach Benares ist deshalb recht kostspielig, und viele Gläubige kehren von ihr völlig aller Barmittel entblößt in die Heimat zurück.«

Vom Goldenen Tempel gehen wir zum *Sacred Bull,* zum Nandi-Stier, dem Schlachtroß Shivas. Gelassen liegt das Riesenvieh im Hof. In seinem Tempel herrscht große Geschäftigkeit: Ein mächtiger Lingam wird von einigen Dutzend Pilgern laufend mit Gangeswasser übergossen; andere schmeißen Fett auf den Phallus, und wieder andere streuen liebevoll Farbe darüber. Kopfschüttelnd steht der Gast aus dem Westen davor.

Auf der Südseite des Vishwa-Nath-Tempels geht es zum Fluß, zum Jalsain-, zum Verbrennungsghat. Mein Führer stapft voran. Die Gassen sind so eng, daß wir oftmals hintereinandergehen müssen. An den Hauswänden, an den Mauern hocken, sitzen und liegen zahllose Menschenbündel. Es sind Kranke und Alte, die hier auf den Tod warten.

Aussätzige mit abgefressenen Händen und Füßen, mit ›Löwengesichtern‹ starren zu uns empor. Ein nasenloser Schädel schnuppert den stinkigen Odem der Gasse. Er will etwas Witterung von dem Leben erhaschen, das da noch festen Schrittes über das Pflaster geht. Aus blinden Augen, aus Höhlen ohne Pupillen starrt der Tod, der Wahnsinn, die hilflose Not.

Es sind nicht nur Alte, die hier liegen; es sind Mütter dabei, Frauen mit allen Zeichen beginnenden Aussatzes. Ihre Leiber wölben sich unter dem Druck der Frucht.

Vor uns kriecht ein Sadhu, ein armer Irrer auf nacktem Leib durch die Gasse: bäuchlings und lang gestreckt. Mit steifen Gliedern zieht er sich durch den Dreck. Nur die Fingerspitzen bewegen sich. Er wird noch Stunden brauchen, bis er das Wasser erreicht, aber schon jetzt umspielt ein Lächeln seinen Mund: Er wird es schaffen, er wird der Erlösung teilhaftig werden.

Auch der Mann, der hinter uns kommt, ist seiner Sache sicher: Sein ganzer Körper ist mit kleinen Holzkugeln behängt, die mit spitzen Haken in der

Haut verankert sind. Die Kugeln rollen und pendeln während des Gehens, aber der Sadhu kennt keine Schmerzen. Nur wenn er seine Messingschale hin und wieder vergeblich ausstreckt, huscht ein Schatten von Mißbehagen über sein Gesicht, seine schwarzen Augen kullern vorwurfsvoll und tasten dann über die Menge, nach neuen Opfern Ausschau haltend. Auch mir hält er die Schale hin – vergebens. Enttäuscht murmelt er etwas in seinen Bart. Amlan macht sich nicht die Mühe zu dolmetschen, aber er entschuldigt den obolusheischenden Faulenzer: »He had reasons for not working; he said your body was only a machine and he was no mechanic! – Er hat einen guten Grund dafür, nicht zu arbeiten: In seinen Augen ist sein Körper nur eine Maschine – und er ist kein Mechaniker!«

Wir kommen an Bildstöcken und ganzen Lingam-Galerien vorbei. Blumen bedecken die Idole – manchmal auch Kuhmist. Das Pflaster glänzt. Pan und Spucke machen es zur Schleife. Man muß sehr vorsichtig gehen. Auch der Kühe wegen. In den engen Gassen kann man ihnen nur schlecht ausweichen. Sie schlenkern ihre schmutzigen Schwänze gegen die Kleidung, und wenn sie ihre Quasten unversehens heben, hilft nur sofortige Flucht: Meterweit spritzt das Geschlabber.

Auf einem Treppenabsatz, an überstehenden Balken, übt ein *urdhamukhi*. Er hat sich mit einem Fuß aufgehängt, er will herausfinden, ob das seiner Erlösung nützlich ist. Er wird eine Stunde, vielleicht auch zwei so hängenbleiben. Die Kühe werden ihm übers Gesicht schlecken und die Mücken den Speichel wieder auflecken. Er wird hängen, bis er blau ist, und dann eine andere Torheit ersinnen.

Es gibt Leute, die ihre Arme an einem Holz so lange hochbinden, bis sie ihnen abgestorben sind, bis sie nicht mehr in ihre natürliche Stellung zurückgedreht werden können. Diese armen Irren verbringen den Rest ihres Lebens dann als Krüppel, als hilflose *urdhabahus*. Andere Asketen haben noch bessere Ideen: Sie schließen ihre Hände, um sie nie mehr zu öffnen. Die Nägel der verkrampften Finger wachsen ins Fleisch. Aus der Hand, dem Kunstwerk Gottes, wird eine schwärende Wunde.

Ich gebe mir redlich Mühe, diese Leute zu verstehen, ihr Verhalten mit Analphabetentum, mit religiösem Wahn zu entschuldigen, aber ich kann mich der Verachtung, die in mir aufsteigt, nicht ganz erwehren. Was hier getrieben wird, ist einfach würdelos, unmenschlich: die nackten Körper, die vernachlässigten Frisuren, die farbverschmierten Gesichter, das Hüpfen und Kriechen, das andächtige Glotzen, das kindische Wasserschlucken, die hingebungsvolle Dekoration abscheulicher Götzenbilder, das Drohnenleben der Priester ...

Was kann man dagegen tun? Gibt es ein Rezept, einen Ausweg? Die Frage ist nicht neu; sie wurde schon oft gestellt, und es gibt viele Antworten – zaghafte und handfeste. Aber letzten Endes laufen sie alle auf dasselbe hinaus: Das Volk gehört in die Schule geschickt, es müßte zu rationalem Denken erzogen werden. Seine Religion, die es in mittelalterlicher Geistesfron hält, bedarf einiger Reformatoren [89].

Brandgeruch schlägt uns entgegen. Rauchschwaden flattern um Zinnen und Fensterhöhlen. Es stinkt nach verbranntem Fleisch. Wir nähern uns dem Verbrennungs-Ghat. Zur Linken, in einem Hof, sind Baum- und Wurzelstrünke aufgehäuft. Heizmaterial! Mein Führer bedeutet mir, die Kamera zu schließen: »Pictures strictly prohibited!« Dann – zehn Schritte weiter und unmittelbar hinter der Begrenzungsmauer – stehen wir vor dem ersten Scheiterhaufen.

Eine Hitzewelle schlägt uns entgegen. Der Wind weht vom Fluß herauf. Wir müssen uns durch Rauchschwaden kämpfen und durch knöcheltiefen Staub. Die Augen tränen etwas, dann haben wir freie Sicht. Ich will nicht behaupten, daß mir die Knie weich werden, aber ein kleiner Schock fährt mir doch in die Knochen.

Auf Holzstoß Nummer eins, unmittelbar vor uns, liegt ein Torso: schwarz, von Flammen umzüngelt. Die Gliedmaßen sind bis auf kümmerliche Stummel verbrannt. Der nackte, rußgeschwärzte Schädel bleckt die Zähne.

Auf dem nächsten Scheiterhaufen ist nicht mehr viel zu finden. Das Feuer ist heruntergebrannt. Nur ein Stück des Schädels und ein dunkler Klumpen, vermutlich das Becken, schmoren noch in der Glut. Der Heizer vom Dienst, ein Paria, drückt die Überreste mit einer Stange in die glühende Asche.

Ich schaue hinüber zu den anderen Feuern. Überall das gleiche Bild: schmorendes Fleisch, gelangweilte Krematoriumsknechte. Tränen und trauernde Verwandte sind nirgends zu sehen. Keine Spur von Andacht. Die Leute sind nicht nur pietätlos, sie sind geradezu unbeschwert. Am oberen Rande des Ghats spielen Kinder.

Am Flußufer – dreißig Meter unter uns – liegen mehrere Leichen am Wasser. Die Körper sind verschnürt und auf Bambusbahren festgebunden. Unter den weißen Tüchern, so wird mir erklärt, stecken Männer, unter den bunten Frauen. Das Fußbad im Fluß (manche Leichen werden auch ganz untergetaucht und dann in der Sonne getrocknet) wäscht alle Sünden hinweg, es ist die Letzte Ölung, das Sterbesakrament.

Leichen gelten als unrein. Die Familie eines Toten übergibt das verschnürte Paket der Heizmannschaft, den Parias, und macht sich dann in der Regel davon. Der tote Körper ist kein Glied der Familie mehr, er ist ein abgetragenes Kleidungsstück, eine alte, abgestreifte Haut. Die Seele des Toten ist längst hinübergewechselt in ein anderes Domizil, in einen neuen Leib.

Was sich wie Herzlosigkeit ausnimmt, ist in Wirklichkeit stoische Gelassenheit. Der Tod, was ist das in Indien? – eine philosophische, eine fast heitere Angelegenheit. Man nimmt ihn hin, wie man das Leben hingenommen hat. Man rudert gelassen über den Styx, von einer Existenz in die andere. Man hat keinen Grund, am Leben zu hängen, und keinen Grund, den Tod zu fürchten: Man wird aufs neue geboren werden. Das Leben ist ein ewiger Rhythmus, ein ständiges Ein- und Ausatmen. Die Sekunde dazwischen, die Pause, die die Intervalle verbindet, das ist der Tod. Er ist so illusorisch wie das Statische an einem Schwungrad, wie das Beständige an einem Kreisel. Nichts bleibt. Nur die Wiederkehr ist von Dauer.

Aus dem Feuer vor mir fällt etwas zur Erde. Ich schaue genauer hin. Es ist der Kopf. Das Rückgrat ist durchgebrannt. Der Schädel liegt im heißen Sand, er qualmt. Einige Zähne haben sich gelöst. Der Heizer steht auf, nimmt seine Stange und versucht, den Kopf aufzupiken. Es mißlingt; nochmals geht es daneben, dann glückt es. Das Menschenhaupt landet wieder in der Glut. Ich muß mich für einen Augenblick abwenden.

Mein diensteifriger Führer möchte mich gerne zu einem neuen Scheiterhaufen führen. Er zeigt auf einen, der erst vor einigen Minuten entzündet worden ist. Die Krematoriumsknechte haben Stroh zwischen die Bohlen geschoben, und ein junger Mann mit geschorenem Kopf – vermutlich der Sohn des Toten – hat den Körper mit Ghee, mit ranziger Butter, beschmiert. Gierig fressen sich die Flammen in das Leichentuch, nackt und bloß liegt der Körper. Die Haare verpuffen, Blasen bilden sich. Die Hände, die vielleicht noch gestern ein Tier streichelten, einem Freund halfen, einer Frau übers Haar strichen, sind jetzt nur noch Krallen, fleischlose Knochen, um die sich in kurzem die Hunde balgen werden.

»Was geschieht mit der Asche?« Mein Alter zeigt zum Fluß und auf bereitstehende Besen. Was im Sande zurückbleibt, gehört den Geiern, was nicht ganz verbrannt ist, den Fischen. Sehr genau nimmt man es nicht; das verrät das Knirschen im knöcheltiefen Staub.

Wir steigen wieder aufwärts. Am Rande des Ghats verschnaufen wir. Etwas Zaghaftes zupft mich am Jackett. Ein kleines Mädchen. Es schaut mich mit großen, mit bittenden Augen an: »Sahib, Bakschisch!« Dann weist die Kleine auf einen der Scheiterhaufen: Sie möchte mir ihre brennende Großmutter zeigen. Für eine Rupie.

Einer der Priester läuft uns über den Weg. Ich halte ihn an. Er spricht nur sehr gebrochen Englisch. Was ich aus ihm herausbekomme, ist nicht viel, aber es wird doch deutlich, daß er sich mehr um die Finanzierung der Feuer als um die Seelen der Toten kümmert: Zwanzig bis fünfhundert Rupien kostet eine Einäscherung. Der Preis ist abhängig von der sozialen Stellung der Familie und von der Art des Holzes, das verwendet wird. Vornehme Sippen wünschen Sandelholz, arme Leute sind mit den Wurzeln des Mangobaumes zufrieden.

Die durchschnittliche Dauer einer Einäscherung liegt bei vier bis fünf Stunden. Die Feuer brennen Tag und Nacht. »Twenty-four hour service!«

Auf die Frage, was mit den *holy men,* mit den anerkannten Sanyasis, geschieht, weiß der Brahmane nicht sofort eine Antwort. Entweder er versteht mich nicht, oder der Fall ist ihm nicht geläufig. Aber schließlich kapiert er: »Oh, Sanyasi – always buried! – Sie werden immer beerdigt!«

»Wo?«

Er zeigt vage in die Umgebung: »Everywhere! Am Fluß, bei den Tanks, überall!«

Ich frage ihn noch, ob die Sterbenden, die am oberen Rande des Ghats unter Bogengängen und Mauervorsprüngen liegen, irgendwelchen Beistand, irgendwelche Pflege erhalten.

»Ja«, meint er, »man hilft ihnen.«

»Wie?«

»Mit einem Schüsselchen Wasser, einer Banane, einer Kuh.«

»Mit einer Kuh?«

»Ja, der Kranke darf das Tier am Schwanz halten!«

Ich verstehe: »... und damit sie stillhält, füttert man der Kuh solange die Banane?«

Der Priester nickt und heischt Verständnis für die Kreatur: »Kühe sind immer hungrig!«

Alte Schriften, neu aufgelegt

Am Nachmittag gehen der Professor und ich bummeln. Wir haben uns vorgenommen, weder Strapazen noch Risiken auf uns zu nehmen. Wir wollen bummeln – nur so. Der alte Herr ist heute recht animiert, er pfeift vergnügt eine Rikscha heran, klemmt sein Spazierstöckchen unter den Arm und klettert in den Sitz. Ich postiere mich neben ihm. Mit schrillender Klingel sausen wir davon.

Erstes Ziel: der Durga-Tempel, das Affenparadies von Benares. Durga (alias Kali) ist die Göttin des Todes. Sie ist janusköpfig; sie repräsentiert den Tod, ist aber auch für Speise und Trank zuständig. Die Affen, die zu Hunderten um ihren Tempel turnen, ernährt sie jedoch nicht. Dafür gibt es Jahrmarktsstände mit Obst und Nüssen und bußfertige Pilger. Wer nicht freiwillig opfert, nicht gleich in die Tasche greift, dem fahren die Affen ins Portefeuille.

Nichts ist vor den Tieren sicher. Sie springen an den Besuchern hoch, sie flitzen über die heiligsten Tempelrequisiten und hocken sich – bimmelnd – auf bronzene Glocken.

Jan – wir haben gestern abend einen über den Durst und nebenbei Brüderschaft getrunken – nimmt den Hut ab. Ich schaue ihn fragend an. Er lacht: »Nein, nicht Andacht – Vorsicht!« Dann zeigt er in eine Ecke des Tempelhofes. Dort rennt ein Sikh schimpfend hinter seinem Turban her. Ein vor Freude quiekender Affe hüpft mit der Kopfbedeckung von Zinne zu Zinne; er wickelt den Turban auf und läßt ihn flattern.

Der Tempel ist, wie alles in Benares, nicht besonders alt. Er wurde im achtzehnten Jahrhundert von der Maharani von Natore gestiftet. Von seiner Ostseite aus sieht man das Grab eines Heiligen, das Marmordenkmal des Yogi Bhaskaranand. Er hat hier Samādhi, das Einssein mit dem All, die mystische Rückkehr in den Urgrund, erreicht.

Die aufdringlichen Affen lassen uns keine Ruhe. Sie wissen, daß sie sich alles herausnehmen können. Sie sind heilig. Ihre Urgroßväter haben – so steht es im Ramayana – den siegreichen Heeren des Helden Rama durch eine Brücke aus Affenleibern den Weg nach Ceylon freigegeben. Rama war ausgezogen, um Sita, sein Weibchen, den Klauen des Dämonen Ravanna zu entreißen.

Seit dieser Ruhmestat nützen die Affen ihre Privilegien schamlos aus. Jan weiß von Dörfern, wo die spitzbübischen Räuber die ganze Ernte vernichtet haben. Die Dorfbewohner waren machtlos. Affen sind tabu. Die Leute halfen sich schließlich, indem sie die Tiere in große Käfige lockten und dann per Bahn ins Grüne spedierten, hundert, zweihundert Kilometer weit. Die Affen genossen die Fahrt und auch das Picknick, das ihnen die gutmütigen Dörfler zum Abschied durch die Gitter schoben, aber kaum waren sie frei, machten sie sich umgehend auf den Heimweg. Nach drei Tagen waren sie alle wieder da – heißhungrig!

Hier im Tempel können sie nicht viel Schaden anrichten, nur Dummheiten können sie machen. Und das tun sie, ausgiebig! Sie flitzen an den geschnitzten Säulen hoch, sie schleifen auf polierten Hinterteilchen über Marmorplatten, sie hangeln sich zu den Glocken, sie bimmeln und bellen, fletschen die Tempeldiener an, lassen Häufchen zurück und trollen sich – auch das kommt vor – schließlich von dannen.

Auf dem Weg zur Stadtmitte begegnet uns ein Sadhu, ein veitstanzender Rauschebart. Mit steifen Sprüngen setzt er von einer Seite des Weges zur anderen. Mal macht er große Schritte, mal kleine, mal hüpft er wie ein Bock, mal wie die Echternacher, dann wie ein Knallfrosch mit Spätzündung. Ich staune: »Yoga macht jugendfrisch!«

Jan korrigiert mich: »Nein, das stimmt nicht ganz. Der Mann ist ein Brahmane, und er geht so, wie das Gesetz Manu' es befiehlt: Er spritzt Wasser vor sich her und setzt seinen Fuß dann auf jene Stellen, wo die Tropfen niederfielen. Das ist geweihter Boden.«
Bei einer Baumgruppe halten wir an. Ein Pandit, ein Lehrer, gibt jungen Brahmanen Unterricht. Er liest aus einem dicken Buch vor. Jan lauscht angestrengt, dann geht ein zufriedenes Schmunzeln über sein Gesicht: »Klassisches Sanskrit, Upanishaden, Unterabschnitt Kathaka:

Ashariram sharireshv – anavasteshv –
avastitam mahantam vibhumatmanam
matvo dhiro na shocati.

In den Leibern den Leiblosen,
Im Unsteten den Stetigen,
Den Atman, groß, alldurchdringend,
Schaut der Weise und grämt sich nicht.«

Schon gestern ist mir aufgefallen, daß vielerorten, in Höfen, unter Bäumen, in steinernen Lauben Unterricht erteilt wird. Die Grüppchen der Lernbegierigen sind nicht groß, oft nur zehn oder zwanzig Personen, und das Vorlesen ist, so versichert mir Jan, auch meist kein Unterricht im eigentlichen Sinne; es ist mehr eine Art Märchenstunde. Den Pilgern werden – gegen einen Obolus versteht sich – Geschichten aus den alten Epen und Fabelbüchern vorgetragen. Sie gelten als Born der Lebensweisheit, als Leitfäden für Lebenskünstler.
Das berühmteste indische Fabelbuch ist das *panca-tantra.* Es ist in alle Idiome des indischen Subkontinents und in alle wichtigen Sprachen – in mehr als fünfzig – übersetzt worden. Geschrieben wurde das Buch in den ersten Jahrhunderten unserer Zeitrechnung. Ein Brahmane, der die undankbare Aufgabe hatte, einen geistlosen Prinzen zu erziehen, war der Verfasser. Er hat seinem Zögling die Kunst des Regierens mit Hilfe von amüsanten Geschichten beigebracht.
Die Akteure des Buches sind zumeist Tiere, Tiere, die sprechen können und wie Menschen handeln. Der Löwe ist der König, der Schakal ist ein Minister und so weiter. Alles, was auf dieser schönen Erde kreucht und fleucht, wurde engagiert; selbst Wanzen und Läuse spielen mit. Wenn Menschen auftreten, ist es nicht immer zu ihrem Ruhme: Oft, sehr oft werden sie als sittlich unter den Tieren stehend gezeigt.
Das ›Fünfbuch‹, so lautet die wörtliche Übersetzung seines Titels, ist das

am meisten verbreitete indische Buch, und seine Sprüche und Geschichten sind auch ungebildeten Indern geläufig. Die fünf Kapitelüberschriften verraten, um was es im einzelnen geht: ›Krach unter Freunden‹, ›Wie man Freunde gewinnt‹, ›Krieg und Frieden‹, ›Wie man Erworbenes verlieren kann‹ und ›Die Folgen unüberlegten Handelns‹.

»Come on«, lacht Jan, »wir lassen uns jetzt ein paar Märchen erzählen.«

Wir klettern wieder in die Rikscha und traben ins Stadtzentrum. Unter einem jungen Banyanbaum lassen wir uns nieder, im Kreise von alten Männern, neugierigen Kindern und stillenden Müttern. Der Märchenerzähler hat unseren Gruß höflich erwidert und auf die Frage des Professors zustimmend den Kopf geschüttelt. Jan versteht nicht alles, was der Brahmane vorliest, aber was er mitbekommt, gibt er mir flüsternd weiter. Es ist von Cantanu und Satyavati, von Samvarana und Tapati, von Ruru und Pramadvara die Rede; wir hören die Liebesgeschichte der holden Maid Hidimba und das große Klagelied von Rama, der um Sita trauert.

Die Geschichte von Bhima und Draupadi bekommen wir nur zur Hälfte mit. Das liegt nicht an der Geschichte, das liegt an unseren Beinen: Die sind nach halbstündigem Schneidersitz zusehends steifer geworden. Nur mühsam kommen wir hoch. Jan massiert seine Knie. »Das hätten wir wissen können«, brummt er; dann zwinkert er mir zu und jammert noch ein wenig: »The older I grow, the more I distrust the familiar doctrine that age brings wisdom.«

Beim nächsten literarischen Freiluft-Zirkel – er ist gleich um die Ecke – machen wir es geschickter: Wir setzen uns auf ein Mäuerchen und lassen die Beine baumeln. Das ist zwar ein denkbar schlechtes Benehmen, aber es bekommt uns besser.

Das Thema dieser Gruppe ist höchst amüsant. Es wird aus einem indischen Liebes-Lehrbuch rezitiert, aus dem *ratirahasya*[90]. Die Faszination der Zuhörer ist verständlich. Schon die Kapitelüberschriften haben es in sich:

Von den verschiedenen Frauentypen,
Vom Liebesumgang im Einklang mit den Mondphasen,
Vom Küssen,
Vom Beißen,
Vom Willfährigmachen ...

»Aufgepaßt!« flüstert Jan, »jetzt kannst du was lernen!«

Wir sind beide ganz Ohr. Zum Glück findet die Vorlesung in englisch statt. Englisch ist noch immer die lingua franca in Indien. Die Pilger aus dem Süden können mit Hindi und Urdu nichts anfangen[91]. Die Aussprache des Vorlesenden ist klar und deutlich, nur bei den Namen hat er Schwierigkeiten. Die vokalreichen Worte überfordern die englische Phonetik. Die Flucht ins

Sanskrit – eine Notlösung, mit der sich der Vortragende oftmals geschickt aus der Patsche hilft – ist für die meisten Zuhörer nicht gerade eine ideale Lösung. Mich stört es nicht; ich habe einen Dolmetscher zur Seite.

Zunächst ist von vier verschiedenen Frauen die Rede, von vier Grundtypen:

Padmini, so heißt die erste, ist zart wie eine Lotosblume, wie eine Knospe. Sie hat die Augen einer Gazelle und eine herrliche Brust. Sie schreitet wie eine Göttin, und ihr Schoß gleicht einem Blütenkelch.

Citrini, die zweite, hat ebenfalls einen schönen Gang. Alles ist rund an ihr: ihre Brüste und ihre vorstehenden Lippen, ihr mächtiger Popo und der ›Sitz des Liebesgottes‹. Sie verlangt nach äußerem Liebesspiel und ißt gern Süßes.

Die *Sankhini* ist ein kleiner Hausdrachen: Sie ist gallig und neigt zu Zorn und Gezeter. Ihr Geruch ist scharf und ihr Körper haarig.

Die *Hastini* schreitet gar lieblich einher, aber ihre Zehen sind gekrümmt, und ihr Hals ist kurz und dick. Der Duft eines Zweizahners, eines brünftigen Elefanten, geht von ihr aus.

Im zweiten Kapitel verrät der Autor, wie man die holden Wesen becirct. Er spricht vom Liebesumgang im Einklang mit den Mondphasen:

Am ersten Tag der Monatshälfte macht ein Liebhaber seine junge Frau ›auf solche Weise glücklich‹: Er umarmt sie innig, er küßt sie auf den Nacken, er streichelt ihr Haar, er beißt ihr liebevoll auf die Lippen.

Am zweiten Tag darf er ihre Brust berühren. Das macht ihn fast liebeskrank. Auch die Ohrläppchen und die Augen der Schönen gehören ihm nun, und er darf sie – oh, welche Wonne – selbst unter der Achsel kitzeln.

Am dritten Tag bringt er die junge Frau außer sich: Er umarmt sie fester, er ritzt ihre Taille mit den Fingernägeln, er holt Musik aus ihrer Brust...

Am vierten Tag erzittern die Liebenden vor Leidenschaft, sie sprudeln vor Einfällen, sie sprudeln gleich heiligen Wassern...

»Stell das Minifon ab!« Jan drückt selbst aufs Knöpfchen. Er meint, daß wir die Ereignisse des fünften bis fünfzehnten Tages andächtig anhören, aber nicht festhalten sollten. Ich bin einverstanden, aber ich frage mich, ob er hellsehen kann oder so fachkundig ist.

Im nächsten Kapitel ist von kühler, von wohltemperierter und von ungestümer Liebe die Rede. Was Schiller mit der Floskel ›Wenn Gleiches sich mit Gleichem paaret‹ sagen wollte, das demonstriert Kokkoka, der Verfasser dieser Liebeslyrik, mit Hasen, Stieren und Hengsten auf der einen und mit Gazellen, Stuten und Elefantenweibchen auf der anderen Seite.

Im vierten Abschnitt wird erläutert, wann und weshalb ein Mann seine Gedanken auf Flüsse und Wälder, auf Höhlen und Berge richten sollte und warum es von unschätzbarem Wert ist, wenn er sich – im entscheidenden Augenblick – einen Affen vorstellt, der von Ast zu Ast hüpft.

Im fünften Kapitel geht es um landsmannschaftliche Verschiedenheiten: Die Frauen aus Avanti und Balh sind laut und unfein und nicht fürs Kratzen und Beißen zu haben. Sie lieben Umarmungen nach Art der Tempelplastiken. Die Frauen aus Lata, dem südlichen Gujarat, sind voll Leidenschaft, und ihre Leiber sind zart; sie scheinen zu tanzen, wenn der liebende Arm sie umfängt. Die Schönhüftigen aus Gauda und Vanga (dem heutigen Bengalen) sind zart wie Blumen, und sie haben gar liebliche Namen, aber vom Küssen verstehen sie nichts. Die Frauen von Muladeva lieben leidenschaftlich und heiß, sie können alles, und sie haben alles, nur das Schamgefühl geht ihnen ab.
Nach diesem Vorgeplänkel kommt der Autor zur Sache, er geht in die technischen Details. Von den verschiedenen Umarmungen ist die Rede und von den Küssen und Kratzwunden. Er unterscheidet berührende und hängende Umarmungen, solche mit Über- und solche mit Unterdruck, er schildert Umarmungen, die an Lianengewächse erinnern, und andere, die sich wie Baumbesteigungen ausnehmen.
Beim Küssen unterscheidet er den zaghaften, den zitternden, den gehauchten und den schrägen Kuß; den drückenden, den Ober-, den Unterlippen- und den Zungenkuß.
Auch das Kratzen mit den Nägeln wird wissenschaftlich rubrizieret. Man unterscheidet:
a) Kratzen am Oberleib (Achselhöhle, Brüste) und
b) Kratzen am Unterleib (an den Schenkeln und den vielen Et ceteras).
Der Experte weiß, wie man mit den Nägeln eine Gänsehaut erzeugt, wie man die Geliebte mit den Zähnen ziseliert und wie man onomatopoetische Knacklaute erzeugt. Auch das Knacken von harten Nüssen ist für einen richtigen Sex-Ingenieur kein Problem: Er greift zu Zaubersprüchen. Die Kameśvara-Formel muß nur hunderttausendmal gemurmelt werden, und die Hrllakha-Formel wirkt spätestens bei Sonnenaufgang. Hilft alles nichts, greift man zur Sieben-Silben-Formel: *Om krom hrim śrim dham svaha!* Zusammen mit einer Mixtur aus *taliśa*-Samen und Rindsgallenstein macht diese Formel selbst die müdesten Mädchen munter.
Willfährig macht auch das Pulver eines Wurmes, das Pulver der kleinen schwarzroten Gunja-Beere und das Pulver des Muni-Blattes (Mango), wenn es mit dem eigenen Körperschmutz vermengt wird. Staub von der Brust einer schwarzen Hündin mit dem Pulver einer Fliege und allerlei Samen vermischt macht selbst die Gattin des Vasistha, die altindische Penelope, willfährig. Gleiches bewirkt, wenn man Samen in den ausgenommenen Bauch eines Sperlings tut, Diamantenwasser (Urin) hinzufügt, aus zwei Tellern eine Tüte macht, das Ganze sieben Tage auf kleiner Flamme schmoren läßt und dann von dem, was bleibt, eine Pille dreht.

Und so geht es fort und fort – seitenweise. Von den hervorstechendsten Merkmalen der Affen ist die Rede und von Zutaten, die unentbehrlich sind (Kampfer, Pfeffer und Pferderotz), es wird beschrieben, welchen Effekt das Lutschen von Süßholz mit Butter und Honig hat und was in Milch aufgekochte Bockshoden bewirken: »selbst hundert Frauen sind ihm dann nicht mehr genug«.
Wie das ›Königreich der Liebe‹ bearbeitet wird, ist von rustikaler Lyrik; da ist von Bauernattacken, von Purzelbäumen und von der ganzen Arche Noah die Rede: von Kühen und Elefanten, von Gazellen und Eseln, von Hunden und Büffeln. Ins Artistische geht es, wenn sich eine Frau einem Quartett ergibt oder Don Juan eine Quadriga fährt. So Gewagtes kann nicht ohne Stöhnen abgehen. Aber auch hier verläßt uns die Wissenschaft nicht. Sie kennt viele Arten des wonniglichen Wehklagens:

das him-Machen,
das Donnern,
das sit- und ut-Machen,
das Seufzen,
das Weinen etc. bis zu
O!
O weh!

Sex – ein Segen Gottes!

Nach diesem vergnüglichen Nachmittagsausflug geht es in unserer Tafelrunde beim Dinner recht lustig zu. Einige der Damen wollen Genaueres wissen. Sie streichen Jan um den Bart, um ihn gesprächiger zu machen:
»Ach bitte, wie becirct man einen Guru«, fragte Jeanette, die kesse Französin. »Ich kenne einen, der ist himmlisch: von oben bis unten mit Asche beschmiert!«
Jan mimt den Nachdenklichen, dann rückt er mit einem vielversprechenden Vorschlag heraus:
»Madame, warten Sie bis zum nächsten Vollmond und besorgen Sie sich eine Sahadevi-Wurzel (sida cordifolia linn.); zerreiben Sie die Alraune mit Rindsgallenstein, und machen Sie sich aus dem Pulver ein Stirnzeichen. Sie bringen damit nicht nur einen, Sie bringen eine Schar von Gurus in Verwirrung!«
Mrs. Randolph, Frauenrechtlerin ›and always the first over the fence in the mad pursuit of culture‹, protestiert: »Herr Professor, Sie werden hier doch

nicht ein Privatissimum über die indischen Liebeslehrbücher abhalten wollen?«

»Warum nicht?« erkundigt sich Jeanette mit der unschuldigsten Miene der Welt. Die ganze Tafelrunde stimmt ihr zu. Man möchte wissen, was es mit dem Kama Sutra [92], den Tempelplastiken, mit der Erotik schlechthin hierzulande auf sich hat.

Jan blättert für eine Minute nachdenklich in einigen Büchern, die er für mich bereitgelegt hatte. Ich sehe ihm an, was in ihm vorgeht: Soll er, soll er nicht? Nicht alle seine Zuhörer sind ernsthaft interessiert, manche spekulieren nur auf einen Nervenkitzel. Aber vielleicht ist es der Mühe wert, gerade diese zu bekehren ...

Er schüttelt sein Zaudern ab und holt, jetzt ganz Professor, weit aus:

»In Europa weiß man um diese Dinge seit der zweiten Hälfte des vorigen Jahrhunderts. Richard Burton, Abenteurer und Gelehrter in einem, hat sich mit einem Indologen namens F. F. Arbuthnot an die Übersetzung alter Sanskrittexte gemacht. Im Jahre 1882 gründeten die beiden die Kama-Shastra-Gesellschaft in London, deren Zweck es war, Hindu Erotica zu veröffentlichen. Bei der Bearbeitung des *Ananga Ranga* fand Arbuthnot zwei *intriguing references,* zwei Hinweise auf ein Buch, das einen Mann namens Vatsya zum Verfasser hatte und das auch in anderen Schriften schon mit großem Respekt erwähnt worden war. Er entschloß sich, der Sache auf den Grund zu gehen. Eine großangelegte Suchaktion wurde gestartet. Kolonialbeamte, Missionare, Brahmanen und Indologen durchstöberten Indiens Bibliotheken. ›No Sanscrit library was supposed to be complete without a copy.‹

Aber so einfach war die Sache nicht. Vor hundert Jahren war Indien noch etwas unterentwickelter als heute. Es gab keine wohlorganisierte Wissenschaft, es gab nur eine Handvoll gelehrter Brahmanen, und deren Hilfsmittel waren oft recht dürftig. Die Kunst- und Geistesschätze des Landes verstaubten in abgelegenen Tempelstädten; sie waren seit Jahrhunderten verschüttet.

Aber schließlich wurde das Buch gefunden. Es war das Kama Sutra, das älteste Liebeslehrbuch der Hindus, geschrieben im dritten Jahrhundert nach Christus. Arbuthnot machte sich unverzüglich an die Übersetzung, Burton half mit praktischen Tips, und schließlich wurde das Buch in London veröffentlicht. Die Lehre des Hinduismus war wieder einmal der Gesprächsstoff der Society. Und das zu Recht. Das Buch gab nicht nur Einblick in das Leben und Treiben der Hindus, es enthüllte einen Grundpfeiler ihrer Kultur, einer Kultur, die die Sexualität als etwas Positives und ihre Verfeinerung als ›zum rechten Leben gehörig‹ akzeptierte. Den Europäern war eine solche Geisteshaltung neu. Sie fanden *acceptance and pleasure,* freudige, beden-

kenlose Hingabe, wo sie seit Jahrhunderten stets nach *danger and guilt,* nach Schuld und Schande, Ausschau gehalten hatten.
Obwohl das Kama Sutra aus dem dritten Jahrhundert stammt, ist es in seinen wichtigsten Teilen wesentlich älter. Der Autor, Vatsayana, nimmt nicht für sich in Anspruch, eine originelle Leistung vollbracht zu haben. Er faßt nur zusammen, was an Liebesweisheit zu seiner Zeit existierte, was sich durch Jahrhunderte hindurch in Form von mündlich überlieferten Geschichten und Lehren angesammelt hatte.
Für rund tausend Jahre war sein Werk konkurrenzlos, unangefochten, einmalig. Erst im zwölften Jahrhundert machte sich Kokkoka daran, das Überlieferte mit den Sitten und Gebräuchen seiner Zeit in Einklang zu bringen. Er schuf dabei nichts Neues, er war der Ansicht, daß Vatsayana *the ultimate wisdom,* die letzte Weisheit, verkündet hatte. Sein Verhältnis zu Vatsayana war wie das der Renaissance zu Griechenland.
Die Kunst der Liebe, die Philosophie der Liebe, ihre Vergötterung, ihre verzückte Anbetung war ein fester Bestandteil des alten Indien, ein Eckstein seiner Religion. Für einen Hindu bedeutet Religion nicht Kommunikation mit Gott, für ihn ist Religion eine Form *of public conduct,* eine Vielfalt von Riten, Festlichkeiten und Opferhandlungen. Allein das religiöse Drumherum bringt Verdienste. Und ein rechtschaffenes Leben, ein Leben im Rahmen der von Wiedergeburt zu Wiedergeburt vorgesehenen Aufwärtsentwicklung durfte nicht ohne Verdienst in der Liebe sein. Mehr als das: Ein rechtschaffenes Leben war undenkbar ohne eine gewisse Vervollkommnung in der Kunst der Liebe. Und mit Sünde hat das alles nichts zu tun. Der Hindu versteht unter Sünde etwas ganz anderes als der Christ. Für ihn ist *the breach of purity,* eine Verletzung der rituellen Reinheit, das Kronübel. Und nur insoweit, als das Geschlechtliche zu solchen Verunreinigungen führen kann, ist es möglich zu sündigen. Aber solche Sünden lassen sich durch Verdienste, durch Opfer und ähnliches wieder ausgleichen.
Kama – Erfüllung in der Liebe – ist für jeden Hindu religiöse Pflicht. Seine Ideale und Vorstellungen sind Jahrtausende alt:
›The frequently seen ideal of the Indian, and above all of the warrior, of the blissful life, is intercourse with thousands of lovely women in the bloom of youth, smiling with long lotus-eyes at the man, winding, their rounded arms about his neck, and pressing their swelling firm breasts against him – women who press their great swelling hips and thighs like bananastems against his body, who give lips red as the bimba-fruit to be sucked by his and as they glow in the act of sex not only receive but also give [93].‹
Liebe und Sexualität lassen sich in Indien mit einem religiösen Leben nicht nur in Einklang bringen, sie sind Teil der Religion [94].

Unter diesem Aspekt nehmen sich die Tempelplastiken, die vielzitierten und vielbesuchten Reliefs von Khajuraho und andere, sofort anders aus. Sie sind keine Pornographie, sie sind Darstellungen des Kama, der für jeden Hindu unerläßlichen Liebeserfüllung. Daß diese Plastiken in diesem religiösen Sinne gemeint sind, wird auch daraus deutlich, daß die Liebespaare allesamt vertikal dargestellt sind. Sie streben, wie der Tempel selbst, nach oben, sie suchen durch vorbehaltlose, ekstatische Hingabe sich mit dem Göttlichen zu vereinen:

›In der Umarmung der Geliebten vergißt ein Mann die ganze Welt – alles Innere und alles Äußere; und wer sich der Umarmung des All-Einen, des Göttlichen hingibt, kennt in gleicher Weise nichts Inneres und nichts Äußeres mehr.‹ (Upanishaden)«

Der Professor klappt das Buch zu und lehnt sich zurück. Er schmunzelt. Die glänzenden Augen der Damen verraten ihm, daß er – wenigstens in den Grundzügen – verstanden worden ist. Jeanette träumt mit offenen Augen. Einige der Sätze klingen noch in ihr nach: »Rapture was the most compelling analogy for the final beatitude!« Und das alles ohne Schuldkomplexe ... Parbleu! Das waren noch Zeiten!

Mrs. Randolph schaut etwas säuerlich drein. Ihre hochmütigen Blicke bringen einen der anwesenden Inder in Rage. Er zieht blank: »Madam, das angelsächsische Gewissen hält die Engländer nicht davon ab zu sündigen, es verhindert nur, daß sie sich der Sünde erfreuen.«

Die Vestalin aus East Anglia verläßt mit einem abweisenden ›Good night‹ den Tisch. Jan runzelt die Stirn; ein tadelnder Blick trifft den jungen Mann, doch der ist nicht gewillt, klein beizugeben: »Es gibt Leute, die das Nackte so verabscheuen, daß sie selbst die nackte Wahrheit mißbilligen!«

Bei Jan zuckt es um die Mundwinkel. Er hat eine Schwäche für Wohlformuliertes, und überdies – der junge Inder hat recht. Schließlich steuert er selbst noch ein Beispiel für falsche Prüderie bei; er liest uns vor, was ein vielhundertseitiger amerikanischer Reiseführer über Khajuraho zu sagen hat: »... some of the carvings are obscene! – einige der Schnitzereien sind obszön!« Damit ist für den Verfasser – für viele Amerikaner schlechthin – das Thema erschöpft: »Aber hinfahren und ansehen tun sie es alle!«

Jan – nun wieder ganz in Fahrt – kommt noch auf vieles zu sprechen. Von erotischen Sekten ist die Rede und von den Folgen des Ehebruchs, von den Devadasis und den neuesten Werbemethoden: Sex im Selbstbedienungsladen [95]. Vieles stellt er zur Diskussion – vieles mit negativem, vieles mit positivem Vorzeichen. Die hehre Lehre des Kama aber bleibt unangetastet, sie hebt sich immer deutlicher, immer klarer aus dem Wust der Details, der törichten Verirrungen. Man spürt: Die Zuhörer sehen Benares jetzt in einem

anderen Licht. Die ›Stadt der hunderttausend Phallen‹ wird von mancher Verzerrung befreit; wir sehen sie nicht mehr im Parabolspiegel der Äußerlichkeiten, wir sehen sie jetzt als das, was sie ist: ein Riesenmuseum, ein Konglomerat jahrtausendealter Riten und Gebräuche, die Stadt der Religion, die Hochburg des Hinduismus. Über all dem Schmutz, der Abgötterei, dem stupiden Götzendienst wird wieder einmal das große, das geniale Konzept sichtbar: die Lehre von Dharma, Artha, Kama und Moksha.
»Wenn die Hindus so der Liebe huldigen, was hat es dann mit der *brahmacharya*, der Enthaltsamkeit, auf sich?« will einer der Anwesenden wissen.
Der Professor nickt ihm anerkennend zu: »Die Frage ist nicht unberechtigt. Hier liegt, wenn man von der vorgeschriebenen Enthaltsamkeit in der dritten und vierten Lebensstufe absieht, ein gewisser Widerspruch vor. Was ist die Ursache dafür? Asketische Ideale? Ja! Aber nur bis zu einem gewissen Grad; medizinische (ayurvedische) und metaphysische Gründe überwiegen. Und das ist nicht schwer zu verstehen. Das hat seine Ursache in den alten Yogalehren. In ihnen mißt man der Lebensflüssigkeit, dem *bindu*, besondere Bedeutung zu[96].
Die Energie eines Mannes – so lehren die alten Schriften – ist in seiner Samenflüssigkeit konzentriert. Das *bindu*, auch Nektar und *soma rasa* genannt, ist ein physisches und mystisches Elixier, das aus dem Blut destilliert wurde. Je größer der Binduvorrat, desto größer die Lebenskraft. Gesundheit, Lebensdauer und ›der Strahlenkranz des Leibes‹, der alle Yogis und Brahmacharis auszeichnen soll, hängen vom Bindu ab. Jeder Binduverlust bewirkt physisch und geistig eine Verarmung.
Das mutet uns fremdartig an, wir empfinden es als Übertreibung, aber für die Hindus ist es eine Lehre, die so sehr in ihrem Bewußtsein verankert ist, daß ganze Schichten der Bevölkerung an *Spermatorrhoea*, an Samenangst, leiden[97]. Sie flüchten in eine Kunstfertigkeit, die jedem westlich erzogenen Menschen die Sprache verschlägt: Sie üben *vajroli* und – wenn's gar nicht anders geht – die *madhavadasa*-Vakuum-Technik.
In ›Hatha-Yoga vereinfacht‹ (1958 vom Yoga-Institut in Santa Cruz/Bombay veröffentlicht) geht man sogar so weit, die Vajroli-Technik, wenn sie nur jedermann zugänglich gemacht werden könnte, als ideale Methode zur Geburtenkontrolle zu preisen. Man trat damit in die Fußstapfen von Gandhi. Auch der Mahatma war ein fanatischer Anhänger von *brahmacharya* und pries die Abstinenz als soziale Wohltat, als förderlich für die Volksgesundheit: »Die Fähigkeit, den Lebenssaft zurückzuhalten und zu assimilieren, ist eine Sache langen Trainings. Wenn man ihn richtig aufbewahrt, wird er in unvergleichliche Energie und Kraft verwandelt[98].«
»Ja, Gandhi war ein Genie, ein Genie sui generis!«

Ein junger Amerikaner meldet sich zu Wort. Er blättert vergnügt in einem Buch, das er heute schon den ganzen Tag bei sich hatte; er zeigt es herum und liest dann, nachdem er sich des Interesses der Zuhörer vergewissert hat, vor: »Gandhi, überlebensgroß in allem, was er unternahm, hat wahrlich seiner Bapu-besessenen Nation ein warnendes Beispiel gegeben. Er saß nicht nur wie der Dschinn aus ›Tausendundeiner Nacht‹ seinen Söhnen auf den Schultern und tat, was er konnte, sie um ihre Mannbarkeit zu bringen; er hat auch versucht, dasselbe seinen Mitarbeitern anzutun. ›Ich habe meinen Mitarbeitern Brahmacharya zur Lebensregel gemacht, selbst verheirateten Männern, wenn sie die Wahrheit wirklich suchen.‹ Enthaltsamkeit war für die im Ashram lebenden Ehepaare absolutes Gesetz, und als einmal ein junges Paar bei der Kopulierung ertappt wurde, begann er ein öffentliches Fasten, um die Gemeinde von der Besudelung zu reinigen. Öffentlich und privat predigte Gandhi unermüdlich Brahmacharya, und junge Frauen, die in seinen Bannkreis gerieten, waren besonders anfällig, Opfer seiner Überredungsgabe zu werden. Er zerstörte auf diese Art mehrere Ehen – in einem Fall, indem er eine junge Frau zum Keuschheitsgelübde überredete, während ihr Mann auf einer Mission abwesend war. Seine Obsession nahm aber noch seltsamere Formen an: Von Zeit zu Zeit, und zwar bis zu seinem Lebensende, bestand er darauf, daß junge Mädchen sein Bett oder seine Matte teilen sollten, um sich selbst zu beweisen, daß er gegen die Versuchungen der Fleischeslust gefeit war. Es war eine traurige Travestie der Tändeleien Krishnas mit den Schäferinnen. Die Folgen, die solche Erfahrungen auf die betreffenden Mädchen haben mochten, schienen ihn nicht weiter zu bekümmern. Als bei einer dieser Gelegenheiten die britische Polizei nachts erschien, um ihn zu verhaften, fand sie den Mahatma im Bett mit einem achtzehnjährigen Mädchen. Der Polizeioffizier, dem die rein geistige Natur dieses Experiments etwas zu hoch war, erstattete empörten Bericht, den die britischen Behörden klugerweise geheimhielten.«
Ein Schmunzeln geht um die Runde: To abstain from sin when a man cannot sin is to be forsaken by sin, no to forsake it. Aber der Mahatma findet auch seine Verteidiger: »Das glaube ich nicht, woher will man das wissen, das ist üble Nachrede!«
Der Amerikaner, der die Geschichte vorlas, schlägt das Buch noch einmal auf und liest eine Anmerkung des Verfassers: »Dieses bezeichnende Kapitel aus Gandhis Leben ist denen, die ihm nahestehen, allgemein bekannt, wird aber in Indien sorgsam geheimgehalten. Es wurde beschrieben in ›Meine Tage mit Gandhi‹ von Nirmal Kumar Bose (Nishana, Calcutta 1953). Bose, ein Anthropologe, war ein hervorragender Gelehrter, der eine Zeitlang, als eine Art öffentlichen Dienstes, sich als Gandhis Sekretär betätigte, diese Stellung

aber aufgab, weil er Gandhis Experiment mit den jungen Mädchen ablehnte. Die Anhänger Gandhis haben so gründlich jede Spur des Skandals verwischt, daß Boses Buch nicht nur in Indien, sondern auch im Britischen Museum nicht erhältlich ist[99].«

Jan, dem anzusehen ist, daß er das Thema wechseln möchte, erzählt einen harmlosen Gandhi-Witz und will sich dann empfehlen. Aber so leicht entkommt er seinem Auditorium nicht. Mit dem Stichwort ›Geburtenkontrolle‹ hat er ein Problem angeschnitten, das die Tischrunde zu Dutzenden von Fragen anregt:

»Stimmt es, daß in Indien immer noch zigtausend Menschen verhungern?«

»Was tut die Regierung gegen die Bevölkerungsexplosion?«

»Wie wird es im Indien des Jahres 1980 oder 2000 aussehen?«

Jan entschuldigt sich für eine Minute; er holt zwei Bücher, setzt sich zurecht und beginnt mit einer lapidaren Feststellung: »The thing that takes up the least amount of time and causes the most amount of trouble is sex! – Die Sache, die am wenigsten Zeit erfordert, aber die meisten Sorgen verursacht, ist Sex! – Das gilt nicht nur für das Privatleben vieler Menschen, das gilt auch für ganze Nationen.«

Und dann geht er in die Details:

Indien hat einen Bevölkerungszuwachs von rund fünf Millionen jährlich. Was bedeutet das? Es bedeutet nichts anderes, als daß die mühsam erkämpften Verbesserungen des Lebensstandards (die Steigerung der industriellen und landwirtschaftlichen Produktion) durch mehr und mehr Esser, Arbeits- und Obdachlose wieder aufgewogen werden. Indien ist in der Situation eines Mannes, der eine abwärtsfahrende Rolltreppe hinauflaufen will. Und das ist nicht einfach. Es erfordert schon einige Anstrengung, will man auch nur auf der Stelle bleiben. Will man die Treppe schaffen, ist mehr erforderlich: jugendlicher Elan, beste Kondition.

Wie es damit in Indien bestellt ist, wissen wir aus eigener Anschauung. Es gibt kaum ein Land, das so rückständig ist[100], und kaum ein Land, dessen Rolltreppe so schnell abwärts läuft.

»They breed like rabbits. – Sie vermehren sich wie die Kaninchen«, hieß es in einer amerikanischen Zeitung. An Zahlenmaterial zur Stützung solcher Behauptungen fehlt es nicht. Die UNO hat eingehende Berechnungen angestellt, und auch die indische Regierung hat das Problem erkannt und zielstrebige Maßnahmen ergriffen. Antiquiertes Gedankengut ad acta zu legen war eine der wichtigsten Aufgaben. Man begann bei Gandhi und dessen unhaltbaren Ansichten. Die empfängnisverhütenden Mittel, die der Mahatma als eine Beleidigung der Frauen bezeichnete (Harijan – Young India, 5. 5. 56), wurden rehabilitiert. *Family planning* wurde en vogue[101].

Während des ersten Fünfjahresplanes wurden 126 *Family-planning*-Kliniken in den Städten und 21 in ländlichen Bezirken errichtet. Im zweiten Fünfjahresplan gab es schon 549 bzw. 1 100 Kliniken. Zusätzliche Beratungsstellen gab es an 1 864 städtischen und 330 ländlichen *medical and health centres.* Auch Sterilisationszentren wurden eingerichtet[102]. Und der Staat ließ sich das was kosten. Im ersten Fünfjahresplan waren 7 Millionen Rupien für die Familienplanung vorgesehen, im zweiten 30 Millionen und im dritten 270 Millionen[103].

Aber mit Geld und Propaganda allein ist es nicht getan. Man braucht, um mit Nehru zu sprechen, ›auch ein etwas höheres Bildungsniveau‹. Die Leute begreifen oft einfach nicht, um was es geht. Dazu ein Beispiel:

Die *Planned Parenthood Federation of America* hat sich die Mühe gemacht, einfache Arbeiter und Bauern über die Zyklusmethode aufzuklären. Man erzählte den Leuten von fruchtbaren und unfruchtbaren Tagen, man erläuterte und erklärte und gab ihnen, da viele weder schreiben noch rechnen können, auch recht anschauliche Hilfsmittel an die Hand: Perlenschnüre mit grünen und roten Perlen. Die Instruktoren nahmen sich jede Frau einzeln vor: »Schau her, Pamini: Wenn's beginnt, dann schiebst du die erste grüne Perle nach rechts, am nächsten Tag die zweite usw. Wenn dann die roten Perlen kommen (vom zehnten bis zum zwanzigsten Tag), dann kochst deinem Mann weniger Curry und gehst erst auf die Matte, wenn er schon schläft...«

Das System war bestens ausgedacht. Es hatte nur einen Fehler: Die simplen Weiber schrieben den Perlen magische Kräfte zu: Sie stellten, wenn immer ihnen danach zumute war, die Kette auf Grün und wähnten sich in Sicherheit.

Im übrigen muß man sich einmal vor Augen halten, wie sich die vortrefflichen Ratschläge aus dem Westen in der Praxis des indischen Alltags ausnehmen, in Lehmhütten ohne Wasser, ohne Toiletten, ohne jede Hygiene. Der radikalste Weg ist da immer noch der sicherste. Man hat ihn mitunter beschritten. In Madras und Mysore zum Beispiel: Jeder Vater, der drei oder mehr Kinder hat, kann sich freiwillig sterilisieren lassen. Da das Liebesleben nicht darunter leidet und die staatliche Geldprämie sehr verlockend ist, können viele der Versuchung nicht widerstehen. Wie heißt es doch: The natural man has only two primal passions – to get and to beget!

»Herr Professor, übertreiben Sie nicht ein wenig?« meldet sich eine ältere Dame aus Edinburgh zu Wort. »Indien existiert seit Jahrtausenden, und es wird auch weiterhin sein Auskommen finden. Warum forciert man plötzlich so unschöne Maßnahmen, warum begnügt man sich nicht damit, den Teufel an die Wand zu malen, warum holt man ihn jetzt mit solchen Methoden in jede Hütte?«

»Warum?« fährt einer der Gäste hoch. »Weil man zu Beginn der achtziger Jahre mit einer katastrophalen Hungersnot rechnen muß. Mehr als das. Die ganze Welt steht vor einem fast unlösbaren Problem.«
Und dafür gibt es hieb- und stichfeste Zahlen:
Auf dieser schönen Welt wird jede Sekunde ein Mensch geboren. Pro Tag ergibt das die runde Zahl von hunderttausend neuen Erdenbürgern, und zum Ende eines jeden Jahres sind es nicht weniger als vierzig Millionen, die zusätzlich zu füttern, zu kleiden und mit Obdach zu versehen sind.
Solche Zahlen waren vor nicht allzu langer Zeit noch undenkbar. Es hat Jahrtausende gedauert, bis unser Planet von der ersten halben Milliarde Menschen bewohnt war. Man nimmt an, daß das um das Jahr 1650 der Fall war. In den darauffolgenden zweihundert Jahren hat sich die Zahl der Erdenbürger verdoppelt – die Milliarde wurde voll. In den nächsten hundert Jahren wurde die zweite Milliarde erreicht und die dritte ist – nach Auskunft des neuesten UNO-Handbuches – auch schon voll. Sie wurde in kürzester Zeit erreicht. So etwas nennt man eine ›demographische Explosion‹, und das Kopfzerbrechen, das sie verursacht, ist beträchtlich. Der Generaldirektor der Welternährungsorganisaton (FAO), Dr. Sen, befürchtet, daß ab 1980 mit einer Welthungersnot zu rechnen ist[104].
Was ist der Grund für diese Entwicklung? Nun, es gibt der Gründe viele, aber sie laufen alle auf das gleiche hinaus, nämlich darauf, daß die Sterblichkeitsrate in Asien, Afrika und Südamerika rapide gesunken ist. Penicillin, DDT und die sehr erfolgreiche Malariaprophylaxe entrissen dem Tod jährlich viele Millionen. Die ›Times of India‹ berichtete in diesen Tagen davon: »Exit Anopheles: Es gab eine Zeit, sie liegt noch nicht lange zurück, da war die Anopheles drauf und dran, die Menschheit auszurotten. Jetzt sieht es so aus, als ob die Menschheit dabei wäre, der Anopheles den Garaus zu machen[105].«
Nach den Berechnungen der Vereinten Nationen ergibt sich für die Zukunft folgendes Bild:

Jahr	*1980*	*2000*
Bewohner der Erde	3,85 (Minimum)	4,88 (Minimum)
(in Milliarden)	4,28 (Maximum)	6,90 (Maximum)

Das ist die Situation. Für die einen ist sie mehr, für die anderen ist sie weniger bedrohlich. Japan zum Beispiel wird bei weiterhin sinkender Geburtenrate seinen Bevölkerungszuwachs zum Stehen bringen. Andere Nationen werden durch enorme Anstrengungen auf dem Ernährungssektor die Not zu bannen versuchen. Manche werden Erfolg haben, andere werden sich als

unfähig erweisen. Wo Indien steht, ist kein Geheimnis. Man braucht sich nur die Produktionsziffern von Reis und Weizen anzusehen:
In Italien liegt der Reisertrag pro Morgen bei 3 200 Pfund, in Japan bei 2 720 Pfund, in den USA bei 2 210 Pfund, in China bei 1 600 Pfund, in Indien bei 900 Pfund.
Bei der Produktion von Weizen ist das Bild ähnlich: Dänemark produziert pro Morgen 3 700 Pfund, Japan 2 450 Pfund, die USA (bei extensiver Methode) 1 440 Pfund, Indien nur 760 Pfund.
»Besteht Hoffnung auf Besserung?«
»Mir scheint, daß die Produktionssteigerung in Landwirtschaft und Industrie, die Entwicklung im Rahmen der Fünfjahrespläne keinen Optimismus zuläßt, aber es gibt auch Leute, die die Hoffnung nicht sinken lassen. Sie kennen doch die Geschichte von dem Optimisten, der aus dem vierzigsten Stockwerk eines Wolkenkratzers fiel und sich auf der Höhe des fünften Stockwerks damit tröstete, daß ›bis jetzt alles gut ging‹.
Und was die Geburtenrate anbetrifft, da kann man nur konstatieren, daß vierhundertachtzig Millionen Inder tagaus, tagein unzählige Fruchtbarkeitssymbole anbeten, daß sie ihr letztes bißchen Ghee opfern, um den Lingams Glanz zu verleihen. Was nützen da die Wegweiser, die man in den Zentren der Städte aufstellt und die den Weg zur nächsten Beratungsstation anzeigen sollen: ›The path to happiness is through birth-control. – Der Weg zum Glück führt über die Geburtenkontrolle!‹ Die Leute lesen es nicht. Sie gehen auf ausgetretenen Pfaden ins Kino um die Ecke. Dort läuft ein faszinierender Film. Sein Titel: ›Ants in the pants!‹«

Wo Buddha lehrte ...

Unser Rikschamann strampelt wie ein Berserker. Die gute Straße und die generöse Kundschaft haben es ihm angetan.
Mr. Chakla und ich sind auf dem Weg zum Wildpark von Rishipatana, zum heiligen Sarnath, wo Buddha seine erste Predigt hielt, wo er das ›Rad der Lehre‹ in Bewegung setzte. Sarnath ist ein Vorort von Benares und nur vier bis fünf Kilometer entfernt. Die Straße ist vorzüglich, die Szenerie langweilig: Palmen- und Zypressenhaine, weidende Kühe, mißtrauisch äugende Geier, schäbige Behausungen.
Auf halbem Wege überholen wir eine Hundertschaft emigrierter Tibetaner. Sie grüßen uns mit Glöckchen und Gebetsfahnen. Klein und schlitzäugig, in wattierte Russenkittel verpackt, hocken sie auf ihren Dreirädern. Sie demonstrieren, was eine Fahrradrikscha zu fassen vermag: fünf bis sie-

ben Personen und Gepäck in unbegrenzten Mengen: Es stapelt sich über der Lenkstange, es hängt unter der Achse der Hinterräder, es quillt zwischen Leibern und Gestängen hervor. »Ay, Ay« und »Susa, Susa« ruft es aus heiseren Kehlen, und dann – ganz plötzlich – bremst die Karawane, sie bremst, daß die Lappen von den Füßen fliegen. Einige Gepäckstücke sind herabgefallen, ein Zusammenstoß scheint unvermeidlich, aber die schnur- und lumpenumwickelten Beine der stämmigen Bergbauern nehmen der Machzahl das Mark. Die Felgenrakete steht, bevor die Sippen kollidieren und jemand zu Schaden kommt.

»Was, um Himmels willen, essen diese Leute hier?«

Mr. Chakla winkt ab: »Das liegt nicht am Hafer, das ist die durch nichts zu bändigende Freude an der Fahrbahn. Diese selten schöne, geradezu perfekte Straße weckt Rennfahrerinstinkte. Ob ›großes‹ oder ›kleines Fahrzeug‹ – die Technik fordert ihren Tribut.«

Mr. Chaklas Anspielung[106] wäre eine Studie wert, aber im Augenblick bin ich an Näherliegendem interessiert. Ich bitte ihn, mir einiges über Sarnath zu erzählen. Er erläutert mir, wie der Ort zu seinem Namen kam:

Buddha verbrachte in einem seiner früheren Erdenleben seine Tage als Reh in der Umgebung von Benares. Als der König auf Jagd ging und eine Hirschkuh, die ein Junges zur Welt bringen wollte, den Jägern vor die Spieße lief, da opferte sich das Reh – es sprang in die Bresche und rettete der Hirschkuh das Leben. Der König war darüber so gerührt, daß er diesen Teil seines Reviers zum Schutzgebiet erklärte, und Buddha (das Reh) wurde Sarang Nath gerufen, was soviel heißt wie ›Herr‹ oder ›König der Tiere‹. Im Laufe der Zeit wurde aus Sarang Nath das heutige Sarnath.

Das alte Sarnath, das buddhistische Bethlehem, existiert nicht mehr. Es hat vielleicht nie existiert. Buddhas erste Predigt fand unter einem Feigenbaum statt, und seine ersten Anhänger haben sehr naturverbunden gelebt: unter Dächern aus Laub und Bambuszweigen. Nichts ist davon geblieben.

Erst dreihundert Jahre später, um das Jahr 250 vor Christus, hat Ashoka, der König von Magadha, der heiligen Stätte zu Glanz und Monumenten verholfen. Ashoka war ein glühender Verfechter der buddhistischen Lehre. In zahlreichen Felsinschriften und Säulenedikten hat er der Nachwelt Zeugnis von dem von ihm erstrebten Wohlfahrtsstaat hinterlassen. In Sarnath sind heute noch die Reste einer Stupa aus jener Zeit zu sehen und die Überbleibsel einer Säule, die früher einmal das Löwen-Kapitell, das heutige Wappen Indiens, trug. Auch die Dhamekh-Stupa (aus DHARMAhya entstanden) wird Ashoka zugeschrieben.

In den Jahrhunderten danach wurde es wieder still um Sarnath. Erst im vierten bis sechsten Jahrhundert nach Christus, unter der Herrschaft der

Guptas, blühte die heilige Stätte wieder auf. Ein Tempel wurde errichtet, und die Dhamekh-Stupa wurde mit wundervollen Steinschnitzereien umgeben. Fa-Hien, ein Chinese, der nicht nur reiselustig, sondern auch sehr schreibfreudig war, berichtete der Nachwelt, daß er während dieser Epoche vier große Stupas und zwei Klöster vorfand. Um das Jahr sechshundert nach Christus traf ein anderer chinesischer Pilger rund fünfzehnhundert Mönche und dreißig Klöster an.
Während der nächsten Jahrhunderte haben die verschiedensten Herrscherhäuser am Ausbau Sarnaths mitgeholfen. Der Ort wurde ein kulturelles und religiöses Zentrum. Dann, im Jahre 1194 n. Chr., brach die Katastrophe herein:
Kutubuddin, Herr über ein muselmanisches Invasionsheer, machte die heilige Stätte dem Erdboden gleich. Wald wuchs über die Ruinen, die Säulen versanken im Boden. Sarnath war gestorben; es wurde vergessen.
Schließlich – nach Jahrhunderten – suchte und fand man die Ruinen. Englische Archäologen machten sich daran, die Wiege des Buddhismus wieder freizubuddeln. Was man heute im Museum Sarnaths oder im Indischen Museum in Kalkutta vorfindet, wurde zum größten Teil von Sir Alexander Cunningham, von Major Kittoe, von F. O. Oertel und von Sir John Marshall ausgegraben. Erst zwischen den Weltkriegen kamen die Forschungsarbeiten zu einem gewissen Abschluß.
Wir sind am Ziel unserer morgendlichen Tour angelangt und sehen uns die Ruinen, die Tempelfrakturen und vor allen Dingen das von Oertel ausgegrabene Glanzstück des Museums an – das Löwenkapitell. Zweitausenddreihundert Jahre ist es alt. Die vier mächtigen Wappentiere schauen nicht wild und furchteinflößend, sondern recht zufrieden drein. Sie repräsentieren Buddha, den Priester der Gewaltlosigkeit.
Mr. Chakla zeigt auf den Sockel: »Hier sehen Sie einen Bullen, ein Pferd, einen Löwen und einen Elefanten; sie bewachten den Anatota-See, in welchem Maya, die Mutter Buddhas, badete, als ihr die Geburt ihres großen Sohnes verkündet wurde. Bald darauf – man nimmt an, es war das Jahr 563 v. Chr. – war es soweit: Der kleine Siddhartha (›der sein Ziel erreicht hat‹) kam zur Welt. Er erhielt den Beinamen Gautama (es war bei den indischen Adelsgeschlechtern üblich, sich den Namen eines vedischen Sehers zuzulegen) und wuchs glücklich und sorglos heran. Seine Eltern waren fürstlichen Geblüts, sie gehörten der Kshatriya-Kaste, dem Sakya-Klan, an. Das kleine Fürstentum von Vater Suddhodana lag an der Südgrenze Nepals. Der Palast des Duodezfürsten war ein Hort der Wohlhabenheit und Geborgenheit. Was außerhalb, was in der Welt vorging, blieb dem jungen Siddhartha verborgen.

Das Wort Sikh bedeutet Schüler. Alle Sikhs sind Schüler des heiligen Guru Nanak, der 1469 in der Nähe von Lahore geboren wurde und sich – nach langen Wanderjahren – vom brahmanischen Hinduismus lossagte; er predigte eine monotheistische Religion und gestand jedermann das Recht zu, ohne Unterschied der Kaste seinen Weg zu Gott zu suchen. Gleich dem Protestantismus, mit dem er zeitlich zusammenfällt, erhob sich der Sikhismus gegen den Formalismus und den rituellen Überschwang der Mutterreligion. Und da alle Sikhs der Kriegerkaste entstammen, wurde die Religionsgemeinschaft ein ziemlich militanter Orden. *(S. 231)*

Indien muß man nehmen, wie es ist. Hier gelten andere Maße. Hier hat man Zeit, unendlich viel Zeit. Die meisten Touristen kommen mit falschen Vorstellungen nach Indien. Sie haben Geschichten gelesen von märchenhaftem Reichtum, von großen Banketten und feenhaften Palästen. Das gibt es natürlich. Aber diese Facette des indischen Lebens ist die unwirklichste, die unglaubwürdigste. Indien ist anders. Indien ist das Land der leeren Näpfe und der fetten Schieber, das Land der religiösen Eiferer und der schläfrigen Unwirklichkeit… (S. 19)

Erst im Alter von sechzehn Jahren, als er mit seiner Cousine Yasodhara, einer Adeligen aus dem benachbarten Koliyas-Klan, verheiratet wurde, hatte der junge Mann etwas mehr Freiheit. Er konnte jetzt den väterlichen Besitz ab und zu verlassen und über Land fahren. Was er da sah, schockierte ihn. Er sah alte Menschen, er sah Kranke, er sah einen Toten, er sah Asketen. Er verstand nicht, was ihm seine Augen offenbarten. Sein Kutscher gab Auskunft: ›Das, was du hier siehst, steht allen Menschen bevor!‹

Der junge Fürst erschrak. Das also war das Resultat jeder Geburt: Leid, Not und Tod. Er dachte darüber nach, seine Gedanken kamen nicht mehr davon los. Die Schönheiten seines Palastes, die Liebe seiner jungen Frau, das Baby in der Wiege – sie nahmen sich in seinen Augen plötzlich ganz anders aus. Die Welt des Glücks, die Welt der materiellen Sicherheit, was war sie anderes als eine Illusion, ein Trugbild, ein Nichts?

Er dachte darüber nach, und er fand keine Lösung – nur einen Ausweg, einen Ausweg aus der menschenunwürdigen Routine: Er mußte die Freuden dieses Lebens aufgeben, um Freiheit zu gewinnen, Freiheit von den Übeln dieser Welt. Er nahm Abschied von seiner schlafenden Frau und seinem erst sechs Tage alten Baby und verließ zu mitternächtlicher Stunde den Palast. Unter dem Geflimmer der Sterne wanderte er in die Nacht, hinaus in die Wildnis. Er ging den Weg des *mahabhinishkamana,* den Weg des großen Verzichts.

Zunächst holte er sich Rat bei Alara Kalama, einem berühmten Philosophen seiner Zeit. Er setzte sich zu Füßen des Weisen und lauschte dessen Lehren, aber das Gehörte befriedigte ihn nicht. Da suchte er seinen eigenen Weg. Er praktizierte sechs Jahre lang Yoga und unterwarf sich den strengsten Prüfungen [107]. Er besiegte seine Furcht, er überwand alle fleischlichen Lüste, er lernte seinen Geist beherrschen, aber im tiefsten Innern spürte er, daß sein großer Wunsch – Einsicht in das Letzte zu gewinnen – unerfüllt blieb. Eines Tages gestand er sich das ein. Er gab seine fruchtlosen Yoga-Praktiken auf, er aß wieder regelmäßig und meditierte mehr. Fünf Mönche, die ihn begleitet hatten, verließen ihn enttäuscht. Sie glaubten nicht mehr an ihn [108].

Aber Siddhartha war hartnäckig. Er zog weiter und ließ sich schließlich in Uruvela, in der Nähe des heutigen Gaya, nieder. Hier gab er sich intensiver Meditation hin: Er ließ alle seine früheren Leben Revue passieren, er durchdachte die verschiedenen Ebenen der körperlichen Existenz, er verquickte die Bestandteile des Seins mit dem Sein, bis schließlich die volle Wahrheit vor seinem Geiste aufleuchtete. Er erlangte *sambodhi,* die Vereinigung des Menschlichen mit dem Ewigen. Aus Gautama war Buddha, der Erleuchtete, geworden [109].

Buddha wanderte nach Sarnath, wo er die fünf Mönche wiedertraf, die ihn so schmählich verlassen hatten. Ihnen hielt er seine erste Predigt:

›Hört zu, ihr Mönche, was ich euch zu verkünden habe; hört zu und vergeßt es nie:
Alles Existierende ist Leid;
Die Ursache alles Leides ist Begierde;
Nur wer sich von der Begierde löst, erlöst sich vom Leid;
Der Weg ist weit, ihr Mönche, und achtfach ist der Pfad,
der tugendsame, der da heißt:

rechte Anschauung *(samma ditthi)*,
rechte Gesinnung *(samma sankappa)*,
rechtes Reden *(samma vaca)*.
rechtes Handeln *(samma kammanta)*,
rechtes Leben *(samma ajiva)*,
rechtes Streben *(samma vayama)*,
rechtes Überdenken *(samma sati)*,
rechtes Sichversenken *(samma samadhi)*.

Ohne Selbstsucht ist der Heilige. Nirvana ist sein Ziel –
endgültiges Verlöschen!‹
Die Worte des Erleuchteten – im Tierpark von Benares wurden sie gesprochen, und hier sind sie in Stein gemeißelt, doch ihr Echo hallt noch um die Welt: rechtes Streben, rechtes Handeln, rechtes Sichversenken...«
»Wo liegt der Unterschied zum Hinduismus?« frage ich Mr. Chakla. »Was hat Buddha bewogen, von der herrschenden Lehre abzugehen und Neues zu predigen?«
»Buddha war, wie Luther, ein Reformer. Auch er fühlte sich von den religiösen Exzessen seiner Zeit herausgefordert. Die Priester tyrannisierten die Menschen. Die Veden, die heiligen Schriften der Hindus, wurden von den Brahmanen in höchst eigennütziger Weise ausgelegt. Der religiöse Wahn kannte keine Grenzen: Es wurden den Göttern nicht nur Tiere, es wurden ihnen auch Männer und Kinder geopfert. Und die Vorherrschaft der Priester sollte für alle Zeit durch rigorose Kastenvorschriften gesichert werden. Das Volk stöhnte unter der Peitsche der Kleriker, es zitterte vor dem ständig drohenden Tod. Buddha hatte ein Gespür für die Not des Volkes, und er hatte Mut: Er wies einen neuen Weg. Seine Lehre ist eine protestantische Revolte gegen den orthodoxen Hinduismus.
Luther und Buddha, beide rangen um das Problem der Erlösung. Aber während sich Luther mit der Frage herumschlug, wie eine Vergebung der Sünden erlangt werden könne, konzentrierte sich Buddha auf die Befreiung aus leidvoller Existenz, auf einen Ausbruch aus dem Elend der ewigen Wie-

dergeburten. Dieses Streben ist auch dem Hinduismus eigen, aber Buddha unterschied sich von der herrschenden Lehre in der Art, wie er das Problem anpackte. Er lehnte die brahmanische Doktrin von der All-Seele und dem Einssein der Einzelseele mit ihr mit aller Entschiedenheit ab. Sie erklärt, so behauptete er, weder das Phänomen der Wiedergeburt noch die Erlösung aus dem Kreislauf. Sie ist eine eitle Erfindung. Auch die Existenz eines allerhöchsten Wesens verleugnet er. Er stellt zwar nicht in Abrede, daß es Götter gibt, aber er hält diese Wesen, die nur ›einer höheren Art angehören‹, für ebenso vergänglich wie die Erdenbürger. ›Sie können dem Menschen nicht helfen, und dieser hat ihnen nicht zu dienen.‹ Vollkommenheit aus eigener Kraft, das ist das Glück dieser Erde.
Buddha sagt sich nicht nur von den Lehren der Brahmanen, er sagt sich auch von ihren heiligen Schriften los. ›Die vier Vedas, die Brahmanas und die Upanishads gelten ihm nichts.‹ Er legt sie zu den Akten wie die All-Seele, wie die Einzelseele. Er gibt sich nicht mit vagen Dingen ab. Wer die Wahrheit erforschen will, darf seinen Geist nur mit dem beschäftigen, ›was eine unmittelbar praktische Bedeutung für die Erlösung‹ hat, nur was sich als ›unmittelbare Feststellung‹ ergibt, darf als Tatsache angesehen werden[110].«
»Klingt das nicht ein wenig atheistisch, und ergeben sich da nicht einige Parallelen zur marxistischen Theorie?«
»Ja, diese Parallelen gibt es, und sie werden zum Teil auch bewußt herausgestellt. Vijayavardhana, ein Ceylonese und scharfsinniger Kritiker der westlichen Welt, haut immer wieder in diese Kerbe[111], und U Ba Swe, der Leiter der sozialistischen Partei und ehemalige Kriegsminister Burmas, reitet das gleiche Steckenpferd[112]. Die Gemeinsamkeiten zwischen Buddhismus und Kommunismus sind – daran zweifelt in Südostasien niemand mehr – auf jeden Fall größer als die zwischen Buddhismus und Kapitalismus. Wenn man trotzdem nicht mit fliegenden Fahnen ins rote Lager übergeht, so hat das seine Gründe: Das Glück, das Buddha anstrebt, liegt nicht im Wohlstand, sondern im Frieden. Und dieser Frieden kann nicht mit Polizeigewalt und Massenaufmärschen erreicht werden. Behutsamkeit und Güte sind die Erfolgsmedien Buddhas, und nur wer Geduld übt, wird ihrer teilhaftig. Allein Geduld führt zur Glückseligkeit.«

Gott grüß' Euch, Alter! Schmeckt das Pfeifchen?

Um sechs Uhr abends schüttle ich den heiligen Staub von meinen Füßen. Adieu, Benares, du schönste aller Städte. Wer dich gesehen hat, wer vor deinen Tempeln stand, wird es sich zweimal überlegen, bevor er zu etwas ja

und amen sagt, das in guter Tradition die Jahrtausende überdauert hat. Der Schock, der jeden westlichen Besucher der Stadt durchzuckt, ist ernüchternd. Und nicht die Analphabeten sind es, die im Ganges planschenden Primitiven, die den Besucher aus der Fassung bringen, es sind die Parallelen, die Vergleiche, die er zwischen Europa und Indien anstellt. Dürfen wir Europäer die Nase rümpfen? Sind wir abgeklärter, zivilisierter? Gibt es bei uns nicht auch vieles, was keiner kritischen Betrachtung mehr standhält, was von den Vätern und Vorvätern übernommen wurde und seit Jahrhunderten stupide nachgebetet wird?
Das Fremde sehen wir nüchtern, wir üben Kritik, wir mokieren uns. Mit beckmesserscher Vermessenheit kreiden wir anderen ihre Mängel an. Wir lästern über ›die alten Vetteln mit nackten Brüsten‹, die sich im Ganges ergehen, und über all die Leute, die da ›springen, tauchen und beten‹. Was ist aber, wenn sich ein Inder hohnlachend vor unsere geheiligten Institutionen stellt?

Auf dem Bahnhof – es ist noch eine Stunde bis zur Abfahrt des Zuges – gehe ich zunächst zum Stationsvorsteher. Ich will nichts Besonderes, nur einen Sack mit Bettzeug. Der Stationsvorsteher ist dafür nicht zuständig. Das weiß ich. Aber die Prozedur, herauszufinden, wer kompetent ist, ist von oben nach unten einfacher als umgekehrt.
Der Chef des Bahnhofs ist nicht unfreundlich: »Can I help you, sir?«
»Ja, das können Sie. Ich möchte nicht frieren heute nacht und hätte deshalb gerne ein Bündel Bettzeug.«
»Wann haben Sie das Bettzeug denn bestellt?«
»Bestellt? Wozu? Hier ist mein Famulus« – ich zeige auf den Goliath hinter mir –, »der wird es zum Waggon tragen.«
Die Miene des Bahnhofsvorstandes umwölkt sich, ein indignierter Blick trifft mich. ›Es ist würdelos‹, so sagen seine Augen, ›eine so heilige Prozedur wie das Bereitstellen von Bettzeug als Lappalie abzutun. Kommen und wollen! Als ob die Menschheit nicht geniale Verwaltungsmethoden erfunden hätte.‹ Die Antwort des Bahnhofspotentaten macht mich vollends zur Schnecke. Sie kommt von so hoch oben, daß ich mich klein und häßlich fühle. Wie konnte ich mir nur einbilden, daß ein Schlafsack so mir nichts, dir nichts zu haben sei. Nein, das geht wirklich nicht.
Der Amtsweg sieht vor, daß der Reisende seinen Sack vierzehn Tage im voraus bestellt. Es werden dann Formulare ausgefüllt, einige Kopien angefertigt, und das Ganze wird nach Delhi gemeldet. Dort wird gebucht und eine Bestätigung ausgeschrieben, und dann macht sich der Sack auf die Reise: nach Benares, siebenhundert Kilometer weit entfernt. Wenn der Reisende Glück

hat, liegt das Bettzeug bereit, wenn er in die Koje steigen möchte, und alles ist O.K. Kommt der Sack zu spät, wird es einige Zeit dauern, bis man die Panne entdeckt und das unnütze Bettzeug wieder zurückschickt, kommt er zu früh, wird er in einer dunklen Ecke seiner Benutzung entgegenharren. Auf jeden Fall wird dieses speckige, einen halben Kubikmeter große Bündel viel Arbeit machen, Platz wegnehmen und auch bei wohlwollender Schätzung nur zweimal im Monat benutzt werden. Mit anderen Worten: An zwei Tagen dient der Sack seiner Bestimmung, während der übrigen Tage wird er verwaltet.

Ich sehe ein, daß ich den Herrn Stationsvorsteher überfordert habe, und ziehe ohne Sack – Boy und Koffer hinter mir – ›ungebettet‹ von dannen. Dann rede ich mir aufmunternd zu: ›Du bist ein Trottel, denn erstens hättest du das ahnen können, und zweitens hättest du auf andere Weise gegen die nächtliche Kälte etwas vorbeugen können – mit einer Flasche Whisky zum Beispiel.‹ Aber die Reue kommt zu spät. Zum Hotel kann ich nicht mehr zurück, und auf dem Bahnhof gibt es natürlich nichts Alkoholisches.

Mein Kuli winkt mir zu. Er möchte mich in einen abseitsstehenden, einsamen Waggon verfrachten. Das wirft einige Fragen auf: Ist das ein Wagen, der an den Zug angehängt wird, oder will mein Gepäckträger nur seinen Lohn kassieren und mich loswerden, um noch einen zweiten Klienten vor der Abfahrt des Zuges betreuen zu können? Da am Waggon kein Schild mit dem Bestimmungsort angebracht ist, vergewissere ich mich lieber; aus Prinzip – und weil er gerade in der Nähe ist – wieder beim Bahnhofsvorsteher. Der hohe Herr stolziert, das Dandystöckchen unterm Arm und die Hände auf dem Rücken, mit der Grandezza eines königlich-britischen Brigadiers den Bahnsteig entlang. Ich schüttle mein schäbiges Zivilistengehabe von mir ab, baue mich in strammer Haltung vor ihm auf und frage ihn, ob ich ihn nochmals etwas fragen darf. Er läßt mich rühren, nimmt das Dandystöckchen aus der Achsel, schaut abwägend erst nach dem Waggon, dann abschätzend auf die Uhr und schließlich – mehr abfällig als ehrfürchtig – auf mich: »Sir, Plätze zu reservieren ist Sache des Platzreservierers. Zweite Tür rechts!«

Im Büro des Oberreservierers brütet ein schmächtiges Männlein über einer kapitalen Liste. Er hat mich schon erwartet. Mein Erscheinen beglückt ihn. Wenn ich nicht gekommen wäre, hätte er viel Schreibarbeit gehabt. Er nennt mir Platz- und Waggonnummer und deutet in die Richtung des abgestellten Wagens. Ich bedanke mich und ziehe ab. Boy und Koffer mit fünf Schritt Abstand hinter mir.

Das Abteil ist nicht schwer zu finden. Die Tür klemmt etwas, aber dann gibt sie nach. Ein alter, zahnlückiger Greis grinst mir entgegen, ein betelkauender Opa, der sich auf der unteren Liege häuslich eingerichtet hat. Tee-

kessel, Eßnäpfchen und ein Bündel mit allerlei Habseligkeiten blockieren den Zugang. Daß der Mann nicht das Geld für eine Fahrkarte erster Klasse haben kann, ist auf den ersten Blick zu erkennen. Er ist sicher einer der Kulis und hat die Gelegenheit zu einem Schläfchen wahrgenommen. Motto: Mach dir ein paar schöne Stunden, spiele mal den *first-class*-Kunden!
Ich will ihn schon verscheuchen, da kommt mir die Erleuchtung: »Sie sind wohl auch von der Eisenbahn?«
Er nickt stolz: »Retired!«
»Und als alter Charge dürfen Sie natürlich gratis fahren?«
»Yes, sir, no charge, no charge at all!«
Na ja, es soll auch anderswo vorkommen, daß die Herren Eisenbahner die besten Abteile belegen. Ich habe nichts gegen fahrkartenzwickende Coupé-kameraden, aber in diesem Falle, ich weiß nicht... Der Alte hat etwas Ungezwungenes an sich: Er schneuzt sich auf den Boden und wischt die Finger am Türpfosten ab, er krabbelt in unmöglicher Wäsche mal zum Fenster, mal zur Abteiltür. Er hockt auf der Bettkante, kaut Süßholz und spuckt die Fasern durchs offene Fenster. Die Gitter sind schon ganz verkrustet. Ich schließe meinen Koffer am Bett fest und flüchte bis zur Abfahrt des Zuges ins Freie.
Um neunzehn Uhr keucht der Zug aus dem Bahnhof. Mein Alter sitzt genüßlich dinierend auf seinem Diwan. Er beschließt seine Pilgerfahrt ins heilige Benares mit einem ganz unheiligen Appetit. Er fährt mit den Fingern in Reis und Curry, er schaufelt Grünzeug und Karotten, er schmatzt wie sechs suckelnde Ferkel. Schließlich schiebt er sein ganzes Kücheninventar zur Seite, schneuzt sich nochmals kräftig und wickelt sich ein; noch zwei, drei Rülpser, dann schläft er.
Irrtum! Nach einer Viertelstunde beginnt er zu husten. Es bricht nur so aus ihm heraus – der perfekteste Schwindsuchthusten, den ich je gehört habe. Sein Auswurf fliegt in tausend Tröpfchen durch die Kabine. Ich krame ihm einige Papiertaschentücher aus dem Koffer. Er nimmt sie nicht; er schaut mich mit hilflosen, etwas verdrehten Augen an: ›Was soll ich damit?‹ Ich lege ihm so ein Ding auf den Mund, aber das ist nicht in seinem Sinne. Er schiebt es zur Seite und spuckt weiterhin in die Luft. Nun ist guter Rat teuer. Wie kann ich mich vor so viel Bazillen in Sicherheit bringen? Das Abteil zu wechseln ist ausgeschlossen – alle Türen sind verrammelt. Im Gang herumstehen kann ich auch nicht – dazu bin ich viel zu müde, und eine Fahrt unter offener Waggontür scheidet ebenfalls aus. Das ist mir bei Nacht zu gefährlich. Was bleibt? Ich rolle mich auf meiner Pritsche zusammen, binde mir mehrere Tempo-Taschentücher mit einer Krawatte vor Mund und Nase und erfreue mich der Chance, demnächst selbst Tb zu haben.
»Man reist fürstlich in Indien«, so hieß es im Prospekt, und so kann man es

des öfteren in europäischen Zeitungen (als Reklame) lesen. Ich reise noch besser; ich reise wie ein Maharaja, aber wie einer, der als räudige Ratte wiedergeboren wurde.
Um Mitternacht wird der Alte still. Ich bleibe in Quarantäne. Ich bin viel zu steifgefroren, um den Schlips noch entknoten zu können.
Mit Beginn der Dämmerung treibe ich im Flur ein wenig Gymnastik. Das Ganze sieht mehr nach Yoga als nach Frühsport aus – so kreuzlahm bin ich. Was wäre es schön, wenn ich jetzt auf einer der Stationen einen heißen Tee schlürfen könnte. Nur ein Täßchen, nur einen winzigen Schluck! Ein paarmal nehme ich einen Anlauf dazu, aber jedesmal schrecke ich vor den greulichen Gefäßen und den noch greulicheren Tassen und Bechern zurück. Daß ich mir heute nacht die Schwindsucht geholt habe, damit habe ich mich bereits abgefunden, aber Maul- und Klauenseuche oder gar... nein, nicht freiwillig! Der Tee bleibt ungetrunken.
Um neun Uhr wird die Temperatur akzeptabel. Mein Alter schält sich aus den Decken. Er frühstückt allerlei Undefinierbares und läßt es sich gut gehen. Er riecht und rülpst, und bei jedem Niesen ruft er: »Rama, Rama!« – »Ja, mein Alter, Vishnu sei mit dir!« Ich gewöhne mich allmählich an ihn. Wir feixen uns gegenseitig an und machen uns ein paar Komplimente. Er hat schon von Germany gehört, der Gute, nur wo es liegt, das weiß er nicht. Ob ich Vegetarier sei, will er wissen. Ich bejahe es, und überdies, so erläutere ich ihm, bin ich gerade beim Fasten. Das ist die einzige Erklärung, die einzig höfliche, für mein hartnäckiges Hungern.
Auf der nächsten Station spendiere ich einen Tee und einige Bisquits, das besiegelt unsere Freundschaft. Der alte Herr hat sich damit abgefunden, daß er mit einem räudigen Schaf, mit einem Unberührbaren, reisen muß.
Auch ich nehme mein Schicksal nicht tragisch. Außer mir gibt es noch wenigstens fünfzig bis sechzig Millionen anderer Parias, die nur deswegen auf der Welt herumspazieren, damit ein echter Hindu hin und wieder seelischen Auftrieb bekommt. Es ist doch tröstlich zu wissen, daß es Leute gibt, die so tief unter einem stehen, daß sie nicht einmal einer Kaste angehören. Wer würde all die niedrigen Arbeiten verrichten, wenn es die Parias nicht gäbe. Wer würde Straßen bauen, Schuhe putzen, Leichen verbrennen und tote Kühe verscharren? Die Parias sind ein Segen fürs Land, und man sollte dem Vaterland diese Stütze nicht nehmen.
So denken viele, und sie achten darauf, daß an den Schulen und Hochschulen auch weiterhin separiert wird [113], daß in den Betrieben die Eßnäpfe der Harijans (Kinder Gottes) in einem besonderen Fach stehen, daß Grundstücke, die Brahmanen gehören, nicht entweiht und Töpfe nicht unrein werden [114].

Offiziell vertritt man einen anderen Standpunkt. Man hat eingesehen, daß es nicht möglich ist, eine moderne Verkehrswirtschaft und eine leistungsfähige Industrie aufzubauen, solange die Kastentrennung besteht. Nach dem Gesetz gibt es keine Unberührbaren mehr, und es werden auch Maßnahmen ergriffen, um die Leute zur Vernunft zu bringen. Kommt man mit Worten nicht ans Ziel, hilft man sich auf andere Weise, zum Beispiel damit, daß man die Zahlung staatlicher Zuschüsse an Wasserversorgungsanlagen einstellt, wenn das Wasser nicht auch den Harijans, den Unberührbaren, zugänglich gemacht wird [115].

Daß die Wünsche der Kastenlosen landauf, landab noch lange nicht in ausreichendem Maße respektiert werden, machen Demonstrationen, Petitionen und Umzüge immer wieder deutlich [116]. Auch das Staatsoberhaupt muß ab und zu eingreifen:

»Die Unberührbarkeit muß verschwinden. Hyderabad, 16. Oktober. Der Präsident, Dr. Radhakrischnan, forderte die Beseitigung der Unberührbarkeit, des ›letzten Überbleibsels sozialer Mißstände im Hinduismus‹ ... Der Präsident, Dr. Radhakrishnan, forderte die Beseitigung der Unberührbarten die Gleichheit aller Männer und Frauen proklamierten – die Unterdrükkung und Verneinung solcher Rechte bestimmten Mitmenschen gegenüber ›unseren politischen Niedergang‹ verursacht hat [117].«

Bis auf weiteres helfen sich die Parias, indem sie ihre Minderwertigkeitskomplexe in der allen Psychoanalytikern wohlbekannten Weise abreagieren: Sie geben an, sie höhnen, sie rühmen sich, daß sie die Brahmanen alles andere als beneiden. »Was haben die hohen Herren schon vom Leben? Ihr Tageslauf besteht aus lauter Ritualen, nicht einmal die Zähne können sie sich nach Belieben putzen. Ist das beneidenswert?« Man redet es sich ein, und man glaubt es. Man steigert sich bis zu den gräßlichsten Verwünschungen: »Möge Wishnu geben, daß du im nächsten Leben als Brahmane geboren wirst!«

Ob als Brahmane, Kshatriya oder Vaishya, das sei dahingestellt, aber um eine bessere Wiedergeburt kämpft mein Abteil- und Reisegefährte jetzt offenbar auch. Er sucht krampfhaft nach etwas, was er in die bettelnden Hände drücken könnte, die sich, sowie der Zug zum Stehen kommt, durchs Fenster recken. Ich gebe ihm ein paar Münzen. Er nimmt sie feixend und spielt nun den Pascha. Vermutlich passiert es ihm nicht alle Tage, daß man mit so viel Erwartungen zu ihm aufschaut. In *grand manier* verteilt er seine Gunst. Er drückt seine Pfennige in große und in kleine Hände, in verkrampfte und zitternde.

Eine verschrumpelte und sehr haarige Hand kommt plötzlich von oben. Meinen Wohlfahrtsexperten kann das nicht irritieren. Er kennt seine Pap-

penheimer. Er greift nach einer Banane und gibt sie dem Affen, der da obolushungrig auf dem Dach sitzt und mit einem seiner langen Arme blind in unserer Kabine herumrudert. Das Vieh quiekt vor Entzücken und alarmiert seine Freunde. Im Handumdrehen hängt ein Dutzend von ihnen am Gitter. Wir müssen das Fenster schließen, um Hab und Gut zu retten.
Das Affenintermezzo ist hier offensichtlich etwas Alltägliches. Man sieht's an den Affen, man sieht's am Bahnpersonal. Die Affen brauchen nicht mehr zu überlegen, aus welchem Winkel sie zugreifen müssen. Sie kennen die Abfallbehälter, und sie wissen um die bessere Bevorratung der *upper classes*. Die Bahnbeamten verziehen keine Miene. Sie lassen den freudequiekenden Dieben ihren Spaß und ihre Beute. Wer seinen Turban nicht festhält, ist selber schuld, und wer sich über die Bananenschalen und die Blechbüchsen ärgert, die die Tiere in die Coupés werfen, dem ist einfach nicht zu helfen. Wer wird schon wegen ein bißchen Ruhestörung brummig? Affen haben auch ihre Rechte. Außerdem kann man nie wissen, ob der Dicke da drüben, der so erfolgreich operiert, nicht der verstorbene Vetter aus dem Nachbardorf ist. Der konnte auch so wundervoll stibitzen, aber ansonsten war er eine Seele von Mensch. Lassen wir ihm sein Hobby.
Und so denkt nicht nur der Bahnhofsvorstand, so denken sie alle. Keiner möchte das Schicksal herausfordern. Keiner möchte als Affe über Dächer sausen, über Puffer und Bremskabel hüpfen – und das, genau das könnte einem blühen, falls man interveniert, falls man den heiligen Tierchen nicht ihren Spaß läßt. Selbst Bischöfe müssen – wie E. Benz augenzwinkernd berichtet – mitunter resignieren: »Die Affen bemühten sich so auffällig, durch ihr im Sinne der Bischöfe anstößiges Verhalten die Prinzipien einer puritanischen Sexualethik einschließlich der ethischen Prinzipien der *birth control* zu verhöhnen, daß es schwer war, nicht an eine bewußte Absicht ihres Verhaltens zu glauben. Sie benutzten offensichtlich die Freiheit, die ihnen ihr Stand der Unschuld erlaubte, um das Dogma von der Erbsünde auf eine demonstrative, ja geradezu provozierende Art zu widerlegen.«
Um die Zapfstellen drängt sich wieder viel Volk. Man gießt sich das reinigende Wasser mit Messingbehältern über den Kopf, man läßt es über den Körper rieseln und unten zur Kleidung herausfließen. Das tut gut. Weiß man, ob der Nachbar im Abteil gleichermaßen blaublütig ist oder ob er Anlaß zu *pollutions*, zu einer Verunreinigung, gibt?
Wenn die *lhota*, das Messinggefäß, leer ist, boxt und schubst man sich wieder ein wenig, um nochmals an den Wasserhahn heranzukommen. Hat man Pech, steht man eingeseift da, wenn der Pfiff ertönt und der Zug anfährt, muß man die Prozedur eben auf der nächsten Station fortsetzen. Hat man besonderes Pech, wird man bei einem anderen Geschäftchen unterbrochen,

dann ... well, ich muß gestehen, ich weiß nicht, wie sich die Leute aus der Patsche helfen, ich weiß nur, wie sie reagieren: magnetisch, elektrisiert. Sie kommen aus allen Richtungen angeflitzt, strahlenförmig! Sie sausen zum Zug wie der Stahlstaub zum Magneten. Sie hängen in Klumpen auf den Trittbrettern, wenn die Maschine anzieht, aber sie kommen alle mit, und irgendwann verschwinden sie auch in den Abteilen. Wo für zwölf Personen Platz ist, drängen sich dreißig, wo Luft zum Atmen sein sollte, ist das schweißüberströmte, betelkauende Gesicht des Nachbarn, wo man die Füße hinstellen möchte, hockt eine Großmutter, wo man sich kratzen möchte, kratzt schon ein anderer.

Trotzdem – und es ist kaum zu glauben: In Indien ist Reisen ein Vergnügen – die Volksbelustigung. Die Schwarzfahrer gehen in die Legionen. Sperren gibt es in der Regel nicht, und im Zug kann kein Mensch kontrollieren. Das ist allgemein bekannt, und die blinden Passagiere spekulieren darauf – besonders die Jugendlichen. Ihre Kalkulation ist ausgeklügelt: Geht es gut, dann kostet die Fahrt hin und zurück absolut nichts. Und wird man von der Polizei in Bombay erwischt, dann sitzt man die Sache eben ab. Das wird nicht als Strafe, das wird als *kiraya*, als Fahrpreis, angesehen, als nonchalantes Nachzahlen. Es ist fair und angemessen: 20 Rupien = 8 Tage.

Die Gefahr, daß man erwischt wird, ist nicht sehr groß, aber auch in Indien ist mit des Geschickes Mächten kein ew'ger Bund zu flechten. Den einen oder anderen erwischt die Bahnpolizei doch, und dann wandert er – als Nummer – in die Statistik. Das sieht dann so aus:

Schwarzfahrten und sonstige Eisenbahnverkehrsdelikte im Staate Bombay (aus der Statistik der Jugendgerichte):

Jahr:	Reisen ohne Fahrkarte:	Legen und Werfen von Steinen:	Insges.	Index:
1941	14	12	26	100,0
1942	35	9	44	169,2
1943	17	130	147	565,4
1944	21	9	30	115,4
1945	124	12	136	523,1
1946	83	9	92	353,8
1947	64	1	65	250,0
1948	186	323	509	1957,7
1949	423	10	433	1665,4
1950	506	8	514	1976,9
1951	802	49	851	3273,1
1952	664	68	732	2815,4
1953	927	22	949	3650,0
1954	460	17	477	1834,6
1955	373	17	390	1500,0
1956	362	15	377	1450,0 (118)

Auf der Suche nach Bananen habe ich mich beim Einsteigen etwas verspätet. Ich klettere am hinteren Ende in den Waggon und muß mich zu meinem Coupé durchschlängeln. Es eilt mir nicht damit. Ich werfe einen Blick in jedes Abteil und gebe mich einer kleinen Spekulation hin: Vielleicht ist ein netter Reisegefährte ausfindig zu machen. Aber es sieht nicht danach aus.
Die Leute haben sich in ihren Kojen verbarrikadiert, sie hocken hinter Kissen und Gepäckstücken. Gelangweilt blicke ich durch die staubverwehten Fenster. Die Landschaft ist monoton: Lehmhütten, Brachland, Palmen. Auch Felder gibt es. Aber manche sind so schmal, daß sich der Bauer beim Mittagsschläfchen längs legen muß, will er sich keiner Grenzverletzung schuldig machen. Die Erbschaftsgepflogenheiten der Hindu- und Moslemgemeinschaften führten zu einer bis ans Wahnwitzige grenzenden Aufteilung der Felder.
Wasserläufe gibt es mehr, als man in so trockenen Landstrichen eigentlich erwartet. Aber die Bäche und Flüsse sind unreguliert, ungenutzt. Kühe stehen in ihnen und Menschen, die sich waschen. Daß man mit den trägen Fluten auch die Felder bewässern könnte, der Gedanke liegt oft fern. Und hilft die Regierung nach, gibt es mitunter die kuriosesten Komplikationen.
Mulk, mein Regierungsinspektor aus Kalkutta, berichtete von einem Kollegen, der einen Staudamm und ein Kraftwerk zu verwalten hat und dem seine Arbeit schon manches graue Haar einbrachte: Die Dörfler sträuben sich noch heute gegen das in großem Stil entworfene Bewässerungssystem. Die *yajamans* und sonstigen Dorfstrategen haben herausgefunden, daß die Elektrizität ›*the real life*‹, die Seele des Wassers, ist. Und wenn man diese Seele dem Wasser entzieht, so meinen sie, dann kann der Rest für nichts mehr gut sein, am allerwenigsten zur Bewässerung von Pflanzen. Totes Wasser kann den Boden doch nicht fruchtbar machen!
Ähnliche Widerstände gibt es gegen Maschinen und moderne Geräte. Alles Teufelszeug! Gepflügt wird landauf, landab mit Ochsen, mit Astgabeln, mit hüh und hott und vielen Pausen. Die vorhandenen Traktoren fallen bei der Größe des Landes (Indien ist so groß wie Europa ohne Rußland) nicht ins Gewicht. Kunstdünger ist unbekannt, und den Mist verbrennt man.
»Vor fünf Jahren«, so schreibt die ›Times of India‹ vom 10. 10. 64, »wollte jeder Ministerpräsident eine Kunstdüngerfabrik für seinen Staat haben. Aber die Mode hat gewechselt: Jetzt möchten viele von ihnen Stahlwerke. Das, so scheint es, wurde zum Symbol des Fortschritts.«
Die Fünfjahrespläne, in deren Rahmen die wirtschaftliche Entwicklung vor sich gehen soll, sind die ergiebigste Witzquelle Indiens. Am 3. 11. 64 skizziert die ›Times of India‹ die Situation wie folgt:

You Said It

By LAXMAN

You haven't heard of the Five-Year Plan? Shocking! --- Well it's the thing which has improved your living conditions, my dear fellow!

»Du hast noch nichts vom Fünfjahresplan gehört? Unglaublich! ...
Nun, ich will es dir erläutern: Der Fünfjahresplan, das ist die Sache,
die deinen Lebensstandard verbessert hat, alter Freund!«

Die Mißstände sind niederschmetternd. ›Der Ertrag des indischen Bauern erreicht noch nicht einmal die Hälfte von dem seiner asiatischen Nachbarn. Er erntet nur einmal im Jahr auf dem gleichen Boden, dem andere Asiaten zwei oder sogar drei Ernten abringen[119].‹ Was sind die Ursachen? Man fragt es sich immer wieder, und man kommt stets auf dieselbe Antwort: Es wird nicht genügend gearbeitet. Das Land und die Arbeitskraft von vielen Millionen Menschen liegen brach. Man könnte sie nützen ›für den Bau von Wasserbecken oder für Entwässerungsanlagen, zum Aufforsten, für kleine, aber nützliche Arbeiten. Richtig angeleitet könnten diese Millionen von Menschen Kanäle graben, die weit größere Flächen bewässern würden als jene gigantischen Staudämme, die mit Hilfe importierter Maschinen errichtet wurden. Und eine sofortige materielle Vergütung für jede zusätzliche Anstrengung würde dem indischen Bauern das Gefühl vermitteln, am Fortschritt seines Landes teilzuhaben[120].‹

Wie man dem Land auf die Beine helfen könnte, diese Frage liegt in Indien vielen Menschen am Herzen. Mancher Beamte rackert sich tot, andere kämpfen wacker gegen Windmühlenfügel, und mancher Tüftler läßt sich auch etwas ganz Neues einfallen. Acharya Vinoba Bhave war einer von ihnen. Er versuchte des Elends Herr zu werden, indem er die Reichen, die Landbesitzer und Zamindari plünderte, ›mit Liebe plünderte‹.

Es begann 1951. Die von Gandhi gegründete ›Bruderschaft zum Besten aller‹ *(Sarvodaya Samaj)* hielt bei Haidarabad eine Konferenz ab. Unter den Teilnehmern war auch ein alter Asket, ein Mitstreiter Gandhis: Vinoba Bhave[121]. Der bärtige Heilige kam zu Fuß. Fünfhundert Kilometer war er marschiert – querfeldein. Sein Weg führte ihn durch Telengana, die Hochburg der Kommunisten, die auf dem Gebiet des Nizams von Haidarabad liegt. Unruhen und Bürgerrevolten erschütterten das Fürstentum. Das Land lag in tiefer Agonie. Gandhi war tot, und die ersehnte Unabhängigkeit hatte nichts als vieltausendfachen Tod und unsägliche Not gebracht.

Vinoba hatte ein Gespür und ein Ohr für die Wünsche der Armen. Er sprach mit den Bauern, er setzte sich zu ihnen. Als ihm im Dorf Pauchampalli die Unberührbaren ihr Leid klagten, fragte er sie, wieviel Land sie brauchten, um leben zu können. »Achtzig Morgen«, war die Antwort. Bhave wußte, daß in Pauchampalli, einem Dorf von dreitausend Seelen, neunzig Familien alles und die übrigen nichts besaßen. Und da das ganze Dorf – reich und arm – nun um ihn herumstand, wandte er sich unversehens an die Gaffenden: »Wer von euch, ihr Bürger von Pauchampalli, ist bereit, seinen Brüdern Land zu schenken, damit das Elend ein Ende hat und die Arbeitslosigkeit beseitigt ist?« Betroffen schauten sich die Leute an. Einer der Grundeigentümer, Shri V. R. Reddy, trat vor: »Ich gebe hundert Morgen!«

Das war der Anstoß. Der Bauer Reddy brachte den Stein ins Rollen. Sein großherziges Angebot ließ Bhave in dieser Nacht nicht schlafen. Der Geist Gandhis ging um. Man müßte, so grübelte Bhave, eine großangelegte Aktion starten und an die Herzen der Menschen appellieren, man müßte das alte Feuer entzünden, das heilige Feuer, das die Nation läuterte und für die Unabhängigkeit reif machte ... »Achtzig Morgen«, so grübelte er, »wurden verlangt, hundert wurden gegeben.« Er fing an zu rechnen, er überschlug, wieviel Land erforderlich wäre, um allen besitzlosen Bauern Indiens zu eigenem Grund und Boden zu verhelfen.

»Ich fand heraus«, so berichtet er später, »daß ungefähr fünf *crores* benötigt würden. Das bedeutete, daß die drei Ziffern des heutigen Tages um ein Fünfhunderttausendfaches anwachsen müßten. Sollte ich vor dieser Zahl zurückschrecken oder dem Fingerzeig folgen? Wenn ich mich der Eingebung verschließe, muß ich meinen Glauben an die Gewaltlosigkeit aufgeben und die Gewalt zu meinem Glaubensbekenntnis machen oder ein Pessimist werden. Ich war weder zum einen noch zum andern bereit. Mit einem guten Gewissen in mir und Gott über mir schlief ich ein [122].«

Am nächsten Morgen ging er ans Werk. Er machte sich auf, das Problem der indischen Landwirtschaft auf seine Weise zu lösen. Er zog in prozessionsähnlichen Aufmärschen vor die Türen der Grundbesitzer und verkündete ihnen: »Ich bin gekommen, euch mit Liebe zu plündern.« Er predigte, betete und zitierte die Veden: »Matha bhumi Putroham prithivyaha.« Er traf den Ton, er traf die Inder ins Herz. Das Flämmchen wurde zur Flamme, ein heiliges Fieber bemächtigte sich des Landes. Fürsten und Wucherer, Gutsbesitzer und Häusler wurden gleichermaßen erfaßt. Aber es war keine Kettenreaktion der Vernunft, es war ein Veitstanz der Verzückten: Der Raja von Ranka schenkte einem seiner Landarbeiter elftausend Morgen, einem anderen zweitausendfünfhundert Morgen. Als Bhave den Fürsten fragte, was ihn so zu ungleichen Geschenken bewogen habe, zuckte der Raja die Achsel: »Ich gab ihnen das, was sie haben wollten!«

Vinoba sah seine Chance:

»Was werdet ihr in diesem Fall dann mir geben?«

»Genau das, was ihr verlangt«, sagte der Raja.

»Wieviel Land habt ihr im ganzen?«

»Hunderttausend Morgen unbebautes Land und ungefähr siebentausend bebautes.«

»Gewöhnlich verlange ich ein Sechstel vom Ganzen«, sagte Vinoba. »Aber im Hinblick auf das, was ihr mir soeben gesagt habt, übertragt mir doch, bitte, die ganzen hunderttausend Morgen unbebauten Landes und ein Sechstel von dem bebauten.«

»Wie ihr es wünscht«, sagte der Raja, und sobald der Vertrag entworfen war, unterzeichnete er ihn [123].

Enthusiasmus überschwemmte das Land. Der Raja von Dhanbad gab hunderttausend Morgen, und der Raja von Ramgarh marschierte kurz entschlossen im Gefolge Vinobas mit. Er wollte alle seine Standesgenossen überreden, durch deren Gebiet die Kreuzritter der Bodenreform kamen. »Die Bewegung wuchs wie eine langsame, lautlose Lawine – ohne Reklame, Personal und Organisation: eine Lawine aus Staub, aufgewirbelt von den Füßen des alten Mannes, die mit der Präzision von Zylinderkolben von Dorf zu Dorf durch das Land stapften: sechs Kilometer in der Stunde, zwanzig bis fünfundzwanzig Kilometer am Tag, sieben Tage in der Woche, bis heute weit über vierzigtausend Kilometer.«

Bhave war der gefeiertste Mann Indiens. Ein heiliger Asket, der das Land elektrisierte – das war so recht nach dem Herzen der Inder. Der Premierminister, der Staatspräsident, alle feierten sie ihn in überschwenglichen Reden. Millionen faßten Hoffnung, andere – wie Jayaprakash Narayan, den viele für den Nachfolger Nehrus hielten – gaben ihre Laufbahn auf und widmeten sich der Bhoodan-Yajna, der Landschenkungsbewegung.
Vinobas Aktion wurzelte im Geist des alten Indien. Sie erschien, im Gegensatz zu den von der Regierung dekretierten Landgesetzen, als die Lösung. Das Land wurde mit *mystic forces*, mit mystischen Kräften, mobilisiert. Ein *economic uplift*, ein wirtschaftlicher Aufschwung, ohnegleichen wurde erwartet. »In einem schnellen Entschluß trat Nehru mit dem Vorschlag an die Öffentlichkeit, die Dorfschenkungsbewegung und die Gemeindeentwicklungsprojekte miteinander zu verbinden [124].« Ein neuer Gandhi war erstanden, der die Nation mit den ihr adäquaten Mitteln zum Heil führte [125]. Die Übel dieser Welt, sie wurden an der Wurzel geheilt, selbst die Kommunisten konnten nur anerkennend staunen.
Im einzelnen war die Argumentation weniger überzeugend, zumal neben der Bhoodan-Idee sehr schnell neue Formen des Gemeinschaftslebens, wie beispielsweise *gramdan*, propagiert wurden. Bhave redete viel Konfuses:
»Was immer auch unsere Religion, Sprache, Kaste oder Glaube ist – wir sind Söhne ein und desselben Vaters. Wir sind alle miteinander verwandt. Aber wir haben unseren Vater, den Schöpfer aller Dinge, vergessen. Das ist der Grund, warum wir nicht vereinigt und glücklich werden konnten...
Gramdan ist an sich keine große Sache. Aber es ist die erste Lektion darüber, daß es in der Isolation weder Glück noch Frieden geben kann. Der Geist kreiert ein falsches Gefühl für Trennungsmöglichkeiten. Die Trennung nach Ich und Du, Dein und Mein ist eine gedankliche Illusion. Und die muß überwunden werden. Das Leben ist ein Ganzes, und es gibt keine Aufteilung...
Eigentum an Land ist genauso eine Sünde wie Diebstahl. Das ist der Grund, warum das Land dem Dorf gehören sollte. Aber die Ansammlung eines Vermögens ist noch eine größere Sünde...
Ich zweifle nicht daran, daß die Menschen in wachsendem Umfange die Wahrheit hinter Gramdan sehen werden. Die Natur ist so freigebig. Das Land ist für alle. Wenn das Land nicht länger Privateigentum ist, wird sich ein neues Zusammengehörigkeitsgefühl zwischen den Menschen eines Dorfes herausbilden...
Privateigentum an Land kann nicht von Bestand sein. Es muß verschwinden. Große Denker in aller Welt haben sich zu diesem Gedanken bekannt. Vor sechzig Jahren predigte Tolstoi, daß Privateigentum an Land unmoralisch sei...

In den Gramdan-Dörfern wird das Privateigentum abgeschafft. Aber in einem anderen Sinne wird es ausgebaut. Ein einzelner besitzt kein Land, aber er kann sehr wohl sagen, daß alles Land ihm gehört...
Es wird nur einen Laden im Dorf geben. Jeder Haushaltsvorstand bekommt seine Arbeitsstunden in einem Register gutgeschrieben. Er wird nicht vom städtischen Handel ausgebeutet werden. Die Leute werden lernen, in glücklicher Kooperation zusammenzuleben...
Ich sehe mit Zuversicht dem Tag entgegen, an dem alle 500000 Dörfer Gramdan zugeeignet worden sind. Wer wäre für die Entwicklung in all diesen Dörfern verantwortlich? Selbst die Regierung würde es schwierig finden, mit all den Problemen fertig zu werden. Es würde sie überfordern...
Wenn das Eigentum an Land abgeschafft wird, könnte das Eigentum an Fabriken und Häusern nicht hinterherhinken. Wenn alle Dörfer in einem Regierungsdistrikt an Gramdan gegeben worden sind, können dann die Gemeinden und Städte unberührt bleiben? Können sie weglaufen, zu einem anderen Platz? Sie werden sich zwangsläufig den Dörfern anpassen und damit beginnen, ihnen zu dienen. Sie werden die Dörfler nicht ausbeuten. Das gleiche gilt für die Geldleiher... Die Geldleiher werden ihr Leben ändern müssen. Man wird sich ihrer annehmen, so wie sich Indien heute der regierenden Fürsten annimmt, vorausgesetzt, sie sind damit einverstanden, wie die anderen Dorfbewohner zu leben und zu arbeiten...
Gramdan ist der Grundstein des sozialen Neuaufbaus...[126].«
Die Phantastereien schossen ins Kraut. Man hatte den Schlüssel zum Himmelreich gefunden. *Dan* (Geschenk) wurde zum Allheilmittel für die Nation. Jeder sollte durch Dan die Möglichkeit haben mitzuwirken. Wer kein Land, sondern nur bewegliches Vermögen besaß, brauchte sich nicht ausgeschlossen zu fühlen. Er konnte *sampattidan*[127], einer Art Vermögensabgabe, huldigen, und wer gar nichts hatte, dem blieb immer noch *shramdan*, er stiftete guten Willen und freiwillige Arbeit.
Die Reaktion – auch im eigenen Lande – war bald sehr zwiespältig. Die Befürworter, wie zum Beispiel B.R. Misra, Professor für Volkswirtschaft an der Patna-Universität, gingen von der Überlegung aus, daß die Landwirtschaft Indiens »aus wirtschaftlichen Gründen und aus geschichtlich begründeten Notwendigkeiten drei aufeinanderfolgende Stadien« durchmachen müsse:
1. individuelle Bewirtschaftung kleiner wirtschaftlicher Einheiten;
2. genossenschaftliche landwirtschaftliche Betriebsführung;
3. Landwirtschaft auf kollektiver Grundlage...[128].
Unter diesem Aspekt mußte Misra Bhaves sehr weitgehende Reformbestrebungen gutheißen: »Die Bhudan-Bewegung ist für unsere heutige Zeit haupt-

sächlich aus zwei Gründen besonders interessant. Zunächst ist es der erste Fall in der Geschichte, daß ein Staat, der unter der Herrschaft von großen Grundbesitzern steht, es mit friedlichen Mitteln fertigbringt, daß die besitzende Klasse sich freiwillig enteignen läßt, ohne entschädigt zu werden... Zweitens bietet die Bewegung das einzige Beispiel dafür, wie durch freiwilligen Landverzicht die bestehende Rechtsauffassung über das Privateigentum beseitigt werden kann und wie ein unterentwickeltes Land in einem noch nicht dagewesenen Tempo seine ganze Landwirtschaft völlig umzugestalten vermag... Dabei wurde diese Umgestaltung ohne das Kapital durchgeführt, das man sonst gewöhnlich für Entschädigungszahlungen benötigt. So wird die von Vinoba begründete Bhudan-Bewegung voraussichtlich auch als klassisches Beispiel für die Agrarpolitik der anderen Länder Asiens angesehen werden und ihnen als Vorbild dienen [129].«

Das Endziel hat Vinoba selbst abgesteckt: »Das Programm der Bhudan-Bewegung ist ja nur der erste Schritt bei dem, was wir zu tun beabsichtigen: die Menschen von allem Hang zum Reichtum und zu materiellen Dingen zu befreien. Unsere gegenwärtige Aktion ist nur der Anfang bei der Durchführung eines langdauernden, umfassenden Planes. Unser Endziel ist, alles Land völlig frei zu machen. Es darf weder Privatbesitz noch Staatsbesitz an Land geben. Wir gehören nicht irgendeiner Nation an, wir sind Bürger der Welt. Luft, Wasser, Sonnenlicht und das Land sind direkte Geschenke Gottes und müssen der ganzen Menschheit gehören [130].«

Bhave ist nicht nur ein Idealist, er ist auch ein praktischer Ökonom. Er erklärte den Dörflern, sie »sollten nicht für den Verkauf bestimmte Kulturen betreiben. Sie sollten nur das anbauen, was ihrer Ernährung dient, und außerdem genügend Baumwolle, um ihr Dorf in Bekleidungsstoffen unabhängig zu machen« [131].

Diese Worte könnten von Gandhi stammen, aber das macht sie nicht besser und die Nation nicht glücklicher. Einige nüchterne Köpfe sahen das sehr schnell, zumal Bhave auch noch Weisheiten von sich gab, die alle staatliche Ordnung torpedierten: »Ich erkenne die Parteien in keiner Weise an«, schrieb er, »mehr als das: Mein Studium der Geschichte, meine Erfahrung aus den Tagesereignissen und mein Nachdenken – alles führt mich zu dem Schluß, daß Parteien in unserem Land nicht nur nicht viel ausrichten können, sondern sich auf lange Sicht auch als unheilvoll erweisen werden...

Dienst am Nächsten muß unser einziges Ziel sein [132].«

Mit den Kommunisten führte er herzerfrischende Zwiegespräche: »Es ist mir zu Ohren gekommen, daß es in diesem Dorf zu einer Art Erwachen gekommen ist, weil hier die Kommunisten bereits Arbeit geleistet haben. Ich betrachte die Kommunisten als meine Brüder. Ich habe Freunde unter den

Kommunisten, und es ist kein Verbrechen, ein Kommunist zu sein. Kommunist sein heißt, den Armen zu dienen.« Aber da die Kommunisten zuviel Gewalt anwenden, was er natürlich verurteilt, gibt er ihnen keine Chance; er hat sie jedoch wiederholt gefragt, ob jemand ein besserer Kommunist sein könne, als er es sei.

Bhave redete und redete und redete. Und er hatte Erfolg. Aus einer Million Morgen Land wurden zwei, dann vier, dann fünf Millionen Morgen und schließlich ... schließlich verlief das Ganze im Sand[133]. Bhave hatte zwar gelobt, daß er nicht in seinen Ashram in Paunar zurückkehren wolle, bevor er nicht fünfzig Millionen Morgen beisammen habe, aber das Ziel war zu groß, zu phantastisch. Die Hälfte des geschenkten Landes war nicht zu bebauen, und nur ein Bruchteil des guten Bodens wurde unter den Pflug genommen. Man stritt sich um die zweckmäßige Verwendung des geschenkten Landes. Und außerdem: mit der Schenkung allein war es nicht getan – Arbeit wurde erforderlich. Da erlosch das heilige Feuer.

Nur vereinzelt glimmt es noch: Am 2. 12. 64 meldete die ›Times of India‹, daß in Maharashtra (wie in einigen anderen Staaten) ein Gramdan-Gesetz verabschiedet wurde. Im Kommentar dazu hieß es: »Niemand hat behauptet, daß das Landproblem allein durch Gramdan gelöst werden könne. Es war unmöglich, an alle, die noch kein Land hatten, welches zu verteilen. Das würde darauf hinauslaufen, daß das Land in kleine, unwirtschaftliche Parzellen aufgeteilt würde.« Mr. Patil, der Deputy-Revenue-Minister, gab bekannt, daß es mehrere Gramdan-Dörfer im Staate Maharashtra gibt und daß es die Regierung als ihre Pflicht ansieht, ›die Arbeit, das Funktionieren dieser Dörfer zu erleichtern‹.

Solche Vorhaben blieben nicht unwidersprochen. In den Zeitungen und in den Parlamenten stießen die Meinungen hart aufeinander. Über die Debatte zu besagtem Gesetz berichtete die ›Times of India‹ (1. 12. 64): »Mr. Dhulup opponierte nachdrücklich gegen die von den Gramdan-Befürwortern propagierte Idee des autarken Dorfes. In der zweiten Hälfte des zwanzigsten Jahrhunderts, so sagte er, in der selbst die großen Nationen nicht autark sein können, davon zu reden, ein kleines Dorf in einem unterentwickelten Land von anderen unabhängig zu machen, ist in jeder Hinsicht höchst merkwürdig.

Er ersuchte die Regierungspartei, sich ein für allemal schlüssig zu werden, was sie will. Die Idee unabhängiger Dörfer verstößt gegen das angestrebte Ziel einer auf modernen industriellen und technologischen Vorstellungen aufgebauten sozialistischen Gesellschaft.«

Eine Abgeordnete der Kongreßpartei antwortete ihm. Sie sagte, ›daß die Gesetzesvorlage in Übereinstimmung mit den Prinzipien sei, für die sich die

Kongreßpartei unter der Führung Mahatma Gandhis einsetzte‹. Und ein K. S. Dharia, ebenfalls von der Kongreßpartei, war der Ansicht, ›daß denjenigen der Opposition, die die Idee *of a change of heart* lächerlich machten, vielleicht nicht gegenwärtig ist, wie Gandhiji die Herzen so vieler verändert hat‹.

Die Bezugnahme auf Gandhi war – wie schon so oft – der Weisheit letzter Schluß. Das Gesetz wurde angenommen.

Mädchen, Witwen und Wanderprediger

Ich habe mir einige Zeit auf dem Gang die Füße vertreten. Nun kehre ich ins Abteil zurück, zu meinem Alten, der auf dem Bett sitzt und kichert. Er hat eine Zeitung vor sich liegen und studiert die Heiratsanzeigen.

»Looking for a daughter-in-law? – Halten Sie nach einer Schwiegertochter Ausschau?« frage ich ihn.

Er kriecht vor Vergnügen in sich zusammen, legt den Kopf schief und blinzelt mir über den Rand seiner Nickelbrille zu: »Looking for a wife! – Ich such' mir eine Frau!«

Ich blinzle zurück und erbiete mich, ihm fachkundig zu helfen. Gemeinsam studieren wir die *Matrimonial*-Spalte. Sie steht nicht an prominenter Stelle, sie ist mehr sinnvoll eingeordet: sie kommt gleich nach der Rubrik ›Machinery, Tools & Supplies wanted‹.

»Wir wär's mit ›zwei Deshastha Brahmaninnen, 22 und 24 Jahre alt, Doktorandinnen der Medizin‹?«

Opa winkt ab: »Zu alt!«

»Hier ist etwas Besseres: ›Mehlweiße Maid aus gutem Hause. Zuschriften mit Horoskop. Auch Unterkaste angenehm‹.«

Der Alte protestiert: »Ich gehöre keiner *sub sect* an!«

»Paßt ›Tamilian Vaishnavite Brahmin‹, oder sind Sie ein ›Nicht-Kaundya Bräutigam mit dem Mars im siebten oder achten Haus‹? Ein Mädchen mit *fair wheat complexion* hält nach Ihnen Ausschau.«

Wir studieren die Stichworte. Mein Don Juan ist hingerissen, ich kann nur staunen. Die Gesichtspunkte, unter denen man hierzulande einen Partner fürs Leben sucht, sind für europäische Begriffe nicht alltäglich:

... vegetarische Jungfrau,
... keine Kastenschranken,
... schlank, groß, hellen Teint,
... 1,50 m groß, hellhäutig,
... bewerben Sie sich mit Horoskop,

... helle Haut, westliche Lebensart, aber religiöse Gesinnung,
... Kaste, Religion und Landsmannschaft spielen keine Rolle ...
Was lassen diese Anzeigen erkennen? Sie zeigen, daß in den Großstädten die Kaste nicht länger eine unüberwindliche Schranke ist. Sie zeigen aber auch, daß noch jedermann an Farb-, zumindest an Teintkomplexen leidet: Je heller die Haut, desto besser. Und daß eine vegetarische und nach den Sternen ausgerichtete Lebensweise hoch geschätzt wird, ist offensichtlich.

Mein Alter hat sich für eine rehäugige Jungfrau mit den Abmessungen 175/60/90/90 entschieden. Und was läßt das erkennen? Nun, das ist einfach: Er befindet sich in der dritten Lebensstufe und huldigt deren oberstem Prinzip: ›Give me chastity and self-restraint, but do not give it yet. – Gib mir Keuschheit und Selbstbeherrschung, aber bitte noch nicht jetzt.‹

Sieht man von den Pubertätsschwierigkeiten meines Eisenbahnveteranen ab, ist er gar nicht so unrecht. Er liest zwar keine Bücher (»I've given up reading books; I find it takes my mind off myself!«), aber er ist bei weitem nicht so ungebildet, wie ich anfangs vermutete. Er läßt sich auch gerne ausfragen. Zu den *communities* in den Heiratsanzeigen meint er, daß sie nichts anderes seien als eine Umschreibung für die Kasten.

Die ›freie Liebe‹ – so bezeichnet er die Heirat zwischen Angehörigen unterschiedlicher Kasten – hält er für eine unschöne Zeiterscheinung. Er versichert mir, daß man auf dem Land noch sehr darauf achtet, daß sich Gleiches mit Gleichem paaret. »You Westerners take great care in breeding animals, but none whatever in the mating of humans. – Ihr Leute aus dem Westen gebt euch der Tierzucht mit viel Sorgfalt hin, aber die menschliche Partnerwahl kümmert euch nicht.« Dann preist er die Vorzüge der Endogamie [134].

»Wie steht's um die Romantik?«

Der Alte schaut mich fragend an: »Was ist Romantik?«

Ich erkläre es ihm. Er kichert vergnügt. Er denkt jetzt sicher an weiche, warme, himmlische Körperchen, an goldfarbene Haut und mandelförmige Augen; vielleicht denkt er auch an die zehn Millionen Babys, die in Indien Jahr für Jahr das Licht der Welt erblicken. Romantik in Indien? Was für eine Frage. »Westerners love and marry, Indians marry and love!«

Wir reden ein wenig aneinander vorbei. Was er unter Romantik versteht, fällt im alten Europa unter die Rubrik ›häusliche Pflichten‹. Schließlich einigen wir uns darauf, ›daß es darauf ankommt‹. Zum Beweis will er einige Verse aus dem Kama Sutra zitieren. Ich winke ab. Ich weiß, daß er ein guter Eisenbahner ist, aber von *engineering* versteht er sicher nichts. Und Poesie hört sich bei ihm so an:

»Eine Frau ist dafür bestimmt, in jedem Lebensalter zu gehorchen. Als Tochter schuldet sie Vater und Mutter Gehorsam, als Frau ihrem Mann und ihren Schwiegereltern, und als Witwe hat sie das zu tun, was ihre Söhne sagen. In keinem Stadium ihres Lebens ist sie unabhängig *(her own mistress)*. Wenn ihr Mann lacht, muß sie auch lachen, wenn er traurig ist, muß auch sie den Kopf hängenlassen; wenn er Fragen stellt, muß sie antworten. Sie darf erst essen, wenn er satt ist, und wenn der Gatte, der Teure, fastet, dann muß sie gleichfalls Kohldampf schieben.«

So steht es im *padma-purana* geschrieben, und so wurde es seit Jahrhunderten, seit Jahrtausenden praktiziert. »In ganz Indien ist es für eine Frau ausreichend, wenn sie weiß, wie man kocht, Reis stampft und Kinder gebiert. Diese drei Dinge werden von ihr erwartet, besonders das letztere, aber damit sind ihre Pflichten erschöpft. Käme es ihr in den Sinn, irgend etwas anderes tun zu wollen, wäre das höchst unangemessen. Kein Hindu wird jemals auf die Idee kommen, sich über eine zu große Familie zu beschweren, gleichgültig, wie arm er ist oder wie zahlreich seine Kinder sind. Eine unfruchtbare Frau bekommt es zu spüren, daß es kein schlimmeres Schicksal geben kann; Kinderlosigkeit ist *the most terrible curse*, der schrecklichste Fluch, der auf einer Familie lasten kann[135].«

Mein Alter hält fünf Buben für das mindeste, was ein Mann für sein Seelenheil tun muß. Töchter dagegen geben ihm *shivers*, einen kalten Schauer über den Rücken. Sie sind zu teuer. Man muß ihnen später eine Aussteuer mitgeben, und das ist, da man ohnehin nur das Nötigste hat, kaum zu verkraften. Manche Eltern beugen vor. Sie weihen – früher sehr oft, heute seltener – ihre Mädchen einem Tempel[136]. Das enthebt sie aller Verantwortung und rettet die Reputation. Ein lediges, heiratsfähiges Mädchen in der Familie zu haben ist eine Schande[137]. Man sichert sich dagegen ab, indem man die kleinen Racker vorzeitig an den Mann bringt. Solche Kinderehen sind zwar seit 1927 *(Sarda Act)* verboten, das Heiratsalter für Mädchen wurde damals auf vierzehn Jahre festgelegt, aber wie die Volkszählung von 1951 zeigte, wurden auch nach dem Sarda-Gesetz die Hälfte aller Ehen in altgewohnter Weise geschlossen.

Auch heute noch hält man die *arranged marriages*, die von den Eltern abgeschlossenen Ehen, für eine Selbstverständlichkeit. Eine Rundfrage, die an der Osmania-Universität in Haidarabad durchgeführt wurde, zeigte, daß es 71 Prozent der befragten Studentinnen ganz in Ordnung finden, wenn sie von den Eltern verkuppelt werden. Für eine reine Liebesheirat waren nur wenige[138].

Tragisch ist es für ein Mädchen, wenn es schon in jungen Jahren, oftmals noch als Kind, Witwe wird. Es ist dann das schwarze Schaf in der Familie; es bekommt nur eine Mahlzeit, muß die schlichteste Kleidung tragen und darf keinen Schmuck anlegen; Festlichkeiten sind ihm verwehrt. Die Gegenwart einer Witwe gilt überall als ein schlechtes Omen. Aber auch hier gibt es Reformbestrebungen. ›Sekten für die Wiederverheiratung der Witwen‹ nehmen sich der Ärmsten an[139].

Die nach unseren Begriffen grausamste Praxis den Frauen gegenüber, die Witwenverbrennung, ist heute passé[140]. Verboten ist sie schon lange. Der Kampf um die *sati* begann im Jahre 1806. Es war in Benares. Eine junge Hindufrau lag tränenüberströmt neben ihrem toten Gatten auf dem Scheiterhaufen. Sie mußte mit ansehen, wie die Verwandtschaft Stroh zwischen die Scheite stopfte und den Leichnam mit Ghee balsamierte. Das arme Geschöpf zitterte und bebte am ganzen Leib, aber das Gesetz seiner Kaste hielt es fest. Erst als die Fackel des Bestattungspriesters das Stroh aufflammen ließ, löste sich der Bann: Die Witwe fuhr schreiend hoch, sie rannte die kurze Böschung zum Fluß hinab und stürzte sich in die braune Flut. Sie konnte nicht schwimmen, aber sie hielt sich irgendwie über Wasser. Und sie hatte Glück. Ein englisches Patrouillenboot nahm sie auf, nachdem sie eine halbe Meile hilflos dahingetrieben war.

Das Volk war empört; es wollte sein Schauspiel haben. Die Engländer wußten, was der Frau bevorstand, und so lieferten sie das aus dem Wasser gezogene Häufchen Elend nicht aus; auch nicht ihrem Vater, einem hochgestellten Brahmanen, der seine Tochter unbedingt verbrennen wollte. Die Briten boten der Gejagten Asyl und verhandelten mit dem rebellierenden Volk, das sich zu Tausenden eingefunden hatte. Das Gefeilsche dauerte Tage und führte zu keinem Resultat. Schließlich kam einem jungen Kolonialbeamten die rettende Idee: »Wir wär's mit einem bißchen Sophisterei? Auf so etwas fliegen doch die Leute hier!«

Er hatte recht. Die Offiziere machten den Hindus klar, daß die Götter das Opfer der Witwe nicht haben wollten. Jedermann hatte es doch gesehen: Die Nichtschwimmerin trieb minutenlang im Strom, ohne unterzugehen. Ja, das leuchtete ein. Die heilige Mutter Ganga wollte die junge Frau nicht haben – nicht leibhaftig und sicher auch nicht als Asche.

Der Burgfriede wurde zum Gesetz ausgebaut. Der erste Schritt zur Emanzipation der indischen Frau war getan, aber bis zur Gleichberechtigung ist es noch ein weiter Weg. Nur in den Städten ist ein Wandel zu beobachten. Das Elternhaus hat nicht mehr die bedingungslose Autorität und der Mann nicht mehr uneingeschränkte Rechte. Die alten Schriften werden umgedeutet, damit die Hindufrau vom Sari in den Overall schlüpfen und die Mohammedanerin Haus und Purdah verlassen kann. Nicht immer wird das honoriert: »Geht man nach Rourkela, dann findet man vor den heiligen Kühen, die mitten in der Werkstraße den Verkehr der Lastwagen behindern, weit größeren Respekt als gegenüber den Frauen, die Fundamente der Walzstraße ausschachten[141].« Man übt in Indien Generosität gegen alles und jegliches, nur nicht gegen den Menschen. Ein Wurm, der im Straßenverkehr gefährdet ist, wird auf Händen ins Grüne getragen; eine hungernde Witwe, streunende Kinder, sterbende Greise lassen jedermann kalt.

Ein überzeugter Exponent dieser allindischen Ethik hat sich zwei Stationen vor Delhi in unserer Nähe niedergelassen. Er hockt auf einer Blechkiste, trägt einen wallenden Bart und eine Mullbinde über dem Mund. Er wird Schnupfen haben, denke ich und kümmere mich nicht weiter um ihn. Bakterienfänger vor Mund und Nase sind in vielen Teilen Asiens nichts Neues mehr. In Japan verstecken Tausende ihre Gesichter hinter desinfektionsmittelgetränkten Wattebäuschen, und auch in China hat der Bazillenfimmel um sich gegriffen. Warum auch nicht? Heute nacht wäre ich froh gewesen, mein Alter hätte sich so ein Ding vor den Mund gespannt.

Im Augenblick ist er wieder ganz obenauf. Er schubst mich, macht eine Kopfbewegung zu dem Fremden hin und flüstert mir zu: »Jain!«

»What?«

»Das ist ein Jain, ein sehr heiliger Mann, der keine Bakterien töten will und deshalb immer ein Tuch vor dem Mund trägt.«

Ich gebe meinem Alten einen aufmunternden Blick, was ihn zu einem kleinen Privatissimum anregt:

»Die Jainas[142] sind orthodoxe Verfechter des *Ahimsa*-Gebots. Gewaltlosigkeit, nichts töten, keinem Lebewesen ein Leid zufügen, ist ihr oberstes Prinzip.

Sehen Sie den Besen, den der Mann bei sich hat? Damit kehrt er die Straße, bevor er den nächsten Schritt tut. Ein Jain will immer sichergehen, daß er kein Käferchen und keine Ameise tottritt. Er wird sich auch nie setzen, ohne seinen Platz, die Bank oder wo immer er sich niederläßt, vorher sorgfältig abzustauben.

Am meisten Kummer macht den Jains das Essen und Trinken. Es ist nicht einfach, satt zu werden, ohne ein anderes Lebewesen zu schädigen. Fleisch, Wein und Honig sind grundsätzlich verboten. Das Fleischverbot bedarf keiner Erläuterung. Es gilt für alles, was da kreucht und fleucht: für Wild und für Haustiere, für Vögel und Fische. Selbst das Essen von *kandamulas*, von Wurzeln und in der Erde wachsenden Früchten wie Kartoffeln, Zwiebeln, Rettichen, Karotten und Knoblauch, ist den Jains untersagt. Sie nehmen an, daß diese Pflanzen mit einer Vielzahl von kleinen Lebewesen behaftet sind.

Aber ein Jain darf auch keine Früchte des Pipal-, Anjeer-, Gular-, Pakar- oder Banyan-Baumes essen, da diese Bäume und Büsche die Brutstätten für *mobile beings*, für Vögel und dergleichen, sind. Bei Nacht, das heißt nach Sonnenuntergang, zu dinieren, ist für einen Jain undenkbar. Er hätte dann nicht mehr die Kontrolle darüber, ob seine Speisen auch wirklich hundertprozentig vegetarisch sind. Nachts haben die Moskitos Ausgang – es könnte zu *himsa* kommen, wenn sich eine kleine Fliege auf das Brot setzt. Ganz besonders vorsichtig ist man in dieser Hinsicht während der *Chaturmasa*-Saison, der Regenzeit. In der feuchten Atmosphäre vermehren sich die Insekten in einer Weise, die jeden Jain an den Rand der Verzweiflung bringt. Schon das bloße Trinken von Wasser ist ein Problem. Man muß es filtern und filtern und nochmals filtern. Und schließlich hält man sich – sicherheitshalber – beim Trinken noch ein Tuch vor den Mund. Kein noch so kleines Lebewesen darf verschluckt werden.«

»Und warum ist der Wein verboten?«

»Nun, das ist doch naheliegend: Wein belemmert den Verstand, und wer belemmert ist, begeht *himsa.* Himsa ist in der Manier von Kannibalen, aber auch in der Form von Stolz und Überheblichkeit, von Abscheu, Ärger und Fleischeslust. All das ist eines Jains unwürdig. Selbst Honig ißt er nicht, weil jedes Tröpfchen Honig, das einem Bienenvolk weggenommen wird, zum Tode von vielen fleißigen Arbeitsbienen oder jungen Larven führen muß [143].«

Sie sind nicht zu beneiden, diese Jains, aber so gehandikapt, wie es sich auf den ersten Blick ausnimmt, sind sie nun auch wieder nicht. Sie wissen sich zu helfen. Es kommt ja nicht so sehr darauf an, daß das Ahimsa-Gebot an sich befolgt wird, wichtig ist nur, daß man sich, das eigene Ich, aus der Affäre heraushält. ›Nicht schuldig zu werden‹ ist das Hauptmotiv, nicht das Mitleid mit den Tieren. Hat ein anderer die Schuld auf sich geladen, kann man fröhlich mithalten: Jeder Jain trinkt ungeniert Tee, den ein anderer gekocht hat, und er wäscht sich gerne in Wasser, das andere zum Reisdämpfen usw. verwendet haben. Wenn in diesem Wasser Tierchen waren und wenn sie umkamen, dann ist das Sache dessen, der das Wasser vom Brunnen holte und aufs Feuer stellte.

Auch sonst hat ein Jain klare Vorstellungen von Gut und Böse: Er geht zwar drei Schritte rückwärts, wenn er Fleisch auch nur riecht, und er kann keiner Mücke etwas zuleide tun, aber wenn er geschäftlich agil wird, wenn er sich der *generic function,* dem Handel, hingibt, dann kennt er keine *restrains* und keine Schranken: Dann nimmt er sieben Prozent Zins – pro Monat versteht sich! –, und es kümmert ihn wenig, welche Auswirkungen sein Tun auf das Leben seiner Darlehensnehmer hat.

Um elf Uhr donnern wir über die große Yamuna-Brücke. Auf den Sandbänken unter uns sonnen sich die Kühe; mehrere hundert Frauen klopfen ihre Wäsche auf großen Steinen. Zur Linken liegt das Rote Fort, vor uns der Bahnhof, the Main Railway Station. Die Bremsen kreischen, Staub wirbelt auf – wir sind am Ziel unserer Reise, in Delhi. Der Bahnsteig brodelt vor Leben. Eine Flut von Leibern quillt aus den Waggons; einige tausend warten. Die Kulis schlagen sich ums Gepäck, die Taschendiebe um die Füllhalter der Passagiere. (Die junge Garde Indiens ist sehr füllhalterbewußt; sie stellt ihre Schreibutensilien dekorativ zur Schau. Eine Brusttasche voller Statussymbole macht deutlich, daß man lesen und schreiben kann, daß man der Elite angehört.)

Wohlinszenierte Zusammenstöße erleichtern die Diebereien. Mitunter kann man sich nur durch Ellbogengymnastik Bewegungsfreiheit schaffen. Empfindlichkeit ist fehl am Platze. Ich finde diesen Volksfesttrubel sogar entzückend. Er gibt mir das Gefühl, als Harun al Raschid durch ›Tausendundeine Nacht‹ zu spazieren. Im übrigen erleichtert einem die Dienstfertigkeit der Gepäckträger manches. Es ist einfach erhebend, wie mühelos man mit seinem Koffer zurechtkommt. Man rührt keinen Finger, höchstens den Zeigefinger. Man macht ihn ein paarmal krumm, winkt durch das Fenster, und schon boxt sich ein Dutzend Dienstwilliger durch den Wagen. Wer zuerst kommt, wird engagiert. Er holt das Gepäck aus dem Netz und bahnt dem Sahib einen Weg. Nonchalant spaziert man hinterher.

Vor dem Bahnhof fällt die Wahl schwer. Es gibt Taxis und Rikschas, Phut-Phut-Wallas und Tongas. Wofür soll man sich entscheiden? Zirka dreißig *driver* reden auf mich ein. Da ich nicht feststellen kann, wer zu welchem Gefährt gehört, schiebe ich die Leute beiseite und klettere in eine der dreirädrigen Motorrad-Rikschas. Wie diese monströsen Vehikel zu ihrem Namen kamen, ist nicht schwer zu erraten: *phut-phut* ist Lautmalerei, und *walla(h)* ist ein indisches Wort; es heißt soviel wie ›alter Mann‹.

Meiner muß schon sehr alt sein. Er macht zwar einige Male ›phut-phut‹, aber dann bleibt ihm der Schnaufer weg. Er springt nicht an. Der Fahrer entschuldigt sich gestikulierend und rennt davon. Mit einem Bündel Stroh kommt er wieder; er will das Zeug unter dem Zylinder anzünden, um den Motor, der heute noch nicht lief, ›auf die richtige Temperatur zu bringen‹. Ich weiß seine Findigkeit zu schätzen, aber trauen möchte ich ihr lieber nicht. Selbst wenn die Rikscha nicht in Flammen aufgeht, würde ich doch ganz schön durchgeräuchert werden.

Ich winke einem Tonga-Fahrer zu, und er begreift auch sogleich, um was es geht. Er hüpft vom Bock, angelt meinen Koffer aus dem ›Fond‹ und verstaut mich in seiner kleinen, zweirädrigen Pferdedroschke. Das Ein-PS-Hafermotorchen an der Deichsel besteht nur aus Haut und Knochen. Zwei-, dreimal muß es sich in die Sielen legen, bis das Wägelchen endlich anrollt. Der Kutscher knallt ihm die Peitsche über den Rücken und läßt es traben. Ich protestiere: »Laß das Tier mal ruhig trotten, ich habe Zeit.«

Ich habe Zeit und Muße und werde mir jetzt ein hübsches kleines Hotel aussuchen – mitten in der Altstadt. Es wäre zwar einfacher, das ›Ashoka‹ oder das ›Ambassador‹ anzusteuern, aber irgendwie wäre es auch primitiver. Ich bin ja schließlich hier, um Land und Leute kennenzulernen, und nicht, um im europäischen Luxus zu leben. Die Fahrt ins Blaue, das prickelnde Gefühl des Unwägbaren, das ›Warten, was draus wird‹, läßt meinen Puls wieder einmal höher schlagen.

Mein Kutscher ist ortskundig, er spricht auch Englisch, aber was ich unter einem Hotel verstehe, kapiert er anscheinend nicht. Er fährt mich zu mehreren Etablissements, und ich besichtige die Herbergen auch, aber aus Neugierde wird allmählich Abscheu: Die Betten sind oftmals weder abgezogen noch gemacht. Kommt man zu der einen Tür herein, dann sausen die Ratten zur anderen hinaus; sie setzen sich auf die Veranda oder eine Balustrade und machen beleidigte Gesichter. Macht man sich den Spaß und wartet etwas, dann tauchen die spitzen Nasen, die schnurrbartbewehrten Schnäuzchen wieder auf. Die beiderseitige Reaktion ist immer die gleiche: Sie rümpfen die Nase, ich rümpfe die Nase, und beide machen wir einen Rückzug – die Ratten ins Loch und ich in die Tonga.

Mein Fahrer fängt an, ungeduldig zu werden. Eine komplette Stadtrundfahrt, so meint er, sei im Preis nicht inbegriffen. Aber das ist leicht übertrieben. Bis jetzt sind wir aus dem südlich des Bahnhofs liegenden Altstadtviertel nicht herausgekommen, und das war ganz in meinem Sinn. Hier ist das Herz der Stadt, hier sind die Basare, die Straßenhändler, die Gewerbetreibenden; wenn es mir gelingen sollte, hier irgendwo Unterschlupf zu finden, werde ich mehr vom Leben und Treiben Delhis mitbekommen als sonstwo. Im übrigen habe ich noch ein verläßliches Eisen im Feuer: Ein Studienfreund von Raj wohnt hier. Ich habe seine Adresse und bin angemeldet. Wenn alle Stricke reißen, wird er schon einen Ausweg wissen.

Aber mein Glück verläßt mich nicht. An der Grenze zwischen Alt- und Neu-Delhi – sie existiert nur auf dem Stadtplan und ist nur dadurch zu erkennen, daß die Straßenblocks in verschiedenen Farben eingezeichnet wurden – finden wir ein Hotel mit akzeptablem Habitus. Daß es vom Keller bis unter die Dachsparren nach Chlor riecht, nehme ich in Kauf. Diese Düfte müssen ja nicht unbedingt bedeuten, daß man hier vorige Woche die Cholera aus-

räucherte; sie sind ein harmloses Odeur der Reinlichkeit. Die Gäste müssen den stechenden Geruch in der Nase ertragen, die Ratten – und das ist der Clou dabei – müssen es nicht. Sie ziehen den Schwanz ein und trollen sich.
An Poesie fehlt es trotzdem nicht. Ein Schwarm von Bediensteten umtanzt mich. Ich komme mir vor wie ein Erbonkel, der wieder mal bei der lieben Verwandtschaft 'reinschaut: nichts als devote Haltung und versteckte Habgier. Und man glaube ja nicht, daß man sich eine stille Stunde erkaufen kann: Je mehr man gibt, um so aufmerksamer, um so aufdringlicher werden die dienstbaren Geister. Sie kommen mit Wasser angerannt und mit Flit-Spritzen, sie verschleppen die Schuhe und die Unterwäsche, sie lassen Wasser in die Wanne und schütteln die Schaben aus dem Handtuch. Sie machen Jagd auf Cockroaches und dichten das Fliegengitter mit Kaugummi ab – sie sind allgegenwärtig, fleißig und mit nichts zu vertreiben. Schließlich wird man des Ganzen überdrüssig. »Laßt mich allein«, brummt man, *»get lost!«* Den letzten, der unbedingt noch einmal und dann noch einmal Staub wischen möchte, schiebt man schließlich mit sanfter Gewalt durch die Tür. Dann fällt der Riegel ins Schloß, und man hat Ruhe. Köstliche Ruhe.
Nie allein zu sein, stets von Menschen umdrängt zu sein ist das Anstrengendste an einer Indienreise. Auf der Straße, in den Verkehrsmitteln – ständig ist man im Gedränge, unter Tausenden. Und in den Hotels, in den Privathäusern sind es die *bearers* und *hamals* (Diener), die *bhistis* (Wasserträger), die *chokras* (Laufburschen) *chaprassis* (Boten), *chokidars* (Wachmänner) und die *khitmutgars* (Kellner), die einem das Leben schwer machen. Man schimpft auf sie, man scheucht sie mitunter mit wüsten Worten, aber man braucht sie, man kommt ohne sie nicht aus.
Was zur Kolonialzeit üblich war, ist auch heute noch Usus: Keiner der im Lande ansässigen Europäer ist ohne seinen *bearer* existenzfähig. Ingenieure und Missionare, Lehrer, Kaufleute und Diplomaten, sie alle sind abhängig von dienstbeflissenen Helfern. Die Hitze erfordert es und der Überfluß an Menschen. Es ist undenkbar, daß jemand, der das Existenzminimum überschritten hat, auch nur seine Aktentasche trägt. Ein Sahib, sei er weiß oder braun, ist es den armen Teufeln schuldig, daß er sie an seinem Wohlstand partizipieren läßt, und sei es nur mit Pfennigen. Die Leute wissen es zu danken: Auch der kleinste Brötchengeber wird wie ein Schutzengel respektiert. Er gilt als persönliches Eigentum, als Kuh, die man melken kann. Und obwohl Melken und Mogeln hierzulande dicht beieinanderliegen, zahlt es sich aus, einen *bearer* zu haben.
Als Ausländer wird man in den Basaren grundsätzlich überfordert. Schickt man seinen Diener hin, dann liefert der zwar nur die Hälfte von dem ab, was er herausbekommt, aber das ist immer noch ein Vielfaches dessen, was

man selbst erübrigt hätte. Schon mancher Neuling, der sich über die Bedürfnislosigkeit der Landeskinder im allgemeinen und seines *bearers* im besonderen wunderte – »wie kann man nur von dreißig Rupien im Monat leben« –, hat mit seiner ›Einkaufsprovision‹ ganze Familienklans ernährt. Außerdem kann man sicher sein, daß man Schadensersatz für die Kolonialpolitik der Engländer leistet: Portwein und Zigarren, Zündhölzer und Zucker – alles eignet sich für Reparationen.

Zum Lunch, um ein Uhr, bin ich wieder frisch und obenauf. Aber nicht lange. Der Koch und das Essen kriegen mich unter. Nach einer undefinierbaren Suppe gibt es Reis und Fischfilet und ein zu Mus zerkochtes Chicken. Der penetrante Geruch des Fischs ist die einzige Würze am ganzen Mahl. Der Reis ist gut ›durchwachsen‹, aber sie stören mich nicht – die toten Kakerlaken. Ich lege sie auf den Tellerrand, in Reih und Glied. Eine ganze Korporalschaft kommt zusammen. Zur Paradeaufstellung reicht es nicht. Cockroaches in Kompaniestärke zu rekrutieren ist mir bislang nur einmal gelungen: auf einem französischen Schiff vor Singapur.

Der Nachtisch ist *delicious.* Er besteht aus grünem Jelly (Gelatine), dem schon vor Jahrhunderten erfundenen englischen Kunststoff, der zwischen Inverness und Indien zum festen Bestandteil aller Hotelmenüs wurde, der wie verbeulte Luft schmeckt und wie Zahnpasta riecht, der die Engländer hager und die Inder zu Asketen werden ließ. Aber er schmeckt immer noch besser als ein *Western-style*-Frühstück, das mir in Saigon einmal mit den Worten präsentiert wurde: »You'll love this new breakfast food. It tastes just like grasshoppers!«

Das Besichtigungsprogramm für Delhi zu entwerfen ist nicht ganz einfach. Die Stadt hat tausend Sehenswürdigkeiten, riesige Ausmaße und eine bis in die Steinzeit reichende Geschichte. Ich beschließe, nach meiner alten und bewährten Methode zu verfahren: Ich werde einen Blick auf die Baudenkmäler, auf Tempel und Ruinen werfen, aber ansonsten den Alltag vorziehen. Das ist zwar dilettantisch und bei weitem nicht so hochgestochen wie die Sight-Seeing-Tours von Denkmal zu Denkmal, von Museum zu Museum, aber es hat den Vorzug, daß ich Land und Leute besser kennenlerne als die Touristen, die mit großen Luftsprüngen von Madura nach Khajuraho, von Ajanta nach Ellora eilen.

Aber an der Historie der Stadt Delhi führt kein Weg vorbei. Die Stadt ist so geschichtsschwanger wie keine andere in diesem Teil Asiens. Sie wurde schon im *mahabharata* erwähnt. Damals hieß sie noch Indraprastha; doch die Legende ist schon über dreitausend Jahre alt, verbürgen kann sich niemand mehr dafür. Etwas zuverlässiger sind die späteren Daten. Man weiß, daß die Stadt viele Male zerstört und ebensooft wiederaufgebaut worden ist.

Zwischen Ridge und Jamuna, zwei trägen Flußläufen, zeugen viele Ruinen von den herrlichen Bauwerken, die hier schon standen, und davon, wie vergänglich sie waren.

Mit dem Sieg der mohammedanischen Invasoren über den letzten Hindukönig von Delhi, Prithviraj (1192), begann die neuere Geschichte. Die Moslemdynastien, die über sechseinhalb Jahrhunderte herrschten, drückten der Stadt ihren Stempel auf. Mit der Liebe des Orientalen für Prunk und Gepränge versuchte jeder der Herrscher eine noch schönere Metropole aufzubauen als seine Vorgänger. Unter den Sklavenkönigen hieß die Hauptstadt Qutab, unter Ala-ud-din Khilji hieß sie Siri; die Tughlaqs bauten Tughlaqabad, Jahanpanah und Ferozabad; Humayun errichtete Din-Panah und Schah Jahan schließlich Shahjahanabad.

Für Neu-Delhi zeichnen die Engländer; genauer: Sir Edward Lutyens und Sir Herbert Baker. Die von ihnen erstellten Viertel sind schön, aber langweilig. Es wurde etwas zu großzügig gebaut. Von den Mughal-Gardens (am Rashtrapati Bhavan, dem Sitz des Präsidenten vorbei) bis zum India Gate sind es über drei Kilometer – zu Fuß und unter indischer Sonne kein reines Vergnügen; doch abends, wenn das Indiator und der Brunnen davor illuminiert sind, hat die Szenerie ihre Reize.

Das Rote Fort, von Schah Jahan erbaut, ist mein erstes Ausflugsziel. Mit dem Phut-phut sind die zwei Kilometer schnell bewältigt. Für einen Augenblick bin ich in Versuchung, in die Hauptstraße Alt-Delhis, in die weltberühmte Mondschein-Allee einzubiegen, aber dann überwiegt das Pflichtgefühl. »Ich muß heute noch etwas tun!« Da ist der Diwan-i-Am mit seinem königlichen, durch die wundervollen Pietra-Dura-Arbeiten berühmten Balkon, da ist der Diwan-i-Khas, in dem der edelsteinbestückte Pfauenthron stand; da ist auch die Perl-Moschee und einiges mehr.

Es ist nicht weit bis ins Zentrum des Gemäuers, aber der Weg ist dornenreich. In den Lauben und Durchgängen sitzen Händler und Hausierer, die mit allerlei Kitsch über die Besucher herfallen. Man kommt weder zur Besinnung noch zur Einkehr. Erst draußen, auf der Mauer, die das Fort vom Flußufer abgrenzt, kann man seine Gedanken etwas sammeln. Es ist schön, hier zu sitzen, den kleinen, längsgestreiften Eichhörnchen zuzusehen und den grünen Papageien nachzublicken.

Das Fort hat gewaltige Abmessungen. Riesige Sandsteinquader wurden aufeinandergetürmt. Es kann nicht einfach gewesen sein, das Material in solchen Mengen herbeizuschaffen. Der Wille, die Macht eines einzigen Mannes hat die schweren Quader vom Steinbruch zur Stadt geholt, er hat ihnen Gestalt gegeben, er hat sie zu einem sinnvollen Ganzen gefügt. Er war ein Fremdherrscher, und seine Faust war hart, aber heute rühmt ihn die ganze

Nation. Seine Forts und das Taj Mahal (sprich: Tadsch Mahal!) sind der Stolz Indiens. Niemand fragt noch nach den Tausenden, nach den Hunderttausenden, die unter der Knute des Herrschers fronten. Was bedeuten sie uns noch? Es ist das Werk, das zählt, nicht das Gejammer der Fronenden.
Niemand wird im zwanzigsten Jahrhundert die Jahanschen Methoden propagieren, aber die Leistungen der mittelalterlichen Gewaltherrscher, die Werte, die geschaffen wurden, geben zu denken. Die Forts und die marmornen Grabdenkmäler der Mogulen sind ohne Zweifel antiquiert, aber wie wär's mit Staudämmen, mit Überlandstraßen und jungen Forsten? Wären sie nicht eine Anstrengung wert? Warum kommt es nicht dazu, warum zögert man? Solange das Arbeitsethos des einzelnen nicht weiter reicht, als es Hunger und Selbsterhaltungstrieb gebieten, bedarf es der Zügel, der Anleitung.
Hier von den Zinnen des Roten Forts kann man zwei Welten überblicken: grandiose menschliche Leistungen und krämergleiches, erbärmliches Versagen. Die Mauern des Forts sprechen für sich, und ein Blick in die Runde zeigt das andere Extrem: die Händler und Hawker, die Tausende, die sich am Fluß und vor dem Eingang der Festung sonnen. Es sind keine Urlauber, Gott bewahre! Es sind Leute, die nicht arbeiten wollen, und Leute, die nichts zu arbeiten haben.
Man kann sie entschuldigen, man kann die Sache aber auch beim Namen nennen: »Rikscha-Männer hören zu arbeiten auf, sobald sie genügend für das Heute verdient haben; das kann bereits am Vormittag sein. Daß es ein Morgen gibt, kommt ihnen gar nicht in den Sinn; da es inexistent ist, braucht, ja kann man überhaupt nicht dafür sorgen [144].« Mit anderen Worten: Die Leute haben noch nicht gelernt, ihr Schicksal selbst in die Hand zu nehmen. Das ist nicht nur hier, das ist in fast allen Entwicklungsländern so. Der Neger, so schreibt Albert Schweitzer, arbeitet unter Umständen gut, sogar sehr gut, aber er arbeitet nur so viel, als es seine Bedürfnisse erheischen. »Das Naturkind, und das ist des Rätsels Lösung, ist immer nur Gelegenheitsarbeiter.«
Und im Gegensatz zu mancher schmalztriefenden Story scheut sich Dr. Schweitzer auch nicht, die Ursachen, die zu der unglaublichen Rückständigkeit in vielen Gebieten dieser schönen Erde führten, beim Namen zu nennen und ein probates Gegenmittel zu empfehlen: »Jetzt komme ich zu dem System, daß ich mich an dem Tag, wo ich Tagelöhner habe, für zwei, drei Stunden frei mache. Während dieser Zeit stehe ich neben ihnen und mache sie schaffen, daß ihnen der Schweiß auf der braunen Haut steht. Dann ist doch wenigstens soviel geleistet [145].«
Die Sonne senkt sich dem Horizont zu. Die Schatten der Türme und Zinnen

werden länger, die Luft wird kühler. Auch der Hunger meldet sich. Wenn Nand, mit dem ich mich für halb sechs verabredet habe, nicht bald kommt, gehe ich in die Knie oder allein ins ›Ashoka‹.
Nand ist ein Studienfreund von Raj und ein Vetter von Mohini, der Medizinstudentin, die ich in Kalkutta kennengelernt habe. Er hat – das zeigt sich an der Art, wie er jetzt über den Rasen läuft – das gleiche Temperament wie seine hübsche Base und ansonsten die nonchalanten Umgangsformen, die den *foreign-returned* Inder von seinem hausbackenen Landsmann unterscheiden. Wir sind im Nu ein Herz und eine Seele. Er hockt sich zu mir auf die Mauer, erzählt mir von Mohini (er hat sogar einen Gruß zu bestellen), und dann plaudern wir über England. Er war vier Jahre dort, hat an der ›London School of Economics‹ sein Diplom gemacht und in den Highlands sein Herz verloren. Es ist nicht das erstemal, daß ich einen Inder treffe, der von England schwärmt, als wäre es sein Heimatland.
Ich erzähle Nand, was ich heute so erlebt habe und was mir in der letzten Stunde durch den Kopf ging. Um ihn nicht zu kränken, drücke ich mich sehr vorsichtig aus, aber Nand denkt nicht daran, meine Andeutungen krummzunehmen. Im Gegenteil: Ich habe das Thema getroffen, das ihn zum Kochen bringt: »Unterentwickelte Länder«, so wettert er, »kann man nicht mit schönen Phrasen auf die Beine bringen. Die Freiheit des Individuums, was ist das, wenn es weder zu Hemd und Hose noch zu einem vollen Magen reicht?«
»Die Ideale des Westens«, so meint er, »sind wunderschön, aber in Afrika und Asien sind sie – befolgt man sie bis zur letzten Konsequenz – fehl am Platze; sie sind für hochentwickelte Länder, bei uns führen sie zum Fiasko. Wissen Sie, was die Engländer über eine der Pforten am ehemaligen Palast des Vizekönigs einmeißelten: ›Die Freiheit darf sich nicht zum Volk niedersenken. Es ist das Volk, das sich zur Freiheit erheben muß.‹«
»Die hochtrabenden Reden der Engländer, sind sie nicht ein wenig suspekt?«
»No, not at all, zumindest nicht in diesem Falle. Man kann England manches in die Schuhe schieben, aber nicht unsere Rückständigkeit!«
Nand hält einen Augenblick ein; er denkt nach, dann schmunzelt er: »Einer meiner Tutoren, ein feiner Kerl, hat mir einmal – stellvertretend für ganz Old India – folgendes ins Ohr geflüstert: ›If you could kick in the pants the fellow responsible for most of your troubles, you wouldn't be able to sit down for six months! – Wenn du dem Burschen, der für die meisten deiner Schwierigkeiten verantwortlich ist, einen Tritt in den Hintern geben könntest, dann könntest du dich sechs Monate lang nicht mehr setzen!‹«
Nand scheut sich auch nicht, selbst einiges zur Rechtfertigung dieses harten Wortes beizusteuern. Er öffnet seine Aktentasche, holt einige Tageszeitungen hervor, breitet sie vor mir aus und weist auf die Überschriften:

»Hier, lesen Sie selbst. Wovon ist die Rede? Von Hungersnot und Rationierung, von Schiebern und Ausbeutern. Es gibt keinen Reis, es gibt keinen Zucker, und es gibt vieles andere nicht. Das beruht nur zu einem Teil auf natürlicher Knappheit, zu einem anderen Teil auf künstlicher Verknappung. Die Großhändler, die Spekulanten, die Leute, die überall die Finger drin haben, schlagen in brutaler Weise Kapital aus der Not des Volkes. Man redet jetzt davon, daß die Großhandlungen, die Importfirmen und ähnliches verstaatlicht werden sollen, aber das ist, wie vieles bei uns, nur leeres Gerede[146].

Und was für den Handel gilt, gilt auch für die Landwirtschaft. Wir haben seit alters her ein gut eingespieltes Ausbeutersystem: die Geldleiher, die Wucherer und Drohnen, die den Bauern im Genick sitzen und die kein Mittel scheuen, den letzten Pfennig aus ihren Schuldnern herauszuquetschen.«

»Aber das ist«, so werfe ich ein, »doch alles abgeschafft?«

»Haben Sie eine Ahnung! Die Zamindari wurden abgefunden, man gab ihnen Geld und Staatsanleihen und ließ ihnen ansonsten freie Hand. Und was taten die Herren? Sie schlüpften wieder in ihre alten Positionen, sie leihen nach wir vor Geld aus, und ihre Grundstücke haben sie teilweise zurückgekauft.«

Nand ist, so scheint mir, up to date, und die Materie ist ihm vertraut. Von Solons Seisachtheia bis hin zu Maos Methoden gibt es nichts, was ihm auf diesem Gebiet neu wäre. Seine Gedanken fliegen nur so, seine Worte sprudeln, und schließlich übermannt ihn der Zorn:

»Was, zum Teufel, zählen die specknackigen Wucherer und ihr Gejammer, wenn es um die Zukunft der Nation geht. Man müßte sie packen, man müßte ihnen zumindest auf die Finger klopfen. Aber unsere Demokratie bringt das nicht zuwege. Die Herren im Parlament würden mit ihren eigenen Interessen in Konflikt kommen. In Indien denkt jeder zuerst an sich. Hier, lesen Sie selbst:

›*Korruption in Höhe von 50 000 000 000 . . .*‹

›*In Indien wuchert die Korruption: Die Regierungspartei gibt es zu, das Kabinett weiß es, und der Mann auf der Straße fühlt es . . .*‹

›*Geister essen täglich 300 Tonnen Getreide . . .*‹ (gemeint ist das Korruptionsdefizit bei den für Kerala bestimmten Weizenzuteilungen);

›*Politische Korruption. – Es muß etwas geschehen: Wir sollten uns daran erinnern, daß einer der Hauptgründe für den Zusammenbruch des Tschiangkaischek-Regimes in China die ständig wachsende und unkontrollierte Korruption war, und wir sollten deshalb kühne und umfassende Maßnahmen ergreifen, um den Sittenverfall, der in den vergangenen zehn Jahren unzweifelhaft um sich gegriffen hat, zu stoppen . . .*‹

Der Hunger des Volkes ist nicht so wichtig wie seine religiösen Empfindungen. Nicht das Volk melkt die Kühe, die Kühe melken das Volk. Das liebe Vieh frißt den Bauern die Weide und den Städtern den Park und die Blumen ab. Die Gegenwerte, die es liefert, sind nicht mit Gold aufzuwiegen – sie sind ideeller Natur. (S. 23)

»Eine Frau ist dafür bestimmt, in jedem Lebensalter zu gehorchen. Als Tochter schuldet sie Vater und Mutter Gehorsam, als Frau ihrem Mann und ihren Schwiegereltern, und als Witwe hat sie das zu tun, was ihre Söhne sagen. In keinem Stadium ihres Lebens ist sie unabhängig.« So steht es im padma-purana geschrieben, und so wurde es seit Jahrhunderten, seit Jahrtausenden praktiziert. (S. 149)

›Korruptions-Untersuchung zeitigt enorme Ergebnisse: Bei einer Korruptions-Ermittlung, die sich auf bestimmte Abteilungen der Unionsregierung erstreckte, hat die dafür eingesetzte Spezialpolizei viel Informationsmaterial über die im Schwange befindlichen Korruptionsarten gesammelt. Es wurde eine umfassende Liste über die in den fünf überprüften Abteilungen entdeckten Korruptionspraktiken ausgearbeitet ...‹ [147].«

Nach dieser Skandallektüre erbauen wir uns an einer kleinen, nett geschriebenen Story von Asha Bhatnagar, die die ›Times of India‹ (Oktober 1964) zum besten gibt:

»Jedermann in Bombay«, so beklagt sich eine Großschiebersgattin, »wird der Geldschrank durchsucht – nur uns nicht. So was Demütigendes!« Sie starrt geistesabwesend auf ihr Cartier-Brillant-Armband. »Die Leute fangen schon zu reden an. Erst gestern machte Mrs. Sitaram eine ziemlich deutliche Bemerkung. Es ist ihr in den Kopf gestiegen, daß ihre drei Geldschränke unter den ersten waren, die inspiziert wurden.«

Mrs. T. tippt ärgerlich auf die Schlagzeilen der Zeitung: »Was ist es, was diese Leute haben und wir nicht? Wir könnten sie – allein mit unserem ausländischen Geld! – allesamt kaufen.« Eine Träne kullert über ihr importiertes Elizabeth-Arden-Gesicht und auf ihren geschmuggelten amerikanischen Dacron-Sari ...

Die Ärmste versucht allerlei. Sie lamentiert, sie zeigt sich selbst an – nichts hilft: »Niemand möchte mit uns mehr Geschäfte machen. Es geht das maliziöse Gerücht um, daß wir ehrlich sind. Oh, the degradation of it all!«

Schließlich hat der Himmel ein Einsehen: Mr. T. wird verknackst. Die Ehre der Familie ist wiederhergestellt. Sie kann dem Club wieder beitreten, es fehlt nicht mehr an Freunden, und in zwei Jahren, wenn Herr T. wieder 'rauskommt, werden ihn seine Geschäftsfreunde mit großen Aufträgen überhäufen. Die Regierungskontrakte wurden erneuert, und von zwei weiteren ist schon die Rede.

»Tja«, meint Nand, »die Beamten lieben – der Bestechungsgelder wegen – unehrliche Firmen.« Und dann polemisiert er ein wenig: »Wissen Sie, was man in Indien unter einem ehrenhaften Politiker versteht? Nein? Ich will es Ihnen verraten: ›An honest politician is one who when he is bought will stay bought. – Ein ehrenhafter Politiker ist einer, der – wenn er sich kaufen ließ – auch dabei bleibt.‹

Und wissen Sie, was ein Konservativer ist?

›He is a man who just sits and thinks, mostly sits. – Er ist ein Mann, der sitzt und denkt, in erster Linie aber sitzt!‹

Auch für Indiens politische Konferenzen gibt es eine klare Definition:

›A conference is a gathering of important people who singly can do nothing, but together can decide that nothing can be done. – Eine Konferenz ist eine Versammlung wichtiger Leute, die als einzelne nichts unternehmen können, gemeinsam aber zu der Entscheidung kommen, daß nichts getan werden kann.‹«

Wir kommen auf China zu sprechen. China und Indien, beide haben ihre Fünfjahrespläne etwa zur selben Zeit begonnen, beide Länder haben die gleichen Probleme zu lösen, beide sind für Asien von großer Bedeutung, beide sind Repräsentanten: Indien für die friedfertigen Methoden des Westens, China für die Gewaltpolitik marxistischer Prägung. Man vergleicht, man fragt immer wieder: Was hat sich in Indien in den letzten zwanzig Jahren getan? Was hat sich in China getan?

Die Antwort liegt auf der Hand, sie ist relativ einfach: In Indien übernachten noch immer Millionen auf der Straße, in China kein einziger mehr. In Indien herrscht Korruption und Händlergeist, in China ist selbst das Trinkgeld zu einer Beleidigung geworden, in Indien vergeudet man Material und Arbeitskräfte, in China wird jede Lokomotive, jeder Omnibus auf Hochglanz poliert, und jedermann hat Arbeit, in Indien herrscht Lethargie und Desinteressiertheit, in China ist eine Nation auf dem Marsch in die Zukunft.

Man kann die Dinge drehen und wenden, wie man will: »That China is a better model for underdeveloped countries than India[148].« Nicht nur in Oxford ist man dieser Ansicht, ganz Asien und Afrika sind allmählich davon überzeugt. In allen Gesprächen, die zwischen Accra und Tokio um die Zukunft der Länder Asiens geführt werden, gibt es einen Faktor von bedrohlicher Größe und gleisnerischem Glanz, einen Faktor, der niemals übersehen wird: China. Mit Sorge und Faszination starrt die Welt auf das Reich der Mitte.

Die Lektion, die China den asiatischen und afrikanischen Ländern erteilt hat, ist imponierend. Wodurch, so fragen sich viele, ist diese gewaltige Diskrepanz zwischen China und Indien entstanden, welche Kraftquellen hat China erschlossen? Die Antwort aus Peking ist offen: Wir haben es geschafft, weil wir uns nicht mit Halbheiten zufriedengaben, weil wir nicht lau, sondern mit heißen Herzen an unsere Aufgabe gingen. Weil wir mit allem gebrochen haben, was morsch war und unseren Idealen im Wege stand. Wir haben Raum geschaffen, wir haben Platz zum Bauen. Wir haben das alte Sendungsbewußtsein Chinas neu belebt, wir haben uns nicht mit Hirngespinsten zufriedengegeben, wir haben eine neue Religion geschaffen. Und wir waren uns im klaren, wie sie aussehen muß:

»Diese Religion muß gewisse Bedingungen erfüllen. Sie muß an die Stelle der Familie eine Organisation setzen, die das gleiche Zusammengehörigkeits- und Sicherheitsgefühl verleiht. Sie muß im Geist orientalisch sein, sich aber

dennoch mit den europäischen Ideen in Einklang bringen lassen, die sich als unerläßlich im Kampf gegen Europa erwiesen haben. Sie muß die chinesische Tradition von der Herrschaft einer intellektuellen Elite befriedigen sowie das chinesische Gefühl, anderen Völkern überlegen zu sein. Diese Religion sollte möglichst auch die indische Selbstverleugnung wie die arabische Vorstellung vom Kampf zwischen Gut und Böse umfassen.
Sie muß also letztlich kommunistisch sein. Der Kommunismus ist jene Religion, die dazu auserwählt scheint, dem wiedererwachenden Asien das scharfe Schwert zu verleihen. Kennwort dieses neuen Islams ist ein abgewandelter Gebetsruf: ›Es gibt nur einen Gott, das ist der wirtschaftliche Determinismus, und Marx ist sein Prophet[149].‹«
Bei solchen Vergleichen muß man Indien zugute halten, daß es etwas gehandikapt war und noch ist. Die Chinesen sind schon immer mit beiden Beinen auf der Erde gestanden, die Inder nie. Die Hindus sind verhinderte Heilige, alle zusammen und jeder einzelne. Ihre Geschichte ist religiös, ihre Kultur ist religiös, und ihre Versenkung und Meditation ist alles andere als diesseitsbezogen. Indien hat seine Wurzeln im Immateriellen, es ist emotional, weltverneinend.
China ist das Gegenstück: Sein Weltbild ist von Konfuzius gezeichnet, von Laotse, und der ließ das Jenseits Jenseits sein: »Ich kenne das Leben nicht, wie soll ich den Tod kennen.« Sich dem Diesseits zu widmen ist die erste Bürgerpflicht. Das Emotionale wurde verbannt, man genoß das Leben, man lernte es kultivieren und verfeinern. Die Form wurde zum Inhalt, die Seele zum Vakuum.
Dieses Vakuum zu füllen ist Maos großes Ziel. Alle Kommunisten haben diese Ambition. Es ist nicht von ungefähr, daß der Marxismus dort am meisten Raum gewinnt, wo althergebrachte Religiosität im Zerfall, im Niedergang begriffen ist, wo die Leute nicht mehr auf das Jenseits hoffen, wo sie schon im Diesseits ein Heim und eine Existenz haben möchten.

Händler, Hawker und Hausierer

Am anderen Morgen lockt mich die Sonne schon frühzeitig aus den Federn. Um acht Uhr, nach einem kurzen Frühstück, mache ich mich auf den Weg. Ich will zu Fuß zur Chandni Chowk, zur ›interessantesten Straße Asiens‹.
Als einsamer Wanderer irre ich durch die Gassen. Die Stadt schläft noch. Zu Hunderten, zu Tausenden liegen die Menschen an den Häuserwänden, auf den Rondellen der Denkmäler und auf den Verkehrsinseln. Die meisten liegen auf blankem Boden, in Lumpen gehüllt. Die Anspruchsvolleren wälzen

sich auf Freiluftliegen, auf rechteckigen Gestellen, die mit Stricken bespannt sind und etwa zehn Zentimeter Bodenfreiheit haben *(charpais)*. Einige der Trottoirträumer, die über Nacht allzusehr geplagt worden sind, machen Jagd auf Läuse und Ameisen. Liebevoll setzen sie die Tierchen ins Gras oder dem Nachbarn auf die Decke.

Vor einigen Banken und größeren Geschäften werden die Schläfer von den Hausmeistern hochgescheucht. Die Pförtner möchten Chlorkalk streuen. Gegenüber der *Stock-Exchange* und der *Central Bank of India* liegt ein neugeborenes Kalb. Es ist tot. Die Raben picken ihm die Augen aus. Niemand stört sich daran. Ich mache eine Aufnahme, was einige junge Inder anlockt. Sie bestaunen meine Kamera; für das Kälbchen aber interessieren sie sich nicht. Auch den Guru, der nicht weit davon seine morgendliche Soloandacht zelebriert, lassen die leeren, blutverschmierten Augen des Tieres kalt: Er hockt auf grünem Rasen, hat ein Buch vor sich und betet die Sonne an. Er opfert ihr Wasser aus einer langhalsigen Messingkanne und verbeugt sich unentwegt.

An den Säulen vor der Börse, der Zentralbank und der Industrie- und Handelskammer prangen große schwarze Plakate:

Mr. Pope go back, we need no converting spiritually.
Herr Papst, machen Sie kehrt, wir brauchen keine geistliche Bekehrung.

Mahatma Gandhi

Neben oder unter diesen schwarzen Pamphleten kleben rote:

India the traditional Exponent of Tolerance & Hospitality
WELCOMES THE POPE
Indien, der traditionelle Exponent von Toleranz und Gastfreundschaft
HEISST DEN PAPST WILLKOMMEN

Die meisten der Plakate, die sich alle auf den Eucharistischen Kongreß beziehen, sind in indischer Schrift. Ich kann sie leider nicht lesen.

Vor dem Roten Fort, wo Chandni-Chowk beginnt, ist der Rasen mit Langschläfern übersät. Nur widerwillig beginnt man den Tag. Diesseits der Straße weckt ein roter, dreistöckiger Bau meine Neugierde: Es ist das *Charity Birds Hospital*, ein Alters- und Pflegeheim, eine Mastanstalt. Hier füttern die Jains die Sperlinge und Tauben fett, die die Stadtverwaltung gerne loswerden, zumindest aber etwas dezimieren möchte. Neben dem Wohlfahrtsinstitut für die gefiederten Bürger der Stadt ist der Jain-Tempel und

der *Jain Sports Club.* Unter einem Baum sitzt ein Astrologe, der in Weihrauchdämpfen meditiert und für eine halbe Rupie das Horoskop stellt.
Ich biege nach links ein, in die Chandni-Chowk, die Mondscheinallee. Sie ist, so geht die Rede, das Herzstück des Orients. Laden reiht sich an Laden. Unbeschreibliche Düfte hängen in der Luft. Es riecht nach Gewürzen und billigem Tabak, nach fermentierten Früchten, nach ranzigem Fett, nach Haschisch und süßem Parfüm. Aus den Hinterhöfen tönt das Geschrei von Kindern und das Gemecker von Ziegen. Monströse Grammophone und Transistorradios auf Regalen, Fensterbänken und Ladentischen schaffen Verkaufsatmosphäre und seelisches Oberwasser.
Der Trottoirverkehr ist beängstigend, der Straßenverkehr ist mörderisch: Zebugespanne, Fahrräder, Phut-Phut-Wallahs, buntbemalte Lastwagen, Handkarren, Stoßkarren, Schubkarren und immer wieder Fahrräder, zu Dutzenden, zu Hunderten. Und jeder Fahrer klingelt, hupt, tutet und schreit. Jeder überholt jeden. Es ist unmöglich, diese Straße ungestreift zu passieren. Schrammen und Kratzer, Beulen und plattgedrückte Kotflügel sind der Zoll, den jede Fahrt ins Geschäftszentrum kostet.
Unter den schattenspendenden Bäumen, wo Rikschas abgestellt und zahllose Waren ausgebreitet wurden, kommt eine achtköpfige Leichenstafette laut schreiend angerannt. Die Männer schleppen einen Paria zum nahen Fluß, zum Scheiterhaufen. Um die Hydranten drängen sich ganze Hundertschaften: Sie waschen sich, sie stillen ihren Durst, sie putzen sich umständlich die Zähne. Einige Schlauberger haben den Engpaß an den Wasserstellen vorausgesehen; sie sind etwas früher aufgestanden, haben das Wasser in Kanister gefüllt und verkaufen es jetzt täßchen- und schüsselchenweise. Kunden, die trinken möchten, gehen in die Knie und halten stumm den Mund auf. Geschickt wird ihnen der ›Kaffee‹ hinter die ›Binde‹ gegossen. Und wenn etwas danebengeht – was schadet es? Man hat ohnehin nur einen Dhoti an.
In den kleinen, zwei bis vier Meter breiten Läden, die alle zur Straße offen sind, geht es würdevoll und seriös zu. Hier bieten die wohletablierten Kaufleute, die Gewürzhändler, die Töpfer, Blechschmiede und Juweliere ihre Waren an. Man feilscht im Sitzen. Wer den Laden betritt, zieht seine Sandalen aus und setzte sich dem Händler gegenüber. Kissen liegen bereit, und die Böden der Läden sind mit Tüchern, mit weißem Kattun ausgelegt.
Bei einem der Goldschmiede plagt mich die Neugierde. Ich streife meine Schuhe ab und trete in den schmalen Gang, an dessen Längswand viele Kassetten (Postschließfächern gleich) eingelassen sind. Der Händler nötigt mich, meine Schuhe wieder anzuziehen, und schiebt mir einen Hocker unter. Dann – nach einer höflichen Erkundigung, was er mir anbieten darf – holt er seine Schätze hervor. Um es vorwegzunehmen: Es ist nicht viel, und die Verarbei-

tung ist nicht nach europäischem Geschmack. Die Frauen hierzulande, die wohlhabenden, tragen ihr Geschmeide in protziger Manier. Viele Halsketten gleichen den Brustinsignien unserer ehemaligen Feldgendarmerie.
Der Juwelier ist recht unglücklich, daß ich nichts finde, was mir zusagt. Er führt das auf die von der Regierung verordnete minderwertige Goldlegierung zurück. »Vierzehn Karat! Das ist besseres Blech. Früher haben wir nur achtzehnkarätiges und reines Gold verarbeitet.«
Um mich zu trösten, zaubert der zum Blechschmied Degradierte einen Mokka herbei. In kleinen Täßchen wird das duftende Getränk serviert. Der Händler rückt etwas näher und dämpft die Stimme. Ob ich ausländisches Geld bei mir habe, will er wissen. Ich nicke zustimmend.
»Auch Dollar?«
Ich nicke von neuem.
»Sechseinhalb Rupien, Sir!«
Ich rechne kurz nach. Der offizielle Umrechnungskurs liegt etwa bei viereinhalb Rupien.
»Ja«, sage ich, »das wäre kein schlechtes Geschäft. Aber es geht nicht.«
»Alles registriert?«
»Ja, alles beim Zoll angegeben.«
Jetzt weiß er endgültig, daß ich nicht vom Fach und nicht auf irgendwelche Schwarzmarktgeschäfte aus bin. Enttäuscht läßt er die feisten Hamsterbakken hängen.
Vor dem Laden ist das Gewimmel noch dichter, noch undurchdringlicher geworden. Du glaubst zu schieben, und du wirst geschoben. Die Bettler und Taschendiebe sind mit von der Partie. Eine weiße Haut wirkt wie ein rotes Tuch auf sie. Sie attackieren mit stupidem Furor mal von vorn, mal von der Seite. Die einen fordern, die anderen betteln, manche tasten nur, und einmal schreit auch einer. Künstlerpech! Ich habe, weil mir gestern so ein Langfinger das Taschenmesser entführte, nur zerknülltes Papier und eine Rasierklinge (zum Bleistiftspitzen) in der Tasche des Jacketts.
Das Bettelunwesen von Delhi ist ein Kapitel für sich. In einem amtlichen Bericht aus dem Jahre 1959[150] werden interessante Details veröffentlicht: 44,5 Prozent der Bettler, so heißt es da, ›are non-mendicant able-bodied beggars‹; mit anderen Worten: Fast die Hälfte aller Bettler sind vollarbeitsfähige Personen, die keine religiösen Motive vorschützen. 16,5 Prozent sind zwar gesund und arbeitsfähig, aber aus religiösen Gründen mit dem Messingteller unterwegs. Von den körperlich Behinderten, aber nicht religiösen Bettlern (36 Prozent) leiden 18 Prozent an Aussatz.
Der Tagesverdienst der Bettler ist nur gering:

	Religiöse Bettler:	Bettler mit körperl. Gebrechen (einschl. Lepra):	Gesunde und arbeitsfähige Bettler:
bis zu 1/2 Rupie	32 %	33 %	31 %
1/2–1 Rupie	28 %	36 %	35 %
1–2 Rupien	20 %	16 %	13,5 %
mehr als 2 Rupien	7 %	5 %	3,5 %
Einkommen unbekannt	13 %	10 %	17 %

Um Almosen zu erzielen, werden in erster Linie drei Methoden angewandt: Die einen stürzen sich mit frommen Sprüchen ins Getümmel, andere schildern ihre Nöte und bitten um Hilfe, und eine dritte Kategorie stellt, obwohl das seit 1911 verboten ist, schweigend ihre kranken Körperteile zur Schau.
Um einen Extrapfennig zu ergattern, werden die Almosengeber gesegnet und mit Kosenamen und Titeln überhäuft. Den Hartherzigen werden Flüche nachgeschickt. Nicht alle Wehwehchen sind echt: Es gibt Blinde, die machen ein böses Gesicht, wenn nur ein Fünfer in den Hut fällt, und mancher Hinkende schnellt wie eine Gazelle um die Ecke, wenn die Polizei in Sicht kommt. Es gibt auch Leprakranke, die nichts als Simulanten sind: Sie schmieren sich schorfähnlichen Lack auf die Gliedmaßen. Das Zeug schmeckt süßlich, zieht die Fliegen an und steigert das Mitleid mit dem armen *leper-beggar*, der sich des schwarzgrünglänzenden Geschmeißes nicht erwehren kann. Andere Almosenspekulanten zeigen Heiligenbildchen und die ganz schlauen – insbesondere Mädchen – *letters of recommendation* (Empfehlungsschreiben).
Nicht zu übersehen ist auch die große Gruppe der religiösen Fanatiker, die sich an greulichen Selbstverstümmelungen ergötzen, an durchstoßenen Unterarmen, an durchlöcherten Backen und aufgespießten Zungen. Blutend und mit verdrehten Augen irren sie durch die Straßen – ihre Spezis klappern mit der Büchse. Sie betteln nicht, sie fordern. Der religiöse Bettler – egal, ob Brahmane oder Sanyasi – hat in der Hindugesellschaft ein legitimes Recht auf Unterstützung. Die anderen Kasten und alles, was da sonst noch unter Krethi und Plethi einzureihen ist, dürfen es sich als Ehre anrechnen, ihr Geld auf diese Weise loszuwerden.
Neben der Religion, die auf diesem Gebiet eines der Erbübel Indiens ist, trägt aber auch der Staat ein gerüttelt Maß an Schuld, denn annähernd vierzig Prozent der Almosenempfänger ›do not like begging, but have no alternative – sie betteln nicht gerne, es bleibt ihnen nichts anderes übrig‹.

In einer anderen Studie[151] werden die Elendsviertel Delhis unter die Lupe genommen, sofern man diese Floskel hier überhaupt gebrauchen kann,

denn die Slums sind nicht zu übersehen. Sie sind allgegenwärtig und stinken wie die Pest. Nicht weniger als 1 787 Plätze hat der Verfasser des oben angeführten Berichtes als Slums gekennzeichnet. Diese Zahl bezieht sich nicht auf Indien, auch nicht auf einen Bundesstaat, nein, nur auf die City von Delhi, genauer gesagt: auf einen Stadtteil – auf Alt-Delhi.
Im Stadtinnern sind es die *katras*, die jeder Beschreibung spotten, am Stadtrand sind es die *bastis* (einundsechzig im ganzen), die zur Verschönerung der Landschaft beitragen. Ein *basti* ist ›a thick cluster of small *kucha*-houses or huts built on open land, often in an unauthorized manner – eine Zusammenballung winziger *kucha*-Häuser oder Hütten, die auf freiem Feld und häufig ohne behördliche Genehmigung erstellt werden‹.
In oft nur meterbreiten Gassen fließen Abwässer und Jauche. Kistendeckel, Blech, Staub und Rauch bestimmen das Bild des armseligen Alltags. Auf Simsen und an Mauerecken spielen nackte Kinder; Sterbende und Kranke dämmern unter ausgespannten Tüchern dahin. Es wimmert und betet und flucht. Das Hohngelächter der Hölle zittert in jeder Brust: Ihr, die ihr hier eingetreten seid, laßt alle Hoffnung fahren!

Für den Nachmittag steht der Connaught-Circus auf meinem Programm. Laut Reiseprospekt ist er ›das Einkaufszentrum von Neu-Delhi. Hier findet man alles vorrätig, von Stecknadeln bis zu Autos, Obst und Gemüse! In den kühlen Abendstunden herrscht hier reges, farbenfrohes Leben.‹ Man kommt um zu sehen und um gesehen zu werden.
Das klingt vielverheißend. Auch auf dem Stadtplan nimmt sich die Anlage sehr gut aus: Sie besteht aus drei Straßenringen, die sich um einen zentralen Park legen. Der innere Ring – er hat einen Durchmesser von mehreren hundert Metern – ist der eleganteste. Das, so plane ich, spare ich mir bis zuletzt auf. Ich fange außen an. Aber da ist nicht viel zu sehen. Die großen Bauten beherbergen Großhandelslager mit aufgestapelten Kisten und Schachteln; Flickschuster und kleine Werkstätten drängen sich in den anderen Räumen. Im nächsten Straßenring ist es nicht viel besser: nur Ramschläden und primitive Büros. Aber jetzt...
Erwartungsvoll biege ich in die innere Straße ein. Der Nehrupark mit seinem frischen Grün und seinen prachtvollen Bäumen nimmt das Auge gefangen. Hübsch, sehr hübsch! Zur Linken und zur Rechten erstrecken sich imponierende Bogengänge: klassizistische Säulen und breite Trottoirs. Ich rücke meinen Hut gerade und zupfe mir den Kragen zurecht – endlich wieder ein bißchen Zivilisation! Hände aus den Taschen, Kopf hoch, Brust 'raus, Kreuz hohl!
Um es vorwegzunehmen: Ich komme nicht auf meine Kosten. Der Con-

naught-Circus ist keine Prachtstraße, auch kein Boulevard und keine Promenade – er ist ein schäbiger, ein ganz schäbiger Basar. Alle Eleganz, alles Exquisite ist mit den Engländern ausgezogen. Die Hawker haben sich breitgemacht. Sie hocken unter Säulen, sie lungern auf Treppen herum, sie haben ihre Ware auf dem Boden ausgebreitet. Auch in den Geschäftsräumen, in den Läden dominiert das Niveaulose, der Kitsch, die billigste Massenware. Die Aufmachung ist zum Weinen: Es wird in die Fenster und Regale gepfercht, was immer hineingeht. Die Läden sind halb dunkel. Man spart mit Strom, man spart mit Glas, man spart mit allem, was diesem Platz Fluidum und etwas Glanz geben könnte. Die Säulen sind mit häßlichen Plakaten beklebt, das Papier hängt in Fetzen von den Wänden, in den Verkaufshöhlen riecht es nach Curry, nach Weihrauch und Myrrhe.

Auch die Auslagen der Juweliere sind mehr als dürftig, und die Preise stehen in keinem Verhältnis zur Qualität. Seit achtzehnkarätiger Goldschmuck verboten ist, seit das Land seine Goldvorräte für die Aufrüstung braucht, herrscht Ausverkaufsstimmung. Die Notverordnung war kaum erlassen, da stürmten die Vaterlandsverteidiger die Läden. Nicht verkaufen wollten sie, wie es die Regierung vorschlug, aufs Kaufen waren sie aus.

»Jeder Juwelierladen (Madras) war belagert von halb hysterischen Familien. Ketten, Ohrringe, Armbänder, Broschen wurden – ohne Rücksicht auf ihr Aussehen – nur so gerapst. Es ging zu wie beim Schlußverkauf. Schaukästen wurden von flinken Händen blitzartig geleert. Es war geradezu unglaubwürdig, daß es sich bei den Waren nicht um extrem verbilligte Sommerkleider, sondern um goldenes Geschmeide zu inflationären Preisen handelte. Noch weniger glaubhaft war, daß Indien sich mit China in einem Krieg befand, bei dem es, wie Presse und Rundfunk verkündeten, um das nackte Überleben ging[152].«

Es gibt – zur Ehrenrettung der Nation sei es gesagt – auch Gegenbeispiele. Viele einfache, blind auf die Regierung vertrauende Menschen opferten manches Schmuckstück, das ihnen lieb und teuer war. In einem Regierungsbezirk in Nordindien haben die Frauen einmütig gelobt, ihren Silberschmuck für den Nationalen Verteidigungsfonds zu spenden: Sie wollten Frau Indira Gandhi in Silber aufwiegen. Und sie schafften es auch! Aber was ist ein Häufchen Silber für eine Staatskasse wie die indische? Vielleicht war es sogar gut, daß nichts zusammen und damit niemand in die Versuchung kam, das Volksvermögen im wahrsten Sinne des Wortes zu verpulvern.

Zu diesem interessanten Thema wäre noch einiges zu sagen. Man könnte sich zum Beispiel einmal fragen, ob die privaten Goldvorräte Indiens – würden sie richtig eingesetzt – das Land nicht aus den roten Zahlen heraus und in eine verheißungsvolle Zukunft manövrieren könnten.

Niemand weiß genau, welcher Schatz vergraben liegt. Man weiß nur, daß die indischen Familien seit Jahrhunderten alles Ersparte stets in Edelmetallen und nicht auf Bankkonten anlegten, und man schätzt, daß zwischen zwanzig und dreißig Milliarden DM flüssiggemacht werden könnten[153]. Die Regierung hat versucht, an diese Schätze heranzukommen, aber ohne Erfolg. Auch der Versuch, die schwarzen, die der Steuer hinterzogenen Gelder zu mobilisieren, schlug fehl, obwohl Finanzminister Morarji Desai gewillt war, beide Augen zuzudrücken. Er bot an, alles abgelieferte Gold – *with no questions asked* – gegen staatliche Goldzertifikate mit einer jährlichen Verzinsung von 6,5 Prozent einzutauschen. Im Laufe von fünfzehn Jahren wäre auf diese Weise ›schwarzes‹ Geld wieder weiß geworden. Die Händler und Steuerhinterzieher spitzten die Ohren – aber sie überlegten es sich anders. Sie wollten ihr Geld nicht weiß, sie wollten es in Sicherheit haben. Und da sie kein Vertrauen in die Regierung und in die Zukunft des Landes haben, versilbern sie ihr Vermögen peu à peu. Sie transferieren es in Dollar und schmuggeln es ins Ausland. Dann gehen sie auf eine Geschäftsreise und kommen nicht mehr zurück.

Nicht nur die Kaufleute gehen diesen Weg; auch viele Ingenieure und Mediziner sehen in der rechtzeitigen Auswanderung ihr Glück. Ich kann es nicht belegen, aber nach dem, was mir erzählt wurde, besteht das Gros der englischen Ärzte aus Indern, und die indische Regierung soll eine Liste von mehr als zehntausend Ingenieuren und Technikern haben, die sich weigern, in ihre Heimat zurückzukehren. Man schreibt diese Leute regelmäßig an, man erinnert sie an ihre Pflichten dem Vaterland gegenüber, aber da man ihnen weder ein gleichwertiges Einkommen noch eine überschaubare Zukunft bieten kann, ziehen es die meisten vor, die Entwicklungshilfe anderen Leuten zu überlassen.

Ein Schlag ins Wasser

... und diese anderen Leute sind Idealisten. Sie kommen als Facharbeiter und Berater, als Krankenschwestern und Missionare. In Amerika, in Deutschland und in vielen anderen Ländern der westlichen Welt gibt es gutgläubige Jugendliche, die Asien vor dem Untergang retten wollen. Sie kommen, arbeiten für zehn Schilling in der Woche, riskieren zu Hause ihre Karriere und in Indien ihre Gesundheit. Respekt vor so viel Enthusiasmus und Opferbereitschaft, aber Vorsicht vor falschen Diagnosen: Mit bloßem Edelmut ist in Asien nichts zu retten.

Die ökonomische und soziale Stabilisierung der Entwicklungsländer ist den

Mächtigen dieser Erde anheimgegeben, nicht den Mildtätigen. Und mit Altruismus hat die Entwicklungshilfe schon gar nichts zu tun; sie erfolgt in wohlverstandenem Eigeninteresse. Auch die christliche Nächstenliebe sollte man nicht ins Feld führen; denn was haben wir Christen bis dato schon zuwege gebracht: Wir steckten den armen Wilden einige Scherflein zu, einige Spargroschen, und damit hatte es sich. Nein, machen wir uns nichts vor: Wenn man den Völkern Asiens und Afrikas auf die Beine helfen will, so einfach deshalb, weil man dazu gezwungen wird. Und von wem? »Von jener Kraft, die stets das Böse will und stets das Gute schafft.«
Nand lächelte, als er mir dieses Goethe-Zitat im Verlauf eines Gesprächs vorhielt, das ich mit ihm und seinen Freunden über das immer aktuelle Thema ›Entwicklungshilfe‹ führte. Dann begründete er es:
»Die Polarität der beiden großen Lager, das Spannungsverhältnis, die immer neue Kraftprobe sind das A und O der rapiden Nachkriegsentwicklung. Ohne die Heilslehren aus dem Osten, ohne die fortwährende Agitation gegen Kolonialismus und Imperialismus wären die Völker Asiens und Afrikas noch immer unter der Vorherrschaft des weißen Mannes. Für viele wäre das – vorläufig! – nicht unbedingt das Schlechteste, aber diese Chance ist – für beide Teile! – unwiderruflich dahin. Dem Westen, der sich einer ihm aufgezwungenen Entwicklung beugen mußte, bleibt nur eine Möglichkeit: sich dem umstürzlerischen Trend entgegenzustemmen, alle Kraft aufzubieten, um nicht überall aus dem Sattel gehoben zu werden. Solche Anstrengungen erfordern mehr als Altruismus und – so traurig es auch ist – mehr als christliche Nächstenliebe: Sie erfordern Kraft, Ideen und sehr viel Geld.«
Das klingt selbstverständlich, fast wie eine Binsenwahrheit, aber vor zwanzig Jahren war es noch eine Utopie. Als Harry S. Truman am 10. 1. 49 (zu Beginn seiner zweiten Amtsperiode) von einem kühnen Programm sprach, das zur Verbesserung der Lebensbedingungen in den unterentwickelten Ländern zu entwerfen sei, als er davon sprach, daß man die wissenschaftlichen Erkenntnisse des Westens, seine Erfahrung und seinen Reichtum in die Waagschale werfen müsse, um das Lebensniveau in Afrika und Asien zu heben, war der amerikanische Kongreß keineswegs begeistert. Es dauerte annähernd anderthalb Jahre, bis er die ersten fünfunddreißig Millionen freigab.
Fünfunddreißig Millionen Dollar für eine Welt voll Hunger und Seuchen, für Milliarden Minderbemittelte, für Kontinente ohne Straßen und Fabriken: Was für ein Witz!
Man korrigierte sich. Präsident Kennedy präsentierte neue Ziffern: achteinhalb Milliarden Dollar pro Jahr. Fünfundvierzig Prozent dieses Betrages wollten die USA aufbringen, fünfundfünfzig Prozent sollten die übrigen Länder des Westens beisteuern. Es sollte mit langfristigen Anleihen und

Zuschüssen insbesondere jenen Ländern geholfen werden, die durch Land- und Erziehungsreformen ihren Bevölkerungsmassen bessere Startbedingungen einräumten. Die Entwicklungshilfe wurde zu einem Politikum ersten Ranges.

Wie sieht die Kraftprobe im einzelnen aus? Was profitiert Indien davon? Das ist kein Geheimnis: Indien kassiert von allen Entwicklungsgeldern immer den größten Brocken, für das jetzt angebrochene fünfte Jahr des dritten Fünfjahresplanes zum Beispiel rund vier Milliarden DM[154]. Bis Ende 1964 hat Indien insgesamt dreißig Milliarden DM als Kredite und Schenkungen, davon aus der Bundesrepublik rund 2,9 Milliarden, erhalten[155].

Was ist aus diesen Geldern geworden? Darüber streiten sich die Gelehrten noch. Bis jetzt ist nur ein Resultat augenfällig: Die Schulden Indiens dem Ausland gegenüber, die sich 1951 noch auf 0,5 Milliarden Rupien beliefen, sind bis 1963 auf 13,8 Milliarden = 11 Milliarden DM angewachsen. Indien steht das Wasser am Hals. Die falsche Industrialisierungspolitik, die unzulängliche Entwicklung der Landwirtschaft werden immer stärker fühlbar[156]. Indien ist das Land, das die größte Entwicklungshilfe erhielt, trotzdem scheint das Fiasko unabwendbar. Woran liegt das?

»What's wrong?«

Nand und seine Freunde, mit denen ich dieses Thema und das Material, das ich darüber gesammelt habe, ein wenig ventiliere, wissen manche Erklärung.

Da ist zunächst einmal die Bürokratie. Ausländische Unternehmer, die in Indien investieren, die partnerschaftliche Betriebe eröffnen möchten, haben einen Papierkrieg ohnegleichen zu bestehen. ›Zahllose Gesetze, Bestimmungen, Verordnungen und Verfügungen, die bei der Errichtung und dem Betrieb von industriellen Produktionsstätten zur Anwendung kommen und stets bürokratisch eng ausgelegt werden‹, machen den Start zu einem Hindernislauf. Und der sportliche Elan darf nicht erlahmen: Nach drei Jahren muß man um Verlängerung der Produktionserlaubnis nachsuchen. Die benötigten Maschinen muß man in Indien beschaffen – ›auch wenn ihre Präzision und Qualität den Ansprüchen der ausländischen Teilhaber nicht genügen‹; das gleiche gilt für das Rohmaterial und die Ersatzteile. Importanträge müssen halbjährlich wiederholt werden, ›wobei die Bewilligung jedesmal problematisch ist‹. – ›Selbst wenn es sich um ein lebensnotwendiges Teil handelt, dessen Ausfall sogar die Stillegung der Produktion und einen Verlust des Staates an Devisen bedeutet, muß dieser bürokratische Verhandlungsweg eingehalten werden. Die Verwaltung ist lediglich an der Einhaltung der Bestimmungen interessiert.‹

Die Handhabung des Managements ist ein anderes Problem. Man legt Wert darauf, daß die leitenden kaufmännischen Positionen von Indern eingenom-

men werden. Die investierenden Ausländer sollen sich in erster Linie der Produktion widmen, von der die Inder nichts verstehen. Aus Basar-Experten werden über Nacht Industrielle: Man kann des öfteren ›in staatlichen Betrieben indische Beamte, die keine ausgebildeten Betriebswirte sind, als Generalmanager antreffen. Zu viele Betriebsführer stammen aus dem indischen Handel; und es fehlt ihnen das Verständnis für langfristige Planung und (dafür), daß eine Rendite nicht nach Jahresfrist gesichert ist‹ [157].
Der Mangel an qualifizierten und willigen Arbeitskräften ist ein Kapitel für sich. Eine Delegation der ›Arbeitsgemeinschaft Entwicklungsländer‹, in der die Spitzenverbände der deutschen Wirtschaft vertreten sind, hat sich in einer Expertise zwar positiv über die Aussichten deutscher Investitionen in Indien geäußert, aber sie kam auch zu verblüffenden Feststellungen: ›Am meisten bewährt hätten sich überraschenderweise kapitalintensive Betriebe, weil die Effizienz der Arbeit gering sei, es vielfach an der notwendigen Disziplin mangele und nicht nach Leistung, sondern in Tageslöhnen bezahlt werde [158].‹
›Wegen der geringeren Produktivität und der häufigen Fehlschichten der Arbeiter müssen mehr Kräfte als in Deutschland eingestellt werden. Das Zahlenverhältnis zu einer entsprechenden deutschen Belegschaft ist etwa 1 : 3. Die gesamte Lohnsumme ist daher trotz niedrigerer Einzellöhne größer als die Lohnkosten in Deutschland [159].‹
Auch die starke Fluktuation der Arbeitskräfte macht viel Kummer. Die Leute werden mit viel Mühe und großen Kosten angelernt, dann arbeiten sie ein Weilchen, und schließlich lassen sie – wie die Leute in anderen Entwicklungsländern [160] – das Handwerkszeug fallen, um sich wieder dem *dolce far niente* hinzugeben. Von Betriebsfrieden und einem guten Arbeitsklima kann nicht die Rede sein. Gandhi hat seine Landsleute zwar gelehrt zu streiken, aber den Verstand, der zu sinnvollem Streiken gehört, hat er nicht mitgeliefert: ›Kein Betrieb ist vor Streik und Sabotage gesichert, nicht einmal Betriebe mit relativ guten Löhnen und mit Sozialeinrichtungen. In dem russisch-tschechisch-indischen Kombinat in Ranchi wurden in diesem Frühjahr durch Brandstiftung wertvolle Maschinen aus dem Ausland vernichtet. Grund: Arbeiter, die von der Belegschaft zur Einstellung vorgeschlagen worden waren, hatte man abgelehnt [161].‹
Meine indischen Freunde wissen noch von ganz anderen Beispielen. Sie sind äußerst freimütig und, wie die meisten Inder, die lange Zeit im Ausland waren, sehr kritisch. Sie sind allesamt unzufrieden mit den Verhältnissen in ihrem Land. Die Ignoranz, das Gewurstel, die Trägheit gehen ihnen auf die Nerven. Sie geben sich keinen Illusionen mehr hin. Auch nicht bei der Entwicklungshilfe. »When a man feels that the world owes him a living, he is usually too lazy to collect it«, meint Nand [162].

Er meint es wörtlich, und er zählt Beispiele auf. Ich kann ihm nur beipflichten. Als ich erstmals in Indien an Land ging – in Bombay war es –, bin ich mit einem Kaufmann aus der Schweiz die Docks entlanggegangen. Was wir da gesehen haben, war erschütternd: Hunderte und aber Hunderte von Kisten standen auf den Rampen der Docks – zerschmettert, aufgebrochen, demoliert! Als die Kisten ankamen, enthielten sie Werkzeugmaschinen, Ersatzteile, Pumpen und vieles andere mehr – jetzt enthielten sie nur noch Schrott. Man hatte die Kisten von den Kränen fallen lassen, man hatte sie falsch entladen, man hatte sie wie Scherzartikel aufgerissen und weggeworfen. Der Inhalt der Boxen und Behälter lag zum Teil frei. In Drehbänken, die ein Vermögen kosteten, stand noch das Wasser des letzten Monsuns. Rost und Schimmel wucherten über Spindeln, Kolben und Schalttafeln. Die Zeichen internationaler Hilfsbereitschaft: Ineinandergelegte Hände und andere Symbole, die die Absender auf die Kisten geklebt oder ins Holz eingebrannt hatten, machten deutlich, daß es sich um Sendungen im Rahmen der Entwicklungshilfe handelte. Maschinen aus Ost und West, aus Philadelphia und Warschau, aus Birmingham und Budapest – hier lagen sie, friedlich vereint: Schrott für die Zukunft Indiens.
In dieser Stunde habe ich einigen Reisegefährten, Ingenieuren, Exportkaufleuten und Technikern, die die unglaublichsten Dinge erzählt hatten, nachträglich Abbitte getan. Ich hatte ihnen nicht geglaubt. Und es ist auch kaum zu glauben. Noch weniger läßt es sich erklären. Warum läßt man Millionenwerte verrotten? Hat man an der Versicherung verdient? Hat es an der Zollabfertigung oder den Importpapieren gefehlt? Waren die Fabrikhallen noch nicht fertig, als die Maschinen ankamen? Sind die Kranführer Saboteure? Ich weiß es nicht. Nand und seine Freunde zucken die Schultern. Sie wissen es auch nicht.

Die braunen Sahibs und die Hungerleider

Nach diesem kleinen Ausflug in die Wirtschaftswunderwelt Indiens kann ich der Versuchung nicht widerstehen, auch in puncto Politik ein wenig auf den Busch zu klopfen. Berge von Zeitungen häufen sich in meinem Zimmer, und Nand tut ein übriges, um mich mit Lesestoff einzudecken. Ich beginne mit dem Studium eines Buches, das von einem versierten ceylonesischen Journalisten geschrieben wurde und die Probleme beim Schopf packt. Es heißt ›The Brown Sahib‹ und ist im Jahre 1962 in London erschienen[163].
In diesem Buch ist von ›Brown Blimps‹, ›Black Knights‹ und ›Asian Jingos‹ die Rede, und es wird die Frage aufgeworfen, ob die integren Persönlichkei-

ten in den Regierungsspitzen der süd- und südostasiatischen Länder wohl gegen die ›Aufgeblasenen‹, die ›dunkelhäutigen Ritter‹ und gegen die ›asiatischen Hurrapatrioten‹ ankommen, ob sie den politischen Hochseilartisten Paroli bieten können, jenen Balancekünstlern, die da glauben, daß man dem Bankrott und dem Totalitarismus durch bloßes Phrasendreschen entgehen kann, die sich an den ›naturgegebenen gesunden Menschenverstand‹, an die ›ehrwürdige Tradition‹ und an die Entwicklungshilfe klammern.

Manches an unserem Indienbild bedarf einer Korrektur. Wenn wir an Indien denken, dann denken wir an Männer wie Gandhi und Nehru, an weltweite Symbole der Menschlichkeit und der staatsmännischen Weisheit. Der *goodwill*, den diese Bannerträger indischer Kultur ihrem Land verschafft haben, ist makellos. Er ließ Indien in einem Licht erstrahlen, das seinesgleichen sucht. Aber in neuerer Zeit beginnt es zu flackern. Schatten stellen sich ein. Indien, der Exponent der Gewaltlosigkeit, zeigt sich plötzlich brutal. Und wenn es um Kaschmir und Pakistan geht, dann verzerren sich seine Züge zu blindem Haß.

»Was«, so fragt sich mancher Außenstehende, »ist bloß in diese Leute gefahren?«

Eines ist sicher: Sie sind nicht von Natur aus bösartig – sie wurden aufgehetzt. Nicht von Gandhi, nicht von Nehru und auch nicht von dem bescheidenen, liebenswerten Herrn Shastri, sondern von einer politischen Mittelschicht, der die Unabhängigkeit etwas zu Kopf gestiegen ist und die für ihr innerpolitisches Versagen nachbarliche Prügelknaben braucht.

Das Gros der Inder hat keine Ahnung, wo Kaschmir liegt, und bestimmt auch keine Prestigesorgen, aber Millionen und aber Millionen haben Hunger. Und dieser Hunger wird immer knurrender, immer bedrohlicher. Der Vulkan brodelt. Niemand weiß, wann er sich eruptiv entlädt. Die Gefahr wächst und wächst, aber statt ihr ins Auge zu sehen, greift man zu Ablenkungsmanövern: Man erhebt ein martialisches Geschrei, man möchte, daß die aufgestaute Unzufriedenheit in Haßorgien verzischt. Das alles ist zwar keine Politik, zumindest keine vernünftige, aber es leistet – vorübergehend – gute Dienste.

Etwas umstrittener ist schon die Frage, ob es nötig ist, daß das Ausland, die USA und Europa, so viel Rücksicht üben und mit ihrer Kritik hinter dem Berg halten. Leistet man dem Volk der Inder – und nur das darf interessieren! – damit wirklich einen Dienst? Indiens Aufgaben liegen auf innerpolitischem Gebiet und nicht in der Eroberung muselmanischer Gebirgstäler.

Die Sympathie aller friedliebenden Völker schlägt Indien entgegen. Warum verscherzt man sich dieses Kapital? Warum hat man sich in eine Situation hineinmanövriert, die fast ausweglos ist, die die Regierung, wenn sie sich im

Sattel halten will, zu einem wehrlosen Werkzeug chauvinistischer Emotionen macht. Sicher, es fehlt der starke Mann. Aber wie sollte er sich durchsetzen? Hat er überhaupt eine Chance? Vielleicht hat er das Zepter selbst aus der Hand gegeben?

Als Indien noch unter englischer Verwaltung stand, hat Nehru häufig gegen die straffen Zügel der Briten opponiert. »Ich bin ganz sicher«, so schrieb er in seiner Biographie, »daß keine neue Ordnung in Indien aufgebaut werden kann, solange noch der Geist des I. C. S. (Indian Civil Service) unsere Verwaltung und unseren öffentlichen Dienst beherrscht. Dieser Autoritätsgeist ist der Verbündete des Imperialismus; er läßt sich mit der Freiheit nicht vereinbaren; er wird fortfahren, die Freiheit zu unterdrücken, oder er wird selbst hinweggefegt; er paßt nur in eine Staatsform: in die faschistische. Deshalb ist es unerläßlich, daß der I. C. S. und andere überkommene Verwaltungstypen als solche vollkommen verschwinden, bevor wir anfangen können, an einer neuen Ordnung zu bauen.«

Die Ironie des Schicksals wollte es, daß das Land, als der Bürgerkrieg zwischen Moslems und Hindus ausbrach, allein durch die gutfunktionierende britische Verwaltung vor dem Zusammenbruch bewahrt werden konnte. Aber nur wenige sahen das Gebot der Stunde, die meisten standen noch immer im Bann der Unabhängigkeitsparolen. In neuerer Zeit jedoch fehlt es nicht an kritischen Stimmen. Man wirft Nehru vor, daß er ein *inept administrator*, ein schlechter Verwaltungsbeamter, war. Ganze Bücher werden darüber geschrieben, und vielerorten spricht man schon von einem *administrative jungle*, von einem Behördendschungel, der es mit sich bringt, daß auch die einfachsten Verwaltungsakten durch ein Dutzend Hände gehen, bevor ein Resultat zu verzeichnen ist.

»Für den gewöhnlichen Bürger«, so konstatierte H. M. Patel, »ist nur von Bedeutung, daß seine Sache rasch und prompt erledigt wird, daß er, wenn er vor Gericht geht, in einem angemessenen Zeitraum eine Entscheidung bekommt, daß er, wenn er von der Regierung eine Pension oder ein Entgelt für geleistete Arbeit zu bekommen hat, diese auch erhält, daß ihm die Regierung, wenn sie die Verantwortung für die Verteilung bewirtschafteter Waren übernimmt, seinen Anteil beschafft, ohne daß er zuvor einflußreiche Gönner suchen muß oder dazu verurteilt ist, unbestimmte Zeit zu warten. Das sind die Dinge, die ihm mehr bedeuten als die Regierungsform, und das ist der Grund, warum es immer wieder Anlässe gibt, die den Durchschnittsbürger zu dem Ausruf bewegen: ›Unter der Herrschaft der Fremden war mein Los entschieden besser[164]!‹«

Wer als Tourist ins Land kommt und einige Freunde hat, die ihn einführen, lernt den einen oder anderen Politiker kennen; er wird entdecken, wie vor-

nehm es im Gymkhana Club in Delhi zugeht, und er wird lernen, was man unter einem Sherwani-Abend versteht (Gesellschaftsanzug vorgeschrieben). Er wird mit Verwunderung feststellen, daß für die High-Society von Bombay, Delhi und Kalkutta ›Eve's Weekly‹ so wichtig ist wie ›The Tatler‹ für den englischen Adel. Auch die *petty officials* wird er kennenlernen, die Subalternen, deren Hauptsorge darin besteht, ›an ihren Pöstchen festzuhalten und außerdem Jobs für ihre Verwandten und Freunde zu ergattern‹[165].
Solche Gelegenheitsbekanntschaften sind interessant und aufschlußreich, aber man sollte sie nicht überbewerten; es könnte zu falschen Verallgemeinerungen führen. Ein Blick auf den Blätterwald zeigt objektiver, was man tut und denkt und wie der Hase läuft.
Und von was ist in den Zeitungen die Rede?
Von hoher Politik natürlich: von Kaschmir und Pakistan, vom bösen China und von der Atombombe:
»India Must Have Atom Bomb – Indien muß die Atombombe haben« [166];
»India Must Have The Bomb: Theme At AICC – Indien muß die Bombe haben: Diskussionsthema im AICC«;
»Nuclear Bomb Manufacture Will be Heavy Burden: Shastri – Die Produktion der Atombombe wird eine große Belastung sein, sagt Shastri«;
»A-Bomb Production Suicidal: Shastri – Atombombenproduktion ist Selbstmord: Shastri« [167].
Der Premier, ein Rufer in der Wüste, setzte sich schließlich durch. Er warf die Stimme der Vernunft in die Waagschale. Enttäuscht zogen seine Strategen nach Hause:
»What is this country coming to? – No leadership, no resources, no food and, now, not even an atom bomb! – Zu was hat es dieses Land gebracht? – Zu keiner Führungsrolle, zu keinen Reserven, zu keinen Nahrungsmitteln und nun nicht einmal zu einer Atombombe [168]*!«*
Viele Politiker stehen so sehr über den Alltagsnöten des Landes, daß sie sich mit so gewöhnlichen Dingen wie dem Haushaltsdefizit, dem Erziehungswesen und einigen anderen Miseren nur ungern abgeben. »There is more pleasure in building castles in the air than on the ground.«
Das gilt auch für die angespannte Ernährungslage. Am 2.11.64 lautete die Schlagzeile der ›Times of India‹:
»Reisesser können helfen, indem sie weniger konsumieren!«
Daß das keine Lösung ist, zumindest nicht für Leute, die ohnehin nichts zu nagen und zu beißen haben, sprach sich relativ schnell herum. Ein Trostpflaster war vonnöten. Es wurde drei Tage später nachgeliefert:
»Das Schlimmste ist für die indische Wirtschaft überstanden – aber im neuen Jahr werden Spannungen zu spüren sein: Die Aussichten der indischen Wirt-

schaft für das Samvat-Jahr 2021 werden davon abhängen, inwieweit die Produktion gesteigert und die Preise gehalten werden können; auch die Exportimpulse sind von Bedeutung. Sie müssen dazu beitragen, die steigenden Importverpflichtungen für Waren und Investitionsgüter zu decken[169].«
Dieser scharfsinnigen Argumentation, die die letzten volkswirtschaftlichen Erkenntnisse preisgibt, stehen wirklichkeitsnähere Meldungen gegenüber:
»Tod beim Schlangestehen ...«,
»Reisschlangen mit dem Gummiknüppel zerstreut ...«,
»Riesige Menschenansammlungen vor den Konsumläden ...[170]«
Am 11.11.64 wird von Studentenrevolten, von Hungermärschen, von *demands for food,* berichtet, und den Getreidehändlern wird ›schwere Bestrafung fürs Profitmachen‹ angedroht[171].
Am 12.11.64 wird bekanntgegeben, daß in Mardas die Rationierung bevorsteht. Jedes erwachsene Familienmitglied soll einen Liter Reis und einen Liter Weizen pro Woche bekommen. Kinder unter zwölf Jahren erhalten die Hälfte.
Am 19.11.64 lautet die Schlagzeile der ›Times of India‹:
»Rationierung für alle großen Städte außer Bombay geplant.«
Am 25.11.64 berichtet die ›Hindustan Times‹ von 1950000 Tonnen Reis, die vom Ausland angefordert wurden, um den Bedarf der Notstandsgebiete decken zu können.
Am 28.11.64 ruft ›Blitz, India's Greatest Weekly‹ der Regierung zu: »Ihr Herren, es ist eure Pflicht, dafür zu sorgen, daß jeder Bürger seine Nahrungsmittel bekommt. In der Ausübung dieser Verantwortung habt ihr versagt, miserabel versagt. Wir verlangen im Namen des Volkes, daß ihr uns unser täglich Brot gebt – oder abtretet!«
Und auf Seite vier des gleichen Blattes heißt es: »Leere Mägen kennen kein Gesetz! Kerala sitzt auf einem Vulkan, dem Vulkan des Hungers, der jeden Augenblick neu ausbrechen kann, an jeder Stelle und in jeder Größenordnung ...«
Studenten kidnappen Reis-Lkws und verteilen das Getreide unter das hungernde Volk ...
Äußerstes Chaos in der Lebensmittelversorgung ...
Die Schlangen, die Tag und Nacht vor den Reisläden stehen, werden länger und länger ...
In den Klassenräumen ländlicher Schulen kam es zu Massenohnmachten ausgehungerter Kinder ...
Was soll das alles? Wurde doch schon am 20. November (›Times of India‹) dem Volk verkündet, daß jetzt nichts mehr zu befürchten sei, daß man das Ei des Kolumbus gefunden habe:

»Der Ministerpräsident, Herr Lal Bahadur Shastri, sagte heute, daß seine Regierung entschieden habe, über drei oder vier Jahre einen riesigen Lebensmittelvorrat anzulegen, um zukünftigen Notständen gewachsen zu sein!«

Auch Mr. Asha Bhatnagar weiß trefflich zu trösten. ›Of Rice and Men – Von Reis und Männern‹, ist der Titel der kleinen feuilletonistischen Geschichte, die er in der ›Times of India‹ vom 11.11.64 zum besten gibt:
»Er war nicht gerade Gott, aber er war das Nächstbeste – er war Minister. Und da er sieben Jahre im Zuchthaus verbracht hatte und Vegetarier war, war er allmächtig und konnte alles tun. Eines Morgens sagte sein Sekretär zu ihm: ›Herr Minister, da ist ein Mann, der Sie sprechen möchte. Er sagt, er sei der *Mann von der Straße*.‹ Der Minister hatte von dem Mann der Straße schon gehört, natürlich, aber er hatte ihn noch nie aus nächster Nähe gesehen, und so war er sehr gespannt. ›Laß ihn hereinkommen‹, sagte er und setzte sich hinter sein zweites Frühstück, das aus Milch und Früchten bestand.
Der *Mann von der Straße* war in Lumpen gekleidet und getraute sich kaum herein. ›Was kann ich für Sie tun?‹ fragte der Minister gnädig, denn schließlich hatte der Mann von der Straße trotz seiner schäbigen Aufmachung ein Stimmrecht.
Der Mann verbeugte sich und wisperte: ›Ich hätte gerne etwas zu essen.‹
Der Minister war überrascht. ›Nanu, Sie können doch Ihre Lebensmittel auf dem Markt kaufen. Warum kommen Sie damit zu mir?‹
Der Mann von der Straße verbeugte sich noch tiefer, bis seine Stirn den Boden berührte: ›Es herrscht eine große Knappheit, Herr Minister. Auf dem Markt gibt es keine Lebensmittel.‹
Der Minister war verblüfft. ›Eine Knappheit an Nahrungsmitteln‹, rief er aus, ›das kann doch nicht wahr sein!‹ Er nahm einen großen Schluck Milch und biß in einen Apfel. ›Ich‹, so stellte er schließlich fest, ›leide keine Not.‹ Er hob den Telefonhörer ab und rief, da er ein unparteiischer Mann war und den Dingen gerne auf den Grund ging, seine Frau an. ›Fehlt es dir an Lebensmitteln, Darling‹, erkundigte er sich. Nein, seine Frau litt keinen Mangel. Daraufhin rief er einige Verwandte an. Nein, sagten diese, ihnen fehle es an nichts. Schließlich rief er seine Freunde an. ›Aber nein‹, versicherte man ihm, ›es gibt keinen Mangel.‹ Die Vorratskammern waren übervoll.
›Ich will Ihnen weitere Beweise geben‹, sagte der Minister zu seinem Besucher. Er öffnete einen Ordner: ›Hier können Sie es schwarz auf weiß sehen, daß kein Mangel an Nahrungsmitteln herrscht, nicht der geringste!‹
Der Mann von der Straße war verwirrt. ›Wenn es keine Lebensmittelknappheit gibt‹, so fragte er zögernd, ›warum bin ich dann hungrig?‹
Der Minister, der es nicht gerne hatte, wenn man ihn in Verlegenheit brachte,

erhob sich und stand wie ein Koloß über ihm: ›Sie sind hungrig‹, sagte er, ›weil Ihr Geist mit materialistischer Gesinnung korrumpiert ist. Es gibt im Leben noch andere Dinge als Nahrungsmittelluxus: Stahl zum Beispiel – und Dämme, dann die Prohibition und die Atomenergie und unsere Landessprache Hindi. Sie haben die Ideale unserer großen Führer vergessen und sind nicht im geringsten bereit, etwas zu opfern.‹
Der Mann von der Straße trat verlegen von einem Bein aufs andere. ›Wissen Sie‹, so donnerte der Minister ihn an, ›was ich für Opfer für Sie bringe? Jedes Jahr muß ich sechs Monate fern von meinen Lieben verbringen, um die Übel des Materialismus in den Vereinigten Staaten zu studieren. Meine vier Söhne schwitzen in diesem Augenblick in fremden Hauptstädten, um *Ihre* Probleme zu lösen. Meine Frau hat, im unermüdlichen und verzweifelten Bemühen, *Ihre* Last zu verringern, zahllose Delegationen im Ausland angeführt. Ich trage grobe, kratzende Kleidung und verbringe meine schlaflosen Nächte damit, Reden zu schreiben, die *Ihre* Stimmung heben sollen. Mein Besitz in diesem Land ist nur 100 000 Rupien wert, und wenn es nicht das Schweizer Banksystem geben würde, würden meine Frau, meine Kinder und ich mittellos dastehen!‹
Der Mann von der Straße weinte hemmungslos und fiel zu des Ministers Füßen. ›Vergeben Sie mir bitte, ich war selbstsüchtig und undankbar.‹ Der Minister hob ihn auf und wischte ihm – mit dem Taschentuch des Sekretärs – die Tränen ab. Dann öffnete er seine Bargeldkassette. ›Hier haben Sie etwas Geld‹, sagte er gütig. ›Gehen Sie hin und kaufen Sie sich einen Gürtel und schnallen Sie ihn so eng als irgend möglich. Es wird Ihnen helfen, ein besserer Mensch zu werden – so einer, wie ich es bin.‹«

Nach diesem spätherbstlichen Bummel durch den indischen Blätterwald nehmen sich Prozentzahlen recht nüchtern aus, aber sie runden das Bild ab:
70 Prozent der arbeitenden Bevölkerung Indiens sind in der Landwirtschaft tätig, und etwa 80 Prozent der bebauten Fläche trägt Brotgetreide. Trotzdem gelingt es nicht, den Eigenbedarf zu decken [172]. »Ohne Zweifel könnten die indischen Ernten leicht vergrößert werden. Die Berichte über staatliche Versuchsfarmen und die Ergebnisse fortschrittlicher Bauern verweisen immer wieder auf die eindrucksvollen Möglichkeiten einer verbesserten Agrartechnik. Selbst einfache technische Neuerungen können die Erträge schon erheblich vergrößern. So wurde zum Beispiel vor kurzem in Mysore allein durch bessere Samen die Reisernte um 7 bis 15 Prozent gesteigert. Gründlicheres Pflügen, mehr Düngemittel und bessere Bewässerung würden die Erträge noch weit mehr steigern [173].«
Aber wer denkt schon an so simple Dinge wie Pflugscharen. ›Speeding up jet

fighter production – Forcierung der Düsenjägerproduktion‹, das ist es, wovon man hier träumt. Und das auf Seite eins! (›Sunday Standard‹, Bombay, 22. 11. 64). Statt Feldhauen, Spaten, Schaufeln und Pickeln spuken den Leuten HF-24 und Avro 748-Düsenjäger im Kopf herum. Man kann sich kaum über Wasser halten, aber man braucht U-Boote: ›British Aid Assured for building submarine for Indian Navy‹ (›Times of India‹ vom 21. 11. 64). Man will tauchen, obwohl man schon längst auf dem trockenen sitzt.
Die Landwirte wissen ein Lied davon zu singen: »Seit Beginn der Planwirtschaft haben die Bauern immer viel zuwenig Kredite zur Verfügung gehabt, weil der Löwenanteil des vorhandenen Investitionskapitals aus dem einheimischen Sparaufkommen und aus der ausländischen Kapitalhilfe vom öffentlichen Wirtschaftsbereich beansprucht worden ist. Im Zeitraum des ersten Planes waren das über fünfzig Prozent, im zweiten Plan rund sechzig und im dritten Plan sogar rund siebzig Prozent. Dabei trägt der öffentliche Wirtschaftsbereich zum Nationalprodukt nur etwa fünf bis sechs Prozent bei. Der private Bereich der Wirtschaft, der etwa neunzig Prozent des Nationaleinkommens bringt, mußte sich dagegen mit dem kleineren Teil des Investitionskapitals begnügen [174].«
Hinzu kommt, daß den Bauern die privaten Kreditquellen verstopft wurden. Die Gesetze gegen die Geldleiher und Wucherer sollten der Landwirtschaft helfen, aber oftmals wurde nur das Gegenteil erreicht: Das Geld wurde teurer und rarer [175]. Die Zamindari setzten sich in die Städte ab. Sie investierten ihr Geld in anderen Branchen oder verschoben es ins Ausland.

Seine Hoheit bevorzugt Jungfrauen

Neben den Zamindari gibt es noch einen anderen Berufsstand, der vom ›Dienst am Volk‹ etwas abrückte: die indischen Fürsten. Sie wurden abgesetzt, pensioniert, auf zivile Verwaltungsposten abgeschoben. Die Märchenwelt der Maharajas ist passé.
Man hat den Engländern oft den Vorwurf gemacht, daß sie es waren, die das Feudalsystem bis in unsere Tage hinüberretteten. Das stimmt, aber nur bis zu einem gewissen Grad. Man darf nicht vergessen, daß die Fürstentümer – es gab deren rund fünfhundertsechzig – ein fester Bestandteil Indiens waren. Man konnte sie, solange keine zentrale Verwaltung aufgebaut war, nicht einfach suspendieren. Die Rajas und Maharajas waren seit Jahrhunderten die Herren des Landes: In ihren Händen lag die Regionalverwaltung, sie erhoben die Steuern, und oftmals unterstand ihnen sogar ein eigenes Heer. Es war unmöglich, die regierenden Fürsten durch eine Handvoll Kolo-

nialbeamte zu ersetzen; man mußte sich auf erzieherischen Einfluß beschränken.

Wie sehr man bei dieser Erziehungsarbeit vom demokratischen und rechtsstaatlichen Nullpunkt ausgehen mußte, zeigt ein Rundschreiben des englischen Vizekönigs, Lord Irwins, vom 14. Juni 1927, das an die regierenden Souveräne adressiert war. Es heißt darin unter anderem, daß der Staat die Freiheit, die Rechte und das Eigentum seiner Bürger zu beschützen hat, daß er eine Justizverwaltung aufzubauen hat, die in der Lage ist, Streitfälle einwandfrei zu klären, und daß die Gleichheit vor dem Gesetz durch den Staat gewährleistet werden muß.

Dieser Appell war nicht unangebracht. Die hochwohlgeborenen Fürsten praktizierten einen Absolutismus, der despotisch und im wahrsten Sinne orientalisch war.

Über die Verwaltungspraktiken und die Verschwendungssucht der Maharajas gibt es so gut wie keine Unterlagen. Man weiß nicht, wieviel die treusorgenden Landesväter für ihre Paläste und ihre Harems aufwandten, man weiß nicht, nach welchen Gesichtspunkten sie ihren Hofstaat rekrutierten, wieviel sie für Prunkautos, für Rennställe und Tänzerinnen ausgaben. Aber einiges ist doch publik geworden. Kanhayalal Gauba, ein Inder, hat in seinem berühmten Buch ›H. H. Or The Pathology of Princes‹ (Lahore 1930), das nach seinen eigenen Worten weder eine Vendetta noch eine Predigt, sondern eine pathologische Studie, der Versuch einer Diagnose ist, manchen Schleier etwas gelüftet.

Er erzählt zum Beispiel, was es zu sehen gab, wenn die *Chamber of Princes* tagte: Da gab es gold- und silberüberzogene Autos, Wagen, die wie Zeppeline glänzten, und andere, die in schönstem Purpur strahlten. Auf einer der Karossen war ein Scheinwerfer montiert, der jedem britischen Zerstörer zur Ehre gereicht hätte. Andere Fahrzeuge hatten Stahljalousien und kugelsicheres Glas zum Schutz gegen Meuchelmörder. Auch eine eingebaute Orgel gab es: Der Lakai saß auf dem Trittbrett und spielte die Lieblingsmelodien seines Herrn und Meisters.

Die Größe der Wagen stand nicht immer im rechten Verhältnis zur Größe der Fürstentümer. Vierhundertfünfzig der indischen Souveräne verfügten über weniger als 2 500 Quadratkilometer, fünfzehn über weniger als zwei Quadratkilometer. Der Raja von Avachar war uneingeschränkter Herrscher über zweiunddreißig Seelen und anderthalb Quadratkilometer. In Pimpladevi waren es dreiundsiebzig arme Schlucker, die den Fürsten über Wasser halten mußten.

Es gab aber auch Fürstentümer, die sich mit Frankreich (Haidarabad) oder mit der Schweiz (Gwalior) messen konnten. Hier lebte man auf großem Fuße.

›The Statesman's Year Book‹ von 1930 gibt die Apanage des Königs von England mit 470 000 Pfund und die des Kaisers von Japan mit 450 000 Pfund jährlich an. Der Nizam von Haidarabad hatte mehr als beide zusammen.

Es gab Fürsten mit Geld, und es gab Fürsten ohne Geld, aber beide Kategorien lebten in Saus und Braus. War die Staatskasse leer und der Fürst wollte feiern, dann hatten die Beamten mit dem Gehalt eben zu warten, bis die nächsten Steuern eingingen. Sie sorgten dann aus purem Selbsterhaltungstrieb dafür, daß das bald und gründlich geschah. Ansonsten hielten die *petty officials* ihre Familien mit Bestechungsgeldern über Wasser. Auch die Polizisten, die zwischen drei und zehn Rupien pro Monat verdienten und oftmals weder lesen noch schreiben konnten, wußten sich zu helfen.

Manche der Maharajas waren perfekte Finanzgenies. Einer, der besonders tief in den Schulden steckte, hatte eine grandiose, noch heute allgemein bewunderte Idee: Er verkaufte seine dreihundert Schwiegermütter für dreißig Rupien das Stück! Der Preis mochte angehen, aber wo hatte er die Matronen nur alle her? Das ist schnell erklärt: Es hatte mit den Frühstücksgewohnheiten des Fürsten zu tun. Es gibt da gewisse Nuancen. Ein Deutscher vertilgt morgens Brötchen und Margarine, ein Amerikaner Cornflakes und Pampelmusensaft, ein Ire belegt sein Brot mit Daumen und Zeigefinger, ein Engländer haut *eggs and bacon* in die Pfanne, Seine Hoheit jedoch – bevorzugte Jungfrauen!

Die Wohlabenden unter den Maharajas entwickelten ein *faible* für Europa. Sie kamen in London und Paris mit einem riesigen Gefolge von Ministern, Sekretären und Dienern an und mit Frauen, mit Frauen en masse; sie mieteten komplette Stockwerke in exquisiten Hotels und lebten wie Gott in Frankreich. »In der Nähe von St-Germain unterhält ein Maharaja ein Etablissement, das die Mitglieder des in der Nachbarschaft wohnenden französischen Hochadels zu Bettelleuten degradiert.«

Zuviel Geld verdirbt zwar den Charakter, aber der Freizeitgestaltung ist es förderlich: »In den kleinen Gebirgsstaaten enthalten die Harems zwischen dreißig und vierzig Frauen. In den größeren und wichtigeren Staaten geht ihre Zahl oft in die Hunderte, manchmal sogar in die Tausende...« In manchen Staaten machten die Beamten mit dem Fürsten halbe-halbe – Hoheit durfte am Eheleben partizipieren. Das sicherte das Pöstchen und die Beförderung. Außerdem waren die Beamten stets gehalten, nach hübschen Mädchen zu fahnden. Mancher Minister stand in dem Ruf, daß er sein Amt nicht seiner Fähigkeiten wegen, sondern nur deshalb bekam, weil er seiner königlichen Hoheit eine liebliche Maid besorgte [176].

Auch sonst war es um den Zeitvertreib der Fürsten nicht schlecht bestellt.

Der Nabob von Junagadh gab 30000 Dollar für die Hochzeit seines Lieblingshundes aus. Auf wundervollen Rasenflächen, in herrlichen Lustgärten produzierten Tänzerinnen ohne Zahl ein Märchen aus Tausendundeiner Nacht. »Ein Maharaja erlangte dadurch Berühmtheit, daß er die Springbrunnen seines Parks mit Champagner füllen ließ, damit das berauschende Getränk in der warmen Nacht verdunstete. Ein anderer ließ Triumphbögen bauen, die das teuerste französische Parfüm auf seine Gäste verströmten. Bei riesigen Banketten erhielt jeder Gast ein goldenes Zigarettenetui. Um auf ihre Nebenbuhler Eindruck zu machen, reisten manche Fürsten mit einem Stab von fünfhundert Dienern und Beischläferinnen. Paläste von märchenhaftem Luxus wurden auf dem Gipfel eines Berges oder auf dem Grunde eines Sees errichtet, um nachher zerstört zu werden oder geschlossen und für alle Zeit unbewohnbar zu bleiben, weil ein Hofastrologe in der letzten Minute Böses prophezeite und Warnungen zum besten gab [177].«

Als Maharaja in Indien zu leben war nicht das schlechteste. Man wurde mit der Vorstellung geboren, ein *incomparable fine fellow* zu sein, ein Ableger stellarer Dynastien, und man hatte eine nicht zu übersehende Verachtung für alles, was mit Anstrengung und mit Arbeit zu tun hatte. Man übte äußerste Nachsicht – aber nur sich selbst gegenüber, und im übrigen betrachtete man sein Königreich als Privateigentum und seine Bewohner als Sklaven.

1947 wurde den Feudalherren die Herrschaft entwunden. Sie waren jetzt keine Despoten mehr, nur noch Nabobs. Alle Politiker waren sich einig, daß Prinzen in einer Republik keinen Platz mehr hatten, aber zu radikalen Lösungen konnte man sich nicht entschließen. Es rollten keine Köpfe, es rollten nicht einmal die Rupien. Man machte sich nur daran, Privatbesitz und Staatseigentum der königlichen Hoheiten etwas besser als seither zu trennen. Man übte Gewaltlosigkeit um der Gewaltlosigkeit willen.

Manche der Feudalherren waren mit den großzügigen Abfindungen nicht zufrieden. Sie sannen auf Auswege. Der Nizam von Haidarabad, der in seinem Land eine eigene Währung, eigene Eisenbahnen und eine eigene Post unterhielt, weigerte sich, der Herrschaft des Volkes Raum zu geben. Er hielt seine Souveränität für ein weiteres Jahr aufrecht, bis Nehru im September 1948 die indische Armee in Haidarabad einmarschieren ließ. Nach fünftägigem Krieg strich der Nizam die Flagge.

Auch der Maharaja von Baroda verhielt sich widerspenstig. Er wollte sein Territorium nicht mit der benachbarten Provinz Bombay zusammenlegen lassen. Als der Druck der Regierung zusehends stärker wurde, ging er ›in Staatsgeschäften‹ nach Paris und kam nicht mehr zurück. Als kleines Darlehen hatte er dreieinhalb Millionen Pfund Sterling (vierzig Millionen DM) aus der Staatskasse mitgenommen. Die Zinsen und die Rückzahlung vergaß er. Auch bei anderen Fürstlichkeiten ergaben sich gewisse Lücken zwischen Soll und Haben. Manche konnten, um für das Fehlende aufzukommen, nicht umhin, einen Teil ihrer gewaltigen Geld- und Edelsteinvorräte zu verkaufen. Der Nizam von Heidarabad machte siebzehneinhalb Millionen Pfund (zweihundert Millionen DM) flüssig. Jetzt hält er sich für einen armen Mann, für einen Bettler, obwohl seine Juwelensammlung im Jahre 1946 von Fachleuten auf rund dreihundert Millionen Pfund geschätzt wurde. Fünfzig Millionen Pfund in Gold und Bargeld im Werte von hundertfünfzig Millionen Pfund wären noch hinzuzurechnen [178].

Ich unterhalte mich abends mit Nand und seinen Freunden über dieses leidige Kapitel indischer Feudalherrschaft; die Wellen gehen hoch. Einige beharren auf dem Standpunkt, daß die Engländer nicht genügend unternommen hätten, um die Despotie der Fürsten schon früher zu brechen oder wenigstens in Schranken zu halten. Andere vertreten die gegenteilige Ansicht. Die Kolonialmacht, so sagen sie, mußte schließlich darauf bedacht sein, Ruhe und Ordnung aufrechtzuerhalten. Und wenn es sich die heutige Regierung nicht leisten kann, scharf durchzugreifen, dann konnten es die ohnehin immer der Gewaltpolitik verdächtigen Kolonialherren erst recht nicht wagen, tragende Teile des sozialen Gefüges ab- und umzubauen. Es hätte ein Bergrutsch daraus werden können.

»Das ist es ja«, trumpft einer unserer Freunde auf, »daß in der kapitalistischen Welt der Status quo vor allem anderen kommt. Die gegebenen Besitz- und Machtverhältnisse sind sakrosankt. Das war in Indien so, das ist so in Persien, in Mittelamerika, in Vietnam und auch in manchem anderen Gebiet. Und wenn das Volk schließlich zur Selbsthilfe greift, dann schickt Amerika seine Ledernacken, um die herrschende Clique an der Macht zu halten.«

Ich höre mir das ein Weilchen an, dann lenke ich wieder zum Thema zurück: »Gab es nicht auch Maharajas, die sich Verdienste um das Land erworben hatten und eine respektvolle Behandlung verdienten?«

»Natürlich gab es die. Der Maharaja von Mysore war einer von ihnen, aber das alles rechtfertigt doch noch lange nicht, daß man die Expropriation der Expropriateure so zaghaft betreibt. Es ist unverantwortlich, wenn Milliardenbeträge in den Privatschatullen der königlichen Hoheiten verbleiben, während das Volk am Hungertuch nagt und während« – und jetzt schaut mich der jugendliche Eiferer herausfordernd an – »und während Kredite ohne Zahl als Entwicklungshilfe hereingenommen und Milliardenbeträge an Zinsen gezahlt werden müssen. Und vergessen Sie nicht die Hilfskorps-Enthusiasten, die für ein paar Schillinge in Krankenhäusern, auf Farmen und sonstwo arbeiten, und das alles nur, um dieses Land auf die Beine zu bringen. Und was tut die Regierung? Sie reitet ihr Steckenpferd: Sie übt sich in Gewaltlosigkeit: Sie läßt das Volk hungern und die Maharajas mit gefüllten Koffern ins Ausland gehen.«

Nand ist nicht weniger erbost. Er wühlt mit beiden Händen in seinem schwarzen Haarschopf, er rutscht vor Aufregung hin und her und stöhnt schließlich: »Oh boy, every normal man must be tempted, at times, to spit on his hands, hoist the black flag, and begin slitting throats. – O Freunde, jeder normale Mann muß hin und wieder in Versuchung kommen, in die Hände zu spucken, die schwarze Flagge zu hissen und anfangen, Kehlen durchzuschneiden.«

Die Nacht der langen Messer

In die Hände spucken und die schwarze Flagge hissen – das ist mehr als nur eine Reminiszenz aus Störtebekers Zeiten: Das ist ein Slogan, der ganz Asien fasziniert. Die Gleichebeuter sind nicht ausgestorben, sie segeln nur unter einer anderen Flagge, unter einer roten! Wenn man sie überhaupt hißt! Es ist branchenüblich und ein alter Trick, erst dann das Panier zu entfalten, wenn die Enterbeile schon gezückt sind.

In den Gewässern um Indien mögen es früher die Lakkadiven oder die Malediven gewesen sein, wo man Anker warf und die Messer wetzte. Heute bevorzugt man das Festland; nicht weit von den Inseln, gerade 'rüber. Ein herrlicher Streifen Landes liegt dort, ein Idyll mit Seen und Wäldern, mit Dörfern und kleinen Städtchen, und alles wäre wunderbar, wenn die achtzehn Millionen Einwohner nicht so bettelarm wären, wenn sie ein bißchen mehr zu beißen hätten. Aber sie nagen buchstäblich am Hungertuch.

Die Unruhen, die das Land erschüttern, bilden die Schlagzeilen der Tagespresse. Läden werden geplündert, Reistransporte werden gekidnappt und nichtsnutzige Beamte verprügelt. Die Leute hier haben nichts zu verlieren, nichts außer ihrem Leben. Das macht sie zwangsläufig zu Kumpanen, zu Genossen, zu Gleichebeutern. Und der Traum, an nächtlichen Feuern geträumt, ist wild und schön: die hellhäutigen Arier, die überheblichen Brahmanen, die goldstrotzenden Rajas ... hoho, das wird ein Tänzchen geben!

Nun, die Nacht der langen Messer steht noch aus, aber wer da glaubt, daß die Milch der frommen Denkungsart nicht gerinnen kann, der wird in Kerala eines Besseren belehrt.

Kerala ist der kleinste, aber der am dichtesten besiedelte Teilstaat der Indischen Nation. Er wurde aus den Fürstentümern Travancore und Cochin gebildet. Die Sprache des Landes ist Malayam. Die Bevölkerung ist sehr dunkelhäutig und nach der althergebrachten Kastenordnung nur unterste Kate-

gorie. Das Gros besteht aus Parias, aus Unberührbaren, aus Rechtlosen. Noch heute erinnert hier manches an das finsterste Mittelalter.
Der Kastenwahn trieb exotische Blüten: Die Thiyas dürfen sich einem Pattar-Brahmanen auf nicht mehr als zwanzig Schritte nähern, zu einem Namboodiri-Brahmanen müssen sie fünfundzwanzig Schritte Abstand halten. Die Pulayas, Cherumars und Parayas – alles Pariakasten – müssen noch mehr auf Distanz achten. Sie müssen von einem Thiya zehn Schritte, von einem Nayar zwanzig, von einem Pattar vierzig und von einem Namboodiri-Brahmanen sechzig Schritte Abstand halten. Und damit jedermann weiß, wo sein Platz ist, wenn ein Namboodiri die Straße entlanggeht, rennt ein Nayar-Herold vorneweg und ruft »haha, haha!«. Das ist mehr als eine Warnung, das ist ein Ruf, der die Straße räumt, der den Pöbel in die Büsche treibt[179].
Aber die Gosse ist noch lange nicht das Schlimmste. Es gibt Zigtausende hier, die auf der Leiter der Zivilisation noch nicht einmal die erste Sprosse erklommen haben; sie gehen, wie beispielsweise die Kanikkara, noch mit Pfeil und Bogen auf die Jagd, und ihre Frauen tragen nur zwanzig mal zwanzig Zentimeter große Lendenschürzchen[180].
Politisch gesehen sind die Adivasis ohne Gewicht. Sie können kaum bis drei zählen, sie sind bedürfnislos und nehmen das Leben, wie es sich ihnen bietet. Anders die Parias. Sie sind sich ihrer Rechtlosigkeit, ihrer Armut bewußt. Und wenn da einer kommt, der sich zu ihnen setzt, ihnen auf die Schulter klopft und sie mit ›Genosse‹ anredet, der findet offene Ohren.
Das haben nicht nur die Kommunisten erkannt, das haben sich auch die Missionare zunutze gemacht. Sie begannen ihre Missionsarbeit in Kerala. Sie wußten: Was immer diesen Leuten, diesen armseligen Parias auch versprochen wird, es ist besser als das, was sie haben. Und man brauchte die armen Teufel nicht einmal zu überzeugen, man konnte sie kaufen. Für ein Schüsselchen Reis ist in Kerala alles zu haben – auch Seelen.
Solche ›Reis-Christen‹ sind zwar nicht die idealen Konvertiten, aber sie sind besser als nichts. Und im Laufe der Jahrzehnte sind immerhin zweieinhalb Millionen unter die Fittiche der katholischen Kirche geschlüpft (bzw. von ihr erzogen worden). Das ist viel. Es ist mehr als ein Drittel aller katholischen Inder.
Wie ist es, so fragt sich jeder Uneingeweihte, zu erklären, daß ausgerechnet in dem Staat, in dem die christliche Mission gewisse Erfolge zu verzeichnen hat, die rote Flagge gehißt wurde? Das ist sehr einfach. Die Missionare ließen es sich angelegen sein, die Leute das Abc zu lehren. (In Kerala kann jeder zweite lesen und schreiben, im übrigen Indien nur jeder fünfte.) Das ist eine sehr lobenswerte Arbeit, aber sie hat einen Haken: Die Leute können jetzt kommunistische Flugschriften lesen. Sie begreifen allmählich, daß sie seit

Jahrhunderten von ihren Feudalherren ausgebeutet wurden, sie begreifen, daß einiges faul ist im Staate Indien. Und da sie von den Missionaren zur Arbeit angehalten und daran gewöhnt wurden, etwas zu tun, statt unter Palmen zu dösen, machten sie sich daran, die Zukunft in ihre Hand zu nehmen.

Kerala ist zum politisch turbulentesten Staat geworden. Politik wird hier mit Leidenschaft, mit südländischem Temperament betrieben. Es gibt sechzehn Parteien für achteinhalb Millionen Wähler, und nirgendwo in Indien ist die Wahlbeteiligung so hoch. 1957 war man, so schien es, am Ziel aller Wünsche. Die Kommunisten hatten in ordnungsgemäßer Wahl die meisten Abgeordnetensitze erobert. Sie regierten achtundzwanzig Monate lang, und es war ihnen nicht beizukommen, aber dann ging das Temperament mit ihnen durch; sie machten den Fehler, ›ein Schulgesetz durchzusetzen, das auf eine heimliche Verstaatlichung der christlichen Schulen hinauslief und damit eine Verletzung der verfassungsmäßigen Rechte einer religiösen Minderheit bildete‹.

Das rief die katholische Kirche auf den Plan. Und die ging mit Überlegung ans Werk. Ein paar kluge Schachzüge genügten, und man hatte es geschafft: Nehru konnte sich überzeugen, daß es sich nicht um einen ›Streit über etwaige Rechtsansprüche der katholischen Kirche‹ handelte, sondern um eine eigentliche Volkserhebung gegen ein totalitäres und damit verfassungswidriges Regime. Am 31. Juli 1959 setzte der Staatspräsident in Ausübung seiner konstitutionellen Gewalt die kommunistische Regierung ab[181].‹

Bei den folgenden Neuwahlen schlossen sich die nichtkommunistischen Parteien zusammen. Damit war ihnen der Wahlsieg sicher. Die Kommunisten fielen der Arithmetik des relativen Mehrheitswahlrechtes zum Opfer, obwohl ihr Stimmenanteil von 35,5 auf 42,5 Prozent angestiegen war. Die antikommunistische Front war clever arrangiert, aber sie war nicht von Bestand; sie hat die Wahlen des Jahres 1960 nur um ein paar Tage überlebt. Die politische Situation wurde noch labiler als zuvor, und damit war jede Chance, durch soziale Reformen das Übel an der Wurzel zu kurieren, vertan.

Kerala ist kommunistisch geworden, weil ›alle vorhergegangenen Kongreßregierungen sich als korrupt und schlecht erwiesen haben‹[182], und es wird kommunistisch bleiben, weil sich die Sitten und Gebräuche des Landes so schnell nicht ändern werden. Den für März 1965 angesetzten Neuwahlen sah man mit Sorgen entgegen, was die ›Times of India‹ in ihrem Leitartikel vom 14.1.65 zum Ausdruck brachte:

»Keralas Probleme sind in vielem schwieriger als die irgendeines anderen Staates. Die Ernährungssituation ist verzweifelt, und der Prozentsatz arbeitsloser junger Männer mit Schulbildung ist vielleicht am größten. Was das Land braucht, ist eine stabile und starke Regierung, die mit den ökonomischen und sozialen Problemen fertig wird.«

Nach der Analyse einiger wahltechnischer Details resignierte der Verfasser des Artikels, er sah nicht nur schwarz, er sah rot:

»Was sich heute in Kerala abspielt, kann sich schon in Kürze auch in anderen Ländern ereignen, wenn sich weder der Kongreß (die Regierungspartei) noch die Opposition rechtzeitig dazu aufraffen, sich eine stärkere Organisation mit klaren ökonomischen und sozialen Zielsetzungen zu schaffen. Ein solcher Wandel verlangt aber eine moralische Anstrengung, für die im Augenblick weder die eine noch die andere Partei bereit zu sein scheint [183].«

›Im Augenblick‹ ist, wenn immer es sich um Indien handelt, eine höchst euphemistische Ausdrucksweise. Man ist nicht nur im Augenblick nicht bereit, man wird es auch in Zukunft nicht sein. Warum nicht? Weil sich die Situation ständig verschlechtert. Landwirtschaft und Industrie kommen nicht hoch, und jedes Jahr vermehrt sich die Bevölkerung um fünf Millionen. Das ist Wasser auf die Mühlen der Revolutionäre.

Nach außen hin treten die unterschwelligen Gefahren nur wenig in Erscheinung, zum Teil werden sie auch bewußt vertuscht. Wenn wir an Indien denken, dann denken wir an liebenswerte Menschen, die sich dem Prinzip der Gewaltlosigkeit verschrieben haben, die keiner Maus etwas zuleide tun können. Aber das deckt sich nicht ganz mit der Wirklichkeit. Wenn die Leidenschaften erst einmal aufgepeitscht sind, dann reagieren die sanftmütigen Hindus nicht weniger heißblütig als andere Leute in solchen Situationen. Man sollte nicht vergessen, daß Hunderttausende bei den Religionskrawallen 1947/48 umgekommen sind, daß sich fast wöchentlich irgendwelche Sekten bei Privatfehden die Köpfe einschlagen und daß die Polizei des öfteren das Feuer auf Demonstranten eröffnen muß.

Die Kommunisten sind nur dadurch in Schach zu halten, daß man sie seit Jahr und Tag äußerst hart anpackt. Schon vor dreizehn Jahren wurden in einem einzigen der sechzehn Bundesstaaten (in Assam) über dreizehnhundert Kommunisten inhaftiert. Heute kann man in dieser Hinsicht schalten und walten, wie man will. Das *Preventive-Detention*-Gesetz, das es ermöglicht, jedermann in Haft zu nehmen, der unter Verdacht steht, die Sicherheit des Staates zu gefährden, wurde verschärft. Unter der Herrschaft der Briten konnte ein *suspect*, ein Verdächtiger, sechs Monate ohne gerichtliche Untersuchung inhaftiert werden, das freie Indien machte daraus zwölf Monate (zum Vergleich: in Südafrika ist dergleichen nur für neunzig Tage möglich). Man sollte sich auch nicht dem Trugschluß hingeben, daß die indischen Kommunisten in den Fußstapfen Gandhis wandeln. Das geben die Leute nicht einmal vor. Sie haben ihr Programm offiziell geändert: »An die Stelle des friedlichen und parlamentarischen Weges zum Sozialismus trat der Glaube an die revolutionäre Methode.«

Der Grenzstreit mit China hat der kommunistischen Partei keinen Abbruch getan; sie hat sich nur gespalten: in einen rechten und in einen linken Flügel. Der linke singt die Internationale und schwört auf China. In welchem Umfange, das haben die Wahlen von Kerala gezeigt. Man nimmt an, daß China tüchtig Waffen und Geld über die Grenze schmuggelt und alles tut, um verläßliche Kader aufzustellen. Die ›bewaffnete Revolution‹ – so der indische Innenminister – ist zu einer Gefahr gereift, mit der man rechnen muß. »Die Verhaftungen in Kerala werden uns eher schaden, denn sie machen die Kommunisten zu Märtyrern. Aber wir haben keine andere Wahl.«

Man weiß, warum man auf der Hut ist. Der 48er Aufstand von Telengana ist noch jedermann im Gedächtnis. Damals ist es den Kommunisten, die durch eine asiatische Jugendkonferenz in Kalkutta angefeuert wurden, gelungen, hundert Dörfer unter ihre Kontrolle zu bringen. Nehru schlug den Aufstand nieder. Aber der Alptraum blieb, zumal der Initiator des Telengana-Aufstandes heute beim linken Flügel der kommunistischen Partei eine führende Rolle spielt. Ihm wird das Wort zugeschrieben: »Wir haben nur einen Fehler in Telengana gemacht, und für ihn konnten wir nichts. Das nächste Telengana muß dort kommen, wo Indien an einen sozialistischen Staat grenzt, und diesen Staat gab es damals noch nicht.« Jetzt gibt es ihn [184].

China ante portas – das ist der Alptraum der indischen Politiker. Noch streiten sie sich zwar, was Mao bewogen hat, mal kurz über die Grenze zu schauen. Er kann viele Motive gehabt haben (und wie sein Weißbuch zeigte, fühlte er sich auch im Recht), aber eines hat er mit Sicherheit einkalkuliert: die verheerende Wirkung, die seine Stippvisite auf das indische Budget haben mußte. Der Rüstungsetat für das Jahr 1964/65 belief sich auf 7,9 Milliarden Mark. Nichts kann Mao lieber sein. Die indische Armee wird niemanden das Gruseln lehren, aber der indische Staat demoliert mit seiner Rüstung das Preisgefüge; die Jets, Panzer und U-Boote bringen die Fünfjahrespläne und alle sonstigen Projekte durcheinander. Das ist Wasser auf die Mühlen der Chinesen, das vergrößert ihren Vorsprung, das verschafft der kommunistischen Partei Anhänger.

Die große Mehrheit der Inder macht das nationale Säbelgerassel mit stolzgeschwellter Brust mit. Man kann sich in Indien jederzeit mit jedermann verfeinden, man braucht nur anzudeuten, daß Pflüge und Feldhauen nützlicher als Düsenjäger und Raketen sind. So etwas Primitives zu empfehlen bringt jeden vaterlandsliebenden Indogermanen in Rage. Und vaterlandsliebend sind sie alle. Auch ihr Stolz läßt nichts zu wünschen übrig. Das ist

zum Teil soziologisch bedingt. Jeder gehört einer ›auserwählten‹ Kaste an: Man war zumindest den Parias überlegen. Zum anderen kommt es daher, daß Nehru der Nation eine Reputation zu verschaffen wußte, die ein wenig über das adäquate Maß hinausging. Nehru hat mitgeredet, wann immer Weltprobleme zur Debatte standen. Er tat so, als hätte er wunder was hinter sich, als wären 450 Millionen Hungerleider politisch ein Aktivposten.
Allmählich pendeln sich trotz des Säbelgerassels die Maßstäbe wieder ein. Die Illusionen platzen. »Die Inder haben während der letzten drei Jahre immer weniger zu essen bekommen [185].« Das Land steuert auf eine Krise zu. Es mehren sich die Stimmen, die Zweifel an der derzeitigen Politik und an dem von Nehru eingeschlagenen Kurs zum Ausdruck bringen. China ist das Vorbild für große Teile Afrikas und Asiens. Aber sich selbst macht man noch immer ein X für ein U vor. Man tut so, als ob man wunder wie große Chancen hätte. Man schaut den Dingen nicht ins Auge, man redet drumherum.
»Das gilt nicht nur für Indien, das gilt für die ganze westliche Welt.« Nand wirft sich, als ich diesen Punkt abends ins Gespräch bringe, mit Vehemenz in die Debatte. Und die ganze Tafelrunde gibt ihm recht:
»Ja, wo immer man hinblickt: in Afrika, in Asien, in Südamerika – überall steckt man den Kopf in den Sand. Man klammert sich an den Status quo, und sei der noch so überholt. Man klammert sich an regierende Minderheiten und wundert sich, wenn Revolutionäre heranwachsen [186].«
»Vor allen Dingen«, so meint ein junger Ingenieur, der in der DDR studierte, »ist es töricht, das sozialistische System oder das kommunistische, oder wie immer man es nennen will – es gibt inzwischen ja hunderterlei Variationen und Abstufungen – als infam, als menschenunwürdig, als verbrecherisch darzustellen.«
»Nun, dafür gibt es Beweise«, wage ich einzuwenden.
»Natürlich gibt es die. Ich kann Ihnen aber auch tausend Verbrechen aufzählen, die in und mit Ihrer Gesellschaftsordnung begangen wurden: Da gibt es Revolutionen, die zum Blutbad ausarteten, und andere, die man zusammenschoß; Ihr ehrenwerter Kaiser hat seine Familienhändel in *grand manier* und unter Preisgabe von Millionen Menschenleben ausgetragen.
Und dann denken Sie mal an die Zustände im neunzehnten Jahrhundert. Wie hat es damals in den kapitalistischen Ländern ausgesehen? Männer, Frauen und Kinder mußten für Hungerlöhne arbeiten. Mitunter sechzehn Stunden am Tag. Riesige Vermögen wurden mit dem Schweiß der Arbeiter aus dem Boden gestampft. Die Leute, die um fünf Uhr morgens, wenn die Fabriksirenen heulten, in die Bergwerke einfuhren, die bleich und ausgezehrt durch die Tore der Hütten- und Stahlwerke eilten, das waren keine Menschen mehr, das waren Galeerensklaven. Sie wurden ausgepowert bis aufs

Mark. Sie haben gehungert und gefroren, sie haben in Elendshütten gehaust, aber sie schufen den Grundstock für Ihren heutigen Wohlstand. Das Los Ihrer ersten Arbeitergenerationen war hart, aber rückblickend gesehen, muß man sich gestehen, daß es kaum zu vermeiden war. Manche Härte hätte sich vielleicht umschiffen lassen, aber am ›Großhungern‹ kam man nicht vorbei.

Und was bei Ihnen vor hundert Jahren war, das gilt heute für die Entwicklungsländer. Man muß sich hocharbeiten, man muß sparen, man kann nur einen kleinen Teil dessen, was erarbeitet wird, als Lohn auszahlen. Man muß Produktivkapital bilden. Zwei Möglichkeiten stehen zur Wahl: die privatwirtschaftliche, die sogenannte kapitalistische Methode, oder das sozialistische System, bei dem die Initiative vom Staat ausgeht.

Betrachten wir zunächst einmal die privatwirtschaftliche Methode: Sie ist in allen Entwicklungsländern anzutreffen; sie kam mit den Kolonisatoren, sie ersetzte – zum Teil nur – die Bedarfsdeckungswirtschaft der Eingeborenen. Das privatwirtschaftliche Unternehmertum hat sich keine globalen Aufgaben gestellt, es wird nur in bestimmten Wirtschaftsbereichen agil, nämlich dort, wo es sich einen möglichst großen Gewinn verspricht. Andere Aufgaben bleiben ungelöst. Manches, wie zum Beispiel die Forstwirtschaft, interessiert überhaupt nicht. Mag aufforsten, wer will, das ist nicht Sache der Möbelfabrik!

Das ist *ein* Handikap.

Als nächstes wäre zu nennen, daß kein privater Unternehmer seine Aufgabe darin sehen kann, möglichst viele Leute zu beschäftigen. Er stellt die Leute ein, die er braucht, die anderen interessieren ihn nicht. Auch das ist in einem Entwicklungsland nicht gerade der Weg, der zum Heil führt.

Und schließlich dürfen wir folgendes nicht übersehen: Was macht ein privatwirtschaftlicher Unternehmer, wenn er sein finanzielles Ziel oder ein gewisses Alter erreicht hat? Er nimmt seinen Hut und geht. Er geht dorthin, wo es ihm besser gefällt; er setzt sich an der Riviera oder in der Schweiz zur Ruhe, und sein Kapital, das nimmt er mit. Ist es überhaupt *sein* Kapital? Müssen da nicht gewisse Differenzierungen vorgenommen werden?

In einer hochentwickelten Volkswirtschaft mit gut arbeitenden Gewerkschaften kann sich kein Unternehmer mehr am Mehrwert bereichern, aber das gilt nicht für Asien, Afrika und Südamerika. Gewerkschaften, die dieses Ziel anstreben, können hier nicht einmal erwünscht sein. Es ist unerläßlich, den Leuten zunächst niedrigere Löhne zu zahlen, damit Kapital gebildet werden kann. Wenn dann aber das Kapital ins Ausland transferiert wird, dann ist das nicht nur ein kleiner Schönheitsfehler, eine schwache Stelle im System, dann ist das kapitalistische Ausbeutung par excellence.

Vier Dinge sind es, die das Leben der Inder bestimmen: ***Dharma,*** *das ewige Weltgesetz,* ***Artha,*** *das Streben nach Wohlstand und Geborgenheit,* ***Kama,*** *das Streben nach Erfüllung legitimer Wünsche (insbesondere auf dem Gebiet der Liebe),* ***Moksha,*** *die Erlösung, das Freiwerden von allen Bindungen. Ein wohldurchdachtes Konzept, in vielen Schriften verankert, hilft dem gläubigen Hindu sowohl seine Verpflichtungen der Gesellschaft gegenüber zu erfüllen als auch für sein persönliches Leben gewisse Endstufen (Artha, Kama, Moksha) zu erreichen. (S. 82)*

Straßenszene in Delhi.

Und außerdem: Privatwirtschaft, freies Unternehmertum setzen private Initiative voraus. In Amerika und Europa ist das etwas Selbstverständliches, in Afrika und Asien keineswegs. Privatinitiative ist hier nicht jedermanns Sache. In tropischen Ländern ist man bedürfnisloser, und man hat, was auch klimabedingt ist, weniger Energie. Der geschäftstüchtige Mittelstand, der in die Fußstapfen der weißen Fabrikherren treten könnte, der aus den Keimzellen der Industrialisierung eine Volkswirtschaft aufbauen könnte, der fehlt. Selbst auf der untersten Ebene fehlen oft die einfachsten Voraussetzungen für eine gedeihliche Entwicklung. Denken Sie an das Stahlwerk in Rourkela. Warum gibt es ständig Ärger? Weil es mit der Lieferung, mit dem Aufbau und mit der Inbetriebsetzung von Maschinen nicht getan ist. Der Faktor Mensch muß auch ins Schema passen – und daran mangelt es. Nicht nur in Rourkela – überall in Indien.
Die farbigen Völker sind noch wie Kinder; sie entwickeln von Jahr zu Jahr mehr Bedürfnisse, aber sie sind außerstande, die Güter für ihre Befriedigung bereitzustellen. Sie haben das Arbeiten noch nicht gelernt. Man muß sie – wie ein Vater seine Sprößlinge – erst in die Schule schicken und dann geduldig, aber mit Nachdruck anlernen, und zwar unabhängig davon, ob sie die Nützlichkeit dieses Tuns einsehen oder nicht; man muß sie zu ihrem Glück zwingen. Je strenger der Vater, desto besser!
Und nun überlegen Sie sich einmal, wie es um diese Erziehungsmöglichkeiten in den Entwicklungsländern bestellt ist. Unsere Regierung hier kann noch so schöne Pläne schmieden, wenn sie nicht gleichzeitig die Gewalt hat, die Vorhaben auch durchzuführen, verläuft immer wieder alles im Sand. Niemand kann zu den Hunderttausenden, die bei uns auf der Straße herumliegen, sagen: ›Kommt Freunde, morgen früh fangen wir an, eine Straße zu bauen. Jeder von euch bekommt dann ein warmes Mittagessen, und in absehbarer Zeit habt ihr auch ein Dach über dem Kopf.‹ Wissen Sie, was passieren würde? Die Leute wären zunächst vielleicht begeistert, aber wenn sie dann in aller Frühe die Arbeit aufnehmen müßten, würde es sich die Hälfte wieder anders überlegen. Sie würden sich umdrehen, die Decke über den Kopf ziehen und weiterschlafen.
Einfache, ungebildete Menschen sehen immer nur den Vorteil des Augenblicks. Für weitgesteckte Ziele haben sie keinen Sinn, kein Verständnis. Es muß ihren trägen Gehirnen erst eingebleut werden, was ihnen frommt. Die Kommunisten sind sich dessen bewußt, der Westen dagegen meint, daß man jedermann mit einem Zuckerbrot aus dem Schatten, aus der Siesta locken kann. Der kommunistische Staat ist ein strenger Vater, aber seine Gesellschaftsordnung ist den Entwicklungsländern auf den Leib geschneidert. Und deshalb auch die großen Erfolge in Rußland, in China und anderswo.«

»Ja, aber diesen Erfolgen kann man auch große Pannen gegenüberstellen. In Rußland sind in den Jahren nach dem ersten Weltkrieg viele Tausende verhungert, und in China war der Große Sprung nach vorn und die Stahlerzeugung im Hinterhof ein Schlag ins Wasser. Und mit der Ernte klappt es auch nicht immer.«

»Natürlich geht nicht immer alles nach Wunsch. Vieles mißlingt. Aber kann denn die kapitalistische Wirtschaftsordnung von sich behaupten, daß immer alles reibungslos funktionierte? Da gab es grauenhafte Stagnationszeiten und Inflationen, die ganze Völker an den Bettelstab brachten, da gab es Börsenkrachs und Arbeitslose, Schwarzhändler, Kursstürze und Bankrotte en masse... Nein, was die Pannen anbetrifft, sollte man im Westen nicht allzusehr auf die Pauke hauen: Die Fehlschläge, die hier eingetreten sind, waren oft gravierender und der Zahl nach keinesfalls geringer.«

»Schön! Aber wir in Deutschland haben einen Modellfall dafür, wie schlecht das kommunistische System ist. Es funktioniert einfach nicht. Die Mitteldeutschen arbeiten nicht weniger als die Westdeutschen, aber sie kommen auf keinen grünen Zweig.«

»Das hat seine Gründe. Einmal haben die Mitteldeutschen entschieden höhere Reparationen geleistet, zum anderen fehlte es in Mitteldeutschland an der industriellen Basis. Es gab keine Schwerindustrie, keine Ruhr, kein Saargebiet und auch keinen Marshallplan. Man mußte nach Braunkohle buddeln und jeden Pfennig, den man investieren wollte, erst sauer verdienen. Und wenn es trotzdem mit den Planungen nicht hinhaut, dann deshalb, weil die Planwirtschaft den Wünschen eines hochzivilisierten Volkes einfach nicht gerecht werden kann. Ein Europäer möchte nicht nur kaufen, er möchte wählen, er möchte auf einem heterogenen Markt unter vielen gleichartigen Artikeln das aussuchen, was seinem persönlichen Geschmack entspricht. Bekommt er nur 08/15-Ware angeboten, meutert er und ist unzufrieden.

In den Entwicklungsländern liegen die Verhältnisse anders. Hier kommt es darauf an, daß jedermann ein Mindesteinkommen hat, daß seine Existenz gesichert ist und daß die bescheidenen Wünsche befriedigt werden, die dem Homo sapiens auf der untersten Zivilisationsstufe so bedeutsam sind: ein Hemd, eine Hose, ein paar Schuhe, zwei Mahlzeiten am Tag und – oh, welche Wonne – alle acht oder vierzehn Tage eine Kinokarte.

Und diese elementaren Bedürfnisse lassen sich in der sozialistischen Planwirtschaft besser befriedigen als in unserer derzeitigen Gesellschaftsordnung [187].«

Der DDR-Stipendiat nimmt das Kopfnicken in der Runde selbstgefällig zur Kenntnis und fährt dann fort:

»Wenn die Entwicklung so weit vorangeschritten ist, daß die Wünsche differenziert werden und der Warenkatalog immer umfassender wird, wenn nicht mehr hundert oder tausend, wenn hunderttausend verschiedene Artikel produziert werden müssen, dann sind der zentralen Planung Grenzen gesetzt. Dann kann nichts Vernünftiges mehr dabei herauskommen, dann gibt es tausend Engpässe, die nicht vorauszusehen waren. Das war in Mitteldeutschland von Anfang an der Fall, und das zeigt sich jetzt auch in Rußland und in einigen anderen sozialistischen Ländern. Man hat die Grenzen der Planwirtschaft erkannt und ist im Begriff, die zentrale Lenkung zu lockern. Professor Libermann aus Charkow hat mit seinem Prawda-Artikel ›Plan – Gewinn – Prämie‹ vom 9. September 1962 den Stein ins Rollen gebracht. Schlagworte wie *Wert, Preis* und *materielle Interessiertheit* wurden plötzlich en vogue[188]. Man ist dabei, sich umzustellen. Man nähert sich – in bestimmten Techniken – dem Westen.

Auf der anderen Seite – in der westlichen Hemisphäre – ist die Entwicklung ebenfalls nicht stehengeblieben. In ganz Europa gibt es keinen Staat mehr, den man als ›kapitalistisch‹ bezeichnen könnte. Fünfzig Prozent des Nettoeinkommens aller europäischen Volkswirtschaften fließen in Form von Steuern und Abgaben an den Staat, der die Gelder dann gemeinnützigen Zwekken zuführt: Er baut Schulen und Straßen, er zahlt Arztrechnungen und Altersrenten und vieles andere mehr. Was hat das noch mit Kapitalismus zu tun? Mit dem ausbeuterischen Kapitalismus, den es einmal vor hundert Jahren gab und der heute noch in den Köpfen der östlichen Propagandisten herumspukt.

Außerdem gibt es im ›kapitalistischen‹ Westen viele sozialistische Regierungen, die die Montanindustrie, alle großen Dienstleistungs- und Versorgungsbetriebe schon vor Jahren verstaatlicht haben oder sich mit solchen Gedanken tragen. Weite Wirtschaftszweige, zum Beispiel die Landwirtschaft, kennen den Markt, einen freien Markt mit Über- und Unterangebot und all den damit verbundenen unternehmerischen Risiken, nur noch vom Hörensagen. Es wird reguliert und dirigiert, es werden Quoten festgelegt und Überschüsse eingelagert. Gleiches ist für andere Wirtschaftszweige vorgesehen. Die Pläne hierfür liegen in Brüssel schon in der Schublade.

Was soll also der allseits proklamierte ›Kampf bis aufs Messer‹? Die beiden Exponenten, Kapitalismus und Sozialismus, bestehen nur noch in der Theorie, in der Praxis hat man sich den Erfordernissen der Zeit angepaßt. Im Westen übt man sich in Interventionismus, und im Osten sucht man nach Wegen, um die Planwirtschaft – und einiges andere – zu liberalisieren. ›Man kann‹, so sagt Nehru, ›nicht mehr damit argumentieren, daß Indien sozialistisch, die Sowjetunion kommunistisch und Amerika kapitalistisch sei. Das sind völlig veraltete Argumente. Gewiß bestehen Differenzen zwischen der sozialistischen und der kapitalistischen Denkweise. Ich bestreite das gar nicht, wage aber zu behaupten, daß sich unsere Welt so schnell verändert, daß sich diese Differenzen immer mehr verringern und daß die beiden Systeme und Philosophien sich einander immer mehr nähern [189].‹ Beide Gesellschaftsformen, beide Wirtschaftssysteme haben ihre Vor- und ihre Nachteile, und beide – das ist sicher! – haben ihre Existenzberechtigung [190]. Warum also all das Kriegsgeschrei, das törichte ›Entweder – Oder‹?«

Der DDR-Student hat sein Pensum offensichtlich besser gelernt als mancher Funktionär, und die Denkweise seiner Freunde bewegt sich in gleichen Bahnen: »Warum all die Spannungen?« Und sie wissen auch eine Antwort, die jungen Inder, und sie tischen sie mir auf:

»Warum? Weil die kapitalistische Gesellschaftsform die ältere ist, weil sie in aller Welt ihre Stützpunkte hat und keine aufgeben möchte. Es ist ja keineswegs so, daß man die Entwicklungsländer als neutralen Block akzeptiert und ihnen die Entscheidungsfreiheit darüber läßt, wie sie ihre Wirtschaft und ihre Gesellschaftsstruktur gestalten wollen. In vielen Fällen rechnet man sie stillschweigend zum eigenen Herrschaftsbereich und fährt Kanonen auf, wenn das Volk den Status quo revidieren möchte. Man wirtschaftet in Südamerika, in Afrika, in Vorderasien, in Indien und in Hinterindien herum, und man meint, daß das immer so sein muß, obwohl es doch offensichtlich ist, daß man sich ein wenig übernommen hat bzw. daß man gar nicht ernsthaft daran interessiert ist, die Verhältnisse in den Entwicklungsländern – und nur um diese geht es ja im Grunde genommen – zur Zufriedenheit der Bevölkerung zu lösen. Wenn man das nicht will oder kann, dann sollte man Zugeständnisse machen, gesellschaftliche Umschichtungen akzeptieren und nicht – wie in Vietnam oder in Mittelamerika oder wo sonst immer – Geschütze auffahren. Die Menschen haben ein Recht auf ein bißchen Glück, auf ein Dach über dem Kopf und eine warme Mahlzeit am Tag. Von Phrasen über Demokratie und Freiheit können sie nichts herunterbeißen.«

Nand, der lange Zeit geschwiegen hat, meldet sich zu Wort: »Alles wäre nur halb so problematisch, wenn man des anderen Existenzberechtigung bejahen würde. Der Osten macht aus jedem freien Unternehmer einen Ausbeuter (was er keineswegs immer war und heute nicht mehr ist), und der Westen macht aus jedem Kommunisten einen Verbrecher (was nur in den seltensten Fällen zutrifft). Und jene Nation« – und jetzt blitzt der Schalk aus den Augen meines Freundes –, »die uns diese segensreiche Polarität beschieden hat, die Marx großzog und Lenin im versiegelten D-Zug-Coupé nach Rußland spedierte, die versäumt wieder einmal ihre große Chance: Statt nach Lösungen zu suchen, nach Konzeptionen, die beiden Lagern gerecht werden, denkt sie immer noch in überholten Kategorien und treibt dabei die Gehässigkeiten auf die Spitze. Man kann nicht von China und Amerika erwarten, daß sie sich zusammensetzen und schließlich umarmen; von den Deutschen aber wäre es nicht zuviel verlangt, wenn sie sich den Kopf zerbrechen würden, wie sich beide Gesellschaftsformen arrangieren könnten. Und an diesem Arrangieren kommt man nicht vorbei. Nur ein Narr kann sich noch der Hoffnung hingeben, daß man das Rad der Geschichte zurückdrehen und Marx, Lenin und Mao in einer Versenkung verschwinden lassen kann. Man muß sich arrangieren, und man könnte es sich erleichtern, wenn man ehrlich wäre, wenn man Vorurteile abbauen würde.«

Nand schaut mich etwas herausfordernd an. Ich weiß nicht, auf was er hinauswill, aber ich bin neugierig genug, um ihn nicht zu bremsen. Ich nicke ihm zu und schweige mich aus. Das ist Wasser auf seine Mühle. Jetzt wettert er ernsthaft:

»Eines Tages wird der Westen vielleicht sogar ehrlich genug sein, um sich einzugestehen, daß Karl Marx ein Ehrenplatz in der Geschichte gebührt, daß ihm Ost und West gleichermaßen Tribut schulden. Was macht es, daß seine Thesen und Theorien zu einem guten Teil überholt sind oder sich oftmals als irrig herausgestellt haben, das Gesamtkonzept war trotzdem genial. Er war es, der den Stein ins Rollen brachte, der neue Ziele steckte, der die Menschen zwang, manches neu zu durchdenken.

Es ist nicht sehr honorig, daß Ihre Gewerkschaften und Ihre SPD seinen Namen aus ihrem Vokabular gestrichen haben, daß sie ihren Altmeister und Wegbereiter ebenso verleugnen, wie – wenn dieser Vergleich erlaubt ist – Petrus Christus verleugnet hat. Wäre man ehrlich, würde man dem Volk die geschichtlichen und sozialpolitischen Zusammenhänge aufzeigen, dann wäre das gegenseitige Sichverstehen, das Zusammenfinden, meinetwegen auch das Zusammenraufen nur halb so schwierig. Es wäre von vornherein eine Verständigungsbasis da.

Was treibt man statt dessen? Man schafft zielbewußt eine permanente Feindschaft, eine Erbfeindschaft. Früher waren es die roten Hosen der Franzosen, die jeden Deutschen in Harnisch brachten, heute ist es ein rotes Flaggentuch, gegen das man schnaubend anstürmt. Rückblickend kann man nur fragen: Wissen Sie, warum Ihr Volk ein Jahrhundert lang gegen die Franzosen gekämpft hat? Vermutlich nur deshalb, weil man eine objektive, eine freundschaftliche Haltung zum Nachbarn im Westen nicht zuließ, weil man schon in den Schulbüchern aus jedem Franzoen einen *filou* und auf der anderen Seite aus jedem Deutschen einen *boche* machte.

Heute schütteln Sie den Kopf über die Politik von damals. Wie wär's, wenn Sie Ihre derzeitige Politik einmal unter die Lupe nehmen würden. Die Deutschen haben, wie keine andere Nation auf dieser Welt, die Chance, die beiden großen Machtblöcke zusammenzuführen. Sie könnten die Wege zur Koexistenz, zur gegenseitigen Achtung und Anerkennung auskundschaften und mutig als erste beschreiten, sie könnten ...«

Nand rauft sich seinen schwarzen Schopf, seine Lippen zittern vor Aufregung; er starrt mich an, vorwurfsvoll, anklagend, und noch bevor ich etwas sagen kann, fährt er fort:

»Die Nacht der langen Messer, sie wird sich da und dort nicht vermeiden lassen, aber es darf nicht dazu kommen, daß sich zwischen den großen Polen, die in gegenseitiger Rivalität so viel Bewundernswertes geschaffen haben, immer mehr und noch mehr Spannung ansammelt, bis es schließlich zur gewaltigen, alles zerstörenden Entladung kommt. Das darf nicht geschehen, um nichts in der Welt, selbst um den Preis, daß sich die Deutschen an einen Tisch setzen müßten.«

Alle Herrlichkeit auf Erden

Sie hat samtschwarze Augen, ein süßes Näschen und das strahlendste Lächeln der Welt. Seit einer halben Stunde sitzt sie neben mir. Wir sind auf der Fahrt nach Agra. Professor S., ihr Papa, gab sie mir als Reisebegleiterin mit. Es ist Mohini, die kleine Medizinstudentin, die ich schon in Kalkutta kennenlernte und bei deren Vater ich in den letzten Tagen mehrmals zu Gast war. Mohini möchte mir das Taj Mahal zeigen und dann eine befreundete Familie in Agra besuchen. Ihr Onkel ist mit von der Partie – als Chauffeur. Er sitzt vor uns, zeigt mal nach links, mal nach rechts und erläutert, was immer es zu sehen gibt; es ist das Übliche: endlose Brachflächen und Felder in trostlosem Zustand. Dazwischen Lehmhütten und Dörfer, die so grau und unansehnlich sind, daß man sich fragt, ob Hammer und Nägel und so etwas wie Farbe wohl schon erfunden worden sind.

Nach anderthalb Stunden Fahrt kommt unser staubverkrustetes Gefährt am Rande eines kleinen Dorfes vor einem Backsteinhaus zum Stehen.

Onkel Kavalam klettert aus dem Wagen; er klemmt das Päckchen, das schon seit Delhi neben ihm liegt, unter den Arm und verschwindet hinter dem *kuskus tatty*, der Schnurtür. Wir müssen nicht lange warten. Ein Greis mit wehendem Bart und großer, fleischiger Nase erscheint unter der Tür, stapft zu unserem Wagen und lädt uns ein: »Wollen Sie nicht für einen Augenblick hereinkommen? Ein Täßchen Tee würde Ihnen sicher guttun?«

Daran ist nicht zu zweifeln. Mohini dolmetscht und klettert aus dem Sitz. Sie streicht ihren Sari glatt und folgt dem Alten. Ihre goldenen Sandaletten versinken im Staub. Sie macht sich nichts daraus. Sie schreitet durch das pul-

verisierte Vorgärtchen, als wär's ein weicher Teppich. Ich steige hochbeinig hinterher: Dreck bleibt Dreck. Für den barfüßigen Alten dagegen ist der Staub überhaupt nicht existent; er schlurft durch seine ›Immobilien‹, daß Haus und Hof vernebelt werden.
Wir werden in einen kleinen Raum geführt, in dem einige Sitzgestelle um eine Marmorplatte gruppiert sind. Mir verschränkten Beinen lassen wir uns nieder. Der Alte klatscht einmal kurz in die Hände – sein dienstbarer Geist erscheint mit Samowar und Täßchen. Wir halten die Schalen hin und bekommen ein Wässerchen eingeschenkt, das mehr nach Gastfreundschaft und gutem Willen als nach Tee riecht. Schmecken tut es wie Schlämmkreide. Das kann aber auch daran liegen, daß die staubverkrustete Kehle erst mal aufgeweicht werden muß.
Ich gurgle heimlich, um den Sand zwischen den Zähnen loszuwerden. Soll eine heilsame Kur sein. Wirkt wie Schmirgelpapier – es scheuert die Würmer dünn und die Eingeweide blank. Der Körper wird ›strahlend‹. Wo ich das herhabe? Welche Frage? Das ist Hatha-Yoga, zweites Kapitel, erster Unterabschnitt, dritte Zeile von oben.
Der Onkel drängt zum Aufbruch. Wir bedanken uns, heben die Hände zum *namaste* und stapfen zum Auto. Hinter uns, im Haus, klirrt etwas. »Da gab's Scherben, so ein Pech«, sage ich beiläufig. Mohini lächelt. »Das war kein Pech, das war gewollt. Der alte Brahmane hat die Tasse zerschmissen, aus der Sie vorhin getrunken haben. Und die nächste halbe Stunde wird er damit zubringen, sich zu reinigen. Dort – sehen Sie? –, der *bearer* läuft schon mit dem Eimer zum Brunnen.«
Schuldbewußt klettere ich in die Karre. Ich komme mir vor wie ein räudiger … Nein, schlimmer: wie ein Paria, wie ein Unberührbarer.
Mohini, das feinfühlige Wesen, scheint mein seelisches Tief zu ahnen. Sie legt – für eine Sekunde nur – ihre Hand auf meine Rechte und erzählt mir dann einiges über das Fort und das Taj Mahal, die beiden Baudenkmäler, die wir heute besuchen wollen.
Das Fort ist von Akbar dem Großen, dem allmächtigen Mogulfürsten, entworfen und in seinen wichtigsten Teilen errichtet worden. Schah Jahan vollendete den Bau. Er schmückte den Diwan-i-Khas und viel Gemächer mit Edelsteinen und Marmorschnitzereien aus und legte alles, den ganzen Reichtum, die ganze Pracht, seiner Frau zu Füßen. Mumtaz Mahal war sein Stolz, das einzige, was er auf dieser Welt schätzte und liebte. Als sie im Jahre 1630 starb, schwor er, ein Denkmal zu bauen, ein Grabmal, so einzigartig und schön, daß nichts Ebenbürtiges auf dieser Welt zu finden wäre. Siebzehn Jahre wurde gebaut, dann stand der ›Traum aus Marmor‹, das ›erhabenste Grabmal auf Erden‹.

In Agra steuern wir auf großer, breitangelegter Straße zuerst zum Fort. Imposant türmen sich seine Mauern vor uns auf. Onkel Kavalam fährt seine Chausseewanze in den Schatten eines Baumes und prüft nach, ob die Kette am Reserverad noch in Ordnung ist und alle Türen und Fenster geschlossen sind. Es soll, so versichert er entschuldigend, schon vorgekommen sein, daß Leute als Bettelmönche ankamen und – nach kurzer Seelenwanderung – wie Stirling Moss davonstoben.
Eine Schar bettelnder Kinder weist Onkel Kavalam mit einer greulichen Grimasse zurecht. Er läßt die Augen kullern, legt den Kopf schief, zieht die linke Achsel hoch und krümmt sich wie ein Lindwurm. Ich weiß nicht, was für einen bösen Geist aus der tausendjährigen Mythologie des Landes er da heraufbeschwört, aber die Kinder sind offensichtlich im Bilde: Sie quieken vor Freude, und dann rennen sie, was ihre mageren Beinchen hergeben.
Wir spazieren über die Brücke des Burggrabens ins Fort. Es ist ein gewaltiger Bau. Fünfundzwanzig Meter hoch sind seine Mauern, und manche sind sechs bis sieben Meter dick. Weite Höfe, Galerien und Plattformen tun sich vor uns auf. Die Abmessungen sind riesig: Die Außenmauer und der Burggraben sind fast drei Kilometer lang. Von der Ostmauer geht der Blick hinüber zum Taj Mahal. Es wirkt klein und winzig. Das gewaltige Flußbett des Jamuna, das uns von dem Grabmal trennt, läßt alle menschlichen Maße schrumpfen. Die Kuppel des Grabmals wirkt wie eine ans Ufer gespülte Perle, wie ein Kleinod, das vom Himmel gefallen ist.
Zur Rechten des Taj erstreckt sich ein Streifen grünen Landes. Vor dem Mausoleum und links von ihm ist nichts als Sand, heller, in der Sonne gleißender Sand, und dann die weitverzweigte, blauschimmernde Fläche des Flusses. Es ist schlecht zu erklären, warum Kaiser Akbar gerade hier eine so große Festung erbaute. War der Fluß Grenze oder Handelsweg? Oder ist der Platz einfach nach der Konstellation der Sterne errechnet worden? Wer weiß es? Die Menschen von damals haben andere Überlegungen angestellt als wir heute; was uns profan ist, war ihnen heilig, was wir für seichte Gewässer halten, war ihnen die Quelle allen Lebens.
Onkel Kavalam zeigt zum Fluß: »Er ist heilig, der mächtige Jamuna, er kommt aus ...«
»Er kommt aus der Ewigkeit, und er fließt in die Ewigkeit.«
Der alte Herr staunt über meine Kenntnisse. Mohini beruhigt ihn: »Na ja, Onkelchen, was kommt bei uns nicht aus der Ewigkeit ...?«
Er zieht das schelmische Weibsstück am Zopf, gibt ihr einen Klaps auf den Po und erläutert mir, was es mit der Heiligkeit der Flüsse auf sich hat.
Unter den Flüssen Indiens sind in erster Linie die heilig, die aus den Tälern des Himalaya kommen. Sie sind am Thron der Götter entsprungen. Ganges

und Indus mit allen Nebenflüssen fallen in diese Kategorie. Da aber nicht jedermann bis in diese nördlichen Regionen pilgern kann, haben die Götter Zugeständnisse gemacht: Sie schenkten dem Volk des Südens den Narbada, Godawari, Tapti, Kistna und Kaweri, und sie sorgten dafür, daß die geweihten Wasser nicht austrocknen. Man munkelt, daß selbst die Flüsse des Südens mit dem Ganges in Verbindung stehen – unterirdisch, versteht sich, und nur für Hindus wahrnehmbar.

Und so wie die Flüsse mit dem Monsun steigen und mit der Trockenheit fallen, ist auch ihre Heiligkeit an bestimmte Intervalle gebunden. Der Godawari beispielsweise hat alle zwölf Jahre besondere Reinigungskräfte. Bei Nasik, nordöstlich von Bombay, sind sie am stärksten. Wer dort in das Wasser steigt, kann es sich ersparen, noch nach anderen Orten zu wallfahren. Er ist, wenn er erst die Blutegel aus der Haut hat, ein für allemal rein. Der Grund liegt auf der Hand, schon Rama wußte es: Die Quelle des Godawari wird vom Ganges gespeist.

Die Frauen am Flußufer unter uns machen sich die Heiligkeit des Gewässers auf ihre Weise zunutze: Sie schlagen ihre Wäsche auf große Steine und hoffen, daß – wie die Seele aus dem Fegefeuer – der Schmutz aus dem Gewebe springt. Diese Waschmethode ist alt und bewährt, aber allmählich führt sie zu Verdruß und Ärger: Moderne Kleidungsstücke bestehen nicht nur aus Tüchern, sie haben etwas an sich, was der Erfinder des schaumregulierten Steinklopfautomaten noch nicht berücksichtigen konnte: sie haben Knöpfe, recht zerbrechliche sogar, und die springen mit dem Schmutz um die Wette. Meist sind sie noch schneller. Sie gehen den Bach hinab und mit ihnen – kann man es den Leuten verübeln? – auch das Renommee des Flusses.

Auf der Straße zwischen Jamuna und dem Fort trotten Kamelkarawanen nach Süden. Die Tiere sind hoch beladen; gemächlich schaukeln sie dahin. Mulis und Packeselchen trippeln eilig an ihnen vorüber. Die Treiber sparen nicht mit Stockhieben. *Ahimsa,* die Lehre von der Gewaltlosigkeit, hat offensichtlich nichts mit Handel und Verkehr zu tun. Es ist überhaupt sehr schwierig herauszufinden, wann die Leute ihre Ideale hochhalten und wann sie sie mit Füßen treten.

Der Marmorpavillon, von dessen Balkon wir den Blick über den Fluß genießen, ist mit zahlreichen Halbedelsteinen bestückt, mit Lapislazuli, mit Achaten und Karneolen. Mancher Tourist kann der Versuchung nicht widerstehen, ein Steinchen mitzunehmen. Viele der Löcher und Lücken sind aber auch auf Witterungseinflüsse zurückzuführen. Die alten Bauwerke Indiens waren lange Zeit ohne irgendwelche Pflege. Man ließ sie verfallen. Erst Lord Curzon, Vizekönig und Kunstmäzen, hat Abhilfe geschaffen. Er hat den nachlässigen Erben dieser Monumentalbauten ins Gewissen geredet und den

Maharajas einige Stiftungen entlockt. Sein Tadel blieb nicht ohne Resonanz. Heute weiß man, was das Taj Mahal für die Zahlungsbilanz des Landes bedeutet. Man schätzt sie wieder, die Prunkstücke aus Indiens großer Vergangenheit, man preist sie mit überschwenglichen Worten; eines allerdings sagen die Fremdenführer nie: daß Akbar und Jahan Gewaltherrscher waren und daß sie das Volk ›schaffen machten‹.

Auf den Zinnen ist Ruhm und große Vergangenheit zu spüren. Das Alltagsleben spielt sich eine Etage tiefer ab, dort, wo einige hundert Nichtstuer im Schatten der Mauer dösen. Im Wassergraben schwimmt ein aufgeblähter Kuhkadaver. Er ist schon grün vor Verwesung, und Myriaden von Mücken umschwärmen ihn. Jeder sieht die Tierleiche, aber niemand kommt auf die Idee, sie aus der Welt zu schaffen, aufzuräumen. Das bleibt den Geiern überlassen. Und überdies: Weiß man, ob die Kuh, die dort drüben mit vorgerecktem Hals und gieriger Zunge nach überhängenden Zweigen angelt, nicht auch ein schlechtes Karma hat? Man käme ja aus dem Arbeiten nicht heraus. Nein, nein, es ist schon besser, mit dem Aufräumen gar nicht erst anzufangen.

Mohini zeigt nach links, nach Norden, wo sich zwei große Brücken über den Fluß spannen: »Dort geht's nach Tundla ...«, sagt sie. Das klingt so selbstverständlich, so absolut, so wundervoll unproblematisch, als gäbe es nichts Relatives auf dieser Welt. Ich nicke zustimmend und schau' ihr in die schwarzen Augen. ›Du liebes Kind‹, so möchte ich fragen, ›wer weiß schon, wo Tundla liegt?‹ Ich habe den Namen noch nie gehört, und ich werde ihn vermutlich nie mehr vernehmen. Die Stadt liegt auf einem anderen Planeten.

Was sich außerhalb unserer Bannmeile abspielt, existiert nicht. Es ist eine Welt für sich. Bei großen Reisen, bei Luftsprüngen über Erdteile hinweg kommt es einem immer wieder zum Bewußtsein. Man klettert aus dem Flugzeug, man sieht fremde Menschen, man wird von ihrem Sog erfaßt, man erlebt ihre Betriebsamkeit, ihre Not, ihren Hunger – aber das alles erscheint so unwirklich, so gespenstisch. Man fragt sich, ob es wahr ist, daß zur gleichen Zeit auch noch die andere, die eigene Welt existiert: der Nachbar, der jeden Abend den Rasen sprengt, die Turmuhr, die stündlich zum Schlag ausholt, und das Mädchen in der Buchhandlung, das so wundervolle Hände hat ...

Morgen ist es umgekehrt. Man wird in das Flugzeug steigen und ein paar Stunden später wieder zu Hause sein. Und man wird sich fragen, welche Welt nun die wirkliche ist. Niemand wird merken, daß man überhaupt fort war. Indien und Japan und Malaya werden wieder in die Unwirklichkeit zurücksinken, aus Menschen, Städten und Dörfern werden wieder Namen, Ziffern und Daten ... Wer weiß dann noch, wo Tundla liegt?

Mohini summt eine bezaubernde, flötengleiche Melodie. Ihre Augen strahlen

vor Glück und Lebensfreude. Sie ist so erregt von der Anmut des Morgens, von den Farben und den Blumen, daß sie keinen Augenblick stillstehen kann. Sie zupft an ihren Ohrhängern und an den Rockschößen ihres Onkels, sie macht uns auf tausend Nichtigkeiten aufmerksam, aber der gute Kavalam hat anderes im Kopf: »Zeit zum Lunch«, brummt er, und dann stapft er davon. Er sieht weder Blumen noch Schmetterlinge, und die Wünsche seiner bildhübschen Nichte sind ihm halb so wichtig wie seine vegetarischen Vorräte.
»Wie kann man an einem so herrlichen Morgen nur so hungrig sein«, wundert sich das Mädchen. Ich pflichte ihr bei und helfe ihr von der Mauer, dann folgen wir dem – dem ›banalen Bananenfresser!‹.
Fünf Minuten später tue ich ihm Abbitte. Onkel Kavalam hat eine großartige Idee. Er erklärt sie mir kauend zwischen der vierten und fünften Banane. Er werde jetzt, so sagt er, zu den Verwandten fahren und den Besuch anmelden. Uns – Mohini und mich – will er in zwei oder drei Stunden abholen.
Die kleine Hexe zwinkert mir zu: »Onkel Kavalam braucht sein Mittagsschläfchen. Um diese Zeit ist er für nichts, nicht einmal für das Taj Mahal zu haben.« Ich finde, das ist eine sehr sympathische Eigenschaft.
Er kutschiert uns noch rasch vor das Portal des Mausoleums, dann verschwindet er in einer Staubwolke.
Mohini ist plötzlich still und ein wenig verlegen geworden. Vielleicht ist es zum ersten Male, daß sie mit einem Fremden allein, ganz allein ist. Das ist ihr jetzt zum Bewußtsein gekommen. Sie zupft, während wir noch der lustig hüpfenden Chausseewanze nachblicken, zaghaft an ihrem Sari und wagt offensichtlich nicht mehr, mich anzusehen.
»*Come on, little girl,* jetzt werden wir das achte Weltwunder besichtigen!«
Ich marschiere durch das Portal; neben mir trippelt es keck und lustig, und das Göschle plappert wieder. Es erkundigt sich, welches die sieben anderen Weltwunder sind. Ich zähle sie auf. Die Zeusstatue des Phidias und die Pyramiden interessieren nicht, aber die Hängegärten der Semiramis wecken ihre Neugier. »Gibt es die Gärten noch, war die Königin schön, hat sie viele Kinder gehabt?«
›Kind‹, denke ich, ›woher soll ich das wissen?‹ Aber da es barbarisch wäre, so viel weibliche Neugierde zu enttäuschen, fange ich zu dichten an ...
Aufmerksam hört das kleine Frauenzimmer zu. Dann möchte sie noch Details wissen:
»Wie haben die Kleider der Semiramis ausgesehen? Was hatte sie für Sandalen?«
Für einen Augenblick bin ich überfordert. Was trug die Königin für Kleider?

Du liebe Zeit, wann hat die Alte denn gelebt? Muß so um das Jahr 800 vor Christus gewesen sein. Was war denn damals Mode? Vermutlich eine Toga! Meine Kummerfalten verfliegen: »Was die Königinnen von damals trugen? Das ist leicht zu beantworten: Sie hatten das schönste Gewand, das man sich denken kann und das jemals erfunden wurde: Es hieß Toga, und es war genau wie dein Sari – nur die Farben waren nicht so wundervoll, und das Gewebe war nicht so fein!«
Ein strahlender Blick trifft mich.
»Hat die Königin auch Kinder gehabt?«
»Wenigstens zwei Dutzend!«
Ich will mich schon daranmachen sie aufzuzählen, da wird das Garn, das wir spinnen, zerrissen. Die Fremdenführer stürzen sich auf uns:
»Sahib, want a guide?«
»Sir, ich Führer, *very good*, alles wissen!«
Ich mache eine unwillige Handbewegung, aber die Burschen begreifen nicht. Ununterbrochen reden sie auf uns ein. In Gegenwart von Mohini möchte ich keinen von ihnen anfahren, aber die Kerle wissen das nicht zu honorieren. Sie laufen nebenher, sie betteln und schreien und sind selbst dann nicht abzuschütteln, als wir das letzte Portal durchschreiten, als uns der weiße Marmor des Grabmals entgegenleuchtet.
Das ist der Augenblick, dem jeder Besucher mit Spannung entgegensieht. Wird die Wirklichkeit halten, was sich die Phantasie versprach? Ist das Taj wirklich ein Märchen aus Marmor, Mondlicht und Edelsteinen, ist es das schönste Gebäude der Welt? Um den halben Erdball sind die Leute geflogen, um dieses Mausoleum zu sehen, Vermögen wurden geopfert, um einmal hier zu stehen, und schließlich ist es so weit.
Man tritt durch das Portal, man sieht den Park und die Zypressen, die Wasserspiele, die wundervolle Kuppel und die märchenhaften Minarette; man möchte für eine Minute, für eine Sekunde nur alles um sich vergessen, um mit dem Schönen, mit dem Göttlichen, ›mit dem, was wir alle einmal geschaut haben‹, allein zu sein. Aber daraus wird nichts. Schnöder, profaner Händlergeist macht die Pilgerfahrt zur Farce, das Taj Mahal, das einmalige, zur Jahrmarktssensation. »Sahib, ich Führer, drei Rupien!« – »Sahib, ich billiger, zwei Rupien!«
Wir gehen die große Freitreppe hinab und an den Becken entlang. Das Wasser ist unbewegt und klar, das Blau des Himmels spiegelt sich in ihm und das Weiß des Marmors. Auf dem Rasen stolzieren Pfauen. In den Zweigen der Zypressen krächzen Papageien. Eichhörnchen huschen über den Weg. Auf Mohinis Schulter ist ein großer Schmetterling gelandet. Mit wippenden Flügeln sucht er Balance. Seine Fühler tasten in Richtung des kleinen,

wohlgerundeten Ohrs. Riecht er das Parfüm, das so betörend das Köpfchen und den Körper des Mädchens umspielt? Wir stehen ganz still und bestaunen das Wunder. Mohini das kleine, farbige, ich das große, mandeläugige... Eine Horde Jugendlicher mit einem krächzenden Transistorgerät drängt sich an uns vorbei. Erschrocken flattert der Falter davon. Wir gehen weiter. Vor dem Mausoleum schlüpfen wir in graue Pantoffeln. Das ist angenehmer, als barfuß oder in Strümpfen zu gehen, und auch hgyienischer. Schon mancher, der sich in Moscheen und Tempeln allzusehr der Landessitte anpaßte, ist mit einer Pilzkrankheit nach Hause gekommen.

Nur wenige Treppen sind zu bewältigen, dann stehen wir auf der großen Plattform, aus der sich die schlanken Minarette in den Himmel recken und in deren Mitte die Kuppeln des weißen Domes leuchten. Gleißendes Licht blendet uns. Beim Nähertreten wird der schimmernde Marmor zu einem Berg aus Juwelen: Tausend, hunderttausend, unzählige Edelsteine leuchten uns entgegen. Sie sind zu Blumen und Girlanden geformt, zu Koransprüchen und zu herrlichen Linien.

»Von Titanen entworfen, von Juwelieren erbaut!« Man kann es nicht anders ausdrücken. Das Taj ist ein Gedicht, ein Gedicht aus Marmor und Edelsteinen, aus phantasievollen Formen und feinsten Filigranen. Wundervolle Gitter und Rosetten wurden aus dem Stein gemeißelt. Man fragt sich, wie es möglich war, dem spröden Material so viel Schwerelosigkeit zu geben, den Stein zu so durchsichtigem Gespinst zu verarbeiten.

Im Innern muß sich das Auge erst an das Dunkel gewöhnen. Mohini läßt sich an die Hand nehmen. »Pst«, flüstert sie, »gleich sind wir bei der Königin.«

Wir treten durch eine kunstvoll aus dem Stein gehämmerte Umfriedung und stehen vor den Sarkophagen: einem kleinen in der Mitte und einem größeren zur Linken. Mohini steht ganz still, dann hebt sie ihre Hände zum Gruß, so grazil, so hingebungsvoll, als wäre sie eine Fee, ein Wesen aus einer anderen Welt. Nur ein Hauch kommt über ihre Lippen, dann holt sie sich die Blume aus dem Haar, die sie im Fort gepflückt hat, und legt sie der Königin zu Füßen...

Ein Schrei gellt durch die Gruft, ein Schrei, so schrill, daß das Gemäuer erzittert. Erschrocken fahren wir herum. Irgend etwas Schreckliches muß passiert sein... Nein – eine Gruppe indischer Touristen hat die Grabhalle betreten, und der Fremdenführer wollte den Kindern zeigen, wie stark das Echo ist. Nun fordert er sie auf, es ihm nachzutun. Und die Kinder lassen sich das nicht zweimal sagen. Sie kreischen aus Leibeskräften. Selbst der würdevolle, wohlbeleibte Sikh, das Oberhaupt der Gruppe, kann es sich nicht verkneifen. Er verzieht sein feistes Gesicht zu einem mißtönigen Muhen.

Immer und immer wieder spornt der Fremdenführer die Leute an. Er zeigt ihnen, daß er es noch lauter, noch schriller kann. Der Andacht ist das offensichtlich nicht abträglich. Die Besucher haben vor der Gruft Blumen erstanden; die lassen sie nun auf den Sarkophag der Königin niederrieseln, wie sie es vom Tempel her, von ihrem täglichen Tribut an Wischnu und Shiva gewohnt sind. Mohinis Blümchen ist verschwunden. Es wird soeben für eine Rupie einem amerikanischen Ehepaar verkauft. Auch die anderen Blumen werden wieder eingesammelt: Sie müssen neuen Umsatz bringen.
Wir bleiben noch ein Weilchen, beobachten das Treiben und hoffen, nochmals allein gelassen zu werden. Aber daraus wird nichts. Königin Mahal hat viele Verehrer, und anscheinend kommen sie jetzt zu Hunderten. Auch von der Rückseite des Mausoleums, von der großen Plattform, die einen so herrlichen Blick zum Fluß und zum Fort freigibt, vertreibt uns der Lärm. Es bleibt nichts übrig, als in den Park zurückzugehen. Dort, auf einer der weißen Marmorbänke, werden wir das märchenhafte Bauwerk in Ruhe betrachten können.
So denke ich. Die *guides* und die Bettler denken anders. Kaum haben wir uns gesetzt, wird es um unsere Bank lebendig. Drei kleine, total verwilderte Mädchen kommen an, strecken uns ihre schmutzigen Händchen hin und krähen das gängigste Volkslied Indiens: »Bakschiiisch! Bakschiiisch!«
Ich gebe den dreien ein paar kleine Münzen, was die Krabben zu einem Freudengeschrei und zur Revanche veranlaßt: Sie schicken mir ihre Freundinnen auf den Hals.
Mohini lacht: »Sahib, das hast du falsch gemacht; die wirst du nicht los, es sei denn, du scheuchst sie.« Ich tu ihr den Gefallen – in bester Blocksbergmanier. Ein paar des Wegs kommende Amerikanerinnen werfen mir mißbilligende Blicke zu. Das bringt mich etwas aus der Fassung. Verlegen hocke ich mich wieder hin. Woher sollen die alten Jungfern aus dem Mittelwesten auch wissen, daß ich kein Geistesgestörter bin, daß ich nur Onkel Kavalam und seinen grauslichen Drachen kopiert habe.
Da wir nicht mehr zur Ruhe kommen – die Fremdenführer geben die Hoffnung nicht auf, und ein Sadhu, ein heiliger Asket, hat sich neben uns gesetzt, schneuzt sich durch die Finger und raucht ein abscheuliches *bidi* –, schlägt Mohini vor, daß wir mal einen Bummel durch die Souvenirläden vor dem Hauptportal machen.
Es fällt mir schwer, die Augen von dem wundervollen Bauwerk zu nehmen. Die Sonne hat sich schon stark geneigt. Die Zypressen werfen lange Schatten, Kuppeln und Minarette glühen in zartem Rosa, und über allem – ein makelloser Himmel. »Lieber Gott, laß mich noch einmal hierher zurückkommen, nur einmal, nur für ein winziges Stündchen. Ich werde dann vielleicht alt und

tatterig sein, aber das Taj, der Liebe schönstes Monument, wird in gleicher, in ewigjunger Schönheit in den Himmel ragen ...«

Nein, lieber nicht. Mohini wird dann rundlich sein und eine kleine Herde Kinder haben. Ein Dutzend? Oder nur ein halbes Dutzend? Wer weiß es? Aber eines ist sicher: Das Echo, das wird auch in zwanzig Jahren von den Wänden hallen.

Heiden, Ketzer und Skeptiker

Vor dem Portal, dem äußeren, erwarten uns Händler und Hausierer. Auch einige Gaukler liegen auf der Lauer. Sie überfallen uns mit einem Elan, der durch nichts zu bremsen ist. Mohini dirigiert mich nach links, wo einige der weltberühmten Marmorwerkstätten ihre Erzeugnisse ausstellen. Die Kunstfertigkeit der Handwerksmeister ist bewundernswert. Sie sind Steinmetzen und Juweliere in einem: Sie behauen und bearbeiten den Marmor, sie zerlegen ihn in Platten und Tafeln, und in die ausgeschnitzten Vertiefungen legen sie die farbenprächtigsten Edelsteine ein. Blumen und Ornamente ranken sich durch das Weiß des Marmors. Auch Schachbretter, Märchenszenen und kleine Schmuckdosen sind zu haben. Es gibt so gut wie kein Motiv, an dem sich diese Intarsienkünstler nicht schon versucht hätten; selbst Gottheiten – Ganesha, Christus, Vishnu, Stalin, Kennedy – sind in Marmor, Lapislazuli, Perlmutt und Karneol zu haben.

Wir erstehen einiges, wobei sich Mohini als sehr nützlich erweist. Sie braucht den Händlern nur in die listigen Augen zu schauen, und schon weiß sie, ob dort – und sei es im hintersten Fältchen – noch ein Quentchen Triumph sitzt, ob der clevere Geschäftsmann im Begriff ist, uns hereinzulegen. Besonders am Abschiedsgruß, so meint sie, kann man genauestens ablesen, ob man geschickt oder ungeschickt war: Ein strahlendes Lächeln, glänzende Augen und eine tiefe Verbeugung sind schlecht, sehr schlecht; ein verbindliches Lächeln mit höflicher Verbeugung bedeutet, daß man normal übervorteilt wurde; bleiben die Mundwinkel des Kaufmanns unbewegt und wird der Diener zum bloßen Kopfnicken, dann war man ihm gewachsen.

Onkel Kavalam muß jetzt jeden Augenblick kommen. Wir warten vor dem Portal auf ihn. Langweilig wird es uns dabei nicht. Mehrere Gaukler produzieren sich hier: Der eine läßt angekettete Affen Saltos schlagen und Polka tanzen, zwei andere stellen eine Bambusstange auf. Der eine hält, der andere klettert hoch und legt sich quer. Er rudert mit den Armen wie eine ins Wasser gefallene Ratte – die Stangenspitze in der Magengrube. Viel Aufmerksamkeit erregen die beiden nicht. Nur ein kleines Kind, das ein *ceremonial shaving*, eine rituelle Rasur, über sich ergehen lassen muß, dreht immer wieder das Köpfchen zu den Akrobaten hin, was den Barbier, der vor dem Kind im Gras sitzt, aber nicht aus der Ruhe bringt. Er dreht das Köpfchen geduldig wieder gerade und fährt fort, mit der Klinge über die zarte Haut zu schaben. Zwischendurch spuckt er – genüßlich und mit Vehemenz – roten Betelsaft ins Foyer seines Studios.

Nicht weit vom *beauty-parlour* hockt eine alte Frau. Sie hat ein Metallgefäß im Schoß und zerkleinert allerlei Gewürze mit einem Stößel. Sie fertigt die Ingredienzen für die Betelpastillen, die am Stand nebenan verkauft werden.

Zwei Meter weiter sitzt eine hübsche, aber äußerlich sehr vernachlässigte Küchenmamsell. Sie knetet Teig. Ihr schwarzes, strähniges Haar fällt immer wieder auf Trog und Werkbank – einen flachen Stein. Den Backofen hat sie mitgebracht. Er besteht aus einem Dreifuß mit eingehängtem Kesselchen. In dem Gefäß glimmt getrockneter Kuhmist, und auf dem Blech über der Flamme bruzzelt das Brot: Fladen und Pfannkuchen. Mal wird Teig, mal wird Kuhmist nachgelegt; zwischendurch schneuzt sich die Bäckerin durch die Finger.

Im Schatten einer Mauer sitzen einige Männer. Verlotterte, armselige Gestalten. Sie haben eine Flasche, eine schmutzige, langhalsige Apothekerphiole vor sich, der sie – in ganz kleinen Quentchen nur – einen milchigen Saft entnehmen. Es ist Dattelschnaps, ein männermordender Fusel, der die armen Teufel um den Rest des Verstandes bringt und sie lallend ins Leere starren läßt.

Drei Elfenbeinarbeiter sitzen an der gleichen Mauer; sie schnitzen an Stoßzähnen und kleinen Figuren. Ihre Geduld ist grenzenlos: Sie ritzen und schaben mit minuziöser Präzision. Die Preise, die sie für ihre kleinen Kunstwerke fordern, sind sehr niedrig, nur Bruchteile dessen, was die Läden den Fremden für solche Arbeiten abverlangen. Aber vieles ist unverkäuflich – offensichtlich im Lohn gefertigt. Die Handwerker müssen ihre Schnitzereien dem Händler abliefern, dem kapitalstarken Ladenbesitzer, der den Rohstoff herbeischafft.

Onkel Kavalam kommt mit unverkennbaren Geräuschen angerattert. Er sieht uns im Vorbeifahren und bremst, daß sich sein Vehikel fast überschlägt. Aber das liegt nicht an Onkel Kavalam, das liegt an den Bremsen. Sie blokkieren gerne. Ich habe ihm den Vorgang schon erläutert, aber er glaubt mir nicht ganz. Er hält seine Bremsen für besonders gut.

Strahlend sitzt er hinterm Steuer. Man sieht's ihm an, daß er ausgeschlafen hat und wieder ganz obenauf ist. Wir klettern in seine verbeulte Karosse und schaukeln staubaufwirbelnd von dannen.

Mohini plappert wie ein Wellensittich, der zuviel Hanf bekommen hat. Sie gurrt und zwitschert, scherzt und kichert. Und daß es jetzt in das große ›Lauries-Hotel‹ gehen soll, ist ganz nach ihrem Gusto. Onkel Kavalam berichtet, daß die liebe Verwandtschaft auf den Besuch nicht eingerichtet war, weshalb das Dinner nicht zu Hause, sondern im Hotel eingenommen werden soll. Wäre ich in Indien noch neu, würde ich mir darauf eventuell etwas einbilden, aber so bin ich nicht ganz sicher, ob die Familie nicht bloß orthodox ist und auf keinen Fall ihr Haus durch einen Ausländer, einen Paria, verunreinigen lassen möchte. Ich fahre mit zwiespältigen Gefühlen dem abendlichen Gastmahl entgegen.

Meine Bedenken verfliegen, sobald wir vor der prachtvollen Säulenfassade des Hotels den übrigen Gästen vorgestellt werden: einem Regierungsdirektor, einem katholischen Priester, einem uralten Brahmanen und zwei schmuckbehangenen indischen Ladys. Alles ist *spick and span* – nur meine verbeulten Hosen nicht. Aber das bedarf keiner großen Entschuldigung. Man weiß, wo ich herkomme und daß ich seit Monaten trampe.

Mohini und ich machen uns ein wenig frisch, dann ergehen wir uns mit den übrigen Gästen im Garten. Fruchtsaft trinkend. Ein Whisky wäre mir im Augenblick zwar lieber, aber die Landessitten schreiben nun einmal Grapefruit und andere *soft drinks* vor.

Unsere Gastgeber sind die Liebenswürdigkeit selbst. Besonders der älteste Herr in der Runde, Mohinis Großonkel, hat es mir angetan. Seine Augen sprühen, und um den Mund spielt ein verstecktes Lächeln. Alle Weisheit Indiens scheint aus diesem Gesicht zu leuchten.

Auch Mr. Melhara, der pensionierte Regierungsdirektor, ist ein Brahmane par excellence, aber bei ihm ist die englische Erziehung unverkennbar. Mehr als das: Seine Neigung, mitten im Satz zu pausieren und Punkt und Komma außer acht zu lassen, verrät, wo er Examen machte.

Der katholische Priester, ein Freund von Mr. Melhara, überragt die Inder um Haupteslänge; er ist groß, korpulent und voll selbstsicherer Würde. Wenn er spricht, tut er es langsam und gemessen, aber in seinen Augen blitzt hin und wieder der Schalk auf. Den neuesten Yankeewitz, *made in Agra*, erzählt er mir ohne Umschweife:

»Zwei junge Amerikanerinnen stehen schwatzend an der Hotelpforte. Eine ältere Dame, offensichtlich Engländerin, unterbricht die beiden:

›Wie komme ich von hier zum Taj Mahal?‹

›Biegen Sie links ein und gehen Sie immer geradeaus‹, flötete einer der Teenager. ›Sie können das Taj nicht verfehlen – es ist geraderüber von dem großen Souvenir- und Popcorn-Laden.‹«

Mr. Melhara hat auch einen ›Yankee‹ auf Lager:

»Zwei grellbeschlipste *selfmademen* saßen im Lounge.
›Charley, kennst du den Witz von dem Fremdenführer, der den Touristen zwei Schädel von Gandhi zeigte – einen mit Pubertätspickeln und einen mit asketischen Augenhöhlen?‹
›Nein, erzähle ihn!‹«
Aber unsere Gastgeber sind nicht unfair. Auch eigene Schwächen werden augenzwinkernd eingestanden:
»Politiker der Kongreßpartei auf einer Versammlung:
›What we need is a working majority and then ...‹
Stimme aus dem Publikum: ›Better reverse it, Mister. What we really need is a majority working.‹«
»Mr. Singh to Mr. Blimp: ›... und Ihr Bruder, der so scharf auf einen Regierungsjob war, was tut er jetzt?‹
›Nichts. Er bekam den Posten.‹«
Nach dem Dinner, das vergnüglich und ganz vorzüglich war, verspüre ich Lust, die erlauchte Tafelrunde ein wenig in Wallung zu bringen. Das ist ein rein chemischer Vorgang. Die Milch der frommen Denkungsart gerinnt bei mir, wenn sie zu lange in der Sonne stand. Zwei Stunden lang haben wir nun über indische Kunst, über Tagore, Aurobindo und die grammatikalischen Absonderheiten des Sanskrit konversiert[191]; jede Frage war artig und jede Antwort konventionell. Man tat so, als wäre Indien gegen alles Böse gefeit und für alles Gute aufgeschlossen, als wäre es ein Paradies auf Erden und die Heimstatt der Toleranz. Schluß damit.
»Hochwürden, wie steht's um unsere christliche Religion in Indien?«
Der Priester schaut mich sinnend an, läßt die Daumen seiner über dem Bauch gefalteten Hände kreisen und meint lächelnd: »Nicht schlecht[192]!«
»Hat sich seit der Unabhängigkeit des Landes nicht manches geändert? Haben es die Missionare nicht schwerer als früher?«
»Na«, meint der alte Herr, »das kann man nicht so ohne weiteres sagen. Die Verfassung des Landes verbürgt Glaubensfreiheit.«
»Und wie ist das im einzelnen formuliert worden?«
»Nun, da sind zunächst einmal die Artikel 28 und 29 der Verfassung. In ihnen heißt es, daß in den staatlichen Schulen kein Religionsunterricht erteilt werden darf und daß in allen Privatschulen, die vom Staat unterstützt werden, kein Schüler zu religiöser Aktivität verpflichtet werden kann. Den religiösen Minderheiten wird in Artikel 30 Rechnung getragen: Es steht jeder Minorität, sei sie religiöser oder sprachlicher Natur, frei, eigene Erziehungsstätten zu unterhalten, und diese Privatschulen sollen auch bei staatlichen Subsidien berücksichtigt werden. Man kann also mit Fug und Recht von einer religiösen Neutralität des indischen Staates sprechen.«

Einige der Gäste nicken zustimmend, aber Mr. Melhara, der pensionierte Regierungsdirektor, ist anderer Meinung:
»Ich glaube, ganz so neutral, wie Sie das höflichkeitshalber dartun wollen, ist man nun doch nicht. Man hat zu Anfang der fünfziger Jahre gewisse Restriktionsmaßnahmen ergriffen: Der Zustrom christlicher Missionare wurde gebremst. Es begann mit Verzögerungen bei der Visaerteilung, und schließlich wurden nur noch wenige oder überhaupt keine Bewilligungen mehr erteilt. Und man hatte seine Gründe dafür:
Nach 1949, als die Missionare zu Hunderten aus China ausgewiesen wurden, konnte sich Indien des Ansturms der Sektierer kaum noch erwehren. Es ist ja nicht so, daß nur einige große Glaubensgemeinschaften, wie die anglikanische oder die römisch-katholische Kirche, sich der Aufgabe verschrieben haben, uns Heiden zu bekehren, nein, jede amerikanische Sekte nimmt das gleiche Recht für sich in Anspruch. Auf die Interessen und Belange unseres Staates nimmt man dabei oft wenig Rücksicht, selbst vor Taktlosigkeiten scheute man nicht zurück. Kann man es uns deshalb verübeln, wenn wir uns ein wenig zur Wehr setzen? Das Land hat unter den Spannungen zwischen Moslems und Hindus genug zu leiden, von den zahllosen Hindusekten ganz zu schweigen. Weitere Gruppenbildungen müssen dem Volksganzen, der Nation zum Schaden gereichen.
Aber es gibt noch einen anderen Grund, warum wir mit den Einreisebewilligungen etwas geizen: Die Kommunisten wollen das gleiche Recht wie die christlichen Missionare für sich in Anspruch nehmen; auch sie haben eine Heilslehre zu verkünden. Und sie würden in Scharen kommen, würden wir den Zustrom der Missionsbesessenen nicht ein wenig drosseln. Und schließlich dürfen Sie nicht übersehen, daß nationalistische Kräfte am Werk sind, die sich aus Prinzip gegen alles Fremde, alles Ausländische zur Wehr setzen [193].«
Das verständnisheischende Lächeln des Inders lockt den Priester aus seiner Reserve:
»Ich weiß nicht, ob sich die Dinge, die sich abgespielt haben und noch abspielen, so leicht entschuldigen lassen. Manche Gehässigkeiten gegen unsere Kirche haben weder etwas mit Politik noch mit Staatsräson zu tun. Denken Sie mal an die antichristlichen Aktionen des Rajas von Jashpur oder an die Tätigkeit der sogenannten Wohlfahrtsoffiziere [194].«
»Das sind Reaktionen, die kaum ausbleiben konnten«, meint Herr Melhara. »Schließlich hat sich die katholische Kirche in Indien Ziele gesteckt, die nicht von jedermann gutgeheißen werden können, Ziele, die so global und herausfordernd sind, daß man mitunter nur den Kopf schütteln kann. Dazu ein Beispiel: Als sich die Bischöfe Indiens im September 1960 zum erstenmal in

Delhi zu einer Konferenz trafen, enthielt die hundertseitige gedruckte Tagesordnung unter anderem folgendes Postulat:
›Nachdem die indische Hierarchie fest errichtet und der Nachwuchs an Priestern genügend gesichert ist, darf man feststellen, daß die Kirche in Indien ihre Mannesreife erreicht und den ersten Teil ihrer Missionsaufgabe erfüllt hat. Es scheint die Zeit gekommen zu sein, um die nächste und noch erschrekkendere Pflicht mutig ins Auge zu fassen: die Bekehrung des indischen Volkes [195].‹
Was soll man dazu sagen?«
Der alte Brahmane meldet sich zu Wort: »Es ist wohl am besten«, so brummt er, »wenn wir diese Sache auf sich beruhen lassen. Wir wissen doch alle, wie prekär die Situation ist: Der seitherige Missionserfolg ist nicht nur gleich Null [196], er hat auch mit einer echten Konversion nichts zu tun. Man ging den Weg des geringsten Widerstandes. Man hat Parias bekehrt [197], man hat Ziffern und spektakuläre Ergebnisse angestrebt; trotzdem kam man über Prozentzahlen, über Bruchteile von Prozenten nicht hinaus!«
Solche Skepsis ist mir nicht neu. Vielleicht bin ich sogar besser informiert als mancher ›vom Fach‹, denn es ist erst einige Monate her, daß ich Gelegenheit hatte, in Oxford an einem Kolloquium mit dem Thema ›Tätigkeit und Erfolg der anglikanischen Mission in Afrika und Asien‹ teilzunehmen. Die Aussprache fand in kleinstem Kreise statt (an einem der Colleges, die sich der Ausbildung von Missionaren widmen), und die referierenden Herren waren äußerst freimütig. Das Fazit, das sie zogen, hat mir meine letzten Illusionen genommen. Es gab da ein kleines Wörtchen, ein Wörtchen, das immer wiederkehrte, das dräuender wurde und sich schließlich zu einem Geständnis verdichtete: es war das Wörtchen *failure* – Versagen, Mißlingen auf der ganzen Linie.
Man wehrt sich impulsiv gegen ein solches Verdikt, man tröstet sich damit, daß neben dem eigentlichen Missionsauftrag noch anderes, vielleicht nicht weniger Wichtiges bewirkt wurde: Die Leute lernten lesen und schreiben, sie akzeptierten unsere Sitten und Gebräuche, unsere Ethik und Moral. Aber das alles ändert nichts an dem Faktum, daß die Chancen, die Welt zum Christentum zu bekehren – zumindest dem äußeren Anschein nach –, dahin sind.
Ich kann mich auch nicht damit trösten, daß ich nur die unmaßgebliche Meinung einiger unmaßgeblicher Pessimisten vernommen hätte – nein, es ist nicht daran zu rütteln: Die referierenden Missionare waren Inspekteure, die die Welt bereisten, und ihre Kirche kann für sich in Anspruch nehmen, daß sie Pionierarbeit geleistet hat und in vielen Gebieten des ehemaligen britischen Imperiums noch heute dominierend ist.

Analoges zu dem, was ich in Oxford erfahren mußte, ist auch anderswo zu finden. In einer Schrift, die aus Anlaß des Zweiten Vatikanischen Konzils erschien, kam der Verfasser zu folgendem Ergebnis:
»Heute, 1 900 Jahre nach dem Erlösungstod Christi und seinem Missionsauftrag, finden wir uns vor einer Welt, die zu zwei Dritteln heidnisch ist (67,6 Prozent oder 1 916 Millionen). Die Katholiken sind nur 18 Prozent (oder 510 Millionen). Die Anzahl der Erwachsenentaufen übersteigt jährlich keine 800 000, während das jährliche Wachstum der Nichtchristen 31 Millionen beträgt. In einem Jahrhundert wird sich die Kirche nicht mehr 1 916 Millionen Heiden gegenübersehen, sondern 4 000 oder 5 000 Millionen Menschen zu bekehren haben ... Wenn wir wirklich die zwei Milliarden Heiden, die uns Christus anvertraut hat, bekehren wollen, dann muß sich diese Lage ändern, und zwar gründlich. Es ist notwendig, daß die ganze Kirche wirklich missionarisch wird und die Evangelisierung der nichtchristlichen Welt als ihre Hauptaufgabe betrachtet [198].«
Man braucht kein Fachmann für Missionswissenschaft zu sein, um zu erkennen, daß dieses Postulat zwar nicht über das Ziel, wohl aber über die Möglichkeiten hinausschießt. Es hat sich schließlich herumgesprochen, daß die weiße Rasse von den farbigen in absehbarer Zeit an die Wand gedrückt wird. Mit ihr wird die Religion des weißen Mannes – das Christentum – mehr und mehr in Bedrängnis kommen. Und man ist sich dessen in Europa auch bewußt. Es kommt nicht von ungefähr, daß eine Zusammenführung der verschiedenen Konfessionen angestrebt wird; man sammelt sich, man rüstet sich zum entscheidenden Gefecht. Man hätte sogar noch gute Chancen, wenn ...
Und dieses ›Wenn‹ könnte einen um den Schlaf bringen – es hat tausend Facetten, es sitzt wie ein Stachel im Fleisch, es macht die Frommen zu Pharisäern, das Vaterunser zur Farce und die Eiferer zu Prototypen der Scheinheiligkeit. Wenn wir Weißen ...
Aber ich komme nicht dazu, den Gedanken zu Ende zu spinnen. Der alte Brahmane hat sich mir zugewandt, bohrt seine Augen in die meinen und wird ein wenig inquisitorisch:
»Wissen Sie, was uns Asiaten am meisten stört? Das ist nicht Ihre Religion als solche, auch nicht der Umstand, daß Ihre Missionare versuchen, uns zu bekehren [199], was uns nicht gefällt, das ist die Anmaßung, die darin liegt, daß sie uns zu Christen machen wollen, während Sie selbst niemals welche waren [200]. Für Äußerlichkeiten, für das Schulgebet, für die Sonntagsruhe, für Dinge, die nichts kosten, gehen Sie auf die Barrikaden, aber ansonsten ...«
»Gehen Sie mit uns nicht gar so streng ins Gericht.« Der Priester antwortet

für mich. »Die Gläubigen anderer Religionen sind auch keine Heiligen. Es gibt einige hundert Millionen Hindus, aber nur wenige *sanyasi,* Leute, die die Endstufe, das religiöse Ideal, erreicht haben. Und es gibt Millionen Buddhisten, aber nur ganz wenige, die den ›achtfachen Weg‹, den Gautama gewiesen hat, zu Ende gingen. Und es gibt, wenn man den Kommunismus, diese weltliche Religion, unter die Lupe nimmt, nur eine Handvoll Kommunisten, die dem Ideal entsprechen. Das ist alles menschlich.

Im übrigen sind die Erfolge, die wir in der Vergangenheit erzielt haben, gar nicht so schlecht, wenn wir jetzt auch zugeben müssen, daß wir in der Defensive sind. In magnis et voluisse sat est. Außerdem kommt es auf unser Wollen oder Nichtwollen gar nicht an. Wir müssen! ›Wehe mir‹, so heißt es in der Bibel, ›wenn ich das Evangelium nicht verkünde.‹ (1. Kor. 9, 16)«

»Ihren Missionsauftrag in Ehren, aber müssen Sie damit unbedingt zu uns kommen? In Europa und auch sonstwo auf der Welt hat Ihr Glaube so viele Zerfallserscheinungen aufzuweisen, daß es besser wäre, wenn das Gros der Missionare seinen Eifer im eigenen Lande entfalten würde. In Europa sind ganze Bevölkerungsschichten der Kirche entfremdet, und wenn afrikanische oder asiatische Studenten, oftmals in Missionsschulen erzogene, christliche junge Männer, zu Ihnen kommen, dann sind sie überrascht, wie gleichgültig Ihre Bevölkerung in Glaubensdingen ist. – Von der unchristlichen Behandlung der ausländischen Studenten einmal ganz abgesehen. Manch einer, der als christlicher Student hinauszog, kommt als tüchtiger Ingenieur oder Arzt, aber in Glaubensdingen höchst flügellahm zurück.

Nein, die Zeit der Missionen ist um. Man wird, wenn sich die wirtschaftliche Lage in den Entwicklungsländern auch nur ein wenig bessert, die Seelen nicht mehr mit einem Schüsselchen Reis kaufen können. Und Strategie auf höherer Ebene liegt manchem Ihrer Sendboten nicht[201].«

Herr Melhara blinzelt in die Runde: »Nun, nun, meine Herren, setzen Sie den Missionaren nicht allzusehr zu. Ich kenne manchen, der weiß, wie er seine Schäfchen zu nehmen hat. Da ist zum Beispiel mein Freund Anselm in Trivandrum. Trivandrum ist die Hauptstadt von Kerala, und wie Sie wissen, ist es dort tagaus, tagein abscheulich heiß: Vierzig bis fünfundvierzig Grad sind nichts Außergewöhnliches. Trotzdem: Der gute Anselm hat seine Kirche immer voll. Ich kam auch dahinter, wie er das macht. Er steigt auf die Kanzel, schaut vergnügt auf seine schwitzende Gemeinde herab und beginnt mit den Worten: ›Ho, ho, my friends, so you think it's hot HERE? – Ihr glaubt, es sei heiß – HIER?‹«

Eine Stunde vor Mitternacht unterbricht die Hausordnung unseren Disput. Die Gäste des Hotels haben sich schon zur Ruhe begeben; wir sind die einzigen, die noch munter und – man sieht's an den Blicken des Personals – auch noch lärmend sind. Wir brechen auf.

Onkel Kavalam und Mohini versprechen mir, daß sie bald nach Deutschland kommen werden, und die übrigen tragen mir Grüße auf, die ich zum Teil in London, zum Teil auch schon in Bombay an den Mann bringen soll. Mr. Melhara, der Regierungsdirektor, nimmt mich etwas abseits: »Wenn Sie noch ein Bierchen trinken wollen – Ihr Zug geht doch erst um halb zwei heute nacht –, dann kommen Sie mal mit mir nach Hause.«

Ich sehe ihn ein wenig verdutzt an. Er lacht. »Bin zu lange in Cambridge gewesen; habe mich an euren Gerstensaft gewöhnt!« Das Wort ›Gerstensaft‹ kommt so unschuldig über seine Lippen, daß es sich wie etwas Vegetarisches, etwas echt Indisches ausnimmt. Und da man sich auf Reisen den Landessitten anpassen soll, sage ich schnell und freudig ja.

Wir warten, bis die anderen Gäste weg sind, dann winken wir eine Rikscha heran, klettern hinein und traben eine Viertelstunde durch das mitternächtliche Agra. Es ist sehr kalt, es kann nicht mehr als sechs oder sieben Grad sein. Die Sterne funkeln aus pechschwarzem Himmel. Stille umgibt uns. Nur das Knacken der Fahrradkette und das Knirschen des Sandes unter den Rädern sind zu vernehmen. Hin und wieder auch das Muhen einer Kuh.

Das Häuschen, vor dem wir haltmachen, ist klein und unansehnlich. Wir treten durch eine Tür ein, die direkt in das Arbeitszimmer führt, in einen vier auf vier Meter großen Raum, dessen Wände mit Bücherregalen verstellt sind. Vor dem Fenster steht ein einfacher Schreibtisch. Der Direktor rückt die beiden Sessel unter die Lampe und entschuldigt sich für einen Augenblick. Er macht sich in einem Nebenraum zu schaffen und kommt schließlich mit einem Armvoll Flaschen an.

»Wie wär's mit einem Whisky?« schmunzelt er verschmitzt, »bei der Kälte draußen...«

Ich helfe ihm, das Zeug abzustellen, und stimme ihm mitfühlend zu: »Ja, Herr Melhara, Sie haben recht, bei der Kälte draußen...«

Binnen kurzem frieren wir nicht mehr.

Wir reden über dieses und jenes, dann kommen wir auf China zu sprechen, auf seine Erfolge [202] und auf die geschickte Propaganda des Ostens. Was der Westen demgegenüber leistet, sei – so meint mein Gastgeber – Stümperei: »Stümperei der Blasierten!« Wir seien nicht in der Lage, uns in die Mentalität der einfachen asiatischen Menschen hineinzudenken. Wenn wir Kultur-

austausch betreiben, dann kommt ein Kammerorchester, das Béla Bartók oder Hindemith spielt; wenn die Russen oder die Ungarn, die Rumänen oder die Polen eine Delegation schicken, dann kommen Ballettmädchen, Muskelmänner, Trachtengruppen und Donkosaken. Und innerhalb von fünf Minuten ist das Publikum Feuer und Flamme, es macht mit, zumal solche Begegnungen oft so arrangiert werden, daß die Einheimischen ebenfalls einige Tänze oder ähnliches aufführen können.
Dem Westen geht jegliches Gespür dafür ab, wie man die Massen begeistert. Man mokiert sich über Aufmärsche und Fahnenschwinger und über die Uniformierung der Marschierer. Man hebt das Individuum aufs Podest, obwohl kein Asiate, kein Afrikaner damit etwas anzufangen weiß[203].
Ergeben sich in den Entwicklungsländern Notlagen, denen der Westen hilflos gegenübersteht, dann nutzt der Osten seine Chancen. Er nimmt die Vorteile wahr, die ihm seine staatlichen Export- und Import-Institutionen bieten. Schon des öfteren ist es vorgekommen, daß die Reisproduzenten bestimmter asiatischer Länder auf ihrer Ernte sitzenblieben; Amerika und Europa haben achselzuckend zugesehen. Rußland und einige andere Ostblockländer waren die Retter in der Not. Sie erklärten sich zu großen Importen bereit[204]. In Burma, wo das Wohl und Wehe jeder Familie vom Ausfall der Ernte und vom Preis abhängt, den man dafür bekommt, flogen den Russen die Herzen nur so zu. Die Sowjets kauften nicht nur Reis, sie kauften das halbe Volk. Als sich in Island Absatzprobleme bei den Fischereiprodukten ergaben, war ebenfalls Rußland der rettende Engel, und das gleiche gilt für Ägypten und seine Baumwollproduzenten.
Hilfsmaßnahmen, die dann zum Zuge kommen, wenn der Begünstigte in einer Notlage ist, schaffen besondere Sympathien. Die auf lange Sicht geplante Hilfe des Westens findet nicht die gleiche Resonanz. Der einfache Bauer begreift sie oftmals nicht. Warum, so muß man sich fragen, greift der Westen in so entscheidenden Augenblicken nicht selbst in die Tasche?
»Nun, es fehlt zunächst einmal an den technischen Voraussetzungen. Unsere Importeure sind keine staatlichen Instanzen. Es sind selbständige Kaufleute, die ihr Gewerbe zum Zwecke der Gewinnerzielung betreiben. Sehen sie keine Absatzmöglichkeit, dann kaufen sie gar nicht erst ein.«
»Ja, und wehe, wenn eine westliche Regierung auf die Idee käme, ein bestimmtes Produkt zu kaufen und zu horten. Sie hätte nicht nur die Händler, sie hätte auch die Bauern und die Produzenten aller Surrogatprodukte auf dem Hals. Die Entwicklungshilfe ist zwar ein allseits akzeptiertes Übel, aber eines, das nicht weh tun darf. Man verteilt Almosen und wirft sich in die Brust, weil man betragsmäßig in Führung liegt. Was für eine Milchmädchenrechnung!

Will man ausrechnen, wer besser im Rennen liegt, dann muß man neben den monetären Faktoren noch einiges andere berücksichtigen, zum Beispiel die Tatsache, daß der Osten für die Entwicklung der rückständigen Länder etwas anzubieten hat, was nicht mit Gold aufzuwiegen ist: eine Wirtschafts- und Gesellschaftsordnung, die alle Reserven mobilisiert, die die Arbeitskräfte von der Straße holt und die Wirtschaft des Landes nicht nur mit einigen Stimuli versieht, sondern auf breiter Basis in Bewegung bringt. Die Entwicklung in Rußland und China – man sollte es nie aus dem Auge verlieren – ist ein Phänomen ohnegleichen[205]. Nur wer den Kopf in den Sand steckt, kann die Erfolge dieser Staatsmaschinerien, dieser bahnbrechenden Dampfwalzen übersehen. Die Erfolgsrezepte des sozialistischen Blocks, die sind es, die den Entwicklungsländern imponieren, die bei ihnen am meisten Gewicht haben. Die Kredite und finanziellen Zuwendungen sind nur kleine Ausschmückungen, Schnörkel, Zierat[206].

Was hat der Westen zu offerieren? Die Freiheit des Individuums und das Dogma der parlamentarischen Demokratie.

Aber was heißt schon Demokratie in Indien? Wir haben achtzig Prozent Analphabeten. Das Gros dieser Leute kann kaum bis drei zählen, und von Politik verstehen sie allesamt nichts. Wissen Sie, wie man hier wählt?

Jede Partei hat eine Wahlurne, und auf jede Urne wird ein bestimmtes Symbol gemalt. Die Kongreßleute waren schlau genug, die Kuh bzw. zwei ins Joch gespannte Ochsen als Symbol zu wählen. Die abergläubischen, von ihren religiösen Vorstellungen besessenen Bauern werfen natürlich mit Vorliebe ihren Stimmzettel in diese Box.

Die Sozialisten wählten eine Hütte. Auch das ist ein Zeichen mit tiefem Symbolgehalt. Aber sie hatten sofort Schwierigkeiten, sobald das Hüttensymbol in einer Gegend angewandt wurde, wo die Lehmhütten nicht rund, sondern viereckig (oder umgekehrt) waren. Die Bauern waren überfordert. Sie wollten sich nicht für eine Hüttenform engagieren, die ihnen fremd war.

Andere, ganz Gutherzige, hatten jedem Wahlkandidaten versprochen, ihn zu wählen. Und da sie Wort halten wollten, zerrissen sie ihre Stimmzettel in so viele Teile, als es Wahlurnen gab, und steckten jedem Kandidaten ein Fetzchen Papier zu.

Auch Zehntausende von Frauen disqualifizierten ihre Stimmen: Sie weigerten sich – in Befolgung eines religiösen Gebots –, ihre Namen dem Registrierungsbeamten anzugeben. Sie konnten nicht in die Wählerlisten aufgenommen werden.

Wenn man hier in die Details gehen wollte, kämen die unglaublichsten Dinge zutage[207]. Nennen Sie das Demokratie? Das ist Prinzipienreiterei, das führt auf keinen grünen Zweig.

Nein, machen wir uns nichts vor. Demokratie ist für unterentwickelte Länder nicht die alleinseligmachende Staatsform. Die Leute hier brauchen jemanden, der sie um sechs Uhr morgens auf die Beine stellt, ihnen eine Schaufel in die Hand drückt und, wenn's sein muß, auch mal mit einigen aufmunternden Worten nachhilft. More men get crooked by dodging hard work than become bent by honest toil. – Die Drückebergerei ist es, die einem Mann das Rückgrat nimmt, nicht harte Arbeit!«

»Sie halten das kommunistische System also für den Schlüssel zum Glück?«

»Es muß nicht unbedingt so genannt werden, aber eine strenge sozialistische Ordnung ist unvermeidlich [208], es sei denn...«

»Ja?«

»... es sei denn, der Westen besinnt sich eines Besseren!«

Ich zucke mit der Achsel: »Man tut ja, was man kann.«

Der alte Herr stößt ein kurzes Lachen aus, dann wird er tiefernst und bohrt seinen Blick in meinen:

»*My dear friend*, ihr habt im Westen noch nicht begriffen, um was es geht. Entweder ihr rafft euch zu einer großen Kraftanstrengung auf, dann mag es gelingen, dem Osten Paroli zu bieten und das Kräfteverhältnis in der Waage zu halten; ihr könnt aber auch so weitermachen wie seither, dann... dann wird der Tag kommen, an dem ihr euch einigen Milliarden Farbigen gegenüberseht, die nichts mit euch mehr gemein haben, die eine andere Religion, eine andere Ethik, eine andere Wirtschafts- und eine andere Gesellschaftsordnung haben. Asien, Afrika und vielleicht auch Süd- und Mittelamerika werden sich Rußland und China und nicht dem Westen und Europa verbunden fühlen. Indien mit seinen bald fünfhundert Millionen Menschen wird den Ausschlag geben. Wenn es dem Westen nicht gelingt, dieses Land für sich zu mobilisieren, dann sind die Würfel schon gefallen!«

Mir sind die Prognosen des alten Herrn etwas zu spekulativ. Er wartet auf eine Antwort. Ich nicke nur nachdenklich. Da fährt er fort:

»Sie fragen sich jetzt natürlich, wie ich mir das im einzelnen vorstelle. Sie denken an die Milliarden, die Indien schon erhalten hat, Sie denken an die Budgets der westlichen Staaten und daran, daß alles seine Grenze hat. Da gebe ich Ihnen vollkommen recht. Nur in einem Punkt divergieren unsere Ansichten: Ich bin davon überzeugt, daß die bis dato geleisteten Milliarden der zu bewältigenden Aufgabe nicht gerecht wurden. Was man bis jetzt geleistet hat, war Stückwerk. Es waren Tropfen auf einen heißen Stein; sie verpufften.

Wenn Indien für den Westen gerettet werden soll, ist anderes, ist mehr vonnöten. Mit einigen Staudämmen und Düngemittelfabriken ist dieses Land nicht auf die Beine zu bringen. Es geht darum, die Leute aus der Gosse zu holen,

jedem eine Chance, ein Ziel zu geben. Mit Geld allein läßt sich das nicht bewerkstelligen. Sie müßten einsehen, daß eine Nation wie Indien nicht ohne sozialistische Organisationsformen auskommen kann. Sie müßten sich zu diesem Eingeständnis durchringen und dann Ihr Ideal von der Freiheit des Individuums hierzulande etwas zurückstellen. Wir brauchen eine energische Regierung, nicht eine künstlich hochgepäppelte Pseudodemokratie[209].
Das muß nicht heißen, daß man zu so drakonischen Maßnahmen greift wie in China. Nicht im geringsten! Genaugenommen ist das Maß der Freiheit abhängig von der Kapital- und Starthilfe, die Sie uns angedeihen lassen. Je großzügiger Ihre Hilfe, um so mehr kann auf staatlichen Druck verzichtet werden. Dämme, Kraft- und Stahlwerke, die Sie uns schenken, brauchen nicht durch Sklavenarbeit aus dem Boden gestampft zu werden. Aber eine solche Starthilfe, ein solches ›Sichfreikaufen von autoritärer Gewalt‹, ist nur bei der Schaffung bestimmter Produktionsfaktoren und nur in bestimmtem Umfang möglich. Die schönsten Investitionen nützen nichts, wenn die Menschen, denen sie gehören sollen, unfähig sind, mit ihnen zu wirtschaften, sie nutzbringend anzuwenden. Ein Rädchen muß ins andere greifen. Unsere Leute müssen nicht nur lernen, wie man einen Schraubenzieher hält, sie müssen auch eine andere Arbeitsmoral eingeimpft bekommen. Mehr als das: Sie müssen die Umwelt des zwanzigsten Jahrhunderts begreifen lernen. Die meisten vegetieren noch in der Tertiärzeit, wenn's hochkommt im bigotten Mittelalter.
Wer immer uns Hilfe angedeihen lassen will, muß mit der Schulbank, mit der Demonstration einfacher Handgriffe beginnen. Was wir brauchen, sind Lehrer, Lehrer und nochmals Lehrer. Instruktoren für alle Bereiche des Lebens. Unseren Bauern muß gezeigt werden, wie man aus Balken ein Haus zimmert, wie man einen Pflug durch das Feld führt, wie man Rinder züchtet und Schweine mästet. Unsere Handwerker müßten einfache Maschinen und gewisse technische Grundkenntnisse haben, unseren Kaufleuten wäre das Abc der Buchhaltung beizubringen und unseren Beamten ein Minimum an Verantwortungsgefühl. Korruption müßte erbarmungslos bestraft werden. Das alles gehört in die Rubrik ›Entwicklungshilfe‹.
Die Aufgabe ist so ungeheuer, so riesig, daß sich alle Illusionen von selbst verbieten. Entweder man greift zu rigorosen Maßnahmen, oder man vergeudet seine Mittel.«
Der Kreuzzug, zu dem mich mein väterlicher Freund ermahnen möchte, mutet mich etwas utopisch an. Und anscheinend mache ich auch ein recht skeptisches Gesicht. Aber das amüsiert ihn nur. Auch einige verfängliche Fragen können ihn nicht irritieren. Er lacht und gießt mir – zur Besänftigung – einen neuen Whisky ein.

»Wie ich mir die Hilfe des Westens vorstelle? Nun, das läßt sich nicht mit wenigen Worten sagen, aber soviel ist sicher: Man müßte ganz neue Wege gehen, man müßte ein Feuer entfachen, das nicht nur diesen Subkontinent erleuchtet, sondern wie ein Fanal der Freiheit über den Erdball strahlt, wie ein Himmelslicht, das den Menschen Hoffnung und Mut und Energie geben würde.
Was macht's, wenn die Organisationsform, der Rahmen, ein sozialistischer wäre? Er wäre vom Westen gezimmert und könnte manches beinhalten, wofür man in Ihren Breiten steht und kämpft. Man könnte Brücken schlagen, wo heute nur Abgründe klaffen. Man könnte den Extremen die Spitze und allen Revolutionären den Wind aus den Segeln nehmen. Man könnte die Menschen satt und glücklich und damit friedlich machen!«
Mein Gastgeber ist ans Fenster getreten und schaut sinnend in die Nacht hinaus. Er versucht, sich zu beruhigen. Sein Ton war etwas aggressiv, und für einen Augenblick war ich versucht, entsprechend zu antworten. Aber das wäre nicht fair gewesen. Ich weiß, sein Temperament entspringt lang angestautem Unmut und offensichtlich auch mancher Überlegung.
»Und wo sollen die Mittel herkommen?« frage ich schließlich und in der Überzeugung, daß die schöne Illusion nun platzt. Aber mit so harmloser Sophisterei ist er nicht zu schlagen.
»Tja, wo sollen sie herkommen? Aus den Budgets der reichen Industrienationen des Westens natürlich. Und nun sagen Sie nicht, daß die Staatskassen ohnehin schon alle an einem Defizit kranken. Das zählt nicht. Für eine solche Aufgabe müßte man andere Überlegungen anstellen. Da ist es zum Beispiel interessant, daß Deutschland 350 Milliarden für Kriegsfolgeschäden aufgebracht hat, ohne daran zugrunde zu gehen [210], da wäre zu überlegen, ob die Amerikaner ihre Anbaubeschränkungen in der Landwirtschaft nicht zugunsten Indiens aufgeben könnten, da wäre abzuwägen, ob man nicht eine Art Lastenausgleich auf weltweiter Basis arrangieren könnte, es wäre zu prüfen, ob man – im Interesse der westlichen Selbstbehauptung [211] – nicht eine Art Dienstpflicht für junge Fachkräfte, für Entwicklungshelfer einführen könnte. Die Besten müßten kommen, und sie müßten sehr gut bezahlt werden. Mit Betschwestern ist uns nicht gedient.
Und wenn man eine solche Hilfe kalkuliert – es kämen riesige Zahlen zustande –, dann müßte man sich einmal überlegen, ob die *waste-maker* wirklich jedes Jahr einen Wagen verschleißen und von einer Luxuswelle in die andere schwimmen müssen. Es wäre auch einmal auszurechnen, was das gelegentliche Kriegführen kostet. Für den zweiten Weltkrieg ergeben sich da Zahlen, die in die Billionen gehen. Das alles wurde verkraftet. Teils mit, teils ohne Inflation. Und heute ist die Leistungskraft der westlichen Volks-

wirtschaften noch um ein Vielfaches höher. Man könnte ohne Gefährdung der eigenen Existenz mit Zahlen operieren, neben denen sich die jetzige Entwicklungshilfe wie ein Bakschisch ausnehmen würde. Das alles würde im Westen zweifellos manchen Verzicht mit sich bringen, manchen Luxus unmöglich machen, aber es wäre immer noch billiger, weit billiger als ein Krieg.«
Mr. Melhara hält ein, füllt die Gläser nach und schmunzelt: »Und da wäre auch noch etwas anderes, etwas, was man bei all diesen Überlegungen nicht so ganz hintanstellen sollte: Man könnte diese Dinge statt unter dem politischen auch einmal unter dem christlichen Aspekt sehen. Die Not dieses Landes, seine hungernden Kinder, seine Kranken, seine Mühseligen und Beladenen – wären sie nicht einen Kreuzzug wert?
Das Abendland hat die Nächstenliebe in Erbpacht, aber es wußte bis heute nichts damit anzufangen. Man opfert hin und wieder fünf Mark für die Bahnhofsmission, manchmal auch fünfzig Pfennig für die armen Heidenkinder, aber damit hat es sich. Man praktiziert nicht das Ur-, man praktiziert das U-Boot-Christentum: Man taucht sonntags für eine Stunde auf, um den Herrgott mit einem Choral und einem kleinen Handgeld zu bestechen...
Die Politiker des Westens nennen sich christlich, und sie sind bereit, ihre Söhne im Kampf gegen den Atheismus zu verheizen, sie schwelgen in großen Phrasen und heucheln fromme Gesinnung. Man müßte sie einmal beim Wort nehmen, man müßte sie fragen, ob das Gebot christlicher Nächstenliebe nur auf Wahlplakaten oder auch in der Praxis gilt, ob man bereit ist, den eigenen Lebensstandard zugunsten der notleidenden Menschen in Afrika, Südamerika oder Indien auch nur um einige Prozente zu reduzieren. Wie heißt es doch: Wir sind alle Brüder, und wer zwei Mäntel hat, der sollte...
Man wirft den Weißen Südafrikas vor, daß sie das, was ihnen gehört, für sich behalten wollen, daß sie den schwarzen Kindern nicht die gleiche Schulbildung angedeihen lassen wie den eigenen und so weiter. Diesen Vorwurf kann man allen Weißen machen. Und er wird schon gemacht. Die Leute, die mit so viel Pathos für das Schulgebet und ähnliche Äußerlichkeiten eintreten, können nun einmal dartun, was sie unter Christentum verstehen. Für das Abendland, für den weißen Mann schlechthin, ist die Stunde der Bewährung gekommen. Er kann sie nützen, die Chance, er kann sie aber auch verstreichen lassen. Die Menschen werden dann weiterhin Hungers sterben, und der Osten wird dafür sorgen, daß das Menetekel von Tag zu Tag deutlicher wird: gewogen und zu leicht befunden!«
Herr Melhara steht auf und tritt ans Fenster. Er schaut hinaus in die Nacht. Ich habe ihn während seines Monologs nicht unterbrochen. Auch jetzt fällt mir die Antwort nicht leicht. Etwas verlegen lasse ich die Augen über die

Regale wandern, da entdecke ich ein Buch, das ich kenne und das mir wie gerufen kommt. Ich hole es aus dem Fach, schlage nach und zitiere zur Erbauung meines Gastgebers (und in der Hoffnung auf wohlwollende Nachsicht des Verfassers) einen recht markanten Satz:
»Vor uns steht eine Zeit, in der es endlich eine Freude ist, Christ sein zu dürfen [212].«

Helf, was helfen mag

Der Zeiger meiner Armbanduhr geht auf viertel zwei zu; um halb geht mein Zug, und von der bestellten Rikscha ist noch nichts zu hören und nichts zu sehen. Herr Melhara lächelt. Er geht zur Tür, öffnet und ruft etwas in die Nacht. Sekunden später steht der ›Chauffeur‹ vor uns. Er hat die ganze Zeit hier gewartet, in Kälte und Nacht. Er will die Rupie für die Fahrt zum Bahnhof noch verdienen.
Ich verabschiede mich von meinem liebenswürdigen Gastgeber, drücke dem Kuli ein aufmunterndes Bakschisch in die Hand, und dann sausen wir los – auf kürzestem Weg zum Bahnhof. Wir kommen nicht zu spät. Der Zug läßt sich Zeit. Erst gegen zwei Uhr donnert er in die Station. Ich bin inzwischen stocksteif gefroren. Alle Gymnastik war vergebens.
Mit klammen Fingern schaufle und schabe ich den Staub von meiner Koje, dann öffne ich den Koffer und ziehe an, was immer anziehbar ist: alte Wäsche und neue Wäsche, Unterhosen und Schlafanzüge, Windjacken und Waschlappen. Ausgestopft wie ein Sibirjak krauche ich schließlich auf das Wachstuchpolster.
Um halb sieben Uhr morgens schüttelt mich jemand an der Schulter. Der Vermummung wegen kann ich nicht verstehen, was er von mir will. ›Das kann nur der Schaffner sein‹, denke ich, ›und der kann später kommen.‹ Ich fauche etwas zwischen der ›rauhreifbeschlagenen‹ Wäsche hervor, die ich mir um den Kopf gewickelt habe, und drehe mich zur Wand. Aber die Nachtruhestörer – es sind, wie ich jetzt an den Stimmen feststellen kann, mehrere Personen – lassen nicht locker. Sie sprechen auch nicht mehr einen indischen Dialekt, sie wollen auf englisch von mir wissen, ob ich Gold oder Opium bei mir habe.
Das finde ich spannend. Im Nu bin ich wach und ganz bei der Sache. Ich schäle mich aus meinen Verhüllungen und mustere die drei Polizisten, die da vor mir stehen. Sie tun desgleichen. Sie taxieren mich; sie überlegen, ob ich ein Schwarzhändler oder ein harmloser Zeitgenosse bin. Schließlich entscheiden sie sich – wie einfältig! – für letzteres. Sie werden betont höflich

und entschuldigen sich. Auch bei meinen Reisekumpanen besteht offensichtlich wenig Verdacht. Die drei – darunter eine junge Frau – weisen sich durch allerlei Papiere aus; ihr Gepäck wird nicht angerührt.
Da ich nun einmal munter bin, klettere ich von meiner *berth*, meiner *upper berth* (where you rise to retire and get down to get up). Auf dem nächsten Bahnhof vertrete ich mir etwas die Beine. Es herrscht das übliche Getümmel: Man wäscht sich, man putzt sich die Zähne, man hockt auf den Gleisen und hinter den Schuppen.
Gegen zehn Uhr bekommt die Sonne Kraft. Die Kühle des Morgens weicht sommerlicher Hitze. Es flimmert vor den Fenstern, es staubt wie in der Wüste.
Ich bin müde und heilfroh, daß die so lange ersehnte Indienreise nun bald zu Ende ist. Die tiefe Enttäuschung, die sich bei vielen Besuchern Indiens angeblich einstellen soll, empfinde ich zwar nicht, aber ansonsten bin ich mit John Hagenbeck einer Meinung: ›Eine Indienreise ist keine Vergnügungsreise.‹ Was am allerschwersten empfunden wird, sind die ›unzulänglichen Unterkunftsverhältnisse‹ und ›die fortwährenden ärgerlichen Zusammenstöße mit der eingeborenen Bedienten- und Handlangerschaft, deren Gleichgültigkeit, Faulheit, Unzuverlässigkeit und ewiges Bakschischgebettel den nervösen Reisenden – und wer ist heutzutage nicht nervös? – allmählich ganz zermürbt und zur Verzweiflung bringt. Er kommt dann schließlich vielleicht so weit, sich die Frage vorzulagen, ob das Schöne und Interessante, das Indien zu bieten hat, mit all den Unbequemlichkeiten, Entbehrungen, Kosten und Ärgernissen nicht doch ein bißchen zu teuer erkauft ist[213]‹.
Mit meinen Reisegefährten ist nicht viel anzufangen. Sie sprechen kein Wort Englisch. Sie dösen vor sich hin, kauen Betel und spucken den Saft zielsicher zwischen den Gittern hindurch. Ich würde viel darum geben, wenn ich mitspucken könnte. Das wäre ein netter Zeitvertreib. Aber meine Kehle ist staubtrocken. Sand knirscht mir zwischen den Zähnen und bisweilen, aber wirklich nur bisweilen, auch ein kleiner Fluch.
Am Nachmittag kommt es zu einer kleinen Unterbrechung: Eine Kuh ist überfahren worden. »Was it on the track? – War sie auf dem Gleis?« will einer der Reisenden vom Kondukteur wissen. »No«, schnaubt der Vielbeschäftigte, »we chased it into a barn – wir haben sie in einen Schuppen gejagt!«
Ich zähle die Stunden bis Bombay. Sie strecken sich endlos. Einunddreißig Stunden dauert die Reise. Aber auch sie geht zu Ende. In der Dämmerung des zweiten Morgens fahren wir schon durch die Vororte, und um halb neun läuft der Pathankot-Expreß in Bombays größtem Bahnhof ein, dem *Victoria Terminus*. Ich habe nur einen Wunsch: ein Bad und ein kräftiges Frühstück.

Aber vorläufig ist das noch ein Wunsch. Ein sehr frommer sogar; es ist keineswegs sicher, ob er sich erfüllen läßt. Das ›Taj Mahal-Hotel‹, wo ich das Taxi zuerst hindirigiere, ist restlos ausverkauft. Auch in den Hotels am Marine-Drive ist nichts frei. Der Eucharistische Kongreß hat auch das letzte Zimmer mit Beschlag belegt. Schöne Bescherung. Was tun? Ich muß drei Pfund Staub und die total verbeulten Kleider loswerden.
Nach dem Motto ›helf, was helfen mag‹, drücke ich schließlich dem nächsten Portier zehn Rupien in die Hand und mache ihm klar, daß ich mich waschen und umziehen will, ganz gleich, wo, ganz gleich, wie. Er überlegt, dann führt er mich in die Toilette. Da ist ein Wasserhahn, und ein Eimer steht daneben. Mit dem Eimer, so meint er, könne ich mir das Wasser über den Kopf schütten. Der Vorschlag ist nicht ganz so unverschämt, wie er sich anhört: Das Eimer-Verfahren ist in Indien gang und gäbe. Trotzdem begehre ich auf: »Gib mir meine zehn Rupien wieder – that's no deal, no deal at all!«
Er überlegt.
Krampfhaft.
»Alle Zimmer sind belegt, Sahib, kein Bad, kein Wasserhahn ist frei.«
Schließlich kommt ihm eine Idee. Einer der Hotelgäste hat sich heute früh nach dem Malabar-Hill erkundigt und sich dann per Taxi auf den Weg gemacht. Wenn wir Glück haben, kommt er vor elf Uhr nicht zurück – sein Bad könnte benützt werden. Ich überlege nicht lange: *right or wrong* – der Dreck muß 'runter! Wir pirschen uns eine Etage höher, und ich verschwinde im bischöflichen Boudoir. Es riecht nach Tabak, und an einem Kleiderhaken hängt eine knöchellange Kutte. Das Bad ist primitiv, aber die Wasserleitung funktioniert. Ich stelle mich unter die Dusche und genieße die Taufe meines Lebens.
Zehn Minuten später stehe ich frisch rasiert und mit einem neuen Anzug versehen wieder vor meinem Komplicen. Der grinst anerkennend: »With soap baptism is a good thing.« Ich schärfe ihm ein, daß er umgehend die Schlämmkreide in Hochwürdens Bad hinwegzuräumen hat. Mein Patron, der Bischof, steht währenddessen auf dem Malabar-Hill und hat keine Ahnung, welche gute Tat er heute schon vollbracht hat.
Auch mein zweiter Wunsch geht in Erfüllung: Ein Taxi bringt mich zurück ins ›Taj Mahal‹, wo ich mir ein Frühstück genehmige, wie man es in dieser Güte in Indien nicht alle Tage bekommt. Hinter einem Tisch voll Honig, Eiern, Schinken, Marmelade und duftendem Kaffee zu sitzen – davon habe ich dreißig Stunden geträumt. Nichts kann mich jetzt stören. Ich frühstücke noch, während für die übrigen Gäste schon das Mittagessen aufgetragen wird.

Wenn die Religionen das Nachdenken mit einem besonderen Akzent versehen, so deshalb, weil sie damit deutlich machen wollen, daß es im menschlichen Leben bestimmte heilige Verpflichtungen gibt (certain inmost sanctities), die nicht verlorengehen sollten. Das Ziel des Lebens besteht nicht allein darin, eine irdische Utopie zu schaffen, sondern auch darin, eine höhere und intensivere Bewußtseinsform zu erreichen. Die Bilder von Shiva, Buddha und hundert anderen Heiligen illustrieren alle die gleiche Wahrheit, die Wahrheit, die auch schon von Plato und Aristoteles erkannt wurde: Das erhabenste Ziel der Menschen ist die Kontemplation, the freedom and the peace of understanding – die Freiheit und der Friede des Verstehens. (S. Radhakrishnan, S. 103)

Noch heute ist zu lesen, was die Engländer am ehemaligen Palast des Vizekönigs einmeißelten: »Die Freiheit darf sich nicht zum Volk niedersenken. Es ist das Volk, das sich zur Freiheit erheben muß.« (Victoria Memorial in Calcutta. (S. 159)

Parsen, Sikhs und arme Schlucker

»Mad dogs and Englishmen go out in the mid-day sun.« Ich gehöre zur gleichen Kategorie. Ich mache mich, obwohl die Sonne im Zenit steht, auf, die Stadt zu erkunden. Sie ist mir nicht neu. Ich war schon einmal hier, aber der Aufenthalt war zu kurz, um einen ausreichenden Überblick zu bekommen.
Bombay ist eine Viermillionenstadt. Sie liegt auf einer Landzunge, die weit ins Meer hinausragt. Vom Hafen- und Geschäftszentrum aus dehnt sich die Metropole fünfunddreißig Kilometer nach Norden. Ein unübersehbares Gewirr von Straßen und Gassen, von Hochhäusern und Baracken, von Slums und Parks. Fabriken, Tempel und primitive Hütten reihen sich aneinander. Über übelriechendem Schlamm – den Rückständen des letzten Monsuns – stehen wackelige Pfahlbauten. Auf jeder Planke plärrt und krabbelt es. Kinder, Katzen, Hunde und Ratten balgen sich um die Abfälle. Die Ratten sind dick und feist, die Hunde räudig, die Kinder sind Skelette.
Vor dem ›Taj Mahal‹, dem größten und besten Hotel am Platze, sieht alles recht manierlich aus. Man hat einen wundervollen Blick auf die Hafeneinfahrt und hinüber zum *Gateway of India*, dem Tor Indiens am Apollo Bunder.
Ich schlendere hinüber und sehe mir das Gebäude aus der Nähe an. Es ist eine architektonische Reminiszenz, eine Wiederbelebung des Gujerat-Stils aus dem sechzehnten Jahrhundert; ansonsten ist es eine monumentale Fehlinvestition. Sein ursprünglicher Zweck: königlichem Besuch einen würdevollen Rahmen zu geben. König Georg V. von England betrat hier zum erstenmal indischen Boden (1911).
Heute dient das Tor Indiens in erster Linie dekorativen Zwecken: es ziert alle Fremdenverkehrsprospekte. Den Einheimischen dient es als Schattenspender. Die Angestellten der umliegenden Geschäftshäuser und Banken verbringen ihre Mittagspause hier. Sie strecken sich auf dem Boden aus, legen ihre Aktenmappen unter die Köpfe und schlafen. Ich zähle fast zweihundert müde Manager.
Die Straße, die vom Prince of Wales-Museum (nicht weit vom Gate) ins Zentrum der Stadt führt, ist die Mahatma Gandhi Road (früher Hornby Road). Sie ist die Hauptgeschäftsstraße der City. Ich kenne sie bereits und gebe mich deshalb keinen Illusionen hin. Ich weiß, daß man den Duft der großen weiten Welt – elegante Boulevards, prunkvolle Läden und dergleichen – in Indien nirgendwo mehr antrifft. Auch nicht in den Millionenstädten. Es gibt zwar einige relativ gut ausgestattete Government Emporiums (vergleichbar mit GUM und HO), aber was die zu bieten haben, fassen die Inder in drei Worten zusammen: *»No haggling there.«*

Seit die Engländer nicht mehr im Lande sind, haben sich die Hawker und der orientalische Basarstil wieder breitgemacht. Die schönen Arkaden sind mit Plakaten und Streikparolen beklebt. Unter jedem Torbogen räkelt sich ein Dutzend Hausierer. Junge Burschen, Taugenichtse, machen sich an die Touristen heran und offerieren *young girls and Chinese girls and European girls. Everything as you like!*

Auch der Schwarzhandel blüht. Der Dollar steht hier am höchsten im Kurs. Sieben bis acht Rupien werden geboten, das ist fast das Doppelte des offiziellen Umrechnungskurses. Mancher Tourist, der der Versuchung nicht widerstehen kann, hat sich dabei schon arg die Finger verbrannt: Die Zollbehörde prüft nach, wieviel Geld laut Zolldeklaration eingeführt und wieviel offiziell umgetauscht wurde. Ergibt sich eine Differenz, kann man sein blaues Wunder erleben. Das mag in einem oder anderen Fall zu Härten führen, im Prinzip ist es berechtigt. Ein Land, das so hart um seine Existenz zu ringen hat, darf den Schwarzhändlern keine Zugeständnisse machen.

Auf den Seitenstraßen sind über die Mittagszeit Bananenstände aufgefahren. Die Angestellten der Bürohäuser nehmen hier stehend ihren Lunch ein. Sie essen drei oder vier Bananen und hocken sich dann in einen schattigen Winkel, bis die Arbeit wiederaufgenommen werden kann.

Apropos: Arbeit. Auch hier, in der westlichsten und europäischsten Stadt des indischen Subkontinents hat man noch nicht gelernt, daß die Effektivität der Arbeit nicht unbedingt mit dem Rudern der Arme gleichzusetzen ist. Der Bürokratismus spottet jeder Beschreibung. Beim Kauf einer Ansichtskarte wird ein Kassenbon mit drei Durchschlägen ausgeschrieben. Zwei der Durchschläge müssen umständlich korrigiert werden, da das Blaublatt zu runzelig war.

Und wer da glaubt, daß in der Viermillionenstadt Bombay alles zu haben ist, der versuche – um beim Beispiel zu bleiben – einmal schöne Ansichtskarten aufzutreiben. Er kann sich die Hacken ablaufen. Farbige Karten gibt es überhaupt nicht, und die Schwarzweißfotos sind so primitiv und vergilbt, daß man sich erst nach langem und vergeblichem Suchen zum Kauf entschließen kann. Begründung der Händler: Wir haben keine Devisen, um gute Karten im Ausland fertigen zu lassen. Reaktion der Fremden: Sie stecken die Daguerreschen Versuchsexemplare in den Ständer zurück und nehmen ihre Devisen wieder mit.

Das Zentrum der Stadt ist ein merkwürdiges Gemisch aus sarazenischen, indischen und englischen Baustilen. Die Krone gebührt dem Hauptbahnhof. Dieser viktorianische Prachtbau mit seinen Fresken und Figuren, seinen Türmchen und Kuppeln ist ein steingewordener Witz, ein Aberwitz kolo-

nialherrlicher Prunksucht. Einige andere Gebäude, zum Beispiel der oberste Gerichtshof – reinste venezianische Gotik –, stehen ihm nur wenig nach.
Hinter dem Bahnhof wird das Gedränge zum Getümmel. Der Crawford-Market lockt Käufer aus allen Stadtteilen herbei. Alles ist hier zu haben: Fische und Gewürze, Saris und Sandelholzkästchen, Pappkoffer und goldenes Geschmeide. Die Gerüche sind betäubend: Es riecht nach Gewürzen, nach Zwiebeln, nach verdorbenem Fleisch, nach Fisch und nach dem in der Sonne verdunstenden Urin der zahlreichen kleinen Lasttiere. Da ich meine letzte Garnitur anhabe und nicht zuviel riskieren kann, winde ich mich höchst vorsichtig zwischen den halbnackten Kulis, den schreienden Marktweibern und den bettelnden Kindern hindurch.
Die Aussätzigen, die Kranken und die Halbverhungerten, die in dunklen Löchern ein Schattendasein führen und täglich auf die Abfälle des Marktes warten, können mich nach langer Indienfahrt nicht mehr aus der Fassung bringen. Auch nicht die Ratten, die fett und ungeniert überall einherspazieren. Sie flitzen aus Gullys und Schächten und balgen sich um Abfallbrocken. Und was die Ratten nicht erwischen, das holen sich kleine Kinderhände aus dem Rotz des Rinnsteins. Es ist nicht zum Ansehen, was sich die umherkrabbelnden Drei-, Vier- und Fünfjährigen alles in den Mund stecken. Die größeren sind weniger hilflos: Sie betteln oder begehen kleine Diebereien.
Ein Mann, ein Schatten von einem Mann, drückt mir ein Bittschreiben in die Hand. Es hat Postkartengröße und ist zweiseitig bedruckt: Auf der einen Seite stehen indische Schriftzeichen, auf der anderen Seite ist eine ›Bekanntmachung‹ in englisch zu lesen:
Der Inhaber dieser Karte ist ein Bürger von Shoranur und der Kaste nach ein Nair. Er ist ungefähr 35 Jahre alt. Der arme Mann hat seine Eltern verloren. Er hat einen jüngeren Bruder, der 12 ist, und eine Schwester, die 14 Jahre alt ist. Die beiden Brüder sind taub und können nicht sprechen. Auch die junge Schwester ist taub, weshalb der Inhaber der Karte für alle den Unterhalt bestreiten muß – dabei kann er sich selbst kaum ernähren. Die Eisenbahnverwaltung wird gebeten, die Bittsteller umsonst fahren zu lassen. Bitte, Ihr Herren, habt Mitleid mit den armen Kindern und steuert ein Scherflein bei.

Shonapur A. R. Krishnan Nair
S. I. R. Rajgopal Iyer, Palghat
M. S. M. Madras Doraswamy, Christ
M. S. Samsing, Eisenbahn-Doktor.

Die Sonne rückt merklich tiefer. Ich winke das nächste Taxi herbei. Es taugt nichts. Der Fahrer kann mein Englisch nicht verstehen, und Stadtkenntnis hat der Gute offensichtlich auch keine. Er stammt von auswärts und wurde zum Eucharistischen Kongreß abkommandiert. Der nächste Wagen ist brauchbarer. Ein junger Sikh, ein Student, der auf diese Weise sein Studium finanziert, sitzt am Steuer.

Wir fahren ein Stück den Azad Maidan, dann den Cross Maidan entlang und biegen schließlich von der Vir Nariman Road in die berühmte Promenadenstraße Bombays, in den Marine-Drive, ein. Sechs breite Fahrbahnen tun sich vor uns auf. Ein Grünstreifen kennzeichnet die Mitte. Wir wechseln – es herrscht Linksverkehr – zur äußersten Bahn hinüber und haben nun die Fußgängerpromenade und die Wasser der Back Bay zur Linken und die sechs- bis achtstöckigen Strandpaläste zur Rechten.

Im schräg einfallenden und schon etwas rötlichen Licht der Sonne ist die Szenerie wirklich reizvoll. Ein Hauch weltstädtischer Eleganz ist diesem Teil Bombays nicht abzusprechen. Das weite Rund der Bucht, die vereinzelten Palmen, die bunt leuchtenden Saris auf der Promenade – das ist mehr, als ich zu hoffen wagte.

Am Chowpatty-Badestrand halten wir kurz an. Für eine Sekunde bedauere ich, daß ich meine Badehose nicht dabei habe, aber dann – bei genauerem Zusehen – verzichte ich gerne. Der Strand ist sehr verschmutzt. Glasscherben, Gerümpel und angeschwemmter Unrat liegen herum. Nur einige Halbwüchsige tummeln sich in dem seichten Wasser. Was für eine Vergeudung. Wenn nicht eine Copacabana, ein Juan-les-Pins könnte man aus diesem Strand mit Sicherheit machen.

Der Malabar-Hügel liegt nun direkt vor uns. Er ragt weit in die Arabische See hinaus und läuft in einer spitzen Landzunge aus. Wir fahren die enge Walkeshwar und die Ridge Street aufwärts. Obwohl hier das Villenviertel der Stadt ist, steht doch viel altes Gemäuer beiderseits der Straße. Die Paläste aus der viktorianischen Epoche sind recht baufällig geworden. In den Gärten und Hinterhöfen haben sich Händler und Handwerker eingenistet. Nur der Baumbestand des Hügels bietet dem Auge etwas Besonderes. Ein so schönes, sattes Grün findet man in Indien selten.

Wir halten vor dem Pherozsha-Mehta-Garten (auch unter dem Namen ›Hängende Gärten‹ bekannt). Fremdenführer drängen sich um den Wagen. Jeder möchte mir etwas über die Parsen und über die ›Türme des Schweigens‹ erzählen, derentwegen die meisten Touristen hier heraufkommen.

Ich spreche ein paar Sätze mit den Leuten, um herauszufinden, wessen Englisch halbwegs brauchbar ist. Ein junger Bursche, ein *parse*, macht das Rennen. Sein Preis: drei Rupien. Während wir die restlichen Treppen zum Park hinaufsteigen, frischt der *guide* meine mangelhaften Kenntnisse über die Jünger des iranischen Lichtkults etwas auf:

Die Parsen sind Perser. Im achten Jahrhundert nach Christus wurde ihr Land von den Arabern erobert. Da die Araber Moslems und die Parsen Anhänger des Zoroasters (Zarathustra) waren[214], kam es zu Glaubenskämpfen. Die Parsen wollten ihren Glauben nicht wechseln, sie wanderten lieber aus. Jahrhundertelang hatten sie keine feste Heimat, schließlich – um die Mitte des siebzehnten Jahrhunderts – siedelten sie sich in Bombay an. Bombay war damals noch ein unbedeutendes Fischernest, aber die *East India Company* hatte schon Fuß gefaßt und war dabei, den Handel anzukurbeln.
Die Engländer lernten die Parsen schnell schätzen: Sie waren geschäftstüchtig und außerordentlich fleißig. Sie akzeptierten die westliche Lebensart und strebten nach führenden Stellen in der Gesellschaft, im Finanzwesen, im Handel und in der Politik. Man ließ ihnen freie Hand, und das hat sich bezahlt gemacht. Die Entwicklung der Stadt Bombay ist nicht denkbar ohne die Aktivität der Parsen. Auch heute noch ist die kleine Parsengemeinde (sie zählt nicht mehr als 120 000 Seelen) das Rückgrat der Metropole. Der Name der Familie Tata wurde zu einem Synonym für Eisen und Stahl, aber auch viele Minister, Schriftsteller und Künstler sind aus der Parsengemeinde hervorgegangen Die Parsi sind stolz auf ihre Ausnahmestellung und ihre Gruppensolidarität. (Es gibt keine Kasten.) Sie heiraten nur unter sich. Aber es gibt Ausnahmen. Die einzige Tochter Nehrus war zum Beispiel mit einem Parsen verheiratet.
Äußerlich sind die Parsi an ihrer Kleidung und Haartracht zu erkennen: Die Frauen haben eine besondere Art, den Sari zu wickeln, und die Männer haben eine Frisur, die einem Hut ohne Krempe gleicht. Oft kann man die Parsen aber auch an ihrem olivfarbenen Teint und an ihrem westlichen Gebaren erkennen.
An der Nordwestecke des Parks bleibt mein Führer stehen. Er zeigt auf einen Vogelschwarm, der etwas hügelabwärts über undurchsichtigen Baumwipfeln kreist:
»Dort drüben, sehen Sie, das sind die Geier – die Leichenbestatter der Parsen. Sie fliegen um die Türme des Schweigens; sie warten auf den nächsten Toten, der ihnen dort zum Fraß vorgelegt wird.«
Die *dakhmas*, die Türme, sind offene Rundgemäuer, die sich um drei konzentrische, vertiefte Kreise erheben. Nach einem Gottesdienst im Feuertempel wird der nackte Leichnam in eine der flachen Vertiefungen gelegt: Kinder kommen auf die unterste Stufe, Frauen auf die mittlere und Männer auf die oberste. Alles übrige bleibt den Aasgeiern überlassen. Sie stürzen sich gierig und heiser krächzend auf die Leichen. Nach zwanzig Minuten sind nur noch Knochen übrig. Diese Überreste werden von den Bestattungspriestern in eine Grube inmitten des Turmes gekehrt, und damit ist dem Gesetz Zoro-

asters Genüge getan: Reiche und Arme sind im Tod vereint, und die Elemente Erde, Wasser und Feuer wurden nicht verunreinigt. Schon im heiligen Text Vendidad heißt es: »Der Tote soll im Magen von Geiern beigesetzt werden.«
Das Betreten der Dakhmas ist nur den Angehörigen der Verstorbenen und der verachteten Gilde der Leichenträger gestattet. Aber auch ohne zu sehen, wie sich die häßlichen Schnäbel in das Fleisch bohren, wie sie die Eingeweide zerfetzen und hinabwürgen, hat diese Bestattungsart für unsere Begriffe etwas Abstoßendes, Würdeloses an sich. Mein Führer scheint meine Gedanken zu ahnen: »It's no worse than being eaten by maggots«, kommentiert er. »Von Würmern gefressen zu werden ist nicht besser.«
Wir wenden uns wieder dem Park zu. Es ist eigentlich gar kein Park – es ist das Wasserreservoir der Stadt Bombay. Früher waren die Becken offen, aber das war nicht sehr hygienisch. Wenn die Geier von den Türmen aufflogen, hatten sie des öfteren noch kleinere Leichenteile im Schnabel: Finger, Hautfetzen, Gedärme. Und das ließen sie mitunter ins Trinkwasser fallen. Den Bürgern Bombays wurde das eines Tages zu unappetitlich; sie machten den Jüngern Zoroasters zur Auflage, ihre *towers of silence* in eine andere Gegend zu verlegen. Aber die Parsen wollten ihre heiligen Stätten nicht aufgeben, sie pochten auf ihre Rechte. Man einigte sich auf einen Kompromiß: die Gläubigen mußten in die Tasche greifen und das gesamte Trinkwasserareal abdecken. Auf diese Weise entstanden die Hängenden Gärten. Botanisch sind sie nichts Besonderes, aber die gestutzten Hecken – sie wurden zu Giraffen und Elefanten und Kamelen modelliert – haben zumindest etwas Originelles an sich.
Mein Chauffeur hat die Wartezeit sehr nutzbringend verwendet: Er hat den scheppernden Auspuff des Wagens mit Draht befestigt: Voll Stolz zeigt er mir das Resultat seiner halbstündigen Bemühung, dann meint er treuherzig: »Nun können wir uns besser unterhalten; der Lärm ist fort.«
Ich nehme die Gelegenheit beim Schopf: »Erzählen Sie mir etwas von Ihrer Glaubensgemeinschaft, von der Herkunft und den Lebensgewohnheiten der Sikhs.« Meine Neugierde schmeichelt seinem Stolz. Er rückt sich den Turban zurecht, fährt sich mit einem kleinen Kamm durch seinen Vollbart und beginnt mit würdevollem Brustton:
»Das Wort *sikh* bedeutet Schüler. Wir sind Schüler des heiligen Guru Nanak. Unser Master wurde 1469 in dem kleinen Dorf Talvandi in der Nähe von Lahore geboren. Sein Vater gehörte der Kshatriya-Kaste an. Die Jugend des kleinen Nanak war unbeschwert und seine Ehe recht glücklich. Er hatte zwei Söhne und war als Magazinverwalter des Gouverneurs Daulat Khan tätig. Eines Tages befriedigte ihn sein Leben nicht mehr. Er entschloß sich, allem

Irdischen zu entsagen, und zog in die Welt hinaus. Er lernte Indien und Ceylon kennen, und auch Mekka und Medina soll er besucht haben. Schließlich schlug er in Kartarpur im Pandschab sein Ashram auf und verkündete seine Lehre.

Sie war nichts grundlegend Neues. Er sagte sich nur – wie Buddha und Mahavira – vom brahmanischen Hinduismus los; er predigte eine monotheistische Religion und gestand jedermann das Recht zu, ohne Unterschied der Kaste seinen Weg zu Gott zu suchen. Gleich dem Protestantismus, mit dem er zeitlich zusammenfällt, erhob sich der Sikhismus gegen den Formalismus und den rituellen Überschwang der Mutterreligion. Und da alle Sikhs der Kriegerkaste entstammen, wurde die Religionsgemeinschaft ein ziemlich militanter Orden.

Es wurden Kriege mit den benachbarten Moslems geführt, und Randschit Singh (geb. 1780) eroberte Lahore und Amritsar. Ein großes Sikhreich war im Entstehen. Kaschmir und Peschawar wurden eingegliedert. 1845 kam es zum Krieg mit der East India Company. Das 80 000-Mann-Heer der Sikhs war den modernen Waffen der Engländer nicht gewachsen. Die ›Löwen‹ unterlagen und mußten im Friedensvertrag von Lahore (1846) einen Teil ihres Gebiets an die Company abtreten. Kaschmir ging verloren, und in der Hauptstadt mußte eine britische Besatzung geduldet werden. Schließlich – nach einem Aufstand (1848) – kam der ganze Pandschab unter englische Regie, der Kronschatz mit dem berühmten Koh-i-noor wurde eingezogen und der junge König (Dalip Singh) in England zum Christentum bekehrt.

Vom 1849 bis 1947 unterstand das Land der Sikhs der britischen Krone. Die Männer traten in die Dienste der britischen Armee. Sie wurden das Rückgrat aller Polizei- und Eliteeinheiten. Selbst in Singapur und Hongkong mußten sie für Ordnung sorgen.

Der schlimmste Tag in der Geschichte der Sikhs war der 15. August 1947. An diesem Tag erhielt Indien die Unabhängigkeit, und der Subkontinent wurde in die beiden Staaten Bhārat (Indische Union) und Pakistan aufgeteilt. Fast vierzig Prozent aller Sikhs mußten ihre Heimat verlassen, um ihr Leben vor den fanatischen Moslems in Sicherheit zu bringen. Heute findet man sie überall, vor allen Dingen dort, wo die Technik ihren Meister sucht: Die Sikhs sind die besten Taxifahrer in ganz Indien!«

Mein Chauffeur schmunzelt. Der Schalk blitzt ihm aus den Augen. Ich nicke ihm zu: »*Well done, Mr. Singh* (alle Sikhs führen den Beinamen Singh = Löwe), aber nun verraten Sie mir auch noch etwas über Ihre Pâhul-, Ihre Stammeszeremonien. Wie lautet der berühmte Kriegsschrei der Sikhs?«

Mein streitbarer Indogermane legt den Kopf in den Nacken und brüllt los, daß es von den Wänden widerhallt:

»Shri vah guru ka khalsa! Shri vah guru dschi ka fateh!«
Am Straßenrand ziehen einige Hindus das Genick ein. Mein Freund lacht amüsiert: »Mit diesem Schlachtruf schwören wir, alle uns im *adi-granth* auferlegten Gebote zu halten.«
»Müssen Sie nicht auch bestimmte Dinge immer bei sich tragen?«
»Ja, zu einer kompletten Garnitur gehört bei uns folgendes:
Erstens unser langes Haar *(kes)*. Wir dürfen es nicht schneiden lassen. Wer als Barbier nach Amritsar kommt, geht unweigerlich pleite.
Auch einen Kamm *(kangha)* müssen wir ständig bei uns tragen. Bei scharfsinnigem Nachdenken entdeckt man einen gewissen Zusammenhang zwischen dem ersten und dem zweiten Gebot.
Ein Schwert *(kripan)* ist unerläßlich; es ist das äußere Zeichen dafür, daß wir uns noch immer als Krieger fühlen.
Auch kurze Unterhosen *(katschh)* stehen in der Heeresdienstvorschrift (es ist das ein sehr alter Brauch und hat nichts mit dem Buch der Etikette zu tun), und schließlich tragen wir noch ein stählernes Armband *(kara)*. Es ist ein Symbol; es schmiedet uns an unser Volk[215].«
»Das Armband sehe ich, die Unterhosen will ich Ihnen glauben, aber wo ist Ihr Schwert?«
Mr. Singh ist nicht zu irritieren. Er steuert mit der Linken und greift mit der Rechten in den Turban: »Hier!« Ein kleines symbolisches Säbelchen kommt zum Vorschein, das in seinem Haarschopf verstaut war. Er zeigt es mir lachend, aber er gibt es nicht aus der Hand.
Mit dröhnender Hupe steuern wir das nächste Aussichtsplateau an.
Die Sonne versinkt im Meer. Für einen Augenblick zuckt ein grüner Schimmer über den Horizont, dann breitet sich ein dunkles Orange aus. Die Schatten der Zypressen und Pinien ragen wie Totenmale in das Feuer des Firmaments. Die Dämmerung ist nur kurz. Schon nach Minuten fällt das Licht in sich zusammen. Das weite Rund der Bucht verliert sich im abendlichen Dunst, die Konturen zerfließen. Am Marine-Drive blitzen die ersten Lichter auf, dann reihen sie sich zu einer Perlenkette, zum ›Halsband der Königin‹. Etwas später flimmert ein Meer von Lichtern zu Füßen des Malabar-Hill.

Zu den Devadasis, den Handlangerinnen der Liebe

Vor einem der Hochhäuser am Marine-Drive steige ich aus. Richard, ein Studienfreund aus England, wohnt hier. Ich habe mich bei ihm angemeldet, und wenn nicht alles trügt, hat er im Augenblick nur eine Sorge: den Whisky nicht warm und das Bier nicht vorzeitig alle werden zu lassen.

Ich klettere einige ausgetretene Treppen hoch und klingle an der Tür seines Apartments. Ein junger Inder öffnet die Tür. Noch bevor ich ihn fragen kann, ob sein Herr und Meister zu Hause ist, schallt die Stimme meines Freundes durch die Wohnung: »Come in, Mäx, come in, I'm here!«
Ich gehe dem Klang nach und entdecke meinen rothaarigen Wikinger im Bad. Tropfnaß, mit einem Handtuch um die Hüfte, angelt er – auf einem Bein stehend – nach seinen Schuhen. Wir begrüßen uns und wechseln ein paar burschikose Phrasen, dann wirft er mir ein Handtuch zu: »Geh erst mal unter die Dusche, dann bist du wieder obenauf!« Das braucht er mir nicht zweimal zu sagen.
Eine halbe Stunde später sind wir ausgehbereit. Wir fahren ins *Taj,* und ein Schwarm dekorativer Kellner (Turbane, Tuniken und grüne Schärpen!) trägt uns ein fürstliches Mahl auf. Richard ist Stammgast hier, und die Aufmerksamkeit, die man ihm entgegenbringt, erweckt den Eindruck, als würde die an den Nachbartischen sitzende hohe Geistlichkeit recht stiefmütterlich behandelt. Aber das kann auch daran liegen, daß die Kleriker – es sind dreihundert Kardinäle, Erzbischöfe und Bischöfe in der Stadt – gemächlicher essen und nicht so viele Sonderwünsche haben.
Richard legt Wert darauf, mich zum Abschluß meiner Reise mit den letzten Finessen indischer Kost vertraut zu machen. Er weiß verblüffende Details und manches Gewürz, womit dem einen oder anderen Gang noch eine besondere Geschmacksnuance abgewonnen werden kann. Ich wundere mich ein wenig. Richard ist Engländer, er ist mit *eggs and bacon* und mit *porridge* großgezogen worden. Seine kulinarischen Ambitionen grenzen fast an Landesverrat, zumindest ist es eine leichte Entartung.
Ich mache ihn darauf aufmerksam, da lacht er amüsiert: »Das ist das einzige Vergnügen, das mir in dieser lausigen Stadt bleibt. Mit dem gesellschaftlichen und kulturellen Leben ist es nicht weit her. Auf jeden Fall ist es nicht mehr vergleichbar mit dem, was Bombay früher einmal bot. Mit den Indern hat man wenig Kontakt – deren Sippenkodex läßt das nicht zu –, und die Europäer sind nur noch ein kleiner, verlorener Haufen hier. Die meisten haben kurzfristige Kontrakte. Sie arbeiten wie die Irren und versinken abends in einer weichen Welle, die nach Whisky duftet.«
Richard ist Dr.-Ing. und im Atomenergiezentrum Trombay beschäftigt. »Fünftausend Menschen arbeiten dort. Der Energiebedarf für die nächsten Jahrzehnte soll rechtzeitig bereitgestellt werden; außerdem soll der wissenschaftlichen Elite des Landes eine Existenz- und Fortbildungsmöglichkeit geboten werden. Man will der Auswanderung vorbeugen.«
»Das klingt sehr vernünftig«, meine ich. Richard winkt ab: »Es gibt hier mehr Fehlinvestitionen, als sich ein Außenstehender träumen läßt.«

Wir wechseln das Thema. »Wie wird denn der Erfolg des Eucharistischen Kongresses veranschlagt?«

»Ich weiß nicht, mir kam das Ganze etwas absurd vor. Nur 1,5 Prozent der indischen Bevölkerung sind katholisch. Das ist doch keine Basis für ein solches Spektakulum. Sicher, der Kongreß ist ein triumphaler Erfolg geworden. Kardinal Valerian Gracias, der Erzbischof von Bombay, avancierte zu einer weithin bekannten Figur des öffentlichen Lebens, und die ganze christliche Gemeinde hat viel Aufschwung erfahren, aber man darf auch nicht die Gegenreaktionen übersehen: Orthodoxe Hindus verhielten sich äußerst feindselig. Man verstieg sich zu Behauptungen wie: der Eucharistische Kongreß sei eine hinterhältige Invasion des Christentums, ein Einfall in fremdes Hoheitsgebiet, schlimmer als die Attacke der Chinesen. In den meisten Zeitungen nahm man kein Blatt vor den Mund[216].

Um ein Fiasko des Kongresses zu vermeiden, setzte die Regierung einige hundert Oppositionelle hinter Schloß und Riegel[217]. Der Papst wußte um diese Sicherheitsvorkehrungen. Er erkundigte sich schon auf dem Flughafen nach dem Los der Inhaftierten, er wollte ihnen in christlicher Manier die Hand geben, aber Frau Indira-Gandhi, der Informationsminister, versicherte ihm, daß alle Komplottverdächtigen längst wieder auf freiem Fuß seien. Die Mahasabha-Partei gibt anderslautende Auskünfte. Auch alle Taschendiebe und Bettler wurden dem Heiligen Vater aus dem Weg geräumt[218].«

»Ist das Missionsziel – die Bekehrung der Inder – offen ausgesprochen worden?«

»Aber nein. Aus höchstem Munde waren Lobpreisungen der hinduistischen Religion zu hören. Und Kardinal Döpfner hat in seiner Predigt vor deutschen Pilgern angedeutet, ›daß in der indischen Welt ein Umdenken des Missionsgedankens notwendig ist und daß nicht mehr wie in alten Zeiten die Zahl der Täuflinge Maßstab für den Erfolg sein kann‹[219].«

»Was war das Leitmotiv der Seminare?«

»›Freiheit vom Hunger‹ war die Parole. Der Generaldirektor der UN-Organisation für Ernährung und Landwirtschaft (FAO), B. R. Sen, erklärte, der Hunger in der Welt sei moralisch unhaltbar und eine ernsthafte Bedrohung der sozialen Ordnung und des internationalen Friedens. Man hat keinen Hehl daraus gemacht: Wenn der Protest der Armen noch lange überhört wird, werden die Besitzlosen zur Selbsthilfe greifen. Mit Lippenbekenntnissen und Freundschaftserklärungen lassen sie sich nicht mehr abspeisen.

Auch auf das Problem der Geburtenkontrolle ging der UN-Ernährungsfachmann ein. Er legte der hohen Geistlichkeit die Frage vor, ob man die Familienplanung ablehnen könne, wenn Hunger und Not die einzige Alternative seien. Er forderte die geistlichen Würdenträger auf, entsprechende Richtlinien zu erlassen. Und er rechnete ihnen die Unumgänglichkeit solcher Maßnahmen vor. Er wies darauf hin, daß seit 1958/59 die Pro-Kopf-Produktion bei den Nahrungsmitteln nicht mehr gestiegen ist, daß sich in einigen Gebieten Afrikas, Asiens und Lateinamerikas sogar eine Tendenz zum Produktionsrückgang bemerkbar mache und daß das Zusammenwirken dieser Faktoren – die Stagnation der Produktion und das Anwachsen der Bevölkerung – spätestens 1980 zu einer nicht mehr kontrollierbaren Hungersnot führen muß [220].«

»Und wie war die Reaktion?«

»Das bleibt abzuwarten. Es scheint so, als wolle die Kirche ihren Standpunkt hinsichtlich der Geburtenkontrolle überdenken [221].

Ob die Christenheit ihren sonstigen Pflichten den Entwicklungsländern gegenüber nachkommen wird, bleibt ebenfalls abzuwarten. Frau Margarete Klompé, der frühere niederländische Sozialminister, hielt zwar ein tiefschürfendes Referat über die Aufgaben der Christen in den Entwicklungsländern, aber eine Mobilmachung aller, die guten Willens sind, wird das noch lange nicht auslösen. Auch in Zukunft wird keiner mehr geben, als er leichten Herzens verschenken kann.«

Es ist spät geworden über unserem abendlichen Disput. Wir trinken auf der Veranda noch ein Täßchen Kaffee und genießen die kühle Brise, die vom Meer hereinstreicht. Vom Ballardpier her gleitet ein festlich illuminierter Passagierdampfer in die Nacht. Die Menschen stehen an der Reling. Sie winken nicht. Der letzte Zipfel Indiens, an dem sie jetzt vorbeifahren, muß sich in ihren Augen dunkel und silhouettenhaft ausnehmen, und manch einer wird mit zwiespältigen Gefühlen herüberschauen. Die Illusionen sind dahin. Indien ist nicht mehr der märchenhafte Kontinent, es ist das Land der Besitzlosen, der Bettler, der Kranken und Hungrigen. Es ist das Land, wo die Menschen auf den Straßen nächtigen...

Die Passagiere werden die beklemmenden Erinnerungen wie lästige Fliegen verscheuchen. Sie werden in den Ballsaal gehen und tanzen.

»Wie steht's um das Nachtleben von Bombay?«

Richard lacht. »Für uns Europäer gibt es nur zwei oder drei Hotels, wo wir den Abend zubringen und gelegentlich auch ein wenig Geselligkeit haben können. Hin und wieder steht Tanz auf dem Programm, mitunter auch ein Konzert.«

»Und die Einheimischen?«

»Mon Dieu, die gehen entweder ins Kino oder frühzeitig auf ihre *charpais*, ihre mit Gurten bespannten Holzrahmen. Einige hunderttausend kriechen an die nächste Hauswand, ziehen ihren *pugri*, *safa* oder *pheta* über das

Gesicht und geben sich dem bleiernen Schlaf der Erschöpfung hin[222]. Und dann ist da noch...«
Richard hält ein, überlegt für eine Sekunde und zwinkert mir dann zu: »Komm mit, wir machen einen kleinen Bummel!«
»Wohin?«
»Zu den Stätten des Lasters und der Sünde!«
Es ist erst zehn Uhr, aber die Stadt ist schon wie ausgestorben. Nur einige Taxis irren mit suchenden Scheinwerfern durch die Straßen. Laternen sind selten, und ihre Leuchtkraft ist dürftig, aber was sie aus dem Dunkel der Nacht, was sie ins Licht, in den Bereich der Augen zerren, ist schrecklich anzusehen: Menschen in Lumpen und schmutzigen Laken, Menschen, die wie junge Hunde zusammengekrochen sind, um sich die Kälte etwas vom Leib zu halten; Menschen, die mit steifen Gliedern und weiten Augen in die flimmernden Gestirne starren, Menschen, die zu schwach sind, um auch nur wimmern zu können...
Nach einigen Minuten Fußmarsch winkt Richard ein Taxi heran. Er macht dem Fahrer klar, daß er sich Zeit lassen kann, und nennt ihm dann das Ziel: »Red Light District – Falkland Road!«
Ich schaue ihn fragend an.
»Wir fahren zu den Devadasis, den Handlangerinnen der Liebe«, ergänzt er lachend[223], und dann gibt er, während wir stadteinwärts kutschieren, einige Erläuterungen:
»Die Prostitution ist in Indien eine wohletablierte Angelegenheit. Schon in den Veden, den ältesten Schriften der indischen Kultur, ist immer wieder von *ganikas*, von Mädchen mit geselligen Ambitionen, die Rede. Sie hatten ihren festen Platz in der sozialen Hierarchie jener Zeit.
Anfangs war das Verhältnis zum weiblichen Geschlecht denkbar unkompliziert: Die Mädchen wurden nach Zahl, Art und Gewicht gehandelt. Und da das Faustrecht regierte, waren die Krieger der Invasionsheere nicht gerade diejenigen, die zu kurz kamen. Die Priester, die Brahmanen, hatten das Nachsehen. Aber sie wußten sich zu helfen: Sie holten die Mädchen kurzerhand in die Tempel. Sie erklärten, daß jede Familie, die nicht den Zorn der Götter hervorrufen wolle, die eine oder andere Tochter dem Tempel, das heißt den Göttern, zu weihen hätte. Die Devadasis (wörtlich übersetzt: Dienerinnen Gottes) wurden die große Mode der nachvedischen Zeit (ab drittem Jahrhundert nach Chr.). ›It was considered very rewarding for a person seeking religious merit to purchase girls and dedicate them to tempels, as advocated in the Puranas. – Jeder, der religiöse Meriten suchte, sah es als sehr verdienstvoll an, Mädchen zu kaufen, um sie dann, wie es schon in den Puranas empfohlen wurde, einem Tempel zu vermachen.‹

Was die Mädchen in den Tempeln trieben, darüber streiten sich die Gelehrten noch. Die Theoretiker reinsten Wassers sind davon überzeugt, daß die Bajaderen den Tempelgötzen nur Kühlung zufächerten und daß sie neben dem Reinigen und Anzünden der Öllämpchen ihre Zeit mit zeremoniellem Tanzen und mit gottgefälligem Singen, mit Halleluja-Rezitationen verbrachten. Fest steht nur, daß die Mädchen für ihre Dienste eine Abfindung in Liegenschaften, in bebaubarem Land und in Bargeld erhielten *(inama).*«
Heute, so heißt es in einer wissenschaftlichen Studie von 1962 [224], ist das Wort Devadasi mehr oder weniger ›eine euphemistische Umschreibung für eine Frau, die sich aus religiöser Tradition der Prostitution hingibt. Ein Devadasi, das heutzutage ein frommes und ernstes Leben führt, ist so selten wie eine Blume, die außerhalb ihrer Saison blüht.‹
Wir fahren bis zur Grant Road. Hier beginnen die *tolerated areas.* Richard bezahlt das Taxi und erklärt mir dann anhand des Stadtplanes die strategische Lage:
»Das ganze Viertel – Kamathipura heißt es – erstreckt sich von hier bis 'rauf zur Bellasis Road. Im Osten ist die Duncan Road die Grenze, im Westen die Sukhlaji Street. Folgende Straßen sind *tolerated:* die 3., die 8., die 9., die 10., die 11., die 12., die 13. und die 14. Straße, ferner die Bapty Road, die Sukhlaji Street, Foras Road, Falkland Road, Lamington Road, Proctor Road, Khetwadi 14th Lane, Kennedy Bridge, die Girgaon Road und einige mehr.
Kamathipura ist das Herzstück der Stadt, der am dichtesten bevölkerte Teil. Früher ist dieses Liebesgetto im Grundwasser fast ersoffen, und auch heute, nachdem die Stadtverwaltung alles getan hat, was zu einer Erhöhung und Festigung des Baugrundes beitragen könnte, ist dieses Viertel noch immer eine muffige Fieberhölle. Sobald der Monsun einsetzt, brechen in Kamathipura einige Häuser zusammen.
Nach dem Gesetz (Suppression of Immoral Traffic in Women and Girls Act, 1956) besteht zwar die Vorschrift, daß die Handlangerinnen der Liebe wenigstens zweihundert Yards (hundertachtzig Meter) Distanz zu Tempeln und ähnlichen öffentlichen Einrichtungen halten sollen, aber in der Praxis ist es so, daß man von der St. Anthony's-Oberschule die 14. Straße und einiges mehr überblicken kann, und alle Kinder, die dort zur Schule gehen, wo sich die 7. Straße und die Sukhlaji Street kreuzen, müssen mitten durch das Dirnenviertel. Desgleichen alle Leute, die die Tempel im Westen Kamathipuras besuchen wollen. Im übrigen ist kein Stadtteil so leicht mit Bahn, Bus oder Straßenbahnen zu erreichen wie Kamathipura.«
Wir holen noch einmal tief Luft, dann wagen wir den Vorstoß in das Herzstück Bombays.

Winkelige, schmutzüberzogene Straßen tun sich vor uns auf. Aus schäbigen Hotels dröhnt Schlager- und Kinomusik. Weiber keifen, Männer schimpfen, hungrige Hunde heulen zum Himmel. Auch die Kühe fehlen nicht. Sie trotten mit hängenden Köpfen durch die Gassen; zu fressen finden sie nichts. Es riecht nach Zwiebeln und Curry, nach Urin und gärendem Unrat. *Pots de chambre* werden auf die Straße oder in seitliche Häuserschluchten entleert. Ratten huschen den Rinnstein entlang, aus zahllosen Öllämpchen steigen dunkle Rauchschwaden auf, in tausend Boulevardküchen wird gesotten, gebraten und gekocht.

In kleinen *pedhis* (Läden) gibt es Gewürze, Heilkräuter und Liebesöle. Alles, aber auch alles kann man bei den *marwaris*, den Händlern von Kamathipura, erstehen. Sie fuggern mit Armbanduhren und Füllhaltern, mit Mädchen und Matronen, mit Rauschgift und Pan. Auch die am Straßenrand hockenden Indogermanen feilschen und hökern. Viel Volk drängt sich durch die Häuserschluchten: Arbeiter, die ihren letzten Sou versaufen wollen, lüsterne Jugendliche, bettelnde Sadhus und Eunuchen in Saris, die ihre Götter aus Messing und Gips vor sich hertragen und mit hoher Stimme um Almosen bitten.

In den Torbögen und in den Fenstern lungern die Mädchen, *the women of pleasure*. Sie stecken in hauchdünnen Saris, sie kauen Pan, sie üben sich in *›voluptuous postures‹* und in *›unashamed professional coquetry‹*. Viele sitzen hinter Lattenverschlägen, hinter käfigähnlichen Gittern. Sie lassen sich von Tattergreisen und zwölfjährigen Buben bewundern, und ihre Gunst verschenken sie jedem, der wenigstens eine halbe Rupie (vierzig Pfennig) besitzt.

Richard kennt einen Polizeioffizier, der in Kamathipura stationiert ist. Bei der nächsten Polizeiwache fragen wir nach ihm. Der Revierwachtmeister telefoniert mit seiner Zentrale. Wir haben Glück: Ranjan, so heißt unser Mann, ist zu erreichen, und er verspricht uns, für eine halbe Stunde den *guide*, den Führer, zu machen. Schon nach fünf Minuten fährt sein Jeep vor.

Aber wir wollen nicht fahren, wir wollen zu Fuß gehen. Ranjan schickt Wagen und Chauffeur nach Hause, klemmt sein Dandystöckchen unter den Arm und dirigiert uns durch das Gewühl. Seine Begleitung ist recht angenehm. Er hat eine humorvoll-trockene, fast schon ironische Art zu sprechen, und seine Gegenwart hält uns die Bettler und *pickpockets* (Taschendiebe) vom Leib. Seine Materie beherrscht er aus dem Effeff. Wir profitieren davon.

Es gibt, so erklärt er uns, Devadasis, Non-Devadasis und Mistresses. Letztere unterteilen sich in *kept women* und in *singing girls*.

Kept women sind Mätressen. Sie stammen aus besseren Familien, das heißt aus höheren Kasten. Oftmals wird der Beruf auch von der Mutter auf die

Tochter weitervererbt. Er ist angesehen, verschafft ein relativ gutes Einkommen[225] und eine gewisse Bildung. Nur zwanzig Prozent der *kept women* sind Analphabeten.
Die ›singenden Mädchen‹ behaupten von sich, daß sie in erster Linie Unterhaltungskünstlerinnen seien, ihre Hauptfunktion ist, ›to provide soothing entertainment‹. Sie singen und tanzen für all die müden Manager, die nach des Tages Last und Müh' etwas Erholung brauchen.
Nun, das alles gibt es auch in anderen Regionen dieser schönen Erde. Das ist für Indien nicht typisch. Wir bitten Ranjan deshalb, uns mehr von den Devadasis zu erzählen, von den Mädchen, die sich aus religiösen Motiven der Liebe verschrieben haben.
Er lacht: »*First of all:* die haben sich nicht verschrieben, die sind verschrieben worden – von ihren Eltern, von ihren Verwandten. Offiziell gibt es zwar keine Tempelmädchen mehr – der barbarische Brauch wurde gesetzlich unterbunden –, aber Theorie und Praxis sind in Indien stets zweierlei Dinge.[226] Die meisten der Analphabeten – und es gibt deren einige hundert Millionen – wissen nicht einmal, daß es ein solches Gesetz gibt.
Die Geschichte eines Tempelmädchens ist einfach. Das arme Hascherl wird verschachert, noch bevor es bis drei zählen kann. Gewöhnlich leisten die Eltern oder sonstige Erziehungsberechtigte einen unwiderruflichen Eid; sie versprechen dem Affengott Hanuman oder einer der zahllosen Göttinnen, daß sie das Kind dem Tempel weihen werden. Sie halten damit eine Familientradition aufrecht und sichern sich das Wohlwollen des Olymps: Der Weizen und die Erdnüsse werden besser wachsen, und der Regen wird nicht ausbleiben.
Dem heranwachsenden Mädchen wird von Jugend auf bedeutet, daß es nicht heiraten kann und daß es, falls dieser Schwur gebrochen wird, furchtbare Strafen zu erwarten hat; außerdem werden die Götter die ganze Familie in Acht und Bann tun.
Sobald das Mädchen ins Pubertätsalter kommt, findet – zu Hause oder im Tempel – eine feierliche Einweihungszeremonie statt, und dann wird die Halbwüchsige an Interessenten, meist an den Meistbietenden, verkuppelt. Sie wird sein Betthäschen, seine Konkubine. Das Tête-à-tête der beiden findet im Hause der Eltern statt, es ist aber genausogut möglich, daß der Wohltäter seiner Venuspriesterin ein eigenes Liebesnest baut. So oder so: Der Mann ist verpflichtet, für den Unterhalt des Mädchens zu sorgen. Sie liegt den Eltern nicht mehr auf der Tasche, meist ist sie sogar in der Lage, wesentlich zum Unterhalt der Familie beizusteuern.
Über kurz oder lang wird der Hausfreund das Interesse an seiner Bajadere verlieren, er wird sie dann, da keinerlei gesetzliche oder soziale Bindungen

bestehen, kurzerhand versetzen. Er wird sich für den neuesten und jüngsten Jahrgang interessieren und seine Vierzehn- oder Fünfzehnjährige ihrem Schicksal überlassen. Aber das trägt man mit Fassung. Die Eltern werden nach dem nächsten Liebhaber Ausschau halten und dann nach dem nächsten und übernächsten. Das geht eine Weile gut, dann endet das Leben des Mädchens in der Gosse[227].«

»Welcher Religion gehören die Devadasis an?«

»Sie sind natürlich ausnahmslos Hindus. Die weitaus größte Zahl ist der Göttin Yellamma geweiht, aber auch Hulegavva, die Schwester von Yellamma, oder der Affengott Hanuman wissen es zu schätzen, wenn ihnen Jungfrauen vermacht werden.«

»Und weshalb werden die Mädchen den Tempelgötzen versprochen?«

»Fast die Hälfte der Mädchen wird einfach deshalb versprochen, weil es eine althergebrachte Familientradition ist; es gehört sich einfach so, daß wenigstens ein *jogti* (anderer Name für Devadasi) die Göttin Yellamma, die großen Einfluß auf das Leben der primitiven und abergläubischen Menschen hat, bei guter Laune hält. ›To keep the light of Yellamma burning‹, ist das Hauptanliegen dieser Leute. Dem wird auch rein äußerlich in vielfacher Form Ausdruck verliehen: Es ist das Privileg der Jogtis, das Öllämpchen vor dem häuslichen Altar, vor dem Familiengötzen zu entzünden. Oftmals werden mehrere Mädchen einer Familie der Gottheit versprochen. Das kommt dann vor, wenn Eltern, die um ihren Nachwuchs besorgt sind, beim Tod eines Kindes bigotte Schwüre tun oder wenn sie die Götter um einen Sohn anflehen.

Skrupellosen Eltern verschafft das Devadasi-System vielerlei Vorteile: Es entbindet sie von der Verpflichtung, das Mädchen zu verheiraten und ihm eine normale Existenz zu verschaffen. In Anbetracht der Aussteuergepflogenheiten und auch im Hinblick auf die vielen Kastenregeln ist es gar nicht so einfach, eine Tochter an den Mann zu bringen. Doch eine Verheiratung ist unerläßlich. Ein lediges Mädchen im Hause der Eltern ist eine Schande, eine Schmach für die ganze Familie. Das alles regelt sich von selbst, wenn das Töchterlein dem Tempel versprochen wird: Es muß dann ehelos bleiben, es muß für seinen eigenen Unterhalt sorgen, und es kann meist noch etwas für die Familie erübrigen. Außerdem sichert es soziales Prestige und das Wohlwollen der Götter, wenn man eine ›Nonne‹ in der Familie hat.

Besonders ehrgeizige Eltern ermuntern das Mädchen, ›to indulge in common prostitution right from the start‹. Es bringt mehr ein, wenn mehrere Verehrer ihren Obolus entrichten. Ganz gewitzte Väter – auch Brüder und Mütter haben solche Talente – gehen noch einen Schritt weiter: Sie nehmen die kleinen Würmer an die Hand, fahren mit ihnen nach Bombay und verkaufen sie für zweihundert Rupien (oder weniger) an ein einschlägiges Etablissement[228].

Darüber hinaus gibt es tausend andere Wege, die nach Bombay führen: Die *gadiwalas*, die Arrangeure läßlicher Lustbarkeiten, fahren über Land und nehmen mit, was ihnen die Not in die Netze spült. Nicht nur die Bigotterie der Menschen, auch die Kastenschranken und der barbarische Brauch, daß Witwen nicht mehr heiraten dürfen, treiben die Mädchen in die Arme des Lasters. Die *harijans* (die Unberührbaren) stellen das Gros, fünfzig Prozent und mehr, dann folgen die Maratha, die Billawa, die Bunt, die Lingayat und wie die Sekten und Kasten sonst noch heißen mögen[229].«

»Was verdienen die Mädchen?«

»Darüber hat man schon genaue Erhebungen angestellt. Das Ergebnis war kaum zu glauben:

rund 10 Prozent der Mädchen verdienen nicht mehr als 50 Rupien im Monat,
rund 50 Prozent verdienen 50–100 Rupien im Monat,
rund 20 Prozent verdienen 100–150 Rupien im Monat,
rund 10 Prozent verdienen 150–200 Rupien im Monat[230].

Daß fünfzig bis hundert Rupien nicht zum Leben reichen können, liegt auf der Hand. Die Mädchen sind allesamt verschuldet. Der *gharwali*, der *brothelkeeper*, kratzt ihnen die Butter vom Brot, und im übrigen drückt das Überangebot auf die Preise. Die Ärmsten leben nicht, sie vegetieren. Siebzig Prozent der Mädchen können nicht mehr als vierzig Rupien für Lebensmittel ausgeben und nicht mehr als zehn Rupien für Kleidung. Neunzig Prozent sind krank. Sie leiden an Unterleibs- und Magenkrankheiten, an Asthma, an Rheumatismus, an Totgeburten. Sie erleiden alle Not, alle Beschwernis, allen Wahnwitz einer verruchten, antiquierten, unmenschlichen Gesellschaftsordnung. ›Man's perverted economic ingenuity makes capital out of a sociological situation in a lop-sided civilization[231].‹«

Wir gehen schweigend weiter. Das Elend dieser Menschen, auch das der Bettler, der Arbeitslosen, der Parias, es ist kaum zu ertragen. Und was noch schlimmer ist: Es ist nicht abzusehen, wann und wie diese Zustände beseitigt werden könnten. Ich frage Ranjan danach.

»Ein eiserner Besen«, so meint er, »ist das einzige, was helfen kann. In China, in Shanghai waren die Zustände einmal ähnlich. Aber das ist lange her, schon zehn oder zwanzig Jahre ...«

»Woher wollen Sie das wissen?«

»Ein Freund hat es mir erzählt. Er ist bei der rotchinesischen Invasion gefangengenommen worden. Er hat es mit eigenen Augen gesehen ...«

Wir machen uns auf den Heimweg. Wir kommen durch dunkle Gassen und durch festlich illuminierten Volksfesttrubel. Greise und Kinder, grell bemalte Mädchen, stutzerhafte Ladenschwengel, weihrauchschwingende Asketen und feiste Brahmanen, Fledermäuse und fliegende Hunde, Straßenköter und greinende Kinder – alles, was in diesen Breiten lebt, kriecht und krabbelt, kreuzt unseren Weg. An jeder Ecke stehen poussierende *pimps* und gurrende Gigolos, Hotelboys jonglieren Teegefäße und belegte Brötchen, aus den Fenstern dröhnen Transistorklänge und Beatlesrhythmen, und tausend Offerten prallen auf das Trommelfell – in englisch, hindi, kannada, marathi, tulu und telugu. Alles und jegliches ist feil: ›fancy merchandise‹ und ›hush-hush contraceptives‹ – es ist der widerlichste, der geilste Jahrmarkt der Welt.

Was den großen Ring bewohnet ...

Den nächsten Abend verbringen wir bei Richard. Ich habe mich bei ihm einquartiert und helfe ihm, seinen Bestand an Flaschen zu dezimieren. Das hat sich anscheinend herumgesprochen, denn kurz nach acht kommen noch einige Besucher an, Kollegen von Richard.

Wir erzählen uns ein wenig von England und lassen die sportlichen Ereignisse der letzten Monate Revue passieren. Vom total verregneten Derby und vom Finale in Wimbledon ist die Rede. Schließlich kommen wir zu naheliegenderen Themen. Indien und seine Industrie liefern unerschöpflichen Gesprächsstoff. Und da Richard und seine Freunde viel Kontakt mit den arbeitenden Menschen des Landes haben, nutze ich die Gelegenheit und klopfe ein wenig auf den Busch:

»Wie kommen Sie mit den Einheimischen zurecht? Haben Sie nette Kollegen?«

»Na«, meint Ben, einer der Gäste, »da muß man etwas differenzieren. Die gebildeten Inder sind feine Kerle, liebenswürdig, aufgeschlossen und oft auch sehr tüchtig. Mit ihnen ist gut auszukommen. Nur die Mittelschicht und die Arbeiter machen Kummer. Die einfachen Inder leben noch in einer anderen Welt. Webstühle und Drehbänke sind ihnen oftmals unbegreifliche Gottheiten. Mancher unserer Mechaniker greift nicht zum Schraubenzieher, wenn eine Maschine streikt; er holt sich Weihrauchstäbchen, entzündet sie und wartet feierlich ab, was sich tut.

Meist tut sich nichts. In extremen Fällen kommt es zu einem Donnerwetter des Meisters oder Vorarbeiters und dann zu einer kleinen Konferenz. Die leitenden Ingenieure tun gut daran, stündlich einmal durch den Betrieb zu gehen, um die Mannschaft und die Maschinen neu in Schwung zu bringen.«

»Stimmt es, daß in vielen Betriebskantinen die Arbeiter noch nach Kasten getrennt essen?«

»Nein, zumindest wird in diesem Teil Indiens die Kastenzugehörigkeit der Arbeitnehmer soweit als möglich ignoriert. Es bleibt gar nichts anderes übrig, wenn ein reibungsloser Arbeitsablauf gesichert sein soll. Nur noch wenige Brahmanen zögern, sich mit einem Shudra oder einem Paria an einen Tisch zu setzen, und die Zeiten sind vorbei, da ein Brahmane rückwärts ging, wenn man ihn bat, einen mit der Zunge befeuchteten Briefumschlag mitzunehmen und in den Kasten zu stecken. In den Großstädten, wohlgemerkt, nicht auf dem Lande! Das schließt natürlich nicht aus, daß klassische Berufe, wie die der Töpfer, der Schmiede und Zimmerleute, der Wäscher usw., nach wie vor von den zuständigen *communities*, also von der Kumbar-, der Achari-, der Dhobi-Kaste, ausgeübt werden[232].«
»Stimmt es, daß sich viele Arbeiter der Trunksucht ergeben, um der Not nicht mehr ins Auge blicken zu müssen?«
»Da ist was dran. Nicht umsonst herrscht in weiten Teilen Indiens strikte Prohibition[233]. Auch Bombay ist ›trocken‹. Wer mit dem Wagen von auswärts kommt, muß es in Kauf nehmen, daß die Polizei an der Stadtgrenze einen Blick in den Kofferraum und unter die Sitze wirft. Das heißt aber noch lange nicht, daß hier jedermann abstinent lebt. Die Leute wissen sich zu helfen. In zahllosen Spelunken und Elendsquartieren wird unverhohlen gebechert.
In der Swadeshi-Fabrik kam es einmal zu einer Serie von Ohnmachtsanfällen. Drei der zusammengebrochenen Arbeiter starben. Das konnte nicht mit rechten Dingen zugehen. *Bhutas,* böse Geister, waren am und im Werk. Die Arbeiter nahmen Reißaus; sie flüchteten, ließen die Fabrik stillstehen und verlangten, daß den Geistern einige Geißen geopfert würden. Die Fabrikdirektoren wollten sich nicht lächerlich machen und lehnten die Forderung ab. Da griffen die Arbeiter zur Selbsthilfe: Sie murmelten heimlich Mantrams und ließen Rauchopfer zum Himmel steigen. Auch die Gewerkschaft wurde aktiv: Sie verlangte eine Reinigung der Fabrik und rief nachträglich zum Streik auf.«
»Und? Hat man herausgefunden, wo das Ohnmachtsübel seine Wurzel hatte. Waren es Giftgase?«
»*No, not at all,* der ›Selbstgebraute‹, der hausgemachte Edelfusel war des Rätsels Lösung. Die Arbeiter hatten giftigen Alkohol getrunken.«
Meine Gastgeber kramen in ihren Erinnerungen und bringen die köstlichsten Episoden zum Vorschein:
»Ich hatte mal einen Vorarbeiter«, so erzählt Ben, »den habe ich vor die Wahl gestellt, das Trinken aufzugeben oder den Dienst zu quittieren. Der Mann gab sich redlich Mühe, aber immer wieder fiel er in sein altes Laster zurück. Ich wollte ihm helfen: ›Versuch's doch mal mit Yoga‹, riet ich ihm,

›Yoga stärkt den Willen und die Widerstandskraft.‹ Der Mann war begeistert, er übte und übte...«
»Und? Hat er Erfolg gehabt?«
»In einem gewissen Sinne ja: Er kann sich jetzt auch im Kopfstand betrinken!«
Ich entsinne mich, daß ich einmal von einem sogenannten ›Sardar-System‹ gehört habe. Ich frage nach Details, aber die Herren winken ab:
»Dieser Unfug grassiert nicht mehr allzusehr. Man hat mit zwei Gesetzen (dem *Bombay Industrial Relation Act* und dem *Industrial Disputes Act)* durchgegriffen und der Ausbeutung der Arbeiter durch die Sardars ein Ende gesetzt. Jeder Betrieb mit mehr als fünfhundert Arbeitern wurde verpflichtet, einen Personalfachmann speziell auf solche Methoden und Tricks anzusetzen.«
»Und was verstand man unter dem Sardar-System?«
»Das ist schnell erklärt: Die Neulinge, die vom Land Zugezogenen wurden geschröpft; von ihren Sardars, den Kapos und Vorarbeitern. Man machte das ganz schlau. Man tat so, als müßte jeder, der Arbeit haben wollte, erst einmal einige Monate umsonst, sozusagen als Lehrling arbeiten. Die Leute wurden heimlich in den Betrieb geschleust und mußten hier allerlei Bosseldienste leisten. Bezahlt bekamen sie natürlich nichts.«
»Und wovon lebten sie?«
»Von der Nächstenliebe ihrer Vorgesetzten. Die hilfsbereiten Sardars und Kabuliwallas, die privaten Geldverleiher, halfen den Neulingen mit kleinen Darlehen aus. Sie sammelten Schuldschein um Schuldschein. Nach einem halben Jahr, wenn der Bewerber schließlich eingestellt wurde, war er hoffnungslos verschuldet. Er konnte, da er zweihundert bis dreihundert Prozent Zinsen zahlen mußte, nun jahrelang gemolken werden.«
»Wie steht es um Gandhis Theorie der *trusteeship*? Wird das in den Fabriken angesammelte Kapital zum Wohle der Gemeinschaft verwendet, oder dient es eigennützigen Zwecken?«
»Der Mahatma war ein Schwärmer. Er war davon überzeugt, daß die indischen Kapitalisten viel soziales Verantwortungsgefühl besäßen bzw. entwickeln würden und daß man sie deshalb als *trustees*, als Sachwalter der Arbeiter, betrachten könne. Er nahm an, daß ihnen der Dienst an der Gemeinschaft wichtiger sei als ein maximaler Gewinn. Weiß der Himmel, wo er diese Vorstellung her hatte. Nirgendwo auf der Welt werden die Arbeiter in so grauenhafter Weise ausgebeutet wie in Indien. Man nimmt an, daß es der enge Kontakt mit G. D. Birla, dem Oberhaupt des riesigen Birla-Konzerns, war, der Gandhi zu solchem Euphemismus verleitete (Gandhi lebte ein Vierteljahrhundert in Birlas Palast in Delhi). Aber auch bei Birla, ja

gerade bei ihm, steht es um die soziale Verantwortung nicht immer zum besten[234]. Aber was soll die Kritik? Sein älterer und etwas frömmerer Bruder sorgt für den Ausgleich: Er baut Tempel – *en masse* und überall im Lande. ›Birla, der Tempelbauer‹, spotten die Leute, und dann kriechen sie wieder in ihre Elendshütten, schicksalergeben[235].«

Diese Schicksalsergebenheit ist noch immer dominierend. Es fragt sich nur: Wie lange noch? Man kann nicht mehr davon ausgehen, daß sich die tiefen religiösen Wurzeln der Inder wie ein Palisadenzaun gegen alles Umstürzlerische stemmen. Mit der Beseitigung der Kastenschranken wurde die Axt an die Wurzel des Hinduismus gelegt; nicht an den Glauben der Gelehrten, der auch für viele Europäer faszinierend ist, sondern an den Glauben des Volkes, des *common man*, der zahllosen Göttern huldigt und der seit Jahrtausenden in einer festgefügten Kastenordnung dahinvegetierte.

Die religiöse Welt des kleinen Mannes bricht zusammen[236]; der kleine Mann Indiens, von dem es vielleicht einmal heißen wird: ›he was the mildest manner'd man that ever scuttled ship or cut a throat‹, wird unzufrieden, er entwickelt Wünsche, und seine Augen glänzen, wenn gleisnerische Parolen verkündet werden: Die Fabriken sollen euch gehören, Armut und Unterdrückung müssen beseitigt werden, gleiche Chancen für alle ...[237]

Der Trend ist eindeutig. Er ist so eindeutig, daß auch die Staatsmaschinerie langsam und mehr oder weniger zwangsläufig auf sozialistische Zielsetzungen einschwenkt[238]. Schon Nehru hat sich, mehr als in der westlichen Welt bekannt ist, vom kapitalistischen Wirtschaftssystem abgewandt:

»Vielleicht«, so sagte er einmal, »glauben wir Inder an das kommunistische Ideal. Für uns – damit meine ich die Mehrheit der indischen Bevölkerung – ist der Kommunismus als gesellschaftliches Ideal kein Schreckgespenst. Wir haben auch nichts gegen den Sozialismus; es ist da in der Theorie kaum ein Unterschied. Was uns mißfällt, ist die kommunistische Praxis, ihre Art, die Dinge anzupacken[239].«

Noch bemüht man sich in Indien um einen evolutionären Übergang zum Sozialismus. Aber wird Indien das aus eigener Kraft gelingen?

»After Nehru, what?« so fragt ein versierter asiatischer Journalist, und er weist darauf hin, daß das keine akademische Frage ist: Die Zukunft Asiens hängt von der Antwort ab! »Welchen Verwaltungsmodus sollen die braunen Sahibs, die die ökonomisch unterentwickelten Länder Asiens regieren, wählen, um – ohne zu autoritären Methoden zu greifen – einen höheren Lebensstandard für ihre Menschen effektiv und schnell zu erreichen? Können sie diese Aufgabe mit demokratischen Mitteln rasch und fundiert genug bewältigen, um dem Zahlengewicht des totalitären China und dem ökonomischen und ideologischen Druck widerstehen zu können[240]?«

Der Druck, unter dem die Welt steht, die zunehmende Fallgeschwindigkeit der Ereignisse, ›die manche Völker in der westlichen Hemisphäre nicht anerkennen wollen, weil sie sich in ihrem materiellen Wohlstand geborgen fühlen‹[241], gibt der großen Begegnung zwischen Ost und West eine Aktualität, wie sie brennender nicht sein kann. Es gibt zwar immer noch Leute, die das Problem mit einem Zitat aus dem Jahre 1889 abtun:

»Oh, East is East and West is West
and never the twain shall meet« (Kipling),

aber diesen Aposteln – sie beschwören die Apokalypse herauf – kann glücklicherweise Vernünftigeres entgegengestellt werden:

Radhakrishnan: »Es gibt keine grundlegenden Unterschiede zwischen Ost und West. Jeder von uns hat sowohl Östliches als auch Westliches in sich. Ost und West sind nicht zwei historische und geographische Konzeptionen. Es sind zwei Möglichkeiten, die jedermann in jedem Lebensalter in sich trägt, zwei Richtungen des menschlichen Geistes. In der Natur des Menschen besteht eine Spannung zwischen seinen wissenschaftlichen und seinen religiösen Impulsen. Diese Spannung, dieses Hinundhergerissensein, ist kein Unglück, es ist eine Herausforderung und eine große Chance[242]!«

Die Gelehrten sind sich über die wirkliche Bedeutung einer Auseinandersetzung des abendländischen und des indischen Denkens einig; sie liegt darin, ›daß jedes die Unzulänglichkeiten auf jeder Seite erkennt und sich dadurch angespornt fühlt, nach einem vollkommenen Denken zu suchen.

Denn wir brauchen eine Philosophie, die tiefer und lebendiger ist und von größerer geistiger und ethischer Kraft getragen wird als unsere bisherige. In der furchtbaren Zeit, die die Menschheit gegenwärtig durchlebt, müssen wir alle, im Osten wie im Westen, Ausschau halten nach diesem vollkommeneren und mächtigeren Denken, das die Herzen der einzelnen erobert und ganze Völker zwingt, seine Macht anzuerkennen. Das ist das Ziel, nach dem wir streben müssen[243].‹

Um dieses Ziel zu erreichen, bedarf es auf seiten der Europäer eines besseren Verständnisses für die asiatische Wesensart. ›Die tieferen Wurzeln, welche den Asiaten mit der Vergangenheit verbinden, so daß er noch heute stärker als wir im magischen und im mythischen Bereich lebt, erschweren ihm die Aneignung unserer rationalen Denkweise, welche die Voraussetzung für die Wissenschaft, vor allem aber für die Technik und Industrialisierung ist; andererseits wissen heute die Einsichtigeren bei uns, daß die nur rationale Handhabung der Wissenschaft, Technik und Industrialisierung auf die Dauer, wenn sie auch weiterhin mit der bisherigen Ausschließlichkeit betrieben wird, notgedrungen zum Selbstverlust des Westens führen muß.

Diese Feststellung hat zwei Konsequenzen: Wir dürfen einerseits die in die

Wege geleitete Europäisierung und Amerikanisierung Asiens nicht übertreiben, andererseits müssen wir uns selber davor bewahren, in den irrationalen Sog Asiens zu geraten [244].‹

›Die Völker Asiens haben von Europa übernommen, was sie übernehmen mußten. Jetzt spüren sie die Unsicherheit in der westlichen Kultur und haben zum großen Halt aufgerufen. Die Werte Europas, die etwa mit den Wörtern Individualismus, Christentum oder Demokratie verbunden sind, haben sie von sich gewiesen oder weisen sie von sich. Diese Gedanken, um die sich die Weltanschauung des Westens dreht, sind alle für den Osten unannehmbar[245].‹

Das ist kein Grund zu Pessimismus. Polarität ist ein Weltgesetz. Pro und kontra, vor und zurück, diese kolbenartigen Bewegungen haben etwas Gutes an sich: Sie halten den Geist wach und führen über These und Antithese zur Synthese.

Trotz aller Spannungen müssen wir uns darin einig sein, daß alle Menschen nur ›Glieder einer großen Familie darstellen mit denselben Leiden und Freuden, mit denselben Bedürfnissen, Trieben und Fähigkeiten, Lastern und Vorzügen. Wer sich dessen bewußt ist, daß alle zunächst den Blick verwirrenden Divergenzen nur die Oberfläche berühren, aber nicht den eigentlichen Kern des Menschheitswesens betreffen, der wird auch unter der fremdesten Hülle das Übereinstimmende und Gemeinsame wiedererkennen... In seinem praktischen Verhalten aber wird er den schönen Sanskritspruch beherzigen, welcher lautet:

> Gehört er zu uns oder ist er uns fremd?
> So fragt die niedrig gesinnte Herde;
> der Edle sieht als Verwandte an
> alle Bürger der fruchtbaren Erde [246].‹

Freude, schöner Götterfunken...

Letzter Tag in Bombay. Acht Uhr morgens. Richard und ich sind nach dem Frühstück zum ›Taj Mahal-Hotel‹ gefahren, um dort die neuesten Zeitungen einzusehen und einem Bekannten, der heute nach Japan fliegt, *good-bye* zu sagen. Wir haben einen Packen indischer, englischer und amerikanischer Wochenblätter vor uns, schlürfen den ersten *drink* des Tages und genießen die Brise, die durch die weitgeöffneten Fenster hereinstreicht. Wenn wir hochblicken, sehen wir die blaue See und einige Fischerboote. Es ist herrlich, ganz herrlich hier.

Unversehens höre ich ein weiches, schüchternes Stimmchen neben mir. »Hallo«, sagt es, und dann sehe ich, wie zwei kleine Hände einen goldgewirkten Sari etwas enger ziehen – wie zum Schutz, wie um sich einzukapseln. Ich schaue hoch. Ein paar schwarzsamtne Augen lächeln mich an: es ist Mohini. Hilflos, wie ein kleines Mädchen, steht sie vor mir. Ich traue meinen Augen nicht. Erst der verdutzte Blick von Richard bringt mich auf die Beine.

»Mohini, was tust du hier?«

Sie lächelt: »Geschäftsreise mit Papa!«

»Dein alter Herr ist...?«

Sie zeigt mit dem Köpfchen seitwärts. Der Professor steht an einem der Fenster; er hat uns offensichtlich beobachtet und kommt jetzt näher. Er schmunzelt:

»That's a surprise, isn't it?«

Die Antwort wartet er gar nicht erst ab. Er schüttelt, temperamentvoll wie immer, alle greifbaren Hände und schlägt dann vor, daß wir zusammen frühstücken. Ich sage gerne zu, aber Richard kann nicht bleiben, das Büro wartet auf ihn. Er sagt zu jedermann artig adieu; mir raunt er noch eine Bosheit ins Ohr: »Running after women never hurt anybody – it's catching 'em that does the damage.« Ich gebe ihm einen freundschaftlichen Rippenstoß und folge meinen indischen Freunden auf die Terrasse, wo wir uns das Frühstück servieren lassen und unsere Neuigkeiten austauschen.

Der Professor kam nach Bombay, um einen durchreisenden Kollegen zu treffen, der morgen mit dem gleichen Schiff wie ich nach Europa fährt. Mohini hat für ihren Abstecher nach Bombay keinen triftigen Grund, nur einen unschuldigen Augenaufschlag. »Sie hat so lieb gebettelt«, meint der Professor, »daß ich nicht nein sagen konnte und sie mitfliegen ließ.«

Mein väterlicher Freund will wissen, was ich heute vorhabe. »Och, eigentlich nichts Besonderes. Ich bin dabei, Abschied zu nehmen, ich wollte noch ein paar Geschenke kaufen und ähnliches...«

»Hätten Sie Lust, den Tag bei einer uns befreundeten Familie zu verbringen?«

Was für eine Frage? Ich sage begeistert zu, und Mohini streichelt ihrem Vater die Hand. Wir beeilen uns mit dem Frühstück, bestellen ein Taxi und fahren zu einer Villa am Malabar-Hill, wo wir schon erwartet werden. Mohini – sie war anscheinend seit Jahren nicht mehr hier – erweckt das Entzücken aller. Unsere Gastgeber, ein älteres Ehepaar, drücken die Kleine mit bewundernden Worten an sich, mir schütteln sie die Hände, und dem Professor wird wiederholt beteuert, wie nett es von ihm sei, ›wieder mal 'reinzuschauen‹.

Nach kurzem Plauderstündchen verabschiedet sich Mohinis Vater. Er will in die Stadt zurück. Mr. und Mrs. Venkat zeigen Mohini und mir den wunderschönen, parkähnlichen Garten. Er reicht bis zum Strand hinunter. Kleine

Wellen plätschern auf bemoostes Gestein. Ein Motorboot schaukelt an rostiger Kette.
»Gehört das Ihnen?« frage ich beiläufig, aber Mohini ist sofort wie elektrisiert. Sie strahlt unsere Gastgeber mit großen Augen an und fragt spitzbübisch, ob man damit mal fahren dürfe.
»Warum nicht?«
Mr. Venkat wechselt ein paar Worte mit seiner Frau und erbietet sich dann, das Boot bis zum Nachmittag seeklar zu machen, es frisch aufzutanken und mit Kissen zu versehen. Mohini würde ihm am liebsten an den Hals springen. Und da tut sie es auch schon: »Lieber, lieber Onkel Ram!«
Es ist offensichtlich: Eine etwas verschüttete Liebe aus der Kinderzeit ist soeben wieder aufgefrischt worden. Onkel Ram schmunzelt zufrieden: »Come on, little girl, ich zeige dir noch was anderes.«
Wir stapfen durch den etwas verwilderten unteren Teil des Gartens bis zu einer kleinen Lichtung im Gestrüpp. Ein großer flacher Stein liegt dort, und auf ihm hockt eine Affenfamilie, die sich sonnt. Die Tiere schauen zu uns herüber; sie reißen nicht aus. Onkel Ram greift in die Tasche – im Nu ist der Affenvater da. Er baut sich vor uns auf und hält die Hand hin.
An seine Familie denkt der kleine Specker nicht. Die Affenmama pirscht sich deshalb langsam näher, die Babys folgen ihr auf dem Fuß. Sie laufen auf Händen und Füßen und halten die Schwänzchen in die Höhe. Mohini, die ihrem Onkel die Taschen ausgeräumt hat, füttert die ganze Sippschaft; sie plappert dazu wie ein Kind, das mit Puppen spielt.
Die Affen, so meint Mr. Venkat, haben in Indien nicht nur Heimatrecht, sie sind gleichberechtigt. Buddha hat ihnen dazu verholfen. In einem der ältesten Pali-Texte werden die geographischen Zonen Indiens unter dem Gesichtspunkt betrachtet, inwieweit sie sich für Affen und Menschen eignen: »Das Himalayagebirge, ihr Mönche, ist ein Gebiet, das rauh und schwer zu durchqueren ist, ein Land, weder für Affen noch für Menschen geschaffen. Andere Gebiete sind für Affen geeignet, aber nicht für Menschen. Es gibt aber auch Ebenen und liebliche Landstriche, die sowohl Affen als auch Menschen beherbergen können [247].«
»Die Tiere in Indien und ihr Verhältnis zum Menschen sind«, so meine ich, »ein Problem für sich. Es gibt da so manches, was ein Europäer nicht auf Anhieb versteht.«
Onkel Ram weicht mir nicht aus. Er setzt sich zu Mohini, denkt ein Weilchen nach und meint dann:
»Für uns Asiaten ist das Leben ein einziger großer Strom, ein Strom mit tiefen und mit flachen Stellen, mit Lebewesen, die sich zu vollem Bewußtsein durchgerungen haben, und mit anderen, die nur ein halbwaches oder traum-

haftes Bewußtsein haben. In Asien weiß man, was Leibniz meinte, als er sagte: ›Alle Klassen der natürlichen Kreaturen bilden eine Kette, sie sind Teile ein und derselben Kurve.‹ Und wenn er dafür plädiert, daß es ›keine Kluft geben kann zwischen den verschiedenen Gattungen von Wesen, die das Weltall erfüllen‹, dann spricht er nur aus, was wir Asiaten schon immer wußten.

Für die Hindus ist das Einssein allen Lebens, sei es menschlich, tierisch oder pflanzlich, eine selbstverständliche Sache. Sie glauben, daß alle Einzelseelen von einer Weltseele *(brahman)* ausgehen und zu dieser auch wieder zurückkehren. Durch die Lehre von der Wiedergeburt – nach Hume ›der einzigen, der die Philosophie Gehör schenken kann‹ – sind menschliche und tierische Existenz aufs engste miteinander verquickt. Ein anderes Lebewesen zu töten, ihm ein Leid anzutun ist untersagt. Die Welt der Tiere, ihr Beseeltsein, ihre Verwandtschaft zur menschlichen Welt wird zwar anerkannt, aber das *Ahimsa*-Gebot (nicht töten und kein Leid antun) entsprang nicht natürlichem Mitleid oder gar ›brüderlichen‹ Gefühlen; es resultiert aus dem Wunsch, sich von der Welt zu distanzieren, sich ›herauszuhalten‹. Der Vorsatz, das Leben und die Welt zu negieren, um auf diese Weise der Erlösung teilhaftig zu werden, verhalf den Tieren zu einer Art Burgfrieden. Von hier bis zur aktiven Protektion war und ist es aber noch ein weiter Weg. China und Europa sind uns ein gutes Stück voraus [248].

Wenn Sie beobachten, daß man hierzulande den Tieren kein Haar krümmt, dann dürfen Sie das nicht als Mitleid auslegen. Tierliebe und Ahimsa sind zweierlei. Durch ein sklavisches Befolgen des Gebots ›Du sollst nicht töten‹ wird dem Mitleid oftmals weniger Rechnung getragen als durch eine Verletzung des Gebots. Es ist, wenn keine Linderung herbeigeführt werden kann, ethischer, dem Leiden einer Kreatur durch den Tod ein schnelles Ende zu setzen, als sich der Entscheidung zu entziehen [249].

Und welche Blüten unsere ›Tierliebe‹ treibt, das hat sich hier in Bombay kürzlich bei einer Stadtratsssitzung gezeigt: Die Tagung mußte für fünfzehn Minuten unterbrochen werden, weil der Bürgermeister mit seinem Pulthammer eine Wanze bearbeitet hatte. Was für ein Skandal! Eine ganze Reihe von Tabus war gebrochen worden:

Der amtliche Hammer war zu einer nichtamtlichen Handlung mißbraucht worden,

der Bürgermeister hatte sich des Totschlags an einer Wanze schuldig gemacht,

das Opfer war nicht ein x-beliebiges Opfer, sondern ein hochoffizielles: Es war dem Amtsoberen als Protest gegen die mangelhaften hygienischen Zustände im Rathaus auf den Tisch gelegt worden.

Die Würde des Hauses und jedermanns religiöse Gefühle waren aufs tiefste verletzt. Die Jains verließen den Sitzungssaal unter Protest. Einem Dr. Dhabuwala gelang es schließlich, die erregten Gemüter zu besänftigen: ›Meine Herren‹, so rief er in die Versammlung, ›ich bin Arzt, und ich kann Ihnen versichern, daß die Wanze schon tot war, als sie auf das Pult gelegt wurde‹ [250].«

Nach dem Lunch trinke ich mit Mr. Venkat ein Täßchen Mokka. Mohini fährt mit dem Chauffeur in die Stadt. Sie will etwas besorgen. Nach einer knappen Stunde kommt sie wieder, der Schalk blitzt ihr aus den Augen, aber sie verrät nicht, was sie angestellt hat. Daß sie im Hotel war, ist offensichtlich; sie hat ihren rotgoldenen Sari gegen einen olivfarbenen eingetauscht. Der neue ist nicht aus Seide und nicht aus Chiffon; er ist offensichtlich für die Bootspartie bestimmt.
Sie drängelt nicht, aber man merkt ihr an, daß sie nur auf den Augenblick wartet, bis die Kaffeerunde und unsere Fachsimpelei ein Ende hat. Schließlich ist es soweit. Mohini bemächtigt sich einiger Kissen und eilt übermütig, und so schnell es ihr Sari zuläßt, die Treppen zum Strand hinab. Der Chauffeur hilft beim Klarmachen des Bootes. Ich muß dem guten Onkel noch versprechen, in Ufernähe zu bleiben, dann tuckern wir los.
Kaum ist die Verwandtschaft außer Sicht, wird Mohini recht kleinlaut. Das Herz ist ihr wieder mal in die... na ja, irgendwo im Innern des Saris verlorengegangen. Wir sitzen nebeneinander, lassen das Boot über die flachen Wellen reiten und halten schließlich an. Mohini möchte nach den Fischen sehen. Sie behauptet, daß man sie in dem glasklaren Wasser gut beobachten könne.
Und sie hat recht. Das geräuschlos auf dem Wasser treibende Boot verscheucht die Fische nicht mehr; sie tummeln sich um und unter uns. Wir sehen bis auf den Grund. Steine, Sand und bizarre Gewächse bedecken ihn. Fische, rote, blaue und silbrige, gibt es zu Tausenden. Wir beugen uns über den Bootsrand und starren verwundert in eine Welt, die schon seit Äonen besteht und doch nichts von sich weiß. Und die nicht ahnt, daß sich zwei Menschen zu ihr herabbeugen, sich ein wenig wundern und den Kopf zerbrechen...
Aber Mohini hat ihren Kopf woanders. Sie hat Ärger mit ihrem Sari. Immer wieder fällt ein Zipfel herab und fast ins Wasser. Aber es ist nicht nur der Sari – sie ist ein bißchen nervös. Ich schlage vor, daß wir mal rasch zum Strand fahren. Er ist nur zweihundert oder dreihundert Meter entfernt und palmenbestanden. Doch Mohini wehrt ab, nein, sie möchte nicht zum Strand, aber – und nur sehr zaghaft kommt es heraus – ob ich mich nicht mal umdrehen könnte. Ihre Wimpern flattern vor Aufregung. Für eine Sekunde vermute ich, daß irgend etwas Schreckliches passiert ist – vielleicht hat sich

ein Strumpf gelöst? Vielleicht... aber wer weiß schon bei indischen Frauen Bescheid.
Ich beuge mich über Bord und studiere die Meeresfauna; ich lege ein Interesse für Flundern und Schollen an den Tag, als wäre es Freitag. Unter mir zappeln die Fische, hinter mir zappelt Mohini. Das Boot wackelt erst leicht, dann schaukelt es bedrohlich. Weiß der Himmel, was das Mädchen anstellt. Ich frage mich schon, ob ich taktvoll bleiben soll. Die kleine Hexe überfordert mich – ich bin schließlich nicht der Dorftrottel von Bombay. Ich könnte ja mal ein bißchen spicken, ein bißchen den Weg des geringsten Widerstandes auskundschaften. Vielleicht gibt sie mir einen Tip:
»Mohini, what is the line of ›least resistance‹?«
»A fishing line without any bait on it!«
Howgh, das Professorentöchterlein hat gesprochen. Lachend drehe ich mich um. Sie sitzt da, als könne sie kein Wässerchen trüben, dabei liegt ihr Sari schön gefaltet neben ihr. Sie blinzelt in die Sonne und kämmt ihr Haar. Ihr Körper leuchtet wie auf Hochglanz poliertes Mahagoni.
Für eine Sekunde bin ich sprachlos. Ich weiß: It is not always for virtue's sake that women are virtuous.
Was macht ein Junggeselle in einer solchen Situation?
Die Frage ist mir nicht ungeläufig, aber schließlich bin ich in einem fremden Land, und so exotische Wesen wie Mohini sind nicht unproblematisch, sie sind wie Orchideen, wie Schmetterlingsflügel, wie die Unschuld selbst: Touch it, and the bloom is gone.
Und schließlich ist Mohini – trotz ihrer neunzehn Jahre – noch ein Kind. Sie weiß von der Welt nicht mehr, als sie in Büchern gelesen und in Filmen gesehen hat. In Filmen gesehen – das erklärt alles. Hat sie nicht von Jennifer Jones und einem in Hongkong gedrehten Film geschwärmt? Und will sie nicht in absehbarer Zeit nach Europa? Ihre für Indien sehr gewagte Freilufteskapade ist also nichts anderes als ein kleiner Schritt in Richtung Emanzipation. Das ist eines kleinen Komplimentes würdig:
»Mohini, *dear,* wo hast du diesen wundervollen Badeanzug her?«
Sie hat sich gefangen und lächelt – ein wenig schelmisch, ein wenig stolz:
»Den habe ich mir heute mittag im Hotel gekauft.«
Die kleine Circe wußte, daß ich heute früh meine Badeutensilien mitnahm, und hat sich ganz auf einen Nachmittag in der Sonne eingerichtet. Drei Minuten später habe auch ich nur noch Shorts an, und dann geht es ab, daß das Wasser in Fontänen vorbeifliegt.
Klitschnaß landen wir eine halbe Stunde später an einem abgelegenen Strand. Wir ziehen das Boot ans Ufer, traben durch den weißen Sand bis zu den ersten Palmen und machen es uns im Schatten der Wipfel bequem. Außer dem

Plätschern der Wellen und dem Gurren einiger Vögel ist kein Laut zu vernehmen. Mohini schaut mit großen Augen in den Himmel über ihr.
Als sich die Sonne zum Horizont senkt, tuckern wir leise nach Hause. Mohini sitzt mir gegenüber. Sie läßt ihre rechte Hand durchs Wasser gleiten; manchmal lächelt sie, manchmal schaut sie nur glücklich vor sich hin, manchmal plappert sie die holdseligsten Nichtigkeiten.
Am Strand von Onkel Rams Garten vertäuen wir das Boot, dann steigen wir aufwärts. Mohini tastet nach meiner Hand:
»Schau«, flüstert sie, »schau nur!«
Wir drehen uns um. Wie ein riesiger Feuerball versinkt die Sonne im Meer, in einer endlosen Fläche puren Goldes. Noch einmal läßt sie ihre Flammenstrahlen über das Firmament zucken, dann taucht sie unter. Grün, leuchtend wie ein Smaragd, dehnt sich die uferlose See. Das Spektrum des Himmelslichtes verglüht in tausend Farben. Dann fallen die Schatten ein. Das Meer wird dunkel. Hinter uns, im Osten, schiebt sich die schwarzsamtne Tropennacht über die Wipfel der Palmen.
Beim Nachtessen – ich habe meine Freunde zum Abschiedsdinner ins ›Taj Mahal‹ eingeladen – werden wir in märchenhafter Weise bewirtet. Etwas Unwirkliches, etwas unaussprechbar Schönes umschmeichelt uns. Ist es die exotische Szenerie, sind es die eleganten Menschen, die Diademe der Damen, die Bärte und Turbane der Herren, ist es das leise Summen der Ventilatoren oder das Tuten der Schiffe? Ist es der Esprit meiner Gäste oder das Lächeln von Mohini – ich weiß es nicht. Vermutlich ist es ein bißchen von allem. Wir erfreuen uns des Augenblicks, der glücklichen Stunde. Wir scherzen und diskutieren und tun so, als ob die Welt nur aus Luxus und knisternder Seide bestünde. Indien, der märchenhafte Kontinent – für einen Augenblick zeigt er sich von seiner besten Seite.
Um Mitternacht fahren wir die Damen nach Hause. Die Herren beschließen, noch einen Abschiedstrunk zu nehmen. Wir rücken Richard auf die Bude. Hier gibt es *Scotch on the rocks* und *Harp* und *Guiness* und *Red Barrel* zur Wahl. Und aus soignierten und distinguierten Herren werden im Handumdrehen vergnügte Studiker, *undergraduates* von den Ufern der Isis.
Wir bechern und singen, zitieren Shelley und Sanskrit, und wie der Morgen dämmert, zittert noch immer ein kleines Lied über den Nebelschwaden der Back Bay.

Zwei Stunden später schiebt sich ein großes Schiff aus dem Hafen. Ich stehe an der Reling und blicke hinüber zum Strand. Die Stadt schläft noch; einige Geier kreisen über ihr. In einem kleinen Garten am Fuße des Malabar-Hill flattert ein Tüchlein im Wind...

Erläuterungen

(1) Karl Baedeker: Indien, Handb. f. Reisende, Leipzig 1914
(2) L. S. S. Kumar u. a.: Agriculture in India (Vol. III), London 1963, S. 171 ff.
(3) Die Zahl der Hospitäler und Kliniken in Indien konnte von 8 600 (1950/51) auf 12 600 (1960/61) und die der Betten von 113 000 auf 185 600 gesteigert werden (Government of India Planning Commission: Third Five Year Plan, 1961, S. 652)
(4) Vgl. H. M. Ahmad: Geheimnisvolles Indien? Berlin 1937, S. 137 f.
(5) Laut Viehzählung von 1956; vgl. Kumar a. a. O., S. 3, und Government of India Planning Commission: Third Five Year Plan, 1961, S. 344
(6) K. M. Panikkar, ein indischer Gelehrter und Politiker unserer Zeit, äußert sich dazu wie folgt: »Daß in einem so alten Kultur- und Zivilisationsland wie Indien allerlei Überbleibsel primitiver Vorstellungen noch immer am Leben sind und von den Unwissenden auch gehegt und gepflegt werden, ist nicht überraschend. Ähnliche Erscheinungen gibt es auch in den meisten fortschrittlichen Ländern. Worüber man sich aber mit Recht wundert, ist die Tatsache, daß auch zahlreiche Leute von Rang und Ansehen solchem Aberglauben frönen. Viele dieser Überzeugungen werden bezeichnenderweise nicht wie in anderen Ländern als Privatangelegenheit gehandhabt, sondern sind Bestandteil politischer Programme und Gegenstand öffentlicher Bestrebungen. Um nur zwei Beispiele zu nennen: Die Hindus halten die Kuh im allgemeinen für ein heiliges Tier. Ob dieser Glaube überhaupt echtes Hindudogma ist, weiß man nicht genau. Forscher haben herausgefunden, daß die Hindus in alten Zeiten durchaus Kühe geschlachtet und Rindfleisch gegessen haben. Das Dogma von der Heiligkeit der Kühe entbehrt nach diesen Forschungen der eigentlichen religiösen Rechtfertigung. Doch lassen wir es dahingestellt sein. Merkwürdigerweise verlangen heute viele Gruppen nach einem gesetzlichen Schlachtverbot für Rinder. Zur Begründung führen sie pseudowirtschaftliche Argumente ins Treffen; aber man weiß nur zu gut, daß hier der Aberglaube der Massen zu politischen Zwecken mißbraucht wird. Nichts läßt die indischen Gegensätze greller aufleuchten als diese künstliche Agitation. Wer nur ein wenig darüber nachdenkt, muß zu dem Ergebnis gelangen, daß ein solches Schlachtverbot für die indische Wirtschaft verheerende Folgen haben würde. Aber nicht einmal die Kommunisten haben das Problem der Beseitigung überflüssiger Viehbestände aufgegriffen. Auch sie fürchteten, sich dadurch beim Volke unbeliebt zu machen. So gilt auch im Atomzeitalter die Kuh immer noch als ein heiliges Tier.« (K. M. Panikkar: Indien, Verlag Wissenschaft und Politik, Köln 1962, S. 150/151.)
(7) Vgl. P. T. Bauer: Indian Economic Policy and Development, London 1961, S. 23
(8) J. Gebser: Asienfibel, Frankf./Berlin 1962, S. 104 f.
(9) National Council of Applied Economic Research: Domestic Fuels in India, Bombay 1959, S. 18. Vgl. auch F. Baade: Der Wettlauf zum Jahre 2000, Oldenburg, 3. Aufl. 1961, S. 208/209
(10) 1 Rupie = 0,88 DM. Bis zum Jahre 1957 war die Rupie in 16 Annas und ein Anna in 4 Pice oder 12 Pies unterteilt. Heute hat Indien das Dezimalsystem. 1 Rupie = 100 Nei Pies.
(11) Vgl. H. Bechtoldt: Indien oder China, dtv, 1964, S. 225, und A. Zischka: Welt ohne Analphabeten, Gütersloh 1964, S. 285
(12) Vgl. R. Segal: The Crisis of India, Penguin 1965, S. 286 f.
(13) Vgl. E. E. Koch: Rotchina ist anders, Freiburg 1964, S. 221 f. Garantien dieser Art gibt es für sämtliche Volkskommunen Chinas. Als beispielhaft gelten die 16 Garantien der Volkskommune Chi-liying (Provinz Honan)

(14) The Flame Newsweekly, 19. November 1964

(15) Als Indien unabhängig wurde, hatte es 24 Hochschulen. Davon waren drei (Kalkutta, Bombay und Madras) schon 1857 gegründet worden. Während der letzten Jahre ist die Zahl der Universitäten auf ca. 40 gestiegen

(16) Vgl. H. Bechtoldt, a. a. O., S. 41

(17) ›Times of India‹ 16. 1. 65

(18) ›Times of India‹: Six Million Brought Under Rationing in Calcutta (6. 1. 65)

(19) Die altindische Medizin erfreut sich auch heute noch großer Beliebtheit. Sie wird von höchster Stelle gefördert. Manche Staatsregierungen geben für Aufrufe, an der traditionellen indischen Medizin festzuhalten, beträchtliche Summen aus. »Auch die Zentralregierung steht unter ständigem Druck, die einheimische Medizin wegen ihrer angeblich nationalen Bedeutung zu fördern. Zweifellos war Indien in alter Zeit eines der Pionierländer der ärztlichen Kunst. Das Heilverfahren der Ayurveda war vor dem zehnten Jahrhundert über ganz Asien verbreitet. Viele der von den indischen Ärzten angewandten Drogen sind auch tatsächlich wirksam. Sie gehören inzwischen zur Materia medica der ganzen Welt. Aber all dies erhebt die indische Heilkunst noch nicht in den Rang einer Wissenschaft. Dennoch gibt es in jedem Unionsstaat Ayurvedic-Schulen, an denen die alten Heilverfahren immer noch gelehrt werden, da man sie irgendwie mit der nationalen Größe Indiens identifiziert.« (K. M. Panikkar, a. a. O., S. 151 f.)

(20) Die Hindus sind gewohnt, in gewaltigen Zeiträumen zu rechnen. Brahma, der langlebigste ihrer vergänglichen Götter, wird hundert Brahma-Jahre = 311 040 000 000 000 Menschenjahre alt. »Im Leben Brahmas wechseln, ebenso wie in dem des Menschen, Tage und Nächte einander ab. Ist ein Brahma-Tag zu Ende, so tritt ein partieller Weltuntergang ein, der nur die unteren Teile des Weltsystems erfaßt. Mit Anbruch des neuen Brahma-Tages beginnt dann wieder eine partielle Weltschöpfung. Ein Brahma-Tag ist ein Kalpa. Er umfaßt tausend große Weltalter *(mahayuga)* von je vier mal 320 000 Menschenjahren. Ein großes Weltalter setzt sich nämlich aus vier Weltaltern *(yuga)* zusammen, die als Krita, Treta, Dvapara und Kali bezeichnet werden und eine abnehmende Reihe von 4-, 3-, 2-, 1-tausend ›Götterjahren‹ darstellen. Ein Götterjahr entspricht 360 Menschenjahren. Diese Yugas unterscheiden sich ihrer Dauer wie ihrer Qualität nach: Im ersten Yuga, das am längsten währt, herrschen allgemein glückliche Verhältnisse, und die Menschen sind gerecht und wahrheitsliebend, in jedem folgenden Yuga tritt eine sukzessive Verschlechterung ein, bis schließlich im letzten, im Kali-Yuga, die allgemeinen wie die moralischen Zustände in der Welt auf dem völligen Tiefpunkt anlangen ... Wir befinden uns heute in der Morgendämmerung eines Kali-Yuga, das am 17. Februar 3102 v. Chr. mit dem Tode Krishnas begonnen hat.« (H. v. Glasenapp: Die nichtchristlichen Religionen. Frankfurt 1957, S. 158 f.)

(21) Wilhelm Geiger: Elementarbuch des Sanskrit, 2. Aufl. Straßburg 1909: »Unter Sanskrit (samskrta = zurechtgemacht) versteht man die vor mehr als 2 000 Jahren durch einheimische Grammatiker geregelte Hoch- und Schriftsprache der klassischen Periode des alten Indiens. Zeitlich voran geht dem Sanskrit die Sprache der vedischen Literatur, Altindisch im engeren Sinn. Der jüngsten Form dieser vedischen Sprache steht das Sanskrit sehr nahe, leitet sich indessen von einem örtlich etwas verschiedenen Dialekte her. Eine spätere Entwicklungsstufe der indischen Sprache stellen die mittelindischen Dialekte dar, die verschiedenen Prakrit-Sprachen und das Pali, die heilige Sprache des südlichen Buddhismus. Auf den Prakrits beruhen die modernen Dialekte Indiens (Hindustani, Bengali usw.) und das Singhalesische.«

(22) S. Radhakrishnan: Weltanschauung der Hindu, Baden-Baden 1961, S. 5–10

(23) S. Radhakrishnan, a. a. O., S. 149 f.

(24) Vgl. R. B. Pandey: Popular Hinduism at a Glance, Varanasi, Sec. ed. 1964

(25) Krishna nahm an dem im Epos *mahabharata* geschilderten Kriege teil und gab dem Panduprinzen Ardschuna in der Bhagavadgita philosophische Lehren ... Krishna ist auch berühmt wegen seiner Liebesabenteuer. Als Heldenjüngling (meist mit blauer Hautfarbe dargestellt) liebte er Gopis (Hirtenfrauen) in den Weidegründen bei Mathura, später war er

mit 16 000 Frauen verheiratet und hatte 180 000 Söhne. (H. v. Glasenapp: Die nichtchristlichen Religionen, S. 165)
(26) Vgl. R. B. Pandey, a. a. O. S. 4/5 und W. v. Glasenapp: Die nichtchristlichen Religionen, S. 164 f.
(27) Aus Kâli-ghâta wurde bengalisch kâlikâtâ, englisch: Kalkatta, geschrieben Calcutta
(28) S. Radhakrishnan: Weltanschauung ..., S. 44 f.
(29) T. Mende: Indien vor dem Sturm, Frankfurt 1955, S. 142 f.
(30) S. Radhakrishnan: Weltanschauung ..., S. 120 f.
(31) H. v. Glasenapp: Die Indische Welt, Baden-Baden 1948, S. 119
(32) S. Radhakrishnan: Weltanschauung ..., S. 123
(33) Mahârâja = Großkönig, Râja = König; das Wort ist mit dem lateinischen »rex« verwandt (s. H. v. Glasenapp: Die Indische Welt, Baden-Baden 1948, S. 99)
(34) S. Radhakrishnan: Weltanschauung ..., S. 123 f.
(35) R. Thomas: Hindu Religion, Customs and Manners, Bombay 1960, S. 17
(36) Vgl. K. M. Panikkar, a. a. O., S. 68
(37) »The late Sir Girja Shankar Bajpai, Secretary General for Foreign Affairs, once told me that it was only because he was truly westernised that he could bring himself to eat at the same table as the Prime Minister. ›But you are both Brahmins‹, I ventured, ›so what is the difficulty?‹ – ›He is a Kashmiri Pandit. I am a Kanya Khubja, I belong to the highest hierarchy of Brahmins, the ones who are Chaturvedis (of the four Vedas), we are strict vegetarians by caste, at least at home; but Nehru is a Kashmiri Pandit, his ancestors were reared on meat and fish ... I would not wish a girl of my family to marry into his although I have the highest regard for him as Prime Minister‹.« (T. Zinkin: Caste Today, Oxford University Press 1962, S. 15 f.)
(38) S. Radhakrishnan: Weltanschauung ..., S. 131 f. und 110–116
(39) T. Mende: Gespräche mit Nehru, Hamburg 1956, S. 31
(40) In den folgenden Jahren wurden Praxis und Organisation des Dorfentwicklungsprogramms (C. D.) verschiedentlich aufgrund der gewonnenen Erfahrungen revidiert, wobei besonders die seit Ende 1958 verfolgte Politik der *democratic decentralization* genannt sei, mit der eine stärkere Nutzbarmachung der lokalen wirtschaftlichen und politischen Kräfte und Initiativen für die Modernisierung der Dörfer angestrebt wird. Auch materiell wurde das C. D.-Programm beträchtlich ausgedehnt. Während bei Beginn des zweiten Fünfjahresplans (1956) 950 C. D.-Blocks zu arbeiten begonnen hatten, waren bis Ende 1961 bereits 3 589 solcher »Entwicklungsblocks« und 681 Vorbereitungsblocks mit insgesamt 41 600 Dörfern und 231,7 Millionen Menschen entstanden. Davon bestanden 880 Blocks bereits länger als fünf Jahre und hatten somit die ›zweite Stufe‹ ihrer Entwicklung erreicht, in der die staatlichen Betriebssubventionen weitgehend reduziert werden konnten. (Chao Kuo-Chün: Agrarwirtschaftliche Entwicklungsprobleme im heutigen Indien, Stuttgart 1964, S. 36.)
(41) Vgl. Chao Kuo-Chün, a. a. O., S. 45/48 und H. Manndorff: Indien – 400 Millionen suchen einen Weg, Wien 1958, S. 128
(42) Hauptaufgabe des Dorfproduktionsrates: »In den Dorfbewohnern ein stärkeres ökonomisches Interesse hervorzurufen und die Arbeit des Panchayat-Raj-Systems produktionsorientierter zu gestalten. Der Dorfproduktionsrat besteht aus folgenden Personen: dem Dorfratsvorsitzenden *(Sirpanch)* bzw. seinem Stellvertreter; dem Dorfberater der C. D.-Behörde *(Village Level Worker)*, einem oder zwei Vertretern der Dorfgenossenschaften; dem Sekretär des Rats; dem Schullehrer; dem Patwari (Beamter der Liegenschaftsverwaltung, der die Grundstückseintragungen vornimmt) und einigen anderen ...
Eine der wichtigsten Aufgaben des Rats ist die jährliche Aufstellung des Dorfplans in Zusammenarbeit mit den C. D.-Behörden. Der Plan wird vor der Inkraftsetzung als Entwurf veröffentlicht und in der Dorfversammlung *(Gram Sabha)* sowie den Dorfgemeinschaften einige Monate lang diskutiert. Der Plan enthält zwei Hauptteile: Einer betrifft die Kreditversorgung, die Beschaffung von Düngemitteln, die Bereitstellung von Saatgut,

Etwas unaussprechbar Schönes umschmeichelt uns. Ist es die exotische Szenerie, sind es die eleganten Menschen, die Diademe der Damen, die Bärte und Turbane der Herren, ist es das leise Summen der Ventilatoren oder das Tuten der Schiffe? Ist es der Esprit meiner Gäste oder das Lächeln der Tänzerin – ich weiß es nicht. Vermutlich ist es ein bißchen von allem. Wir erfreuen uns des Augenblicks, der glücklichen Stunde. Wir scherzen und diskutieren und tun so, als ob die Welt nur aus Luxus und knisternder Seide bestünde. Indien, der märchenhafte Kontinent – für einen Augenblick zeigt er sich von seiner besten Seite. (S. 253)

Indien hat 558 000 Dörfer. Die Bauern lassen sich aus ihrer Lethargie nicht aufrütteln. Sie leben wie im Mittelalter; Riten und Aberglauben bestimmen ihr Dasein, und ihre Felder bestellen sie nach alter Väter Sitte. Die Dorfentwicklungsprogramme der Regierung, die die Dörfer mit neuem Geist erfüllen sollten, scheiterten. Zumeist! Die Vorhaben versanken in Behördenroutine, im Leerlauf der Apparatur. (S. 54ff.)

Unterstützung der Bauern beim Pflanzenschutz, den Bau von Kleinbewässerungsanlagen, wofür eine Unterstützung durch Behörden außerhalb des Dorfes notwendig ist. Der andere Teil des Plans betrifft Vorhaben wie die Aushebung von Bewässerungskanälen zur lokalen Nutzbarmachung des durch große Bewässerungsvorhaben erschlossenen Wassers, die Unterhaltung vieler Feldbewässerungsanlagen... (und) die Anlage von Gemeindewäldern.« (Chao Kuo-Chün, a. a. O., S. 49.)

(43) Due to the absence of a sufficient number of modern slaughter houses and abattoirs, a large proportion of hides produced in the country are of ›fallen‹ type which are inferior in quality as compared to those from the slaughter houses. (Government of India Planning Commission: Third Five Year Plan, 1961, S. 351.)

(44) »Als sich der chinesische Ministerpräsident Tschu En-lai einmal mit Sushil K. Dey, einem der wenigen Jungen in der indischen Ministerequipe, der für die sogenannten Community Development Projects verantwortlich ist, über ebendiese Entwicklungspläne für die Landwirtschaft Indiens unterhielt und die ganze Begeisterung gespürt haben mußte, mit der dieser kleine energische Mann das indische Reformwerk auf dem Lande betreibt, um die Massen aus der Lethargie aufzurütteln, ohne zu Zwang und Terror zu greifen, kam von der chinesischen Seite nur ein mitleidiges Lächeln: Ohne Anwendung von Gewalt sei keine Änderung zu bewirken, und auch Indien werde noch lernen, Gewalt anzuwenden.« (H. Bechtoldt, a. a. O., S. 36.)

(45) Vgl. Chao Kuo-Chün, a. a. O., S. 51 ff.

(46) Vor zehn Jahren war es noch üblich, daß die Hälfte der Ernte (manchmal auch mehr) an die Grundbesitzer abgeliefert werden mußte. Im ersten Fünfjahresplan nahm sich die Regierung dieses Problems an, und die Länder erließen entsprechende Gesetze. In einigen Staaten (Gujarat, Maharashtra und Rajasthan) ist nunmehr ein Sechstel die Grenze, in anderen (Assam, Kerala, Orissa und in den Bundesterritorien) ist ein Viertel Usus. In manchen Staaten ist immer noch ein Drittel üblich und zulässig. Vgl. Government of India Planning Commission: Third Five Year Plan, 1961.)

(47) Das Gros der indischen Bevölkerung lebt auf dem Land. »19,0 Prozent, also rund ein Fünftel von ihnen besaßen überhaupt keinen Grund und Boden, waren Landarbeiter oder Tagelöhner. Weitere 30,9 Prozent bewirtschafteten Land bis zu 1 Hektar. Weitere 32,5 Prozent hatten Höfe zwischen 1 und 4 Hektar. Sie alle zusammen verfügten nur über ein Drittel der bebauten Ackerfläche Indiens. Die beiden anderen Drittel verteilten sich auf 13,1 Prozent der Landbevölkerung mit Eigentum zwischen 4 und 10 Hektar und 4,5 Prozent an sogenannten Großgrundbesitzern mit Eigentum über 10 Hektar. Weniger als ein Fünftel der Landbesitzer verfügte zusammen über zwei Drittel der gesamten Fläche.« (H. Bechtoldt, a. a. O., S. 112.)

(48) Chao Kuo-Chün, a. a. O., S. 57 ff. und P. K. Chaudhuri, Ceilings on Land Holdings, in: Economic Weekly, Bombay, 19. 3. 60, S. 495 ff.

(49) Rabindranath Tagore: Towards Universal Man, Neuauflage Bombay 1961, S. 325 f.

(50) J. Nehru: An Autobiography, Repr. 1958, London, S. 438

(51) Vgl. H. Bechtoldt, a. a. O., S. 120 f.

(52) Vgl. H. Bechtoldt, a. a. O., S. 120

(53) Vgl. Government of India Planning Commission: Third Five Year Plan, 1961, S. 363/64: Sowohl der erste als auch der zweite Fünfjahresplan messen der Entwicklung der Forsten große Bedeutung bei. Sie enthalten Entwürfe zum Schutz und zur Aufbesserung von Waldgebieten und Projekte zur Aufforstung, wobei schnellwachsende Holzarten bevorzugt werden. Auch die Pflanz- und Arbeitstechniken sollen verbessert werden.

1950 wurde der Central Board of Forestry errichtet. Das Anpflanzungsprogramm umfaßt 210 000 Acres (1 Acre = 40,467 Ar) für Teakholz, 40 000 Acres für Bambus, 60 000 Acres für Matchwood (zur Herstellung von Zündhölzern), 22 000 Acres für australische Akazie, 46 000 Acres für Feuerholz. Während des dritten Fünfjahresplanes sollen 325 000 Acres mit schnellwachsenden, industriell verwendbaren Hölzern bepflanzt werden.

(54) Wenigstens ein Drittel des Landes sollte mit Wald bedeckt sein. Der heutige Bestand

liegt wesentlich niedriger; er beträgt nur 21,8 Prozent, und diese Forsten konzentrieren sich auf die Staaten Assam, Madhya Pradesh, Orissa und einige Bundesterritorien. (Government of India Planning Commission, a. a. O., S. 362.)

(55) Karma = Weltprinzip der Vergeltungskausalität; alle guten oder bösen Taten finden automatisch Lohn und Strafe.

(56) Um *pollutions* (Verunreinigungen) vorzubeugen, kochen gläubige Hindus ihre Mahlzeiten grundsätzlich in eigenem Geschirr. Nicht nur das Volk, auch der Ministerpräsident geht mit Kochtöpfen auf die Reise. (Vgl. ›Frankfurter Allgemeine‹ vom 21.4.65.) Der ›Spiegel‹ vom 5.5.65 weiß folgendes zu berichten: Lal Bahadur Shastri, 61, indischer Ministerpräsident, der im vergangenen Jahr bei einem Kairobesuch im ›Hilton-Hotel‹ gewohnt und seine Speisen auf einem mitgeführten transportablen Ofen in seinem Appartement abgekocht hatte, wurde jetzt von der Hoteldirektion aufgefordert, für die durch Wasserdampf und Soßenspritzer entstandenen Schäden an den Tapeten aufzukommen.

(57) J. Nehru: An Autobiography, S. 434/37

(58) Young India, 12. Nov. 1931; zit. nach. R. Segal: The Crisis of India, Penguin 1965, S. 186

A. Zischka: a. a. O., S. 303: Hätte Indien Gandhis Ideale verwirklicht, so wären inzwischen zwei Drittel aller Inder verhungert.

(59) H. Bechtoldt, a. a. O., S. 124/25

(60) In seinem Buch ›Towards Universal Man‹, Bombay 1961 (Neuauflage), gibt Rabindranath Tagore, der indische Nobelpreisträger, einen Abriß dessen, was war und was Indien England zu verdanken hat:

»In diesen Tagen, die noch gar nicht so lange zurückliegen, hat unsere Landbevölkerung ihre Freizeit damit verbracht, daß sie – schwatzend und kartenspielend – im Pavillon des Tempels saß. Es gab wenig zu überlegen oder zu besprechen, was außerhalb des Bannkreises der Familie oder des Dorfes lag ... die Substanz blieb unverändert, alles war Wiederholung. Der erste Einbruch in unsere wohlumfriedete Selbstgefälligkeit erfolgte mit der Besetzung des Landes durch die Mohammedaner. Aber auch die Moslems gehörten der konstanten (sich gleichbleibenden) Welt des Ostens an, auch sie waren Gefangene ihrer eigenen Vergangenheit ... Der Blick von der Veranda des Dorftempels – wo wir uns zufrieden dem Familienklatsch und dem Kartenspiel hingaben – ging über den alten Horizont nicht hinaus.

Und dann kamen die Engländer. Sie kamen nicht einfach als Menschen schlechthin, sie kamen als Bannerträger des neuen europäischen Geistes. Die Ankunft der Briten ist eine ungewöhnliche Episode in unserer Geschichte. Auf der persönlichen Ebene blieben uns diese Neuankömmlinge ferner als die Moslems, aber als Emissäre des europäischen Geistes haben sie einen Kontakt hergestellt, der umfassender und gravierender war als der aller ihrer Vorgänger. Die Dynamik Europas traf unsere stagnierenden Gemüter wie ein Frontalangriff – sie wirkte wie ein wolkenbruchartiger Regen auf durch und durch trockene Erde. Wachstumsimpulse regten sich, neues Leben entstand ...

Unsere Verhältnisse in Indien werden immer noch von unserer fatalistischen Schicksalsergebenheit bestimmt, aber es sind jetzt Lücken in unseren Mauern, durch die sich der europäische Geist bis zu unseren Vorgärten durchgekämpft hat. Er hat uns das große Geschenk eines universalen Wissens gebracht, er hat unseren Intellekt geweckt ...«

(61) A. Schweitzer: Aus meinem Leben und Denken, Siebenstern-Taschenbuch 1965, S. 157: »Haben wir Weißen ein Recht, primitiven und halbprimitiven Völkern – nur auf solche bezieht sich meine Erfahrung – unsere Herrschaft aufzudrängen? Nein, wenn wir sie nur beherrschen und materielle Vorteile aus ihrem Lande ziehen wollen. Ja, wenn es uns Ernst damit ist, sie zu erziehen und zu Wohlstand gelangen zu lassen.«

(62) ›Times of India‹ v. 28. 11. 64 und 2. 12. 64

(63) R. J. Venkateswaran: The Impact of Jawaharlal Nehru on Indian Economy, Calcutta/New Delhi 1962, S. 75: »Was auch immer die Mängel der britischen Herrschaft in Indien gewesen sein mögen, eines ist unbestritten: Die Engländer legten den Grundstein für

die parlamentarische Demokratie dieses Landes. Die Minto-Morley-Reformen von 1909, die Montford-Reformen von 1919 und das Government of India-Gesetz von 1935 gaben – trotz der enggezogenen Grenzen – den indischen Führern Gelegenheit, sich technische Fertigkeiten anzueignen und Erfahrung in der Kunst des parlamentarischen Regierens zu sammeln. Dank der englischen Erziehung lernten die Inder die Vorzüge eines Rechtsstaates, einer unabhängigen Justiz, einer freien Presse und das Parteiensystem schätzen; auch die indische Verfassung wurde im großen und ganzen nach dem britischen Modell entworfen.«

(64) R. Tagore, a. a. O., S. 226. Vgl. auch A. Koestler: Von Heiligen und Automaten, Bern und Stuttgart 1961, S. 352.

(65) K. M. Panikkar: Asien und die Herrschaft des Westens, Zürich 1955, S. 446: »Die Zusammenfassung ungeheurer Gebiete in große Nationalstaaten. Das hatte es vorher nicht gegeben. Wohl hatten der Hinduismus und die Sanskritkultur ein Gemeinsames dargestellt; wohl war jede dominierende Dynastie in Indien bestrebt gewesen, ihr Reich vom Himalaya bis zum Kap Comorin auszudehnen, aber gelungen war es in der mehrtausendjährigen Geschichte Indiens nie. Das geschah erst, als die britische Verwaltung hundert Jahre lang den Indern mittels eines umfassenden Regierungsapparates die Einheit aufzwang.«
Neben den Aktivposten der Kolonisation gibt es natürlich auch vieles, was den Engländern rot angekreidet werden muß: Das indische Handwerk brach unter den importierten Industrieprodukten zusammen, bestimmte Exporte wurden gedrosselt u. ä. Manche dieser Erscheinungen waren zeitbedingt (Mechanisierung auf dem Gebiet der Weberei, der Metallverarbeitung usw.), andere trugen ausbeuterischen Charakter. Aktiva und Passiva der Kolonialzeit werden oft einander gegenübergestellt, aber der Beweis, daß die Inder – aufs Ganze gesehen – durch die Kolonisation schlechter gefahren sind, ist noch nicht erbracht worden.
Bei solchen Überlegungen darf man nicht vergessen, daß es weite Gebiete in Indien gab, die nicht zu ›Britisch-Indien‹ gehörten, und das sind heute die rückständigsten.

(66) Vgl. Abbe J. A. Dubois: Hindu Manners, Customs and Ceremonies, Third Edition, Oxford 1959, S. 236 ff.

(67) »Für einen westlich erzogenen Menschen sind *night soil* und Urin Exkremente von gleicher Art, und man entledigt sich ihrer an ein und derselben Stelle. Für einen orthodoxen Hindu sind die beiden Ausscheidungsarten grundverschieden. Urin führt nicht zu einer rituellen Verunreinigung, nur Kot bewirkt das. Urin gehört zum Alltagsleben. Sein scharfer, alles durchdringender Geruch stört auch einen verfeinerten Städter nicht – wenn er ihn überhaupt wahrnimmt. In Indien schlagen die Leute ihr Wasser überall ab, auf dem Dorf erledigen die Frauen das im Hofraum, wo sich der Geruch alsbald in dem stärkeren Aroma des Kuhurins verliert. Viele strenggläubige Hindus schlagen ihr Wasser nicht in der Toilette ab – selbst wenn sie eine haben; sie bevorzugen den Boden des Bads, wo ein kleines Loch für den Abfluß sorgt. Auf diese Weise führen sie die Unterscheidung zwischen *pollution* (ritueller Verunreinigung) und *excretion* (Ausscheidung) zu einem logischen Ende; würden sie die Toilette benutzen, würden sie sich verunreinigen und könnten dann nicht umhin, ein rituelles Bad zu nehmen.« (T. Zinkin: India Changes, London 1958, S. 147.)

(68) »In den Gebäuden der Reserve Bank in Bombay steht eine Gruppe von Sweepern, Parias, die niedrige Arbeit verrichten, in Bereitschaft, um die WC des Personals zu spülen. Die Angestellten weigern sich, die Ketten zu ziehen, weil diese jeden Morgen bei der Reinigung des Örtchens von Sweepern berührt werden. Es ist übrigens kennzeichnend, daß in den WC, die für das leitende Personal reserviert sind, solche Vorurteile passé sind; hier müssen keine Sweeper Dienst tun.« (T. Zinkin: Caste Today, Oxford University Press, 1962, S. 51.)

(69) Parias = Unberührbare; sie gehören keiner der vier klassischen Kasten an und stehen in der sozialen Hierarchie weit unter einem Shudra. Es gibt 60–80 Millionen Parias in Indien.

(70) S. Radhakrishnan: Religion and Society, London 1959 (4 Impr.), S. 101.

Vgl. auch J. A. Dubois, a. a. O., S. 30 f., und F. A. Plattner: Indien, Mainz 1963, S. 43.
(71) J. Nehru: An Autobiography, Repr. 1958, London, S. 379
(72) Die gegenteilige Ansicht wird von Rabindr. Tagore mit harten Worten vertreten. Albert Schweitzer widmet sich dem Problem der Welt- und Lebensverneinung bzw. -bejahung besonders ausführlich in seinem Buch ›Die Weltanschauung der indischen Denker‹ (Neuauflage München 1965).
(73) In der Vereinigung von Lingam und Yoni ›wiederholt sich die Schöpfung der Welt, die Genesis. Gleichzeitig aber ist sie eine metaphysische Rückspiegelung, nämlich die Heimkehr aus der Vielheit, aus dem begrenzten Dasein des einzelnen in die Einheit, in die konturenlose Ewigkeit.
Die Gemeinschaft Lingam-Yoni zeigt den Antagonismus der männlichen und weiblichen Prinzipien – den körperlichen Gegensatz der Liebenden, aber gleichzeitig seine Zerstörung in einer über alle Verschiedenheiten hinweg triumphierenden »Nicht-Dualität«. Das ist die hintergründige Bedeutung jener Darstellung der Liebe, die sich tausendfach im indischen Stein wiederholt.
Erschaffen wurde die Welt nur durch Differenzierungen. Wenn sie die All-Einheit wieder erreichen will, muß sie das Geschaffene bis auf die Keimzelle zerstören, wie das Menschenpaar, das unter dem Gesetz der Vielheit aufgerufen wurde, seine wirkliche Existenz aber nur in der Vernichtung des Unterschiedes findet. Hier enthüllt sich der dunkle Sinn der Worte Schöpfer und Zerstörer, mit denen das Wesen der Götter Wischnu und Schiwa umschrieben wird, wobei der eine nur als Aspekt des anderen gemeint ist.‹ (G. Bonn: Neues Licht aus Indien, Neuauflage Wiesbaden 1963, S. 121/122).
(74) Siehe S. V. Gupte: Hindu Law of Marriage, Bombay 1961, S. 73. Zum Vergleich – ebenfalls nach Gupte – einige Auszüge aus dem alten Eherecht:
Die Ehe galt als *samskara*, als eines der zehn Sakramente, durch die das Leben eines Hindu zum gottgewollten Ziele geführt wird. – Die Heirat wurde nach religiösem Ritus vollzogen. Minderjährige waren heiratsfähig. Nicht heiratsfähig waren: Schwachsinnige und impotente Personen. Es war erlaubt, mehrere Frauen zu haben. Hindu-Frauen durften sich nicht wiederverheiraten, solange ihr Ehemann noch lebte und im Falle seines Todes nur, wenn es durch Sitte oder Status üblich und zulässig war. Kein Hindu konnte einen Nicht-Hindu heiraten. Die Eheleute mußten derselben Kaste angehören. Konvertiten wurden als Shudras eingestuft (auch Europäer).
(75) Zit. nach S. Radhakrishnan: Weltanschauung . . ., S. 99
(76) Vgl. Dubois, a. a. O., S. 525 ff.
(77) Benares wird schon im Ramayana und im Mahabharata erwähnt. Die alten Inder nannten die Stadt Awimukta, Stätte der Erlösung, oder Kashi, die Glänzende. Heute nennt man sie – nach den Flüssen Varna und Assi, die hier in den Ganges münden – Varanasi.
Benares ist seit Jahrtausenden das Zentrum des Hinduismus. Millionen besuchen die Stadt jahraus, jahrein. Sie werden von zirka 30 000 Brahmanen betreut, bemuttert und gelegentlich auch ein wenig ›beraubt‹. Jeder Gläubige, der die heilige Stadt besucht, muß die Panch-Kosi-Pilgerroute, die am Manikarnika-Ghat beginnt, absolvieren. Sie ist sechsunddreißig und eine viertel Meile lang und erfordert, der vielen Tempel wegen, wenigstens sechs Tage.
(78) In den vedischen Schriften hatte man das Wort *Yoga* im Sinne von Anjochen, Anspannen verwendet. Mit Hilfe von Zaubersprüchen wurde Umherschweifendes gebannt, Ungezügeltes in ein Joch gezwängt.
(79) Beim praktischen Yoga gibt es einige Unterarten, die aus verschiedenen Entwicklungsperioden stammen. Details s. D. Langen: Archaische Ekstase und asiatische Meditation, Stuttgart 1963, S. 38.
(80) E. Wood: Grundriß der Yoga-Lehre, Stuttgart 1961, S. 60
(81) H. Walter: Die Leuchte des Hathayoga. Aus dem Sanskrit übersetzt, Diss. München 1893, S. 73

(82) »Es scheint«, so schreibt Jean Gebser, »daß das Zurücktauchen in die Ichlosigkeit, das Absinken in das große unterschiedslose und zeitlose Zeitenmeer für uns Europäer zur Unmöglichkeit geworden ist, es sei denn, man könnte die ganze europäische Entfaltung zur Ichhaftigkeit mit all ihren positiven und negativen Folgen rückgängig machen. Das aber wäre gleichbedeutend mit dem europäischen Tod. Unser unterscheidendes Bewußtsein ist anders strukturiert als das asiatische, unser Weg ist ein anderer als der indische. Nicht um das Zurücktauchen in die mystische Ichlosigkeit sollte es sich bei uns handeln, sondern um ein Hinauswachsen, um ein Hinausreifen über die Ichhaftigkeit.« (J. Gebser: Asienfibel, Frankfurt-Berlin 1962, s. 92 f.)
(83) Die Universität von Benares entstand aus dem ›Central Hindu-College‹, das 1892 von der Engländerin Annie Besant gegründet wurde. 1916 legte Lord Harding, der damalige Vizekönig, den Grundstein zu dem großen Universitätskomplex, der heute vierzehn Colleges umfaßt. Alte Sprachen, Indologie, Musik, Philosophie, Landwirtschaft, Maschinenbau, Jura, Mathematik etc. stehen im Vorlesungsverzeichnis. »Im allgemeinen... interessieren sich die Studenten mehr für das neue Zyklotron der Universität als für ihre Sanskritkurse. Von 10 000 Studenten entschieden sich nur 400 zum Besuch des Sanskrit-College, 386 von ihnen, um Sprachwissenschaft und alte Literatur zu studieren. Nur vier junge Inder aber hatten die einst so berühmten Vorlesungen über indische Philosophie und indische Religion belegt. War das ein Zeichen der Zeit?« (G. Bonn: Neues Licht aus Indien, Wiesbaden 1958, S. 94.)
(84) Der Ganges entspringt in der Nähe des Schipka-Passes in 4 200 Meter Höhe. *Gomukh* (Kuhmund) heißt der Gletscher, aus dem der Gebirgsbach hervorsprudelt. Das Flüßlein trägt den Namen des Ramayana-Prinzen Bhagirathi und wird erst nach der Vereinigung mit zwei anderen Quellwassern, dem Jahnavi und der Alaknanda, zum Ganges. Bei Rischikesch verläßt der Fluß durchs ›Tor der Götter‹ den Himalaya, um seine lebensspendende Kraft zu entfalten: eine Million Quadratkilometer umfaßt sein Stromgebiet.
(85) Vgl. J. Gebser: Asienfibel, S. 119 f.
(86) Ein Ashram ist eine spezifisch indische Form menschlichen Zusammenlebens: Gefolgsleute, Schüler, Jünger scharen sich um einen Guru, einen Lehrer und Meister. Die Stätte der Begegnung, der gemeinsamen Arbeit, Übung und Meditation ist das Ashram. Es kann aus einer Bambushütte mit Strohdach bestehen, aber ebensogut auch aus einem großen, universitätsähnlichen Institut. Schon zur Zeit der Veden und Upanishaden spielten die Ashrams eine große Rolle im geistigen Leben Indiens, und auch heute noch gehen viele schöpferische Impulse von den Ashrams aus.
(87) A. Schweitzer: Die Weltanschauung der indischen Denker, Neuauflage München 1965, S. 192; Seite 201: »Das abendländische und das indische Denken sind beide, jedes in seiner Art, unvollständig und unzulänglich. Will man sie nebeneinander würdigen, so darf man sich aber nicht nur an ihre grundsätzliche Verschiedenheit halten, sondern muß auch noch in Betracht ziehen, daß sie beide in Wandlung begriffen sind. Die Wandlung setzt bei beiden gleichzeitig, etwa um die Mitte des 19. Jahrhunderts, ein.
Bei dem europäischen besteht sie darin, daß es die Welterkenntnis, auf die es sich berief, nicht aufrecht erhalten kann und nun versuchen muß, der Weltanschauung der ethischen Welt- und Lebensbejahung in absolut sachlichem Denken gewiß zu werden. Für das indische handelt es sich darum, die Welt- und Lebensverneinung aufzugeben und sich auf ethische Welt- und Lebensbejahung einzustellen.«
(88) S. Radhakrishnan: Religion and Society, London 1959, S. 67 f.
(89) »Was Indien weit dringender als neue Stahl- und Chemiewerke brauchen würde, sind mit Hilfe erfahrener Massenpsychologen und Werbefachleute aufgezogene Großkampagnen der Regierung gegen Aberglauben und Passivität, ein völlig erneuertes Pressewesen und eine vervielfachte Rundfunk-Wirkung.«
(A. Zischka: Welt ohne Analphabeten, Gütersloh 1964, S. 304.)
(90) Vgl. S. Lienhard: Ratirahasya, Stuttgart 1960.
(91) Es gibt in Indien 179 Sprachen und 544 Dialekte. In der Verfassung werden – neben

Sanskrit und Englisch – vierzehn Hauptsprachen anerkannt, die sich wie folgt auf das Gebiet der Indischen Union verteilen:

Länder	*Hauptsprachen:*
Kaschmir, Pandschab, Uttar-Pradesh, Bihar	Kaschmiri, Pandschabi, Hindi, Urdu, Hindustani
Gudscharat	Gudscharati
West-Bengalen	Bengali
Assam	Assami
Maharashtra	Marathi
Andhra	Telugu
Orissa	Orya
Madras	Tamil
Mysore	Kannada
Kerala	Malayalam

In der Verfassung wurde Hindi zur Amtssprache erhoben (Devanagari-Schrift); es sollte im Laufe von fünfzehn Jahren (bis 1965) Nationalsprache werden. Das Parlament, die Verwaltung, Schulen und Universitäten sollten sich nur noch dieser Sprache bedienen. Das Vorhaben scheiterte. Das Sprachproblem ist bis heute ungelöst. In Süd-Indien wehrt man sich hartnäckig gegen den »Hindi-Imperialismus« und schreckt selbst vor Gewalttaten nicht zurück (Vgl. ›Times of India‹ v. 28. 1. 65; ›FAZ‹ vom 27. 1., 1. 2. und 15. 2. 1965.)

(92) Das Kama Sutra ist das älteste und berühmteste indische Liebeslehrbuch. Es war lange Zeit einzig in seiner Art. Heute kennt man zirka fünfzig altindische Bücher über *kama* und rund neunzig Sanskrit-Autoren, die sich mit der Liebe und ihrer Vervollkommnung beschäftigen.

(93) J. J. Meyer: Sexual Life in Ancient India, London 1952, II, S. 317/18

(94) Das Sexualleben wird, so sagt K. M. Panikkar, ein indischer Gelehrter unserer Zeit, ›nicht nur als normal und notwendig, sondern beinahe als sakramental angesehen. Es wird als das menschliche Gegenstück der Schöpfung betrachtet, und der religiöse Symbolismus der Hindu betont dies bei allen Gelegenheiten. Es ist die Vereinigung von Pûrûsha (oder Geist) mit Prakriti (oder Energie), symbolisiert als die Vereinigung von Shiva und Shakti, welche die Welt geschaffen haben. Das Symbol Shivas ist das Lingam oder der Phallus, das Symbol der Shakti ist die Yoni. In diesem Sinne ist jeder Aspekt einer Gottheit im Hinduismus durch eine weibliche Komponente ergänzt.‹

(95) Die ›Times of India‹ vom 10. 1. 65 berichtet von der Verwendung von Khajuraho-Reproduktionen als Theaterdekorationen.

(96) Vgl. Ernest Wood: Yoga, Penguin-Bücher 1959, S. 176

(97) Vgl. A. Koestler: Von Heiligen und Automaten, S. 170 f.

(98) L. Fischer: The Life of Mahatma Gandhi, London 1951, S. 263

(99) A. Koestler: Von Heiligen . . ., S. 190/91; vgl. auch R. Segal, a. a. O., S. 165/66.
Der Verfasser hat das Buch ›My days with Gandhi‹ (Seiten 132–137) eingesehen und sich der Richtigkeit des o. a. vergewissert.

(100) J. Nehru in ›The Discovery of India‹: »Der rationelle Forschergeist, der früher einmal in unserem Lande so offenbar gewesen ist und der zur Weiterentwicklung der Wissenschaften hätte führen können, ist durch den Irrationalismus und die blinde Vergötterung der Vergangenheit ersetzt worden. Das indische Leben ist ein träger Fluß geworden, der im Vergangenen stagniert und nur langsam durch die Vielzahl der verklungenen Jahrhunderte rollt. Zermalmt unter der schweren Last des Gewesenen, versinkt es in eine Art von Koma. So kann es nicht weiter überraschen, daß Indien unter diesen Lebensbedingungen geistiger Betäubung und körperlicher Erschöpfung entartet ist. Daß es starr und unbeweglich dahinsiecht, während andere Teile der Welt vorwärts schreiten . . .« (zit. nach T. Mende: Indien vor dem Sturm, S. 5.)

(101) »Es wird manchmal behauptet, daß die Geburtenkontrolle ein widernatürlicher Ein-

griff in die Vorgänge der Natur ist. Aber wir haben die Gegebenheiten der Natur durch Erfindungen und Entdeckungen beeinflußt. Unsere Gebräuche unterscheiden sich von den Praktiken unzivilisierter Naturmenschen, und das ist nichts als die Folge unserer Intervention in Naturgegebenes ... Wir verleugnen nicht, daß ›sex control‹ besser ist als ›birth control‹, aber die Menschen sind nicht alle Heilige, wenn sie auch danach streben mögen, Heilige zu werden. Unter den gegenwärtigen Verhältnissen und im Interesse der sozialen Ökonomie müssen Einrichtungen und Mittel für die Geburtenkontrolle zur Verfügung stehen, besonders für die ärmeren Klassen.« (S. Radhakrishnan: Religion und Society, S. 189.)

›Hindustan Standard‹ vom 18. November 64: »Die Regierung der Union hat die Regierungen der Länder aufgefordert, unverzüglich Maßnahmen zu ergreifen, um die gegenwärtige Geburtenrate so bald als möglich um wenigstens 50 Prozent zu senken. Die vorgeschlagenen Maßnahmen umfassen die Bereitstellung fahrbarer Operationswagen für alle Bezirke des Landes ... Da die Erziehung der Öffentlichkeit ein wichtiger Teil des Programm ist, will die Regierung West-Bengalens zum ›Family Planning Day‹ am 12. Dezember 200 Geburtskontrollzentren einrichten, und für drei Tage sollen annähernd 10 000 ›family planning workers‹ ein intensives Training in diesen Zentren erhalten.«

(102) ›Times of India‹ vom 6. 10. 64: Legalisierung von Abtreibungen: Ein Zentral-Komitee, das die Legalisierung von Abtreibungen als ein Mittel der Geburtenkontrolle studieren soll, wird demnächst unter dem Vorsitz des Gesundheitsministers des Staates Maharashtra eingerichtet werden ... Das Komitee soll bis 31. März 1965 Bericht erstatten.

(103) Government of India Planning Commission: Third Five Year Plan, 1961, S. 651 und 675.

(104) Vgl. ›Frankfurter Allgemeine‹ v. 27. 3. 65

(105) Vgl. Government of India Planning Commission: Third Five Year Plan, 1961, S. 652–60:

Die Maßnahmen, die zur Eindämmung der Malaria ergriffen wurden, haben sich in einer rapiden Abnahme der Krankheitsfälle bemerkbar gemacht ...

1952/53 gab es noch 75 Millionen Malariafälle, 1960/61 nur noch 10 Millionen. In der Kontrolle anderer übertragbarer Krankheiten, wie der Filarieninfektionen, der Tuberkulose, des Aussatzes und der Geschlechtskrankheiten, wurden anerkennenswerte Fortschritte gemacht ... Die ›child-spleen‹-Rate verringerte sich von 7,7 Prozent im Jahre 1956 auf 1,4 Prozent im Jahre 1960. Auch die Krankheits- und Sterblichkeitsrate für Pocken ist dank der Impfkampagnen im Sinken; aber während bestimmter Jahreszeiten treten die Pockenfälle nach wie vor auf, und alle fünf oder sechs Jahre – so scheint es – tritt die Krankheit in epidemischer Form auf ...

Es gibt rund 2 Millionen Menschen im Lande, die an Aussatz leiden; 20–25 Prozent davon befinden sich im infektiösen Stadium.

(106) Man unterscheidet zwei Formen des Buddhismus: *Mahayana* – das ›große Fahrzeug‹ zum Heil und *Hinayana* – das ›kleine Fahrzeug‹. Erstere Glaubensrichtung ist in Nepal, Vietnam, China, Korea und Japan vertreten, letztere in Ceylon, Burma, Thailand, Laos und Kambodscha.

(107) »Wie andere Asketen hatte sich Buddha – wir erfahren es aus seinen Reden – damit abgequält, überhaupt nicht niederzusitzen oder sich nur auf die Fersen niederzulassen. Wie sie hatte er sich kein anderes Lager als ein mit Dornen belegtes gegönnt. Auch hatte er Kälbermist gegessen und Urin getrunken. Durch das Fasten war er zum Gerippe geworden.« (A. Schweitzer: Die Weltanschauung der indischen Denker, Neuauflage München 1965, S. 71.)

(108) »Das Besondere der Lehre Buddhas besteht zunächst darin, daß er die von den Brahmanen und den Anhängern der Samkhya-Lehre und des Jinismus geübte Askese und Selbstpeinigung ebenso verwirft wie den Lebensgenuß. Weltentsagung, verkündet er, besteht vor allem darin, daß der Mensch das innerliche Losgelöst-Sein von den Dingen erreicht, nicht so sehr darin, daß er sie äußerlich bis ins letzte durchführt. Wessen Geist von

der Welt wirklich frei ist, der kann, ohne damit weltlich zu werden, den natürlichen Bedürfnissen ihr Recht zugestehen. Diese Überzeugung steht für Buddha aus dem Erlebnis fest, daß er die Erleuchtung nicht erlangte, als er seinen Leib kasteite und marterte, sondern als er wieder Speise zu sich nahm und aufhörte, ein ›Selbstquäler‹ zu sein.« (A. Schweitzer: Die Weltanschauung ..., S. 71.)

(109) Vgl. K. Rohatgi: Buddhism and Sarnath, Varanasi 1964, S. 10

(110) Vgl. A. Schweitzer: Die Weltanschauung ..., S. 70–74

(111) »Der Kommunismus hat in seiner Philosophie und Ethik eine gewisse Ähnlichkeit mit dem Buddhismus. Er ist ebenso wie dieser für die Gleichheit der Menschen und Völker. Er ist ebenso humanitär, universalistisch, intellektualistisch und rationalistisch. Er ist auch pazifistisch und internationalistisch. Von diesem Gesichtspunkt aus ist seine sittliche und philosophische Grundlage dieselbe wie die des Buddhismus.« (Zit. nach E. Benz: Buddhas Wiederkehr und die Zukunft Asiens, München 1963, S. 263.)

(112) U Ba Swe 1951 vor dem burmesischen Gewerkschaftskongreß: »Tatsächlich ist die marxistische Theorie der buddhistischen Philosophie gegenüber nicht antagonistisch. Ehrlich gesprochen, die beiden sind einander nicht bloß ähnlich. In Wahrheit sind sie in der Grundidee identisch ... Diese beiden Philosophien hängen miteinander zusammen ... Anfänglich war ich nur Buddhist aus Tradition. Je mehr ich den Marxismus studiere, desto mehr werde ich vom Buddhismus überzeugt ... Jetzt glaube ich, daß für jeden Menschen, der den Buddhismus tief erforscht und seine Lehren richtig begriffen hat, es kein Hindernis geben sollte, Marxist zu sein.« (Zit. nach E. Benz: Buddhas Wiederkehr ..., S. 266.)

(113) R. Trumbull: As I see India, New York 1956, S. 151: »Nachdem Indien unabhängig wurde, habe ich eine große Universität besucht. Ich entdeckte, daß die langen Tische im Speisesaal in Abschnitte unterteilt waren, deren Zwischenräume sicherstellten, daß niemand mit einem Unberührbaren oder mit einem Studenten niederer Kaste an einem Tisch saß.«

(114) Dubois, a. a. O., S. 50 (Anmerkung des Herausgebers): »Even to this day a Pariah is not allowed to pass a Brahmin street in a village, though nobody can prevent, or prevents his approaching or passing by a Brahmin's house in towns. The Pariahs, on their part, will under no circumstances allow a Brahmin to pass through their ›parcherries‹ (collections of Pariah huts), as they firmly believe that it will lead to their ruin.«

(115) Vgl. ›Times of India‹ vom 14. 1. 65, S. 7

(116) ›Times of India‹ vom 2. 10. 64: Harijans Demand Better Deal. New Delhi. Over 10 000 people, mostly belonging to the Scheduled Castes, demonstrated in front of Parliament today, demanding a better deal for the Scheduled Castes and Scheduled Tribes.«

(117) ›Times of India‹ vom 16. 10. 64

(118) H. Sheth: Juvenile Deliquency in an Indian Setting, Bombay 1961, S. 79/80 (Der Staat ›Bombay‹ wurde am 1. 5. 60 in die Staaten Maharashtra und Gujerata aufgeteilt).

(119) T. Mende: China, Indien und die Welt, Hamburg 1965, S. 63. B. R. Misra, Professor für Volkswirtschaft an der Universität Patna, sagt zum gleichen Thema: »Die interessanteste Tatsache an Indien ist, daß der Boden so fruchtbar und das Volk so arm ist. Indien ist von Natur aus mit großen, reichen, fruchtbaren Gebieten gesegnet, aber die Masse des Volks lebt in äußerster Armut. Dieser paradoxe Zustand ... beruht auf einer außerordentlich ungleichen Landverteilung.« (B. R. Misra: Vinobas Sieg, Frankfurt 1956, S. 29.)

(120) T. Mende: China, Indien ..., S. 64

(121) A. V. Bhave wurde am 11. September 1895 geboren. Er entstammt einer Brahmanen-Familie, die im Bezirk Kolaba (Maharashtra) ansässig war. Er lernte 1916 Gandhi kennen und siedelte später in dessen Ashram über. Heute lebt er in Paunar.

(122) A. V. Bhave: From Bhoodan to Gramdan, Tanjore 1957, S. 2

(123) Dieses Gespräch und das nächste Zitat s. A. Koestler: Von Heiligen und Automaten, S. 17.

(124) H. Bechtoldt, a. a. O., S. 128

(125) Als Bhave in Bihar an Malaria erkrankte und wochenlang dem Tode nahe war, trat er auch auf andere Weise in Gandhis Fußstapfen: er weigerte sich, westliche Medizin einzu-

nehmen. Das war Wasser auf die Mühlen der Ayurveda. Erst als Nehru und Präsident Prasad persönlich eingriffen und ihn in Briefen baten, sich helfen zu lassen, gewann die Vernunft wieder die Oberhand.

(126) Siehe A. V. Bhave: From Bhoodan to Gramdan, Tanjore 1957, Seiten 75, 77, 78, 81, 86, 89, 91 und 92

(127) Vinoba sagt hierzu: »Zuerst kam mir der Bhudan-Gedanke, mein nächster Schritt bestand in der Verbreitung der Sampatidan-Idee, das heißt der Idee, Vermögen freiwillig zu verschenken. Der dritte Schritt besteht in nichts weniger als in vollkommener Aufgabe jeden Besitzes zu Gunsten der Armen, in freiwilliger Armut, damit alle gleichen Anteil an Gottes Reichtum haben« (zit. nach B. R. Misra, a. a. O., S. 76/77).

Als Appendix zu seinem Buch ›Bhoodan Yajna‹ (Land-Gifts-Mission), Ahmedabad, 3. Ed. 1957, hat Bhave auf Seite 133 einen Schriftsatz beigefügt, den einfache Leute, die etwas spenden möchten, nur abzuschreiben brauchen. Es ist darin von einer ›ökonomischen Revolution‹, von ›Gewaltlosigkeit‹, von ›den besten Traditionen des Landes‹, von einer ›heiligen Mission‹ und von *Daridranarayana* die Rede. Der Spender gibt an, wie hoch sein Einkommen ist und welchen Teil er Vinoba zur Verfügung stellen möchte. Der Schriftsatz, der mit ›Shri Vinobaji‹ beginnt, endet mit verzückten Klausierungen: »Für diese Beitragsverpflichtung *(pledge)*, die ich gerne eingehe, bin ich, als der *Antaryami*, das heißt die innere Stimme in mir, mein eigener Zeuge. Ich bin mir bewußt, daß ich meinem *Antaryami* die Treue halten muß. May God help me.«

(128) B. R. Misra: Vinobas Sieg, Die wirtschaftliche Bedeutung der indischen Landschenkungsbewegung, Frankfurt 1956, S. 49

(129) B. R. Misra, a. a. O., S. 12. Auf Seite 88 seines Büchleins zieht Misra das Fazit: »Vinoba macht Geschichte. Er hat durch seine Bhudan-Bewegung dem Kommunismus den Wind aus den Segeln genommen. Er hat die Menschen aufgeklärt, wie man sich zur freiwilligen Aufgabe von Landbesitz aufraffen und wie dadurch eine neue soziale Ordnung erstehen kann. Hierin liegt die wahre Bedeutung der Bewegung. Die Gewaltverneinung, welche der Bhudan-Bewegung zu Grunde liegt, beruht auf Religion, Kultur und Tradition des Hinduismus.«

(130) Zit. nach B. R. Misra, a. a. O., S. 15

(131) Siehe B. R. Misra, a. a. O., S. 36

(132) Zit. nach A. H. Doctor: Anarchist Thought in India, Bombay 1964, S. 59; Nächstes Zitat: B. R. Misra, a. a. O., S. 25

(133) Erhaltene Landschenkungen (in Morgen) bis Mai 1955: insges. 5 307 517; verteiltes Land: 197 430 Morgen. Anzahl der Familien, welche Land erhielten: 56 561 (Misra, a. a. O., S. 57).

(134) Vgl. S. Radhakrishnan: Weltanschauung ..., S. 110: »Die Hindudenker ermutigen nicht zu einer wahllosen rassischen Vermischung ...«. Seite 111: »Es ist ein Gesetz der gesellschaftlichen Ehre, daß jedes Glied innerhalb seiner eigenen Kaste heiratet.«

H. Mannsdorff: Indien ..., S. 147: »Die strikte Kastenendogamie wird heute noch praktisch uneingeschränkt eingehalten. Unter Kastenendogamie versteht man die Gepflogenheit, daß ein Mann nur Mädchen ehelichen darf, die aus derselben Kaste stammen wie er. Kein hinduistischer Priester könnte jemals für Brautleute, die von verschiedenen Kasten abstammen, eine Hochzeitszeremonie veranstalten. Es gibt zwar neuerdings eine durch die Verfassung garantierte rechtskräftige Ziviltrauung, die aber von den Dörflern nie und von den Arbeitern kaum beansprucht wird.«

(135) Dubois, a. a. O., S. 94; vgl. auch H. M. Ahmad, a. a. O., S. 148

(136) Im Jahre 1927 gab es allein in der Provinz Madras noch 200 000 Devadasis (T. Mende: Indien vor dem St., S. 143)

(137) Vgl. Dubois, a. a. O., S. 16/17: The girls of the Nambudiri-Caste »are usually married before the age of puberty; but if a girl who has arrived at an age when the signs of puberty are apparent happens to die before having had intercourse with a man, caste custom rigorously demands that the inanimate corpse of the deceased shall be subjected to a monstrous

connexion. For this purpose the girl's parents are obliged to procure by a present of money some wretched fellow willing to consummate such a disgusting form of marriage: for were the marriage not consummated the family would consider itself dishonoured.«
Vgl. auch Ahmad, a. a. O., S. 154.
(138) ›Frankfurter Allgemeine‹ vom 8. 5. 65: Indische Studentinnen
(139) Vgl. Ahmad, a. a. O., S. 165/66
(140) »Moderne Inder und Abendländer stimmen in der Verurteilung der Witwenverbrennung überein. Doch hat es sie nicht auch in unserer Kultur gegeben? Nanna wird in der germanischen Göttersage gefeiert, weil sie mit Baldur, ihrem toten Gemahl, den Feuertod teilte, Gudrun gescholten, daß sie ihren Gemahl überlebte. Brunhild läßt sich mit Sigurd verbrennen ... Was wir im Leben verdammen, wird in der Poesie hoch gepriesen. Der Feuertod Brunhilds bildet das eindrucksvolle Ende der ›Götterdämmerung‹. Die Verherrlichung der Bajadere, die zu dem Geliebten in den heißen Tod springt, gehört zu Goethes schönsten Gedichten« (M. v. Rogister: Indien ist anders, Düsseldorf 1964, S. 101).
(141) E. Müller: Fragen der modernen Industriewelt an die Welt der asiatischen Religionen, in: Hutten, Kurt & Kortzfleisch: Asien missioniert im Abendland, Stuttgart 1962, S. 253.
(142) Der Jainismus ist so alt wie der Buddhismus. Sein Stifter, Vardhamana (er erhielt den Beinamen *Mahavira*, ›der große Held‹, und *Dschina*, ›der Sieger‹), lebte im sechsten Jahrhundert vor Christus. Seine Familie gehörte der Kriegerkaste an und seine reformatorischen Bestrebungen richteten sich gegen die Exzesse des Brahmanismus. Er predigte ein sittenstrenges, asketisches Leben. Nur durch Enthaltsamkeit, so lehrte er, kann die Erlösung, die Trennung der Seele von der Materie und damit ein Ende des Leidens und der Wiedergeburten erreicht werden.
Besitz ist verpönt. Das geht so weit, daß die orthodoxen unter den jainistischen Gurus selbst das Lendentuch ablehnen. Sie sind *Digambaras* – Luftgekleidete. Der Kern der Sekte ist ein in äußerster Zucht gehaltener Mönchsorden. Der vielen Verfolgungen wegen – die Jainas lehnen den Kastengeist ab und wurden deshalb von Brahmanen und Shivaiten in vielen Pogromen niedergemetzelt – gibt es heute kaum noch eine Million Jains in Indien. Viele tüchtige und führende Köpfe sind darunter: Professoren, reiche Kaufleute, einflußreiche Beamte.
(143) Vgl. V. A. Sangave: Jaina Community, A social survey, Bombay 1959, S. 279–281
(144) J. Gebser: Asienfibel, S. 21. Gebser weist in diesem Zusammenhang noch auf folgendes hin: »Das Hindi kennt statt unserer drei Begriffe: Gestern, Heute und Morgen nur deren zwei (sofern man diese beiden als Begriffe bezeichnen darf): aj (das aadsch ausgesprochen wird) und kal ... Aj bedeutet heute; kal bedeutet sowohl gestern als auch morgen. Um zum Ausdruck zu bringen, daß etwas gestern geschehen sei oder morgen geschehen werde, muß man kal mit einem Verbum in der Vergangenheits- oder in der Zukunftsform koppeln. Ein Gestern als solches oder ein Morgen als solches gibt es nicht; sie sind ununterschieden kal, welches, wollten wir seinen Sinn wiedergeben, denn übersetzbar ist es nicht, als zeitloses Zeitmeer aufgefaßt werden müßte, als ein unterschiedsloser Zeitozean, aus dem ein dauernd flüchtiger, winziger Punkt, das aj, heraustaucht.
(145) Albert Schweitzer: Selbstzeugnisse, München 1963, S. 158
(146) Vgl. ›Times of India‹ v. 22. 11. 64. Schlagzeile auf Seite 1: Warning To Food Trade: Powers For Corporation.
Die ›Hindustan Times‹ meldet am 25. 1. 64, daß in Kalkutta 18 Nahrungsmittelhändler arrestiert wurden und ›Blitz‹ vom 28. 11. 64 klagt in großen Lettern: Faith in Racketeers Starves The People!
Auf Seite 1 der ›Times of India‹ heißt es am 19. 12. 64: Der Großhandel muß unter staatliche Kontrolle. Finanzminister T. T. Krishnamachari möchte ›perennial trouble‹ vermeiden; er wünscht Kontrollen »and retailers should act as agents of the Government«.
(147) Siehe ›Blitz‹ vom 21. 11. 64, ›The Sunday Standard‹ vom 22. 11. 64, ›The Times of India‹ vom 12. 12. 64, 20. 10. 64 und 12. 11. 64.
(148) »China ist ein besseres Modell für unterentwickelte Länder als Indien.« Diskussions-

thema am 4. Juni 1964 in der Oxforder ›Union‹. Bei der Abstimmung entschied sich die Mehrheit für China.
(149) C. N. Parkinson: Asien und Europa, Düsseldorf 1963, S. 303; letzter Satz zit. nach L. Cranmer-Byng: The Vision of Asia, London 1947, S. 11.
(150) Delhi School of Social Work: The Beggar Problem in Metropolitan Delhi, Delhi 1959.
(151) Bh. S. Samaj: Slums of Old Delhi, Delhi 1958
(152) R. Segal: The crisis of India, Penguin 1965, S. 285: Every jeweller's shop was besieged by near-frantic families. Necklaces, ear-rings, bracelets, brooches were snatched, in seeming disregard of their appearance, with all the bustle of a bargain basement. Showcases were stripped clear in a flashing of hands. It was difficult to believe that the goods were not drastically reduced summer clothes but heavy gold ornaments at specially inflated prices. It was even more difficult to believe that India was at intermittent war with China – as the press and radio proclaimed – for its very survival.
(153) Vgl. R. Segal: The crisis ..., S. 284
(154) Vgl. ›Frankfurter Allgemeine‹ vom 23. 4. 65
(155) ›Frankfurter Allgemeine‹ vom 3. 3. 65
(156) S. Sterner: Sünden der Entwicklungspolitik (›Frankfurter Allgemeine‹ vom 3. 3. 65): »Die ›weißen Elefanten‹, die schwerindustriellen Prestigeobjekte, sind in Indien und Ägypten Denkmäler einer falschen Politik, über deren Ende man nicht nachzudenken wagt.«
E. Budewig: Wird Asien rot? S. 215: Der Schaden ist groß, »wenn ein Entwicklungsland dann vor dem fertigen Stahlwerk steht und es nur unter Hinnahme permanenter Pannen betreiben kann«.
Vgl. auch ›Frankfurter Allgemeine‹ vom 19. 2. 65 und 28. 1. 65.
(157) G. Wülker: Partnerbetriebe in Indien (›Frankfurter Allgemeine‹ vom 13. 1. 65). Vgl. auch ›Times of India‹ vom 22. 10. 64: »Ein weiterer Flaschenhals: der akute Mangel an Nichteisen-Metallen und die Verzögerungen bei den Import-Maßnahmen haben eine Anzahl technischer Betriebe gezwungen, weit unterhalb der Kapazität zu arbeiten.«
Auf der Strecke Tansa–Bombay gehen täglich 15 Millionen Gallonen Wasser verloren, weil es an Zement fehlt, um die schadhafte Leitung auszubessern (›Times of India‹, 22. 10. 64).
R. Trumbull: As I see India, New York 1956, S. 213: »Many Americans who came to India with the intention of investing in the country have returned home in disgust with the frustrations of trying to deal with the government on the most triftling matter.«
(158) Siehe ›Frankfurter Allgemeine‹ vom 23. 2. 65
(159) G. Wülker in ›Frankfurter Allgemeine‹ vom 13. 1. 65.
Vgl. auch J. Gebser, a. a. O., S. 19: J. R. D. Tata – er leitet mit seinen zwei Brüdern das wohl größte Industrieunternehmen Indiens – äußerte sich (nicht wörtlich, aber sinngemäß) zum Zeitbegriff seiner Arbeiter einmal wie folgt: ›Die größte Schwierigkeit für den Aufbau der indischen Industrie liegt nicht in der Tatsache, daß die Arbeiter noch ungelernt sind; sie können angelernt werden; sie liegt auch nicht in der Beschaffung der Mittel; sie können beschafft werden; sie liegt in der Tatsache, daß der indische Arbeiter überhaupt kein Verhältnis zur Zeit hat. Ihm mangelt jedwede Vorstellung von der Zeit. Eine geordnete Durchführung des Arbeitsprozesses wird dadurch fast unmöglich gemacht, oft entstehen demzufolge erhebliche Verluste, denn jede Planung wird gewissermaßen zu einem Glücksspiel.‹
(160) Albert Schweitzer, Selbstzeugnisse, S. 157/58: »In Europa stellt man sich gerne vor, daß unter den Wilden für sehr mäßigen Lohn sich so viele Arbeiter anbieten, als gewünscht werden. Das Gegenteil ist der Fall. Arbeiter sind nirgends schwerer zu finden als unter den primitiven Völkern und werden im Verhältnis zur Arbeitsleistung nirgends so teuer bezahlt wie hier.«
(161) G. Wülker in der ›Frankfurter Allgemeinen‹ vom 13. 1. 65
(162) »Wenn ein Mann der Ansicht ist, daß die Welt ihm seinen Lebensunterhalt schuldet, ist er gewöhnlich auch noch zu faul, ihn zu kassieren.«
Vgl. Rabindranath Tagore: Towards Universal Man, Bombay 1961, S. 323: »It is not enough to say there is a shortage of funds in our country; worse, there is a shortage of

hope. We cast all the blame on fate as we bear torments of hunger. We grovel in the dust, assured that only the mercy of Heaven or of people from outside can save us. It does not strike us that the remedy is in our own hands...
It is his own deficiency, and no decree of fate, that makes a man sink into the depths. To think there is no escape from preordained misery is to make the misery perpetual. To seek new paths in a constant renewal of strength – that has always been the secret of progress. When a man waits helplessly for a turning in the wheel of fortune, he has to be regarded as shorn of manhood.«

(163) Tarzie Vittachi: The Brown Sahib, London 1962, S. 18/19; 35

(164) Vgl. R. J. Venkateswaran: The Impact of Jawaharlal Nehru on Indian Economy, Calcutta/New Delhi 1962, S. 69/73

(165) J. Nehru: An Autobiography, S. 439/40

(166) ›The Times of India‹, 27. 10. 64

(167) ›The Times of India‹ vom 8. 11. 64 (AICC = All-India Congress Committee), vom 9. 11. 64 und vom 17. 11. 64

(168) ›The Times of India‹ vom 13. 1. 65

(169) ›The Times of India‹ vom 5. 11. 64

(170) ›The Times of India‹ vom 19. 10. 64

(171) Vgl. B. R. Shenoy: Warum Hungersnot in Indien: »Nach dem letzten Einfuhrgesetz im Mai 1964 ist der Preisindex für Nahrungsmittel in den folgenden drei Monaten – auf Jahresbasis umgerechnet – um 57 Prozent in die Höhe geschnellt.« (›Frankfurter Allgemeine‹ vom 16. 11. 64.)

(172) H. Bechtoldt: Indien oder China, S. 111: »Schon 1959 hatte eine Untersuchung der Ford Foundation das Getreidedefizit Indiens im Jahre 1966 auf 28 Millionen Tonnen geschätzt, wenn die Produktion nicht schnell und stark erhöht werden könnte. Und eine neue Untersuchung im Auftrag der FAO, die kürzlich einem Kongreß der ECAFE, der Wirtschaftskommission der Vereinten Nationen für Asien und den Fernen Osten, vorgelegt wurde, setzt das Bedarfssoll an Getreide für Indien im Jahre 1976, am Ende des fünften Fünfjahresplanes, auf 160 Millionen an, und das ist mehr als das Doppelte der gegenwärtigen Erzeugung innerhalb von rund zwölf Jahren.«

(173) Prof. B. R. Shenoy: »Warum Hungersnot in Indien?« ›Frankfurter Allgemeine‹ vom 16. 11. 64.
Vgl. auch F. Ruecker: Als Berater in Asien, ›Frankfurter Allgemeine‹ vom 14. 5. 65: »Ich bereise heute die Länder Pakistan, Indien, Thailand, Malaysia, Indonesien, Philippinen und Taiwan als selbständiger landwirtschaftlicher Berater und glaube, den Beweis erbracht zu haben, daß mit dem sinnvollen Einsatz der uns bekannten landwirtschaftlichen Methoden Indien sowohl wie Pakistan ihre landwirtschaftliche Produktion leicht um das Zwölf- bis Fünfzehnfache erhöhen könnten.«

(174) Die Planer weisen darauf hin, »daß die öffentlichen Aufwendungen für die Entwicklung der Landwirtschaft stetig gestiegen sind – von 7,3 Milliarden Rupien im ersten Fünfjahresplan über 9,5 Milliarden im zweiten bis zu 17,2 Milliarden Rupien im dritten Plan. Die Landwirtschaft sei gebührend berücksichtigt worden. Doch diese Verteidigung der Planer verbirgt, daß die steigenden Zuwendungen für die Landwirtschaft der Entstehung und Erhaltung von landwirtschaftlichen ›weißen Elefanten‹ – wie zum Beispiel Flußregulierungs- und Bewässerungsvorhaben sowie der sogenannten Dorfentwicklung – dienten. Zur Zeit aber werden rund 30 Prozent der Bewässerungsanlagen gar nicht genutzt.« (B. R. Shenoy, a. a. O.)

(175) »Eine Untersuchung stellte 1954 Jahreszinssätze von 88 Prozent für verbriefte Kredite fest. Der gesetzliche Höchstsatz betrug damals 12 Prozent. In einigen Landesteilen mußten für rund zwei Drittel aller Agrarkredite Zinsen über dem gesetzlichen Höchstsatz bezahlt werden.« (Shenoy, a. a. O.)

(176) Vgl. Gauba, a. a. O., S. 183/84. S. 187/88: »The woman who says ›no‹ usually does not live to tell the tale of the horrors that may be practised on her. The usual punishment

(according to one for many years a minister in an important State) to a recalcitrant woman is rape by the staff, but some ingenious punishments are sometimes tried. Cayenne or red hot poker in the vagina, cutting the breast or disfiguring the face by removal of the nose. A married woman may have her child tortured in her presence, or she may die a lingering death of cocaine poisoning.«

(177) Indien vor dem Sturm, S. 82

(178) Vgl. H. J. C. Taussig: Indien, Mächte im Aufstieg, Zürich 1952, S. 304. T. Mende: Indien vor dem Sturm, S. 86: »Abgesehen vom Nizam von Haidarabad, besitzen die Maharadschas von Baroda, Bikaner, Mysore und Jaipur, ganz zu schweigen von einer Anzahl weniger bekannter Fürsten Privatvermögen, die das Kapital manches der größten amerikanischen Trusts übersteigen und wahrscheinlich ausreichen würden, um ein weitreichendes Programm der Industrialisierung und Modernisierung der Indischen Republik zu finanzieren.«

(179) Vgl. T. Zinkin: Caste Today, Oxford Univ. Press, 1962, S. 13, und Thomas: Hindu Religion, Costums and Manners, Bombay/Taraporevala, S. 21.

(180) Vgl. A. A. D. Luiz: Tribes of Kerala, New Delhi 1962. Die Adivasis, die unzivilisierten, wild lebenden Volksstämme Indiens stellen sechs Prozent der Gesamtbevölkerung des Landes (vgl. L. A. Krishna: Anthropology in India, Bombay 1961).
Vgl. Ministry of Information & Broadcasting, Governm. of India: The Adivasis, Delhi 1955

(181) F. A. Plattner: Indien, Mainz 1963, S. 147/48

(182) U. Hagen: Wahlkampf zwischen Kommunisten (›Süddeutsche Zeitung‹ vom 4. 3. 65)

(183) Am 4. März 1965 gingen die Bürger Keralas zur Wahl. Die Parlamentssitze verteilten sich danach wie folgt:

Prochinesische KP	40 Sitze
Kongreß-Partei	36 Sitze
Oppositionelle Kongreß-Partei	23 Sitze
Sozialisten	13 Sitze
Moslem-Liga	6 Sitze
Unabhängige	12 Sitze
Prosowjetische KP	3 Sitze

Dieses Resultat ist für die prochinesischen Kommunisten ein um so größerer Erfolg, als 28 der leitenden Funktionäre im Gefängnis saßen. »Sie waren vor zwei Monaten bei der großen Verhaftungswelle in Indien zusammen mit rund 900 anderen Kommunisten unter der Beschuldigung festgesetzt worden, sie wollten die Regierung durch Subversion stürzen« (›Süddeutsche Zeitung‹ vom 8. 3. 65).
Am 25. 3. 65 meldete AP die Auflösung des Landtages von Kerala: »Die indische Regierung hat den Landtag von Kerala für aufgelöst erklärt und dieses Bundesland der zentralen Verwaltung Delhis unterstellt. Sie hinderte damit die bei den jüngsten Landtagswahlen siegreich gewesenen pekinghörigen Kommunisten daran, zusammen mit anderen Linkskräften eine Landesregierung zu bilden. Das gleiche war schon einmal unter dem früheren indischen Ministerpräsidenten Nehru geschehen, nachdem die Kommunisten 1957 in Kerala mit dem Stimmzettel zur Macht gekommen waren. Nach der indischen Verfassung hat die Bundesregierung das Recht dazu« (›Süddeutsche Zeitung‹ vom 25. 3. 65).

(184) Vgl. Ulr. Hagen: Indien fürchtet sich vor Telengana (›Süddeutsche Zeitung‹ vom 9. 1. 65, S. 7).

(185) T. Mende: China, Indien und die Welt, S. 60

(186) Vgl. T. Mende: China, Indien ..., S. 110/11: »Ähnlich zweideutig reagierte der Westen auf die Versuche der Exkolonialländer, politische Einrichtungen ihren Bedürfnissen anzupassen. Den Tyrannen, der westliche Interessen verteidigt, nennt der Westen einen ›entschlossenen Führer‹. Einen anderen starken Mann aber schilt man Diktator, weil er es unternimmt, die überkommene Gesellschaftsform zu ändern. Mit einer Konsequenz, die von Naivität bis zur krassen Heuchelei reicht, wird kaum jemals auch nur der Versuch gemacht, zwischen der Herrschaft einer privilegierten Minderheit und einer repräsentativen Regierung zu unterscheiden.«

Seite 116: »Die kubanischen Revolutionäre akzeptierten den Kommunismus in erster Linie deshalb, weil ihnen, wenn sie den Prozeß der Neugestaltung ihres Landes vollenden wollten, keine andere Wahl blieb ..., weil das Ausland, vor allem die Vereinigten Staaten, der kubanischen Umwälzung mit eisiger Ablehnung begegnete.«

(187) Es ist »ein Irrtum anzunehmen, die marktwirtschaftlichen Prinzipien ließen sich ohne weiteres auf Entwicklungsländer übertragen. Er ist weit verbreitet, nicht nur bei uns, sondern auch bei ihnen, wenn sie ihre Politiker und Studenten schicken, um dem Geheimnis des Wirtschaftswunders auf die Spur zu kommen. In Wirklichkeit ist die Marktwirtschaft das Produkt unserer Geschichte. Wer ihr bloß begrifflich zu Leibe geht, wer ihren Mechanismus untersucht und ihren inneren Gesetzen nachspürt, vergißt allzu leicht die geistigen und gesellschaftlichen Voraussetzungen, die erfüllt sein müssen, damit es überhaupt so etwas wie eine Marktwirtschaft gibt.«

(E. Preiser: Die Zukunft unserer Wirtschaftsordnung, Göttingen, 4. Auflage, S. 106.)

(188) Boettcher/Thalheim: Planungsprobleme im sowj. Wirtschaftssystem, Berlin, Osteuropa-Institut 1964.

Kratsch, O.: Zur sowjetischen Diskussion über »Plan-Gewinn-Prämie« in ›Wirtschaftswissenschaft‹, 1963, 1.

Lewitzkij, B.: Libermann geht um, in ›Die Zeit‹, 1962, 50.

Либерман, Е. Г.: «Еще раз о плане, прибыли и премии», Правда, 20. 9. 1964.

Либерман, Е. Г.: «План, прибыль, премия», Правда, 9. 9. 1962.

Steinisch, J.: Angleichung der Wirtschaftssysteme, Marburg 1962.

Трапезников, В.: «За гибкое экономическое управление предприятиями», Правда, 17. 8. 1964.

Wiles/Smolinski: The Soviet Planning Pendulum in ›Ostprobleme‹, 1964, 7.

(189) Zit. nach H. Bechtoldt: Indien oder China, S. 218

(190) »Nahrung wird auf der Erde mit Systemen produziert, die so grundverschieden sind wie nur möglich: einerseits unter voller Aufrechterhaltung des Privateigentums an Grund und Boden, andererseits unter radikaler Beseitigung des Eigentums an Grund und Boden. Beide Methoden erweisen sich, wenn wir die Vereinigten Staaten auf der einen Seite, die Sowjetunion und China auf der anderen Seite als Repräsentanten des ›westlichen‹ bzw. des ›östlichen‹ Systems nehmen, in erstaunlichem Maße als leistungsfähig.« (F. Baade: Der Wettlauf zum Jahre 2000, Oldenburg, 3. Auflage 1961, S. 101.)

(191) Sanskrit ist – was den Aufbau der Sprache anbetrifft – das Gegenstück zu Latein. Artikel und Präpositionen, Subjekt, Objekt und Prädikat haben keinen festen Platz im Satzgefüge. Sie werden ihrem Aussagewert, ihrer Bedeutsamkeit nach aneinandergereiht. Wiederholungen unterstreichen die Wichtigkeit eines Wortes. Substantive können zeilenweise nebeneinander stehen. Es beginnt dann ein Raten und Rätseln, zumal viele Wörter mehrere Grundbedeutungen haben und diese sich oftmals diametral gegenüberstehen: *marga* zum Beispiel heißt sowohl Lebensweg als auch Lebensziel; *Artha* ist Sinnesziel und Sinnesobjekt; *yajna* ist das Opfer, aber darüber hinaus steht es (da Opfern ein Transferieren ist) auch für jede Art von Umwandlung; es kann also das Reden, das Essen und die Entstehung des Regens bedeuten.

(192) Die katholische Kirche in Indien nach dem ›Catholic Directory for India 1962‹:

	Gläubige	Priester	
Kerala		Ausländer	Inder
Syro-Malabaren	1 599 897	1 680	3
Lateiner	821 456	528	46
Talminad	1 362 127	955	171
Goa	349 237	600	–
Mittelindien	1 652 233	1 154	418
Nordindien	846 696	503	700
zusammen	6 282 409	5 402	1 339

(193) Schon Gandhi hat die Missionierung seiner Landsleute nicht gern gesehen. Er hat »nicht bemerkt, daß sein Protest gegen die Mission auf einer falschen Auffassung von der Religion beruht, nämlich auf dem verhängnisvollen Grundgedanken einer Nationalreligion, die durch Blut und Boden bedingt ist.« (Th. Ohm: Asiens Nein und Ja zum westlichen Christentum, München 1960, S. 178 u. 181.)
(194) F. A. Plattner: Indien, Mainz 1963, Seite 136: »Wohlfahrtsoffiziere, Sendlinge aktiver hinduistischer Gruppen und andere vereinten ihre Kräfte gegen die Missionare. Wiederholt wurden Kirchen geschändet, christliche Oraons unter Drohungen zu falschen Zeugnissen gezwungen und gedrängt, ihrem Glauben abzuschwören. Unter allerlei Vorwänden baute man neben den bereits bestehenden katholischen Schulen nun staatliche Schulen und entzog nachträglich denen der Kirche die bisherigen Unterstützungen mit der Begründung, sie seien eine unnötige Konkurrenz für das staatliche Schulwesen. Die christlichen Kinder ließ man bei den Prüfungen systematisch durchfallen, indem nachweisbar Fragen gestellt wurden, die weit über die vorgeschriebenen Programme und über die Fähigkeiten der Schüler hinausgingen. Schließlich verwickelte man eine Anzahl belgischer Jesuiten-Missionare in Prozesse ... Die lokalen Beamten und Gerichtshöfe schikanierten die Missionare während der Verhandlungen auf eine unvorstellbare Weise, um sie mürbe zu machen. Sie wurden regelmäßig verurteilt, aber ebenso regelmäßig von den höheren Instanzen wieder freigesprochen.« (Anmerkung des Verfassers: F. A. Plattner ist seit 1940 für die indische Jesuitenmission tätig.)
(195) Zitiert nach F. A. Plattner, a. a. O., S. 195
(196) K. M. Panikkar: Asien und die Herrschaft des Westens, Zürich 1955, S. 403: »In Indien hatten sich die Missionen um 1930 damit abgefunden, daß in vier Jahrzehnten rastlosen Mühens nichts Nennenswertes erreicht war.«
(197) F. A. Plattner, a. a. O., S. 63/64: Die »empfindliche Stelle im Gefüge des Hinduismus waren die Parias, die Kastenlosen. Bei diesen setzte man denn auch für gewöhnlich an ... Diese hatten also nichts zu verlieren, aber viel zu gewinnen, wenn sie sich den Missionaren öffneten. Zum erstenmal fanden sie Menschen, die sich um ihr Los kümmerten, ihre Kranken pflegten, ihre Kinder unterrichteten, sie gegen die Wucherer verteidigten und ihnen in der größten Not auch oft mit einem Almosen halfen ...
So kam es denn je nach den örtlichen Verhältnissen und den zur Verfügung stehenden Kräften und Mitteln zu mehr oder weniger zahlreichen Bekehrungen von Parias ... Es konnte nicht ausbleiben, daß ... die Kirche in den Augen der besseren Stände der Hindus als Paria-Gemeinde erschien und die alten Vorurteile wieder neue Kraft gewannen ... Später bildeten sich Teams von Schriftstellern und Professoren, die durch Zeitschriften und Bücher, durch Vorträge und Mitarbeit in wissenschaftlichen Gesellschaften der christlichen Lehre Eingang in diesen Kreisen zu verschaffen suchten. Der Erfolg dieser Bemühungen zeigte sich weniger in Bekehrungen als in einem Abbau von Vorurteilen, in dem Gewinn an Sympathie und Achtung und auch in der Durchdringung führender Schichten mit echt christlichem Gedankengut, vor allem einer Hochschätzung der Persönlichkeit Christi.«
(198) F. Legrand: Le Concile oecuménique et l'évangélisation du monde, Mulhouse 1962, zit. nach F. A. Plattner, a. a. O., S. 203.
(199) »Der Gedanke an eine Monopolstellung von Wahrheit und Verkündigung ist der asiatischen Seele völlig fremd.« (K. M. Panikkar: Asia and Western Dominance, London 1953, S. 445.)
»Der Anspruch des Sektierers, er allein sei im Besitze der Wahrheit und alle, die sich ihr nicht unterwerfen, seien verdammt, schien dem Inder wie dem Chinesen von jeher unvernünftig und aberwitzig. Das haben alle Asiaten, die den Standpunkt der Missionare gewissenhaft überprüften, vom Kaiser Kang Hsi bis Mahatma Gandhi, immer wieder bestätigt.« (K. M. Panikkar: Asien und die Herrschaft des Westens, Zürich 1955, S. 407.)
(200) Albert Schweitzer: Das Christentum und die Welt-Religionen, München 1962, S. 50: »Schwere Demütigung wartet unser aller, die wir draußen das Evangelium predigen. ›Wo ist denn eure ethische Religion?‹ fragen sie uns, ob es Primitive des Urwaldes sind oder

Gebildete des fernen Ostens. Was das Christentum als Religion der Liebe geleistet hat, gilt als ausgelöscht dadurch, daß es nicht stark genug war, die christlichen Nationen zur Friedfertigkeit zu erziehen, und daß es im Kriege selber sich noch mit so viel weltlicher und häßlicher Gesinnung vergesellschaftete, ja heute sich noch nicht von ihr losgerissen hat. In grausiger Weise ist es dem Geiste Jesu untreu geworden.«

(201) »Daß die Verbreitung des Christentums in Indien bisher so wenig Fortschritte gemacht hat und daß es seine Konvertiten fast ausschließlich nur unter den Primitiven und den Angehörigen der ungebildeten Volksschichten findet, hat nicht zuletzt seinen Grund in der mangelhaften wissenschaftlichen Ausrüstung des christlichen Glaubensboten.« (H. v. Glasenapp: Die Indische Welt, Baden-Baden 1948, S. 158.)

»The average missionary is usually wholly ignorant of India's past history and culture and does not take the slightest trouble to find out what it was or is. He is more interested in pointing out the sins and failings of the heathen. Of couse, there have been many fine exceptions ...« (J. Nehru: An Autobiography, S. 375).

»Noch kürzlich erging sich ein Christ aus Kerala in Indien mir gegenüber in Klagen darüber, daß die einheimischen Geistlichen auf das Geld aus seien, bessere Herren spielten und keinen Kontakt zu den Gläubigen hätten. Die fremden Glaubensboten fänden immer noch am besten den Weg zu den Leuten. Aber man darf hier nicht verallgemeinern, darf nicht übersehen, daß die Asiaten andere Methoden haben und bevorzugen. Ganz falsch freilich dürften jene Behauptungen kaum sein. Eifer in dem Sinn, wie ihn die europäischen Missionare entwickelten, haben nicht alle einheimischen Geistlichen. Ja, sie lieben ihn nicht einmal.« (Th. Ohm: a. a. O., S. 182.)

(202) »Der frühere Generaldirektor der Organisation für Ernährung und Landwirtschaft der Vereinten Nationen (FAO), Lord Boyd Orr, hat auf Grund einer im Jahre 1959 durchgeführten Chinareise erklärt, daß er völlig überzeugt ist, daß es China gelungen sei, die Nahrungsmittelproduktion um 50 bis 100 Prozent in drei Jahren zu steigern und daß die ›chinesischen Schätzungen einer gewaltigen Steigerung der Nahrungsmittelproduktion nicht übertrieben sind‹ ... Während es in Indien nicht gelungen ist, die Getreideerzeugung ebenso stark zu steigern, wie die Bevölkerung wuchs, geht sie in China weit über die Steigerung der Bevölkerungszahl hinaus« (F. Baade, a. a. O., S. 90).

Vgl. auch ›The New York Times‹, Internat. Ed., vom 14. 5. 59.

(203) »Es ist ein Witz der Geschichte, daß gerade die Amerikaner, die Perfektionisten der Werbung und Reklame, in ihrer Entwicklungshilfe einen so mühseligen Start hatten, daß sie bürokratisch, schwerfällig, ungeschickt vorgingen – so wie man sich eigentlich die Russen vorstellt. Das hat einen guten Grund: Die besten Amerikaner verkaufen eben Coca-Cola oder Cadillacs in Asien, und das mit Erfolg. Die Auslandshilfe und die Propaganda für die Auslandshilfe Amerikas hingegen wird von weniger cleveren und leicht bürokratisierten Menschen gemacht, die nicht durchweg Coca-Cola-Niveau haben.«

(E. Budewig: Wird Asien rot? Stuttgart 1961, S. 218.)

(204) Vgl. Kl. Billerbeck: Die Auslandshilfe des Ostblocks für die Entwicklungsländer, Hamburg 1960, S. 57/58.

(205) »Was hier (China) im Laufe der Kollektivierung erreicht worden ist, grenzt ebenfalls an das Märchenhafte! Tausende von Quadratkilometern von Lößabhängen sind in der Weise aufgeforstet worden. In den Jahren 1958 und 1959 wurden 36 Millionen Hektar aufgeforstet; das ist fünfmal soviel wie die gegenwärtige Waldfläche der Bundesrepublik Deutschland.« (F. Baade, a. a. O., S. 97.)

Vgl. auch C. H. Deng: Chinas grüne Mauer. Chinas Anstrengungen zur Aufforstung. Arbeiten aus der Bundesforschungsanstalt für Forst- und Holzwirtschaft, Reinbek/Hamburg, ›Übersee-Rundschau‹, 11 (1959), 3, S. 60–64.

(206) »Der Ruf in der Zeit einer Expansion gilt nicht der Gleichheit, sondern sucht Führung und Wagnis. Demokratie verbindet sich dabei mit dem Gedanken an die letzte Phase des westlichen Rückzugs. Wie auch die anderen Gaben, die wir von den Griechen übernommen haben, ist sie höchst suspekt, ein hölzernes Pferd, das in sich die Mittel der Vernichtung

tragen mag... Doch abgesehen von solchen Gedankenverbindungen ist eine Demokratie unmöglich, wenn sich die Verhältnisse nicht vorher unter einer anderen Regierungsform konsolidiert haben. Demokratie setzt eine gewisse Schranke und eine gewisse Art von Menschen voraus. Man kann Stimmzettel einfach nicht zählen, wenn man nicht weiß, welche gezählt werden sollen.« (C. N. Parkinson: Asien und Europa, Düsseldorf 1963, S. 299/300.)
»Das Wirtschaftssystem des Ostens (besitzt) eine große Anziehungskraft für solche Länder. Die Gründe, aus denen wir dieses System ablehnen, wiegen für die Entwicklungsländer viel weniger schwer... Das Bedürfnis nach dem, was der Europäer Freiheit nennt, ist ihm fremd. Um so mehr imponieren der neuen Führungsschicht die Erfolge, die das Wirtschaftssystem des Ostens bei der Entwicklung der produktiven Kräfte und insbesondere bei der Industrialisierung aufzuweisen hat. Auch daß diese Erfolge mit einer zeitweilig ungeheueren Minderung des Lebensstandards erkauft sind, schreckt ein an Entbehrungen gewohntes Volk nicht. Was aber vor allem fasziniert, ist die Schnelligkeit der Entwicklung, die der Natur der Sache nach in einer freiheitlichen Gesellschaft nicht erreicht werden kann. Gerade der Drang nach schneller Überwindung der Armut läßt die allgemeinen Prinzipien zurücktreten hinter den praktischen Erfordernissen des Tages. Es ist daher auch für ein Land, das den Ideen der freien Welt zuneigt oder zum mindesten den Einfluß des Westens weniger fürchtet als den des Ostens, durchaus ungewiß, welchen Weg es zunächst wählt.« (E. Preiser, a. a. O., S. 107.)
(207) »Manchmal mußten wir Urnen in verschiedenen Farben, für jeden Kandidaten eine, anwenden. Die eine war zum Beispiel grün, die andere blau, und der Wähler legte seinen Wahlzettel in die Urne seiner Wahl.
Wie konnte er wissen, welches die Farbe war, die seine Partei oder seinen Kandidaten präsentierte, unterbrach ich ihn. Nun, man sagte ihm einfach vorher, welche Farbe er wählen solle; Sie verstehen doch? antwortete mein Gewährsmann. Manchmal erklärte man ihm etwa, in der grünen Urne säße der Geist des Mahatmas und, wenn er beim Hineinwerfen des Zettels ein verehrungsvolles Gebet sage, so würden alle seine Wünsche erhört. Und dann besitzt, wie Sie wissen dürften, jedes Dorf seinen bevorzugten Gott oder sein Lieblingsidol. Wenn Sie ihm sagen, in der blauen oder gelben Kiste sei, je nachdem, Schiwa oder Ganesha inkarniert, dann wird er seinen Zettel in die entsprechende Kiste hineinlegen... Verstehen Sie?
Ich begriff vollkommen und begnügte mich damit zu fragen, ob die Wähler immer den Ratschlägen der Wahlagenten gehorchten. Aber sicher! erwiderte mein Gegenüber. Sie wissen doch, die Leute sind sehr fromm...« (T. Mende: Indien vor dem Sturm, Frankfurt 1955, S. 236.)
(208) Nehru im Februar 1959 (Azad Memorial Lectures): »Ich bin persönlich überzeugt, daß die Erwerbsgesellschaft, die die Basis des Kapitalismus ist, nicht länger für das gegenwärtige Zeitalter als geeignet gelten kann. Wir haben deshalb eine höhere Ordnung zu entwickeln, die mit den modernen Entwicklungstendenzen besser im Einklang steht... Was freies Unternehmertum genannt wird, wird niemals bei den Massen unseres Volkes Anklang finden.« (Zit. nach H. Bechtoldt: Indien oder China, dtv, München 1964, S. 216 f.)
(209) »Will India have an Indian government ruthless enough to rule in the interests of the still-silent masses? And if it will not, how much longer will the masses stay silent?« (R. Segal, a. a. O., S. 209.)
(210) Siehe ›Frankfurter Allgemeine‹ vom 12. 5. 65
(211) »Schon um ihrer eigenen Existenz und Zukunft willen dürften es die freien Industriestaaten nicht zulassen, daß sich der Kommunismus in den von Hunger, Seuchen und Unwissenheit bedrohten Gebieten gewaltige Hilfstruppen schaffe. Hierbei müßten alle helfen, ehe es zu spät ist.« (›Frankfurter Allgemeine‹ vom 28. 4. 65: Lübke tadelt deutschen Eigennutz.)
(212) F. Baade, a. a. O., S. 289
(213) J. Hagenbeck: Kreuz und quer durch die indische Welt, Dresden 1922, S. 79/80
(214) Zarathustra, von den Griechen Zoroaster genannt, war der Reformator der Religion

des alten Persien. Seine Lehre wird *Mazdaismus* (nach dem Gotte Ahura Mazda) genannt. Die heutigen Bekenner des Mazdaismus in Indien nennt man *Parsen*, das heißt Gläubige einer aus Persien (eigentlich der Landschaft Fars in Persien) stammenden Religion.

(215) Vgl. H. v. Glasenapp: Die nichtchristlichen Religionen, S. 274 ff.

(216) »In another week's time, the president, the Vice-President and the Prime Minister will be making a beeline for Bombay to dance attendance on the Pope. Every patriotic Indian will hang down his head in shame over this ignominy.

The Government of India has deeply wounded the religious susceptibilities of the Indian people by inviting a gentleman who regards all religions other than his own as ›false‹. Have these leaders forgotten that the Pope had refused to see Mahatma Gandhi?« (Organiser, The Capital Weekly From The Capital, 23. 11. 64, S. 1.)

(217) Vgl. ›Frankfurter Allgemeine‹ vom 2. 12. 1964

(218) Vgl. ›The Times of India‹ vom 5. 11. 1964

(219) Siehe K. Mattesohn: Hindus kennen keine Dogmen (›Frankfurter Allgemeine‹ vom 18. 12. 64)

(220) Vgl. ›Frankfurter Allgemeine‹ vom 30. 11. 64

(221) ›Frankfurter Allgemeine‹ vom 12. 8. 1965: Der Erzbischof von Bombay, Kardinal Gracias, hat sich in Bangalore gegen die staatlich geförderte Geburtenkontrolle ausgesprochen. Das Programm werde das indische Familienleben zerstören und sei selbstmörderisch für den indischen Staat (KNA).

(222) R. Segal: a. a. O., S. 19: »A Communist trade union organizer in Bombay told me that 700 000 of the city's 4 500 000 people lived on the pavements. A senior journalist on the ›Times of India‹ estimated the figure at somewhere between 200 000 and 300 000. Lay opinion usually settles on 450 000 for Bombay and 550 000 for Greater Calcutta, or one in ten of the total population in each city.«

(223) »A visit to Bombay without a tram ride in the night through Foras Road and Falkland Road, witnessing the human merchandise at display at the gaping doors (in certain areas, the doors of the brothels are iron barred and hence they are called ›the cages‹, a specially interesting sight to the tourists) and windows of rows of squalid slums, is often considered ill-accomplished.« (S. D. Punekar & K. Rao: A Study of Prostitutes in Bombay, Bombay 1962, Seite 12.)

(224) S. D. Punekar & K. Rao: A Study of Prostitutes in Bombay, Bombay 1962, S. 4

(225) S. D. Punekar & K. Rao, a. a. O., S. 180, Tabelle 120

(226) Das Thema ist noch aktuell genug, um S. Radhakrishnan dagegen wettern zu lassen: »Whatever be the origin of devadasis, or temple girls, the system of prostitution, to which it has given rise, is vicious and requires to be put down. It has been opposed by all champions of social purity, and has already been suppressed by law in Madras presidency.« (S. Radhakrishnan: Religion and Society, London 1959, 4 th. Impr., S. 187/88.)

(227) Vgl. S. D. Punekar & K. Rao, a. a. O., S. 78/80

(228) Vgl. S. D. Punekar & K. Rao, a. a. O., S. 83/84

(229) Alle Devadasis sind Hindus; die übrigen Mädchen gehören den Hauptreligionen entsprechend deren Verbreitung im Lande an: 79,33 Prozent sind Hindus, 11,81 Prozent sind Moslems, 6,75 Prozent sind Christen und 2,11 Prozent Sonstige (Punekar-Rao, S. 16). Neben den Parias sind es oftmals junge Witwen, denen das Leben keine andere Chance mehr bietet, als die, sich zu verkaufen:

»Seeta was brought up by her widowed mother who worked as a farm hand. She had an easy childhood and was married to a farmer at the age of eleven. After puberty she lived with him for four years and bore him a son. Then her husband died of a short illness and Seeta stayed alone and worked, as she did not want to be a burden to her mother. She worked as a domestic servant where she was paid Rs 5/– per month plus food and clothing. When the other members of the family went out, the master of the house used to have sexual relations with her and he paid her about Rs 10/– per month. This affair continued for a few months and when her mistress found it out, she dismissed Seeta from service. As she

was now a spoilt woman, she went to Bombay with a woman who was in the business ... for the sake of entering prostitution.« (Punekar-Rao, S. 32.)
Welchen Einfluß Frühheirat und vorzeitiger Tod des Ehemannes haben, zeigen Punekar-Rao anhand einer Tabelle; sie weisen darauf hin, daß einige Mädchen ›mere infants‹ waren, als man sie verkuppelte und daß sie nur vom Hörensagen wissen, daß sie verheiratet waren (Tab. 26, S. 28):
Alter der befragten Non-Devadasis bei Beendigung ihrer Ehe:
17,99 Prozent waren noch keine 12 Jahre alt,
12,95 Prozent waren 13–14 Jahre,
27,34 Prozent waren 15–16 Jahre,
19,42 Prozent waren 17–18 Jahre,
11,51 Prozent waren 19–20 Jahre,
10,79 Prozent waren 21 Jahre und älter.
Bei rund 48 Prozent war der Tod des Ehemannes die Ursache für die Beendigung der Ehe, rund 12 Prozent wurden von ihren Ehemännern verlassen, und rund 30 Prozent verließen ihre Männer wegen Trunksucht und Untreue.
(230) Vgl. Punekar-Rao, a. a. O., S. 142
(231) Punekar-Rao, a. a. O., S. 2
(232) H. Manndorff: Indien – 400 Millionen suchen einen Weg, Wien 1958, S. 139/40: »Von seiten der Betriebsführung bestehen heute jedenfalls keine wie immer gearteten Vorurteile oder Bedenken, fachlich und persönlich einwandfreie ›Unberührbare‹ in jede offene Stellung aufzunehmen. Dennoch wird man in keiner Baumwollfabrik einen Unberührbaren zum Beispiel in der Weber-Abteilung finden.
Der Grund für die Fernhaltung von Unberührbaren von der Weberabteilung ist dem Umstand zuzuschreiben, daß die Weber den Webfaden im Mund anfeuchten, bevor sie ihn in das Ohr des Webschiffes knüpfen. Die höheren Kasten-Hindus, die in derselben Abteilung als Weber arbeiten, würden sich jedoch einer rituellen Verunreinigung schuldig machen, wenn sie den Faden berührten, der vorher von einem Unberührbaren in den Mund gesteckt worden ist. Diese Kastenvorschrift wird äußerst strikt eingehalten.«
(233) Die Prohibition soll noch verschärft werden. Man strebt an, die lizenzierten Läden zu reduzieren, weniger Getränke anzuliefern und den Prozentgehalt bei allen Alkoholika herabzusetzen. In den Industrie- und Entwicklungsgebieten soll die Produktion von *soft drinks* gesteigert werden.
Vgl. Government of India Planning Commission: Third Five Year Plan, 1961, S. 722.
(234) Tibor Mende berichtet in seinem vorzüglichen Buch ›Indien vor dem Sturm‹ anschaulich über die Verhältnisse in den Birla-Fabriken:
»Sie zeigten mir eine der Kammern und erklärten mir, daß über zwanzig Arbeiter dort schliefen. Ihre Mahlzeiten nahmen sie, wenn sie aus der Fabrik kamen, in drei Schichten ein. Die dunklen Schlafräume enthielten einige zerschlissene Betten, doch die meisten Männer schliefen auf dem Boden auf bloßen Lumpen. Alles bot einen Anblick tiefsten Elends: die Wände waren rissig und beschmutzt, Haufen von Unrat lagen vor den Türen, die auf den Hof hinausführten. Auf den Feuern unter freiem Himmel bereiteten einige Frauen ihren Familien das Essen; Kinder mit großen Augen spielten in den fauligen Lachen, die sich um die einzige Pumpe in der Mitte des Hofes gesammelt hatten. Die Pumpe lieferte das Trinkwasser für die 250 Insassen der Schlafkammern und war auch ihre einzige Waschgelegenheit. Jeden Morgen mußten sie sich anstellen, und nicht immer gelang es jedem, an die Reihe zu kommen, so daß sie ungewaschen zur Arbeit gehen mußten. Es gab nur einen einzigen Abtritt, der von Männern und Frauen benutzt wurde und dessen Zustand jeder Beschreibung spottete.
Man führte mich bis zu den ›Grenzen‹ in einiger Entfernung, hinter denen die ›unberührbaren‹ Arbeiter der Fabrik lebten. Da standen lange Reihen von Hütten, stellenweise durchzogen von engen, stinkenden Gäßchen: in regelmäßigen Abständen öffneten sich Türen auf dunkle, enge Winkel. Auf jedem dieser steinigen Winkel schliefen zehn bis

fünfzehn Männer, teils auf Lumpen, teils auf der nackten Erde. Die Zellen maßen höchstens drei mal vier Meter; sie hatten weder Fenster noch irgendwelche Möblierung. Im Innern gab es kein Licht, in der ganzen ›Straße‹ kein fließendes Wasser; und die Gerüche, die über dem Ganzen schwebten, erlaubten den Schluß, daß nicht einmal eine Latrine vorhanden sein konnte. Auch dort kamen die Arbeiter in drei Schichten zum Schlafen, so wie sie von der Arbeit heimkehrten. Dafür zahlte jeder von ihnen der Gesellschaft etwas weniger als drei Rupien im Monat. Da jede Kammer im Laufe von vierundzwanzig Stunden von wenigstens zwanzig Personen benutzt wurde, stellte jeder kleine Winkel für die Birla-Fabriken eine monatliche Einnahme von 60 Rupien (gegen 12 Dollar) dar. Um diesen Preis könnte man in jeder Stadt Europas oder Amerikas ein angenehmes, luftiges und gesundes Zimmer mieten.« (T. Mende, Indien vor dem Sturm, S. 220.)

(235) »Nicht weit von der lichtlosen Kammer, in der der Sohn meines Bearers schläft, erhebt sich die jüngste Frucht der Großzügigkeit Birlas des Älteren: der monumentale Tempel, der seinen Namen trägt, mit seinen farbigen steinernen Götterbildern, seiner Schar von Priestern, seinen glänzenden Teichen und seinen wohlgepflegten Gärten. Doch außer seiner Vorliebe für Momumente ist der ältere Birla auch noch wegen seiner Freigebigkeit gegen gewisse politische Bewegungen bekannt. Man nimmt an, der Mahasabha und die R. S. S. seien die Hauptnutznießer dieser Großzügigkeit.« (T. Mende, a. a. O., S. 222.)

(236) F. A. Plattner: Indien, Mainz 1963, S. 197: »Die Moral zerbricht, das religiöse Chaos ohne Halt und Führung beginnt. Es entsteht ein neues Proletariat, bei dem der Kommunismus mit seiner Botschaft eines irdischen Paradieses Anklang findet.«

Seite 198: »Der Glaube an die geistige Welt entschwindet. Besonders bei den Studenten nimmt die Skepsis, die religiöse Indifferenz und eine materialistische Weltanschauung westlicher Prägung überhand ... Ein naiver Fortschrittsglaube ersetzt die Religion.«

P. W. Thayer: Nationalism and Progress in Free Asia, Baltimore 1956 (Sammelband mit verschiedenen Beiträgen).

Seite 302 (Lucian W. Pye): »For peoples who find themselves alienated from their traditional cultures and are desperately groping for a place in the modern world, Communism can appear to be heaven. The structure of the party, its total idology, and possibly most important of all the very way of life of the party members can provide such people with at least a temporary solution to their personal problems.«

Seite 286 (H. H. Fisher): »To many Asians, especially intellectuals, a co-operative, or collectivist form of enterprise is more acceptable than a system based on individualism and regulated competiton. In Asia, therefore, socialism is more popular than capitalism.«

(237) Die Kommunisten haben »die bisherige Präambel des Parteiprogramms entscheidend abgeändert: An die Stelle des friedlichen und parlamentarischen Weges zum Sozialismus trat der Glaube an die revolutionären Methoden« (U. Hagen: Indien fürchtet sich vor Telengana, ›Frankfurter Allgemeine‹ vom 9. 1. 65).

›Frankfurter Allgemeine‹ vom 31. 12. 64: Kommunisten in Indien verhaftet. Die indische Polizei hat am Mittwoch Hunderte von Mitgliedern der prochinesischen Kommunistischen Partei des Landes verhaftet. Ein Sprecher der Zentralregierung teilte mit, daß die Kommunisten ›Gewaltakte vorbereitet‹ und sich ›als fünfte Kolonne betätigt‹ hätten.

›Frankfurter Allgemeine‹ vom 11. 5. 65: Professor Röpke beklagt die Schwäche der freien Welt. Warnung vor dem Kommunismus ...: »Tödliche Schwäche der freien Welt hat der Genfer Nationalökonom Professor Wilhelm Röpke vor der Aktionsgemeinschaft Soziale Marktwirtschaft am Montag in Bad Godesberg konstatiert. Nach Röpkes Auffassung wird der Westen in seinem Bestand, der in der Freiheit der Person und ihren Grundrechten gipfele, vom Kommunismus unverändert bedroht. Diese Gefahr sei um so größer, als ›geflissentlich und mit erschreckendem Erfolg die Illusion vom Gegenteil verbreitet wird und der weiter steigende wirtschaftliche Aufschwung in den Industrieländern die Massen politisch träge macht‹. In den Entwicklungsländern werde zudem die politische Leidenschaft großenteils dem Kommunismus zugeleitet.«

(238) ›The Times of India‹, 10. 1. 65, S. 1: »Socialism through evolution is goal – Kamaraj.

The Congress president, Mr. K. Kamaraj, declared here today in unequivocal terms that the party was wedded unalterably to socialism to be established by evolutionary processes.
In his presidential adress to the 69th session of the Indian National Congress, which opened here this afternoon, Mr. Kamaraj warned Congressmen that the country would not, hereafter, excuse them for any mistakes or failures. If the Congress wanted to retain the confidence of the masses, it should remain on guard and follow a path of highest rectitude, devotion to duty and selfless service.«

(239) Siehe T. Mende, Gespräche mit Nehru, Hamburg 1956, S. 55/56 und S. 88/89:
Vgl. auch Government of India Planning Commission: Third Five Year Plan, 1961, S. 5: »The socialist pattern of society is not to be regarded as some fixed or rigid pattern. It is not rooted in any doctrine or dogma. Each country has to develop according to its own genius and traditions. Economic and social policy has to be shaped from time to time in the light of historical circumstances...«

(240) T. Vittachi: The Brown Sahib, London 1962, S. 127

(241) J. Gebser: Asienfibel, S. 171

(242) S. Radhakrishnan: East and West, Seite 120

(243) A. Schweitzer: Die Weltanschauung der indischen Denker, S. IX

(244) J. Gebser: Asienfibel, S. 158

(245) C. N. Parkinson: Asien und Europa, S. 296 und 314

(246) H. v. Glasenapp: Die Indische Welt, S. 324/25

(247) Der Affe muß auch dazu dienen, »das Grunddogma der buddhistischen Heilslehre zu verdeutlichen, die Nichtexistenz des Ich und der Kontinuität der Existenz der Seele als eines individuellen geistigen Wesens. ›Alles Geistige entsteht und vergeht in einem Augenblick... Wie ein Affe sich im Walde von Baum zu Baum schwingt, einen Ast ergreift und wieder losläßt, um einen neuen zu packen, so entsteht und vergeht das Geistige und das Denken.‹ So erscheint der Affe als das Modell des rein funktionellen Ablaufs des geistigen Lebens des Menschen, seines Bruders in Buddha. Auch die drei Stufen der meditativen Sammlung, das Verschließen der Augen, der Ohren und des Mundes, werden durch die 3 Affen dargestellt, die sich, nebeneinander hockend, die Augen, die Ohren, den Mund zuhalten.«
(E. Benz: Asiatische Begegnungen, Düsseldorf/Köln 1963, S. 241/42.)

(248) Die großen chinesischen Philosophen Kung-tse, Mi-tse und Meng-tse, die alle einige Jahrhunderte vor Christus gelebt haben, interessierten sich nur für die Menschen und deren Beziehungen untereinander. Erst in China zur Zeit der Sung-Dynastie (960–1227 n. Chr.) wurde im Kang-Ying P-ien, einem noch heute vielgelesenen Buch über ›Belohnung und Bestrafung‹, Mitleid mit den Tieren gefordert. Für Descartes waren die Tiere nichts als ›Maschinen‹. Der Ausgangspunkt seiner Philosophie: ›Ich denke, also bin ich‹, hat ihn vom Leben weg zur blutleeren Abstraktion geführt. Auch für Kant waren die Tiere uninteressant. Er befaßte sich nur indirekt mit ihnen: das Quälen von Tieren ist ein Verstoß gegen die Pflichten, die ein Mensch gegenüber sich selbst hat, und das Ausrotten von Tieren ist nur insoweit unethisch, als es gegen das Gebot verstößt, nicht alle Dinge nach ihrem praktischen Wert zu taxieren.

(249) Vgl. Ch. R. Joy: The Animal World of Albert Schweitzer, Boston 1958, S. 146 u. a.

(250) Vgl. ›Der Spiegel‹, Hamburg, vom 28. 10. 64

Literaturverzeichnis

Abell, K.: Fußnoten im Staub, Frankfurt 1957
Agarwal, R. C.: State Enterprise in India, Allahabad 1961
Agarwal, S. N.: Gandhian Constitution for Free India, Allahabad 1946
Agarwala, S. N.: India's Population, New York 1960
Ahmad, H. M.: Geheimnisvolles Indien? Berlin 1937
–, Indien ohne Wunder, Leipzig 1942
Albrecht, R.: Asien zwischen West und Ost, Stuttgart 1959
Altekar, A. S.: The Position of Women in Hindu Civilization, Benares 1956
Ambedkar, B. R.: Who were the Shudras? Bombay 1946
Anand, M. R.: Is There a Contemporary Indian Civilization? London 1963
Atmaprana, P.: Sister Nivedita, Calcutta 1961
Baade, F.: Der Wettlauf zum Jahre 2000, Oldenburg 1961
Baedeker, K.: Indien, Handbuch für Reisende, Leipzig 1914
Bailey, F. G.: Tribe, Caste and Nation, Manchester Univers. Press 1960
Bains, J. S.: India's International Disputes, London 1962
Balogh, T.: Some Aspects of Economic Growth of Underdeveloped Areas, New Delhi 1961
Bansil, P. C.: India's Food Resources and Population, Bombay 1958
Basu, S. K.: Place and Problems of Small Industries, Calcutta 1957
Barton, W.: The Princes of India, London 1934
Bates, M.: Die überfüllte Erde, München 1959
Bauer, P. T.: Indian Economic Policy and Development, London 1961
Bechtoldt, H.: Indien oder China, Stuttgart 1961, dtv, 1964
Beckerath, E. v. & Giersch, H.: Probleme der normativen Ökonomik und der wirtschaftspolitischen Beratung, Berlin 1963
Behn, M.: The Spirit's Pilgrimage, London 1960
Behrendt, R. F. (Herausgeber): Die wirtschaftlich und gesellschaftlich unterentwickelten Länder und wir, Bern 1961
Bellerby, J. R. und Mujumdar, N. A.: Agricultural Economic Theory and the Indian Economy, Bombay 1961
Benz, E.: Asiatische Begegnungen, Düsseldorf-Köln 1963
–, Buddhas Wiederkehr und die Zukunft Asiens, München 1963
Bernays, R.: Naked Fakir, London 1931
Bhargava, R. N.: Indian Public Finances, London 1962
Bhatia, B. M.: Famines in India (1860–1945), London 1963
Bhave, A. V.: From Bhoodan to Gramdan, Tanjore 1957
–, Bhoodan Yajna (Land-Gifts Mission), Ahmedabad, 3. Ed. 1957
Billerbeck, K.: Die Auslandshilfe des Ostblocks für die Entwicklungsländer, Hamburg 1960
Birth Control and Gandhian Morality, in: Indian Journal of Social Works 1961, S. 373 ff.
Bonn, Gisela: Neues Licht aus Indien, Wiesbaden 1963
Bonsels, W.: Indien-Fahrt, Salzburg 1948
Bopegamage, A.: Delhi, A Study in Urban Sociology, Bombay 1957
Bose, S. K.: Some Aspects of Indian Economic Development, Delhi 1962
Bose, N. K.: My Days with Gandhi, Calcutta 1953
Brecher, M.: The New States of Asia, London 1963

Budewig, E.: Wird Asien rot? Stuttgart 1961
Burton, R. und Arbuthnot, F. F.: Das Kamasutram des Vatsyayana, Hanau/Main 1964
Buss, C. A.: The Arc of Crisis, New York 1961
Caldwell, J. C.: South Asia Travel Guide, New York 1960
Carstairs, G. M.: The Twice-Born, A Study of a Community of High-Caste Hindus, Bloomington 1958
Chagla, M. C.: An Ambassador Speaks, Bombay 1962
Chakravarti, P. C.: India-China Relations, Calcutta 1961
–, India's China Policy, Bloomington 1962
Chakravarti, K. C.: Ancient Indian Culture and Civilization, 2. Ed. London 1961
Chand, M.: Cooperative Credit in India, in: The Indian Journal of Economics, Vol. 41 (1961), S. 249 ff.
Chandrasekhar, S.: Population and Planned Parenthood in India, London, sec. rev. ed. 1961
Chao, Kuo-Chün: Agrarian Policy of the Chinese Communist Party 1921–1959, Bombay 1960
–, Agrarwirtschaftliche Entwicklungsprobleme im heutigen Indien, Stuttgart 1964
Clarke, G.: The Post Office of India and its Story, London 1921
Coates, A.: Invitation to an Eastern Feast, London 1953
Comfort, A.: The Koka Shastra (Being the Ratirahasya of Kokkoka and other medieval Indian writings on Love), London 1964
Crooke, W.: Things Indian, London 1960
Datta: Socialism, Democracy and Industrialization, London 1962
–, The Economics of Industrialization, 3. Aufl., Calcutta 1960
Delhi School of Social Work: The Beggar Problem in Metropolitan Delhi, Delhi 1959
Desai, A. R.: Rural Sociology in India, 3. Aufl., Bombay 1961
Dey, S. K.: Panchayat-i-Raj, Bombay 1961
Doctor, A. H.: Anarchist Thought in India, Bombay 1964
Doshi, S. C.: Family Planning Programme in India, in: Rural India 1961, S. 9 ff.
Dreesen, W.: Indien im Feuer, Hamburg 1942
Driver, P. N.: Problems of Zamindari and Land Tenure Reconstruction in India, Bombay 1949
Druhe, D. N.: Soviet Russia and Indian Communism, New York 1959
Dube, S. C.: India's Changing Villages, London 1958
Dubois, Abbe J. A.: Hindu Manners, Customs und Ceremonies, 3rd Ed., Oxford 1959
Edwardes, M.: Asia in the European Age, 1498–1955, New York 1962
–, The Last Years of British India, London 1963
Eidlitz, W.: Unknown India, London 1952
Elegant, R. S.: The Dragon's Seed, New York 1959
Faber, K.: Mit dem Rucksack nach Indien, Tübingen 1944
Fahimuddin, M.: Animal Production in Bihar, London 1963
Filliozat, J.: India, The Country and its Traditions, London 1962
Fisher-Rose-Huttenback: Himalayan Battleground, London 1963
Frobenius, Leo: Indische Reise, Berlin 1931
Fürer-Haimendorf, Chr. v.: Die nackten Nagas, Dreizehn Monate unter Kopfjägern Indiens, Wiesbaden 1946
Galbraith, J. K.: Gesellschaft im Überfluß, Knaur Taschenbuch 1963
–, Economic Development, Cambridge/Mass. 1964
Gauba, K.: H. H. Or the Pathology of Princes, Lahore 1930
Gebser, J.: Asienfibel, Frankfurt-Berlin 1962
Geertz, Cl.: Old Societies and New States, London/Toronto 1963
Geiger, W.: Elementarbuch des Sanskrit, 2. Aufl., Straßburg 1909
George, T. J. S.: Krishna Menon, London 1964
Ghosh, A.: The Indian Economy, Calcutta 1960

Ghurye, G. S.: Caste, Class und Occupation, Bombay 1961
Glasenapp, H. v.: Die Indische Welt, Baden-Baden 1948
–, Die nichtchristlichen Religionen, Frankfurt 1957
Griffiths, P.: Modern India, London 1957
Gorgen/Kerschagl/Zastrow: Entwicklungsländer zwischen Ost und West, München 1964
Gollwitzer, G.: Indisches Bilderbuch, Stuttgart 1963
Gopal, R.: British Rule in India, London 1963
Guha, S.: Welfare Economics in India, Calcutta 1960
Gulati, I. S.: Resource Prospects of the Third Five Year Plan, Bombay 1960
Gupte, S. V.: Hindu Law of Marriage, Bombay 1961
Government of India Planning Commission: Third Five Year Plan, 1961
Haeckel, E.: Indische Reisebriefe, Leipzig 1922
Hagenbeck, J.: Kreuz und quer durch die indische Welt, Dresden 1922
Hamrell, S. u. Widstrand, C. G.: The Soviet Bloc, China & Africa, Uppsala 1964
Harris, F. R.: J. N. Tata, A chronicle of his life. Bombay Sec. Ed. 1958
Hill, J.: The Indian Sub-continent, London 1963
Hough, E. M.: The Co-operative Movement in India, 4. Aufl. Bombay 1959
Hsu, F. L. K.: Clan, Caste, and Club, Princeton N. J., 1963
Husain, S. A.: The Way of Gandhi and Nehru, London 1961 (2nd ed.)
Hutton, Kurt & Kortzfleisch: Asien missioniert im Abendland, Stuttgart 1962
Iha, Sh., N.: A critical study of Gandhian Economic Thought, Agra 1955
Indian Institute of Personnel Management: Personnel Management in India, Bombay 1961
Indian Statistical Institute: Economic Strategy and the Third Plan, Bombay 1963
Indra: The Status of Women in Ancient India, Benaras 1955
Isbert, O. A.: Yoga und der Weg des Westens, Stuttgart 1955
Iyengar, S. K.: Fifteen Years of Democratic Planning, Bombay 1963
Iyer, L. A. K.: Anthropology in India, Bombay 1961
–, Kerala and her people, Palghat 1961
Jain, P. C.: Problems in Indian Economics, Allahabad 1962
Jolly, J.: Hindu Law and Custom, Calcutta 1928
Joseph, S. C.: Kerala, The ›Communist‹ State, Madras 1959
Jürgensen, H.: Gestaltungsprobleme der Weltwirtschaft, Göttingen 1964
Kabir, H.: Indisches Erbe, Zürich und Stuttgart 1963
Kagzi, M. C. J.: The Constitution of India, Delhi 1958
Kannan, C. T.: Intercaste and Inter-Community Marriages in India, Bombay 1963
Kapadia, K. M.: Marriage and Family in India, Oxford Univ. Press, Repr. 1959
Karnik, V. B.: Indian Trade Unions, A Survey, Bombay 1960
–, Indian Communist Party Documents 1930–1956, Bombay 1957
Karve, D. D.: The New Brahmans, Berkeley and Los Angeles 1963
Katju, K. N.: The Days I Remember, Calcutta 1961
Khera, S. S.: Government in Business, Bombay/London 1963
–, Management and Control in Public Enterprise, Bombay 1964
Khusro, A. M. und Agarwal, A. N.: The Problem of Co-operative Farming in India, Bombay 1961
Koch, E. E.: Rotchina ist anders, Freiburg/Breisgau 1964
Koestler, A:.: Von Heiligen und Automaten, Stuttgart 1961
Koppers, W.: Die Bhil in Zentralindien, Horn-Wien 1948
Krishnamachari, V. T.: Planning in India, Bombay 1961
Kruse-Rodenacker, A.: Grundfragen der Entwicklungsplanung, Berlin 1964
Kumar, L. S. S. u. a.: Agriculture in India, London 1963, Vol. III
Lambert, R. D.: Workers, Factories, and Social Change in India, Princeton Univers. Press 1963
Langen, D.: Archaische Ekstase und asiatische Meditation, Stuttgart 1963

Leach, E. R.: Aspects of Caste in South India, Ceylon and North-West Pakistan, Cambr.
Leeson, F.: Kama Shilpa, A Study of Indian Sculptures, Bombay 1962
Lee-Warner, W.: The Protected Princes of India, London 1894
Leifer, W.: Asien, Erdteil der Entscheidung, Würzburg 1957
Lestapis, St. de: Geburtenregelung – Geburtenkontrolle, Freiburg 1961
Lewandowski, H.: Ferne Länder – fremde Sitten, Stuttgart 1963 (4. Aufl.)
Lewis, J. P.: Quiet Crisis in India, Washington 1962
Lienhard, S.: Ratirahasya – Geheimnisse der Liebeskunst, Schmiden/Stuttgart 1960
London, K.: New Nations in a Divided World, New York/London 1963
Luiz, A. A. D.: Tribes of Kerala, New Delhi 1962
Macauliffe u. a.: The Sikh Religion, Calcutta 1958
Mace, D. und V.: Marriage East and West, London 1960
Madan, T. N. & Gopala, S.: Indian Anthropology, London 1962
Majumdar, D. N.: Races and Cultures of India, London 1961
–, Caste and Communication in an Indian Village, Bombay/London, Repr. 1962
Majumdar, D. N. & Madan, T. N.: An Introduction to Social Anthropology, Repr. Bombay 1961
Malaviya, H. D.: Village Panchayats in India, New Delhi 1956
Malenbaum, W.: Prospects for Indian Development, London 1962
Mamoria, C. B.: Tribal Demography in India, Allahabad 1957
Mangelsdorf, W.: Erlebnis Indien, Braunschweig 1950
Manndorff, H.: Indien – 400 Millionen suchen einen Weg, Wien 1958
Manshardt, Cl.: The Hindu-Muslim Problem in India, London 1936
Masaldan, P. N.: Planning and the People (in India). London 1964
Mayer, A. C.: Caste and Kinship in Central India, London 1960
Mayo, Kath.: Slaves of the Gods, London 1929
Mehta, M. M.: Structure of Indian Industries, Bombay, Sec. Ed. 1961
Mehta, R. J.: Scientific Curiosities of Love-Life and Marriage, Bombay o. J.
Mehta, V. L.: Employment and the Third Five Year Plan, Delhi 1960
Meimberg, R.: Über die Möglichkeit eines Überganges von der zentralen Kommandowirtschaft zur Marktwirtschaft (in Jürgensen, H.: Gestaltungsprobleme der Welt, Göttingen 1964)
Melzer, Fr.: Der Guru als Seelenführer, Wuppertal 1963
–, Indien greift nach uns, Stuttgart 1962
Mende, T.: Indien vor dem Sturm, Frankfurt 1955
–, Gespräche mit Nehru, Hamburg 1956
–, China, Indien und die Welt, Hamburg 1965
Mertin, J.: Das Dorfentwicklungsprogramm als Methode des Wirtschaftsausbaus für das ländliche Indien (= Forschungen zur Sozial- und Wirtschaftsgeschichte, 4), Stuttgart 1962
Meyer, H.: Wir lieben Indien, Bad Salzuflen 1963
Meyer, J. J.: Sexual Life in Ancient India, London 1930
Ministry of Information & Broadcasting, Government of India: The Adivasis, Delhi 1955
Misra, B. R.: Vinobas Sieg. Die wirtschaftliche Bedeutung der indischen Landschenkungsbewegung, Frankfurt 1956
Montgomery, J. D.: The Politics of Foreign Aid, New York 1962
Moraes, F.: India today, New York 1960
Moravia, A.: Indienreise, Wien, München, Basel o. J. (Desch)
Mujumdar, N. A.: Some Problems of Underemployment, Bombay 1961
Mukerji, K. M.: Studies in Social Tensions, Shantiniketan 1961
Munshi, M. C.: Industrial Profits in India, New Delhi 1948
Myrdal, G.: Ökonomische Theorie und unterentwickelte Regionen, Stuttgart 1959
Naik, T. B.: The Bhils, Delhi 1956
Nair, B. N.: The Dynamic Brahmin, Bombay 1959

Nair, K.: Blossoms in the Dust. The Human Element in Indian Development, London 1961
Nanavati, M. B. und Anjaria, J. J.: The Indian Rural Problem, 5. rev Aufl., Bombay 1960
National Council of Applied Economic Research: Demand for Energy in India 1960–1975, Bombay 1960
–, Domestic Fuels in India, Bombay 1959
Nehru, J.: An Autobiography Repr. 1958, London
–, Soviet Russia, Allahabad 1928
–, Speeches 1949–1953, Delhi-Calcutta 1954
–, Speeches 1953–1957, Delhi-Calcutta 1958
Nehru, K.: Indische Frauen, Düsseldorf 1957
Newman, B.: Far Eastern Journey, London 1961
Nichols, B.: Verdict on India, London 3. Aufl. 1946
Niebuhr, Reinh.: The Ideologies of the Developing Nations, New York/London 1963
Northrop, F. S. C.: Begegnung zwischen Ost und West, München 1951
Ohm, Th.: Asiens Nein und Ja zum westlichen Christentum, München 1960
Oman, J. C.: The Mystics, Ascetics, and Saints of India, London 1903
Oppenheim, R.: Ein Barbar in Indien, Bremen o. J.
Pandey, R. B.: Popular Hinduism at a Glance, Varanasi 1963
Panikkar, K. M.: Asien und die Herrschaft des Westens, Zürich 1955
–, Indien, Köln o. J.
Paret, R.: Die Welt des Islam und die Gegenwart, Stuttgart 1961
Parkinson, C. N.: Asien und Europa, Düsseldorf 1963
Patterson, G. N.: Peking versus Delhi, London 1963
Patwardhan, M. V.: The Mirage of a Classless Society, Bombay 1959
Pillai, G. K.: Origin and Development of Caste, Allahabad 1959
Planning Commission, Government of India: Third Five Year Plan, 1961
Pochhammer, W. v.: Indiens Wirtschaft heute, Mainz 1964
Plattner, F. A.: Indien, Mainz 1963
Prasad, R.: At the Feet of Mahatma Gandhi, London 1961
Preiser, E.: Die Zukunft unserer Wirtschaftsordnung, Göttingen 4. Aufl.
Punekar, S. D. & Rao, K.: A Study of Prostitutes in Bombay, Bombay 1962
Radhakrishnan, S.: Religion and Society, London 1959 (4. Impr.)
–, Occasional Speeches and Writings, Oct. 52 – Febr. 1959, Delhi 1960
–, East and West, London 1960
–, Weltanschauung der Hindu, Baden-Baden 1961
Raffalt, R.: Wie fern ist uns der Osten?, München 1961
Rahuhla, W.: Was der Buddha lehrt, Zürich 1963
Rajkumar: The Pilgrimage and After, Delhi 1952
Ramanadham, V. V.: The Structure of Public Enterprise in India, London 1961
Rangnekar, D. K.: Poverty and Capital Development in India, Oxf. Univ. Press, Repr 1959
Rao, N. P.: Progress of Land Reform. A Critical Review, Delhi 1960
Reid, T. E. H.: Economic Planning in a Democratic Society (Univ. of Toronto Press 1963)
Reist, W.: Anarkali, Wege in Indien, Zürich 1941
Retzlaff, R. H.: Village Government in India, London 1962
Reynolds, R.: The White Sahibs in India, London 1937
Rogister, M. v.: Indien ist anders, Düsseldorf 1964
Rohatgi, K.: Buddhism and Sarnath, Varanasi 1964
Rose, S.: Britain and South-East Asia, London 1962
Rothermund, I.: The Philosophy of Restraint, Bombay 1963
Roy, M. N.: Crime and Karma, Cats and Women, Sec. Ed., Calcutta 1957
Ruthnaswamy, M.: Some influences that made the British Administrative System in India, London 1939

Rutledge, D. D.: In Search of a Yogi, London 1962
Sachidanand: Sarvodaya in a Communist State (A Socio-Economic Study of Gramdan Movement in Kerala), Bombay 1961
Sachchidananda: Culture Change in Tribal Bihar, Calcutta 1964
Samaj, Bh. S.: Slums of Old Delhi, Delhi 1958
Sampurnanand: Indian Socialism, Bombay 1961
Sangave, V. A.: Jaina Community, A social survey, Bombay 1959
Santhanam, K.: Democratic Planning, Problems and Pitfalls, Bombay 1961
Sarkisyanz, E.: Rußland und der Messianismus des Orients, Tübingen 1955
Schiller, K.: Zur Wachstumsproblematik der Entwicklungsländer (= Kieler Vorträge, N. F. 15) Kiel 1960
Schiller, O.: Agrarstruktur und Agrarreform in den Ländern Süd- und Südostasiens, Hamburg/Berlin 1964
Schmid, P.: Indien mit und ohne Wunder, Stuttgart 1960.
Schmidt, R.: Beiträge zur indischen Erotik. Das Liebesleben des Sanskritvolkes, 3. Aufl., Berlin 1922
Schriftenreihe der Forschungsstelle der Fr.-Ebert-Stiftung: Studien zur Aktivität des Ostblocks in den Entwicklungsländern, Hannover 1963
Schriftenreihe der Friedrich-Naumann-Stiftung zur Politik und Zeitgeschichte: Europa und die Entwicklungsländer, Stuttgart 1961
Schweitzer, A.: Aus meinem Leben und Denken, Hamburg 1955 (Siebenstern)
–, Die Weltanschauung der indischen Denker, Neuauflage München 1965
–, Das Christentum und die Weltreligionen, Neuauflage München 1962
Seymour, J.: Around India, New York 1954
Sharma, N. K.: Banaras, The oldest living City, Varanasi o. J.
Sheth, H.: Juvenile Delinquency in an Indian setting, Bombay 1961
Shukla, Ch.: Incidents of Gandhiji's Life, Bombay 1949
Singal, M. S.: Fifteen Years of Indian Agriculture, Bombay 1961
Singh, B.: Next Step in Village India, Bombay/London 1961
Singh, Ch.: Abolition of Zamindari, Allahabad 1947
–, India's Poverty and its Solution, Bombay/London 1964
Singh/Saran: Industrial Labour in India, New York 1960
Sinha, R. P.: Food in India. An analysis of the prospects for self-sufficiency by 1975/76 Oxf. Univ. Press 1961
Sivertsen, D.: When Caste Barriers Fall, Oslo 1963
Smith, T. E.: Elections in Developing Countries, London 1960
Spear, P.: The Oxford History of Modern India 1740–1947, Oxf. Univ. Press 1965
Sperling, J. B.: Rourkela, Bonn 1963
Spindler, J. v.: Das wirtschaftliche Wachstum der Entwicklungsländer, Stuttgart 1963
Srinivas, M. N.: Caste in Modern India, London 1962
Stenzler, A.: Elementarbuch der Sanskrit-Sprache, Breslau 1875
Sternberg, F.: Wer beherrscht die zweite Hälfte des 20. Jahrhunderts? Köln und Berlin 1961
Sternberger, D.: Indische Miniaturen, Frankfurt 1957
Streeter und Appasamy: Der Sadhu (Christliche Mystik in einer indischen Seele), Hamburg o. J.
Subramaniam, Sh.: Die Wirtschaftsentwicklung Indiens 1951–1961, Tübingen 1965
Tagore, R.: Towards Universal Man, Bombay 1961
Taussig, H. J. C.: Indien, Mächte im Aufstieg, Zürich 1952
Tennyson, H.: Vinoba, Nachfolger Gandhis, Zürich 1957
Thayer, P. W.: Nationalism and Progress in Free Asia, Baltimore 1956
The Indian Merchant's Chamber, Economic Research and Training foundation, Bombay: National Income of India 1950–1961, Bombay 1963
Thieme, J. G.: Weiß gibt auf, Wien-Berlin-Stuttgart 1958

Thomas, P. Kama Kalpa or The Hindu Ritual of Love, Bombay 1960
–, Hindu Religion Customs and Manners, Bombay 1960
Thompson, E.: The Making of the Indian Princes, London 1943
Thomson, I.: Changing Patterns in South Asia, London 1961
Throner, D. u. A.: Land and Labour in India, London 1962
Thornton, Th. P.: The Third World in Soviet Perspective (Studies by Soviet Writers on the Developing Areas), Princeton 1964
Tichy, H.: Indien, Leipzig 1942
Tinker, H.: India and Pakistan, New York 1962
Trumbull, R.: As I see India, New York 1956
Tschetschetkina, O.: Indien ohne Wunder, Berlin 1949
Upanishaden – Altindische Weisheit aus Brâhmanas und Upanishaden, Düsseldorf-Köln 1964
United Nations: Economic Bulletin for Asia and the Far East, New York 1964
Vandenbosch & Butwell: Southeast Asia among the World Powers, Lexington 1957
Varma, V. P.: Modern Indian Political Thought, Agra 1961
Venkatasubbiah, H.: Asia in the Modern World, New Delhi 1947
–, Indian Economy since Independence, 2. Aufl. London 1961
Venkateswaran, R. J.: The Impact of Jawaharlal Nehru on Indian Economy, Calcutta/New Delhi 1962
Vittachi, T.: The Brown Sahib, London 1962
Vivek: India without Illusions, Bombay 1953
Warner, D.: Der rote Drache wächst, München 1961
Weber, M.: The Religion of India, Glencoe (III.) 1960
Weiner, M.: The Politics of Scarcity, Chicago 1962
Williams: A Handbook for Travellers in India, Pakistan, Burma & Ceylon, London 1962
Williams, L. F. R.: What about India? London 1938
Wint, G.: The British in Asia, London 1947
Wittfogel, K. A.: Die orientalische Despotie, Köln-Berlin 1962
Wolfstone, D.: Golden Guide to South and East Asia, Published by Far Eastern Economic Review, 1964
Wolpert, St. A.: Tilak and Gokhale: Revolution and Reform in The Making of Modern India, Berkely and Los Angeles 1962
Wood, E.: Grundriß der Yogalehre, Suttgart 1961
Wright, R.: The Colour Curtain, A Report on the Bandung Conference, London 1956
Yeats-Brown, F.: Kinder der Mutter Ganga, Berlin 1935
Zinkin, T.: India Changes, London 1958
–, Caste Today, Oxford University Press 1962
Zinkin, M. & T.: Britain and India, Requiem for Empire. London 1964
Zischka, A.: Welt ohne Analphabeten, Gütersloh 1964

Register

So urteilt die Presse über Max Mohls Art zu schreiben:

»Beachtlich an dieser interessanten Reisebeschreibung sind vor allem die Leichtigkeit des Stils und die prägnante Aussage.« *(Bremer Nachrichten)*

»... ein phänomenologischer Report, dessen Diktion obendrein ein stilistischer Glücksfall ist.« *(Westfälische Zeitung, Bielefeld)*

»Leicht verständlich und humorvoll.« *(Norddeutsche Nachrichten, Hamburg)*

»Wie ganz anders ist dieser Reisebericht. Hier amüsant eine Anekdote wie auf einem Tablett servierend, dort eine tiefschürfende, zum Nach- und Mitdenken anregende Studie über Wirtschafts-, Rassen- und Religionsprobleme.« *(Freie Presse, Bielefeld)*

»Max Mohls Bücher haben mit dazu beigetragen, einen neuen Typ des Reisebuches zu schaffen, in dem sich das Abenteuer des Welterlebens mit exakten, nüchternen Fakten verbindet.« *(Hamburger Abendblatt*

»Der Beitrag von Dr. Max Mohl ist insofern von besonderem Wert, als er in sprachlich ausgefeilter, dabei allgemeinverständlicher Form, in erzählendem Bericht und sachlicher Analyse das Problem in seinen wichtigsten Aspekten wenigstens anreißt und so vorstellt, daß jeder aufgeschlossene Leser es verstehen kann.« *(Das neue Buch, Bonn)*

»Hindu-Glaube, heilige Kühe, Tempelstädte – das allein ist noch nicht Indien. Der Reiseschriftsteller Dr. Max Mohl war sich dessen wohl bewußt, bei seinen Beobachtungen in vielen Regionen des Subkontinents hat er deshalb hinter die flüchtigen Erscheinungen zu blicken versucht, um aufzuspüren, welche Ursachen die derzeitigen stürmischen Entwicklungen in der volkreichsten Demokratie der Gegenwart haben. Er teilt die Auffassung vieler Indien-Kenner, daß im wesentlichen Religon und Tradition die technische Weiterentwicklung des Landes und eine fortschreitende Anpassung an Lebensformen des zwanzigsten Jahrhunderts aufhalten.« *(Stuttgarten Zeitung)*

»Unvoreingenommen, sorgfältig vorbereitet und mit dem kühlen Auge des Wirtschaftswissenschaftlers – dazu mit der Gabe eines realistisch zupakkenden Schriftstellers – hat Max Mohl den Subkontinent durchstreift. Das Ergebnis hat sich in diesem aufrüttelnden, desillusionierenden Buch niedergeschlagen. Das Buch klagt nicht an; die Dinge selber sind es, die anklagen.« *(Duisburger Generalanzeiger)*

336 Seiten
16 S. Fotos
Lit.-Verz.
Register
ISBN
3-925761-10-1
Best.-Nr.: 10
Preis: DM 20,-

400 Seiten
16 S. Fotos
Register
ISBN
3-925761-40-3
Best.-Nr.: 40
Preis: DM 20,-

304 Seiten
16 S. Fotos
Lit.-Verz.
Register
ISBN
3-925761-30-6
Best.-Nr.: 30
Preis: DM 20,-

68 Seiten
124 Fotos
Lit.-Verz.
ISBN
3-925761-50-0
Best.-Nr.: 50
Preis: DM 15,-

Mohl: »Made in Japan«, Econ-Verlag, deutsche u. englische Ausgabe z. Zt. vergriffen
Mohl: »Made in Germany«, C. Bertelsmann-Verlag, deutsche u. englische Ausgabe z. Zt. vergriffen

---

MOHL-Bücher: Zu beziehen über jede Buchhandlung oder (portofrei) direkt vom Verlag:

Dr. Max Mohl, Postfach 10 3925, 6900 Heidelberg
Bitte schicken Sie mir

Stück	Titel	à DM	insges.
	Afrika	20,-	
	Indien	20,-	
	Sri Lanka	20,-	
	Toi, toi, toi	20,-	
	Makonde	15,-	

Summe:

☐ Bitte informieren Sie mich über Neuerscheinungen.

Herrn/Frau

Straße:

Ort: (   )

Tel:

Unterschrift:

DM __________ anbei (bar/Scheck)

☐ Nachnahme erwünscht.